KB029439

인재 쇼크

TALENT WANTS TO BE FREE:
WHY WE SHOULD LEARN TO LOVE LEAKS, RAIDS, AND FREE RIDING by Orly Lobel
Copyright © 2013 by Orly Lobel
Originally published by Yale University Press.
All rights reserved.
This Korean translation edition was published by Munhakdongne Publishing Group in 2014
by arrangement with Yale Representation Limited, London
through KCC(Korea Copyright Center Inc.), Seoul.

이 책은 ㈜한국저작권센터(KCC)를 통한 저작권자와의 독점계약으로 출판그룹 문학동네(임프린트 싱긋)에서 출간되었습니다. 저작권법에 의해 한국 내에서 보호를 받는 저작물이므로 무단전재와 무단복제를 금합니다.

인재 쇼크

고삐 풀린 인재가 혁신을 낳는다

오를리 로벨 지음 | **김병순** 옮김

싱긋

치유자의 마음과 발명가의 정신,
그리고 예술가의 영혼을 겸비한 우리 아버지,
데이비드 로벨 박사께 이 책을 바친다.

모든 것에는 반드시 틈이 있게 마련이다.
그 틈을 통해서 빛이 들어온다.
—레너드 코헨

| 차례 |

서문

통제는 양날의 칼이다

정보를 전송하는 최선의 방식은 정보를 인체 안에 넣어서 보내는 것이다.

—로버트 오펜하이머J. Robert Oppenheimer, 원자폭탄 발명자

주커버그의 보복을 넘어서

세계적으로 명성이 높은 인터넷 소셜네트워크서비스(SNS)인 페이스북의 창업자로서 한 컴퓨터 귀재가 출현한 이야기는 오늘날 하나의 신화로 우리 마음속에 깊이 스며들었다. 2002년, 고등학교를 갓 졸업한 청년 마크 주커버그Mark Zuckerberg는 세상에서 가장 부유한 대학에 들어가서 21세기에 가장 어린 나이로 자수성가한 억만장자가 된다. 그가 그런 벼락부자가 된 것은 하버드대의 뛰어난 교수진의 강의를 듣고 그들의 지혜를 흡수해서가 아니라 자신의 컴퓨터 기술로 이용자들을

인터넷으로 서로 연결할 수 있었기 때문이다. 그는 소셜네트워킹을 재발명하는 과정에서 일부 적들도 만들고, 장차 부자가 될 초석도 놓고, 여러 건의 법적 소송에도 휘말리게 된다. 이제 주커버그가 걸어온 길의 윤리적 측면을 생각해보자. 친구들과 잘 어울리지 못하는 컴퓨터광이었던 주커버그는 하버드대 재학 시절에 대학 본부의 컴퓨터를 해킹해서 자신이 개발한 여성 호감도 평가 사이트인 페이스메시Facemesh에 여학생들의 사진을 모두 올리는 바람에 퇴학당할 뻔하였다. 하지만 그것은 오히려 온라인 네트워킹, 디지털 사진, 우리의 집단적 에너지를 부추기는 사회적 대화의 위력을 실감할 수 있는 계기가 되었다. 주커버그가 대학에서 악명을 떨치기 시작한 지 몇 주가 지나서 나중에 미국의 올림픽 조정 대표선수가 된 쌍둥이 형제 카메론 윙클보스Cameron Winklevoss와 타일러 윙클보스Tylor Winklevoss가 주커버그를 찾아와서 하버드커넥션Harvard Connection이라는 네트워크를 구축하고 있는데 프로그램 짜는 것을 도와달라고 요청한다. 주커버그는 그들의 요청을 수락하고 윙클보스 형제의 벤처 사업에 참여한다. 동시에 그는 윙클보스 형제와는 별도로 독자적인 소셜네트워크 구축을 계속(또는, 보는 시각에 따라서는 시작)한다. 그러고 1년도 못 되어, 주커버그는 페이스북을 세상에 공개한다. 그뒤에 어떻게 되었는지는 모두가 다 안다.

그렇다면 페이스북의 아이디어는 과연 누구의 것일까? 주커버그가 하버드커넥션에 참여하기로 구두 약속을 한 것은 어떻게 해석해야 할까? 주커버그는 윙클보스 형제에게 종업원으로 고용되었다고 볼 수 있을까? 그렇다면 그가 하버드커넥션과 비슷한(그러나 더 우수한) 소셜네트워크를 개발하는 것은 금지되어야 마땅할까? 오늘날 일반화된 것처럼, 주커버그가 향후 3년 동안 윙클보스 형제와 경쟁하지 않겠다고 약속하는 경쟁금지 조항이 있는 계약서에 서명했다면 어떻게 되었을까? 그가 윙클보스 형제와 함께 일하는 동안 습득한 어떤 정보나 기술도 사용하지 않기로 약속하고, 앞으로 개발되는 모든 발명품은 윙클보스 형제의 벤처에 귀속되는 것으로 약속했다면 어떻게 되었을까?

이 책은 이러한 딜레마에 대한 전통적인 대응방식에 문제를 제기한다. 지금은 우리 역사에서 결정적으로 매우 중요한 시기다. 오늘날 우리 경제를 조직하고 투자하고 관리하는 방식들은 급격하게 바뀌었다. 물적 자본과 지적 자본이 결정적으로 재충전되어야 한다는 것을 인정하면서도, 우리의 경쟁력은 점점 더 약해지고 있다. 인적 자본을 어떻게 육성할 것인가에 대한 우리의 인식이 아직도 시대에 뒤떨어진 상태로 있기 때문이다. 많은 저술가, 정치인, 학부모 들이 오늘날 교육 체계의 문제점을 한탄하거나 주기적으로 발생하는 경제 위기를 면밀하게 주시하고 있지만, 실제로 모든 영역에서 우리가 놓치고 있는 잃어버린 핵심 고리는 인재 관리에 대한 우리의 이해가 매우 빈약하다는 사실이다.

윙클보스 형제와 주커버그의 대결은 결국 6,500만 달러 상당의 현금과 주식으로 정리되었다. 어떤 비평가는 윙클보스 형제의 승리를 '윙클보스 증후군'[1]이라고 표현했는데, 이는 아이디어도 소유권이 있다는 그릇된 신념을 비판한 것이다. 〈소셜네트워크〉라는 영화에서 잘 묘사된 것처럼, 주커버그는 다음과 같은 아주 강력한 의미가 담긴 말을 되풀이한다. "당신이 페이스북을 창안했다면, 그것을 만들었을 것이다!" 우리는 직관적으로 어떤 소셜네트워크에 대한 추상적인 아이디어가 있다는 것과 실제로 그러한 네트워크를 구축하는 것은 매우 다른 문제라는 사실을 안다. 또한 재능 있는 사람들이 창조적인 벤처 기업들 사이를 자유롭게 오가며 서로 경쟁할 수 있게 하는 것이 사회에 더 이득이 된다는 것도 안다. 그러나 당신은 그 반대로 생각할 수도 있다. 주커버그의 행동이 명백한 배신이었다고 생각하는 사람들도 있을 수 있다는 말이다. 당신은 어쩌면 회사가 어떤 사람을 고용했을 때, 그 사람의 아이디어가 회사 밖으로 유출되는 것을 제한하는 것이 회사의 당연한 권리라고 생각할지도 모른다.

어떤 아이디어가 떠올라서 할 일이 생겼고 그 일을 수행할 적합한 인재를 뽑아본 적이 있는 사람이라면, 아마 그 인재를 어떻게 강력하게 통제해야 하는지를 놓고 여러 의견이 있을지도 모른다. 이 책은 그런 의견들, 다시 말해서 전통적으로 널리 당연하게 받아들이고 있는 생각들 가운데 잘못 이해하고 있는 것들에 대해서 이의를 제기할 것이다. 당신이 기업전략가이든, 기업주든, 발명가이든, 예술가이든, 의사든 그것은 중요하지 않다. 이 책은 모든 직업에 적용된다. 인재 유치 전쟁이란 경쟁 시장에서 인적 자본을 관리하는 것에 대한 모든 전략과 책략, 법률, 분쟁을 말한다.

인재 유치 전쟁은 앞으로 일어날 일이 아니다. 그것은 이미 벌어지고 있으며, 파괴적인 결과를 초래하고 있다. 모든 산업과 경제 상황에서 우리는 최고의 인재를 영입하고 유지하고 동기를 부여하기 위해 애쓴다. 하지만 우리는 지금 그것을 제대로 수행하지 못하고 있다. 더 잘할 수 있는데도 말이다.

이 책은 혁신이 어떻게 일어나는지, 그리고 인재 유치 전쟁과 경쟁, 창조성을 요구하는 기업 환경이 우리가 유능한 인재들을 구하는 방식에 어떤 영향을 끼치는지를 보여준다. 지난 10년 동안 대학에서 인적 자본과 관련해서 강의하고 연구하고 자문한 것을 토대로, 혁신을 널리 확산시키기 위해서는 인재를 통제, 관리하려는 성향을 극복하는 법을 배워야 한다는 것이 이 책의 결론이다. 나는 연구와 현장 경험을 통해 오늘날 시장에서 두뇌 집단에 대한 수요가 급증함에 따라 기업들 사이에 보이지 않는 긴장감이 깊이 뿌리내린 것을 목격했다. 소송 현장의 안팎에서 발생하는 인재를 둘러싼 수많은 다툼에서 나온 교훈들은 때로는 일반적인 상식과는 동떨어진 것처럼 보인다. 기업들은 대개 인재를 육성하는 가장 좋은 방법이 인재가 떠나지 못하게 붙잡아두는 것이라고 생각한다. 따라서 자기 회사의 최고 인재를 가로채려는 다른 기업들과 싸우기도 하고, 그런 인재들이 떠날 때 당사자들을 상대로 소송을 걸기도 한다. 그러한 방식은 결국 사람에 대한 소유권을 주장하는 상황을 초래하면서, 우리는 서로 감정적으로 반응하고 자신을 지키려는 태도를 보이게 된다. 그러나 종업원들이 회사를 그만둘 때 기업들이 기분좋게 작별인사를 나누고 그들을 학교 동문처럼 옛 회사 동료들로 대우하고 나중에 다시 고용할 수도 있다는 여유를 보이는 아주 훌륭한 행동 방침을 취한다면 어떻게 될까? 또한 기업 혁신을 촉진하는 가장 효과적인 방법으로 회사가 종업원의 기밀 유출과 아이디어의 소유권 공유를 인정한다면 어떻게 될까?

페이스북은 결국 윙클보스 형제의 성공을 위한 희생양이 되었지만, 지금은 윙클보스 형제보다 더 넘어서기 힘든 거대한 상대가 있다. 오늘날 페이스북의 가장 큰 경쟁자는 구글이다. 그들은 단순한 소셜네트워크 이상의 존재다. 페이스북은 최고로 우수하고 똑똑한 인재를 채용하려고 애쓰고 있는데, 그것은 달리 말하면 구글 종업원들을 빼앗아오는 것을 의미한다. 최고의 유능한 인재들(또는 인적 자산)에게 페이스북은, 한 전직 구글 종업원의 말을 인용한다면, 구글보다 "엄청나게 더 매력적인" 고용주가 되었다. 따라서 페이스북은 구글 종업원들이 끊임없이 옮기고 싶어하는 직장이다. 현재 페이스북 종업원 다섯 명 가운데 한 명이 전직 구글 종업원이다. 구글 경영진은 페이스북이 구글의 최고 인재들을 빼나가는 문제에 대해서 철저하게 전략을 짜고 있다. 전에 구글에서 일했던 한 페이스북 종업원은 "그것은 단순히 돈에 대한 문제가 아닙니다. 기업가들은 자기가 일하는 곳이 세상에서 가장 잘나가는 곳이기를 바라지요. 그곳이 바로 페이스북입니다." 두 회사가 있는 실리콘밸리에서 이런 종류의 인재의 흐름은 아주 일반적인 현상이다. 몇 년 전만 해도 구글은 지금의 페이스북과 같은 위치에서 마이크로소프트의 인재들을 빼갔다. 마이크로소프트는 당시 구글이 현재 구글의 엔지니어링 부사장인 빅 군도트라Vic Gundotra에게 접근하자 소송으로 강력하게 맞섰다. 그 결과, 어쩔 수 없이 군도트라는 본의 아니게 1년 동안 그 업계를 떠나야 했다. 마이크로소프트, 구글, 페이스북 같은 회사들은 새로운 인재들에 대한 요구가 매우 절실하여서 새로운 기술을 가진 신생 기업들이 출현하면 그것들을 통째로 인수해서(오늘날 업계에서는 이것을 '인수고용acq-hire'이라고 부른다) 개발팀과 창업자, 기술자들을 일거에 모두 차지하는 전략을 쓴다.

그러나 이러한 구시대적 통제 심리에 따른 대가는 오늘날 점점 명백해지고 있다. 2010년, 미 법무부는 구글을 비롯한 애플, 아이비엠, 인텔, 어도비 같은 거대 기술업체들이 경쟁사의 인재를 빼가지 않기로 약속하는 상호 '(종업원) 영입을 위한 접촉 금지' 협정을 체결한 혐의로 직권 조사에 들어갔다. 이러한 협정은 이른바 독점금지법을 위반한 것이기 때문이다. 그러나 우리는 이러한 전략적 조처가 법을 위반한 것인지를 판단하기 전에 그것이 정말 현명한 행위인지 먼저 생각해볼 필요가 있다. 오늘날 기업들, 심지어 업계의 거물들 사이의 수많은 전투는 아직도 윙클보스 증후군—아이디어와 사람들에 대한 소유권을 주장하는 그릇된 믿음—을 근거로 일어나고 있다. 곧 알겠지만, 대개 이런 생각은 똑똑한 지도자들을 파괴적인 전투로 이끈다. 인재 이동이 어렵게 되면 시장에서는 어떤 일이 일어나고 우리가 추구하는 혁신은 어떻게 될까?

다음 세대에서도 마크 주커버그 같은 인재가 나올 거라고 (그리고 그런 인재를 통한 이익 실현을) 장담할 수 있을까?

하버드 법학대학원과 케네디 정책대학원의 강의실과 도서관에서 노동시장과 관련된 법률과 경제 연구에 깊이 심취해 있는 동안 대학 기숙사에서 들려오는 흥미로운 소문들은 우리가 그동안 인재와 경쟁, 아이디어 소유권에 대한 생각들을 바꾸고 있었다. 이 소문들은 내가 동료들과 함께 혁신, 동기부여, 새로운 인재 시장의 특성을 연구하게 된 계기가 되었다. 1990년대에 우리 대다수는 무임승차free riding를 해서는 안 된다는 이야기를 당연한 것으로 받아들였다. 다시 말해, 우리가 투자한 기술과 지식, 연구를 무단으로 이용해서 경쟁자들이 이익을 얻는다면, 중요하게 추진하던 혁신이 실패로 돌아갈 것으로 우려했다. 그러나 최근에 나와 동료들은 다양한 시장 현실과 관련된 실험과 기업 행동에 대한 통찰을 통해서, 그리고 법학대학원과 경영대학원을 오가며 양쪽의 학생들을 가르치면서, 또 기업의 벤처사업과 혁신적 벤처기업가들을 자문하고 많은 경영학 교수와 사회심리학자, 조직전략가들과 함께 협동 연구를 진행하면서, 무임승차나 필요한 인재 유치와 관련한 새로운 사고 체계를 개발했다. 법학, 경제학, 심리학, 경영학의 중요한 견해들을 종합해서 여러 학문이 서로 연계된 연구를 진행했다. 우리는 몇 가지 실험적 연구를 수행했는데, 고용계약의 제한 때문에 발목이 잡힌 사람들의 업무성취도가 어떻게 나타나는지 살펴보고, 인재 유치 전쟁에 접근하는 방식이 서로 다른 지역들 사이의 실증적 자료들을 조사하는 한편, 인적 자본에 대한 기업 경영인과 산업계 지도자들의 새로운 접근방식을 검토했다. 이 책은 혁신과 우리의 경쟁력에 대한 현재의 논쟁들에서 빠져 있는 부분들을 채운다. 우리는 그동안 자본과 지적재산권 쟁탈을 위한 전쟁을 하나의 사회적 생활양식으로 중요하게 주시해왔지만, 인적 자본에 대한 시대에 뒤떨어진 결정론적 인식에 너무 오랫동안 집착해왔다. 인재가 자유롭게 이동할 수 있고 인재의 건전한 무임승차를 인정할 때 발생하는 이익이 얼마나 큰지 이해하는 순간, 우리는 기업으로서, 투자자로서, 하나의 사회로서 어떤 식으로 전투를 수행하는 것이 좋은지 알게 될 것이다.

잃어버린 고리

인재 유치 전쟁으로 서로 얽히고설킨 페이스북과 구글은 혁신의 본질적 개념을 이해하기 위한 논쟁에서 빼놓을 수 없는 기업이다. 구글은 수년 동안 종업원들이 자유롭게 휴식을 취하고 실험할 수 있는 시간을 줌으로써 그들의 창의성을 촉진하는 기업으로 명성이 높았다. 하지만 주커버그는 구글이 추구하는 혁신 방식을 공식적으로 채택하지 않았다. 그러면서 페이스북은 처음부터 (소셜네트워크에 대한 발상이 자기네한테서 나왔다는 윙클보스 형제의 주장을 정밀 조준해서 공격하기 위한 계산된 발언으로) 자기 목표를 명확히 하고 집중해서 인재들이 더욱 구체적인 혁신의 길로 가도록 방향을 제시했다고 주장한다. 비록 두 회사는 서로 다른 접근방식을 취했지만, 지금도 저마다 자기네 인재들이 고정관념에서 벗어나 혁신적인 사람이 되도록 격려하는 가장 좋은 방법이 무엇인지 이해하려고 애쓰고 있다.

우리가 함께 벗어나려고 발버둥치는 이러한 고정관념은 과연 무엇일까? 고정관념을 뛰어넘기 위해 목표를 세워 노력해야 할 정도로 우리의 창의성이 그렇게 완벽하게 통제됐다는 말인가? 오늘날 서점에서 쉽게 찾을 수 있는 자기계발서들을 보면 우리에게 독창력을 기르고, 고정관념을 뛰어넘고, 브레인스토밍을 하고, 팀워크를 이루라고 가르치며 그 방법들을 보여준다. 그렇게 하면 돈을 벌 수 있다고 말하면서 말이다. 예컨대, 셔츠에 커피 얼룩이 지고 손가락에 잉크가 묻은 창작자들이 쭈글쭈글한 종이를 들고 화이트보드에 뭔가를 써가며 활기차게 회의하는 장면을 떠올려보라. 반면에 흔들리는 외등 아래서 밤늦도록 혼자 연구에 몰두하고 있는 어느 발명가의 조용한 작업실을 그 장면과 비교해보라. 우리는 기업 연구소나 개발부서에서 여러 사람이 공동으로 작업하는 과정을 통해서든, 개인의 순간적인 착상이나 천재적인 발명을 통해서든 그 결과로 혁신이 이루어진다는 것에 모두 동의한다. 이렇게 서로 대비되는 두 장면에 대한 우리의 관심은 꾸준히 높아져서, 지난 몇 년 사이에 혁신이 과연 어떤 과정을 통해 이루어지는지에 대한 우리의 생각도 크게 발전했다. 스티븐 존슨Steven Johnson이 쓴 『탁월한 아이디어는 어디서 오는가Where Good Ideas Come From』와 같은 책들은 발명을 위한 환경 조건들을 생물학적, 문화적 관점에서 생각할 것을 권한다. 또 래리 레식Larry Lessig의 『코드The Code』 같은 책들은 장기간의 저작권과 특허소유권 조항들처럼 지나치게 강력한 지적재산권 보호가 혁신에 끼치는 과중한 영향에 강하게 반대한다.

그러나 이러한 논쟁들에서는 우리가 잘못된 전략을 선택할 때 사람과 기술 자체가 어떻게 독점되고 고갈되는지에 대해서는 다루고 있지 않다. 지금까지 우리는 인적 자본을 통제하는 여러 조건 아래서 사람들의 혁신 방식이 어떻게 달라지는지에 대해서는 깊이 통찰하지 않았다. 따라서 우리의 논쟁 도중에 잃어버린 고리가 있다면, 그것은 바로 인재 유치 전쟁과 소유권, 아이디어 및 사람에 대한 통제와 관련해 시장 규범이 혁신에 어떻게 영향을 끼치는지에 대해 그동안 생각하지 않았다는 사실이다. 주커버그가 매사추세츠에서 윙클보스 형제의 휘하에 남아 있었다면, 페이스북은 과연 세상에 나올 수 있었을까? 윙클보스 형제는 과연 세계가 상호 교류하는 방식을 인터넷을 통해 획기적으로 바꾸기 위해서 주커버그의 천재성과 의심스러운 태도를 받아들이고 마침내—인재 유치 전쟁과 인적 자본의 이동을 장려하는 독특한 경쟁 정책과 지적재산권 제도를 갖춘 주州인—캘리포니아로 이주했을까? 구글은 자기네 최고의 인재들이 이직하는 것을(법적으로 허용하든 말든) 막아야 할까? 구글은 외부와 인재 유치 전쟁을 벌일 때, 내부에서 창의적인 인재들의 동기를 부여하기 위한 방식처럼 종업원들에 대한 통제를 풀고 자유로운 이동을 장려하는 방식으로 접근해야 하지 않을까?

기업의 보상제도와 전략적 제어는 종업원들이 놀랄 만큼 기발한 방식으로 독창성과 기업가정신을 발휘할 수 있게 한다. 혁신을 추진하는 경영자들은 신제품을 개발하는 인재들에게 피트니스 클럽 회원권을 주고, 식사를 제공하고, 그들의 창의성을 향상시킬 수 있도록 위락시설과 성인용 첨단 장난감이 가득한 사무실을 마련하는 것을 중요하게 생각했다. 팀 빌딩team-building(능력이 뛰어난 개인들이 모인 집단이 기대한 만큼의 역할을 하지 못할 때 그 원인을 찾아 문제를 해결하는 신경영기법—옮긴이), 네트워크, 열린 혁신open innovation(기업들이 연구, 개발, 상업화 과정에서 대학이나 다른 기업, 연구소들의 외부 기술과 지식을 활용해서 내부의 효율성을 높이는 경영 전략—옮긴이)과 같은 전문 용어들이 주위에 난무하지만, 노동관계나 계약 조건들처럼 무형자산(사람과 지식)과 관련된 내부 규정들이 어떻게 조직의 혁신 정신을 높일 수 있는지에 대해서는 알려진 것이 거의 없다. 이제 그러한 내부 규정들을 밖으로 드러낼 때가 되었다. 자잘한 글씨로 인쇄된 계약서 조항, 소송 관련 행위, 조직 전략들은 혁신을 성공시키기 위한 개인과 기업의 결합 방식들에 늘 영향을 끼치기 때문이다. 이 책에서 우리는 영업비밀, 특허, 저작권 소유, 경제 스파이, 비밀유지 협약과 경업금지 규정, 충실 의무, 기업 보상 체계에 대해서 알게 될 것이다. 이러한 전략들은 모두 기업의 가장 큰 자산인 인적, 지적 자본을 통제하려는 시도들이다. 이런 장치들은 기업들과 산업계의 역량에 즉각 영향을 끼칠 뿐 아니라 장기적으로도 많은 영향을 준다. 그러한 영향에 따른 결과들을 더 깊이 파고들다보면 거기서 뜻밖의 교훈을 얻을 것이다. 그래서 마침내 보호주의에 내재된 기본 정신이 시대에 뒤떨어지고 잘못된 방향임을 알게 될 것이다. 우리가 상식적으로 생각하는 것과 달리, 무엇을 얻고자 한다면 대개는 그것을 버려야 한다.

신성한 탐사 여행

혁신은 보통 탐사 여행에 비유된다.[2] 인간은 배를 타고 항해하고, 황무지를 가로지르고, 높은 산을 넘고, 어두운 동굴 속에서 헤매고, 땅을 파헤치고 측량하고 지도를 만들며 온 세상을 탐사했다. 우리는 잠수함의 탐사등으로 심해의 어둠을 밝히고, 달의 표면에서 골프를 치고(아폴로 14호의 미국 우주인 앨런 셰퍼드가 달에 착륙해서 골프를 침—옮긴이), 우주선을 타고 화성의 지표면을 정밀하게 탐사했다. 오늘날 발명자들은 지난날 개척자들이 한 것처럼 우리 시대를 탐사하는 사람들이다. 그들은 최첨단 디지털 시대를 열어 새 세상을 개척하고, 에너지 절약 설비를 개발하기 위해 새로운 공식을 만들고, 의약품과 식품을 공급하는 더 좋은 방법을 개발하고, 위험을 피하고 낡은 소프트웨어를 바꿔 새로운 하드웨어에 적용하기 위한 알고리즘을 작성한다. 그들이 오늘날 탐사하는 곳이 더는 얼음으로 덮인 빙벽이나 뜨거운 태양이 작열하는 사막 지대는 아니지만, 한 가지 문제는 지금도 여전히 남아 있다. 새로운 땅이 발견되면 곧바로 그곳을 정복하기 위해 모든 사람이 몰려드는 것은 예나 지금이나 마찬가지다. 오늘날 혁신의 도구라고 하는 지식, 지적재산권, 인적 자본이 안고 있는 태생적 딜레마가 바로 그것이다. 경제적 경쟁에 쓰이는 이런 새로운 통화들은 형태도 없고 유통되는 것을 막을 수도 없다. 오히려 널리 복제해서 쓸 수 있고 쉽게 변형할 수 있기 때문에 매우 유용하면서 동시에 매우 취약한 속성이 있다. 실제로 법적 보호를 받지 못하는 정보는 외부 세계로 들불처럼 확 퍼진다. 만일 기업들이 많은 것을 투자해서 얻은 정보를 지킬 수 없다면, 경쟁사들이 그 정보를 실시간으로 복제하고 트위터나 유튜브에 바로 올려서 훔쳐갈 수 있다. 오늘날과 같은 디지털 세상에서 새로운 정보를 만들어내는 일은 힘들고 비용도 많이 들지만, 그것을 복제하는 것은 쉬운 일이며 비용도 많이 들지 않는다. 기업이 정보를 보호하는 능력이 없으면 당장 비용을 많이 들여 지식을 생산하더라도 나중에 경쟁사들이 그 이익을 가로챌 것이다. 따라서 개발비용과 사용대가 사이의 불일치는 지적재산권을 둘러싼 열띤 논쟁의 한가운데에 있다.

특허권, 저작권, 영업비밀, 상표권과 같은 지적재산권의 범위를 어디까지 둘 것인가도 논쟁의 지뢰밭이다. 오늘날 우리는 "국가의 미래는 기업의 효율성에 많은 부분이 달려 있고, 기업의 효율성은 지적재산권의 보호에 많은 부분이 달려 있다"[3]고 굳게 믿고 있다. 그러나 지적재산권이 그 소유자에게 이익을 줄 때에도 그것을 관리하기 위해서는 꽤 많은 비용이 들어간다. 지적재산권의 불법 사용을 단속하고 권리를 침해한 자를 추적하고 소송을 제기하는 일은 모두 엄청난 시간과 자원을 소비한다. 그러나 무엇보다 중요한 문제는 지적재산권을 강력하게 통제할 경우, 지적 활동이 매우 제한되기 때문에 그에 따른 혁신의 진행도 지연될 수밖에 없다는 사실이다. 공기가 통하지 않으면 불이 꺼지는 것은 당연하지만, 바람이 너무 세게 불어도 불은 꺼진다. 혁신도 마찬가지의 원리다. 따라서 혁신 정책과 전략을 정하는 일은 둥근 공 위에 올라가 균형을 유지하면서 움직이는 표적을 맞히는 것과 같다.

지적재산권 전쟁은 일반 대중들에게 이미 잘 알려졌지만, 인적 자본인 인재 유치 전쟁과 종업원의 경쟁사 이직 및 기술 사용의 제한처럼 새로운 경제 통화인 무형자산을 둘러싼 또다른 전쟁은 이제 막 그 중요성을 드러내며 논쟁을 불러일으키기 시작했다. 인적 자본 전쟁은 지적재산권 논쟁과 여러 부분에서 관심사가 일치하지만, 많은 사람이 그것에 대해서 잘 알지 못한다. 인적 자본의 제어는 필연적으로 사람—지식 그 자체가 아니라 지식의 보유자, 경제 용어로 말하자면 산출물이 아닌 투입물—에 대한 통제를 수반할 수밖에 없는 독특한 특성이 있다. 인재 유치 전쟁에서 흔히 보는 것처럼 인적 자본의 제어는 전문 인력이 경쟁사로 이직하거나 경쟁사가 그들을 빼내가는 것을 막고, 경영자들이 부정한 방법으로 사업 영역을 침해하거나 숙련되고 창의적인 노동자들이 그들의 지식과 경험을 다른 곳에 사용하고 그들의 아이디어와 창조적 목표를 소유하는 것을 억제하려고 한다. 하지만 우리의 인재 전략은 개인적 열정과 생계를 추구하면서 자신의 경력과 기업에 필요한 직업적, 사회적 관계를 수립하는 사람들의 능력에 주목한다. 이러한 전략은 인재들이 시장에서 자신의 삶과 경제적 모험 행위를 어떻게 구성하는지 결정하는 여러 가지 시스템을 만들어낸다.

50년 전쯤 노벨경제학상 수상자인 케네스 애로우Kenneth Arrow는 중앙통제가 아닌 경쟁이 혁신을 자극한다고 주장했다.[4] 애로우는 인적 자본에 대해 특별히 언급하면서 "기업 간의 인력 이동은 정보를 확산시키는 계기를 마련한다"고 했다.[5] 다시 말해, 아이디어는 노동자들이 회사를 옮겨다닐 때 함께 이동하면서 지식을 확산하고 경제를 강화한다는 것이다. 오늘날 시장 상황과 새로운 학문적 연구 결과들은 애로우의 주장이 옳다는 것을 실증적으로 입증하고 있다. 우리는 혁신이 집단적 노력의 결과이며, 그러한 인간의 상호작용을 통해서 확산되는 방식들이 혁신의 질과 성장을 결정하리라는 것을 안다. 요컨대, 인력의 이동과 경쟁은 혁신을 위해 이롭다. 최근 연구에 따르면, 기업의 미래를 생각하는 회사들은 창조적인 사람들 사이의 상호작용이 인재 이동의 시금석이라는 것을 직관적으로 안다. 이어서 새로운 연구 결과는 혁신적 인재들이 서로 협력하여 일할 때 단순히 그들을 합한 것보다 훨씬 더 큰 능력을 발휘한다는 사실을 보여준다. 이 책에서 우리는 네트워크 과학, 발명자들의 협업 관계, 지역별 경쟁 정책의 차이를 면밀히 고찰하며 오늘날의 현실에 적합한 지혜를 발견할 것이다. 우리는 인재 유치 전쟁에 직면해서 어떻게 싸울지 지혜로운 선택을 해야 한다. 유능한 종업원의 이직은 회사에 이중으로 타격을 줄 수 있다. 당장 회사는 숙련되고 유능한 인재를 잃지만, 그 인재를 영입한 경쟁사는 새로운 핵심 인물을 회사 운영에 투입함으로써 이익을 얻기 때문이다. 이것을 유도에 비유하면, 상대방의 힘을 역으로 이용해서 공격하는 것과 같다. 앞으로 보면 알겠지만, 종업원의 퇴직 후 활동을 제약하는 조항들은 이제 거의 모든 기업의 고용계약서에 담긴 보편적 특징이 되었다. 동시에 기업들은 대개 종업원들의 아이디어를 회사 기밀로 하고 조직 내 인재들을 통제하는 정책을 수용하지만, 이러한 통제 심리는 혁신이 경쟁 시장에서 지식과 사람의 자유로운 이동에 달려 있다는 보편적인 사실과 충돌한다. 인재는 서로 경쟁자이기도 하지만 하나의 사회를 구성하는 요소들이므로, 우리는 인재를 단순히 경쟁 차원이 아니라 우리 모두의 자원으로 보면서 인재를 육성하는 일에 주목해야 한다.

최근 몇 년 사이에 여러 측면에서 사회의 발전이 서로 중첩되고 현실이 새롭게 구축되면서 인재 유치 전쟁과 인적 자본의 통제에 대한 우리의 인식도 바뀌었다. 첫째, 세계적 차원의 경쟁, 고용 관행, 팀워크, 노동시장의 이동성은 모두 우리가 그동안 혁신의 경쟁 우위에 대해 생각했던 방식에 문제를 제기한다. 둘째, 오늘날 우리에게는 성공적인 혁신의 기반이 무엇인지 밝히고, 서로 다른 전략과 정책에 더욱 지혜롭게 접근할 수 있는 최첨단의 과학적 지식이 있다. 끝으로, 인적 자본과 지적재산권의 중요성에 대한 인식이 높아지면서 수많은 분쟁과 갈등이 노출되기 시작했다. 일부 첨단 기술 산업에서 새로 회사를 차릴 때 예상되는 창업비용에 소송비용을 포함하는 것이 오늘날 일반적인 관행이다. 인적 자본과 지적재산권의 범위에 대한 재판관할권의 잦은 변동과 불확실성은 인재와 지식 통제를 둘러싼 기존의 이러한 분쟁 구조를 더욱 복잡하게 만들면서 현재의 비효율적인 상황에 심각한 우려를 불러일으킨다. 전 세계의 정책 결정 당국과 기업들은 기존의 시대에 뒤떨어지고 잘못된 접근방식에 불만을 나타내면서 현재의 혁신 전략에 대해서 다시 생각하고 있다. 미국이 유럽과 중국, 인도 등의 나라들과 치열한 경쟁에 직면하고 있는 시점에서 다른 많은 나라와 정부들이 개혁 과정에 있거나 그러한 개혁을 논의하고 있다. 그럼에도 불구하고 기업가정신과 개발 촉진이라는 총체적 목표에 대해서는 대개 동의하지만, 그러한 목표를 어떻게 달성할 것인지에 대해서는 아직 서로 의견이 분분하다. 이 책은 이러한 논쟁에 담긴 편견과 근거 없는 딜레마를 제거하고 더욱 현명한 인적 자본 전략에 대해서 세련된 대화를 나눌 수 있도록 논의의 방향을 다시 제시할 것이다. 현실에 맞는 새로운 시각을 찾는 과정에서 우리는 오늘날 경쟁 시장에서 혁신의 날을 날카롭게 유지할 수 있는 태세를 더욱 잘 갖추게 될 것이다. 부디 이 책이 조직 내의 많은 아이디어와 그것들을 창안하는 사람들을 더욱 잘 관리하는 방법을 발견하는 데 도움이 되기를 바란다.

|| 제1부 ||

인적 자본 선취권

그것은 정말 전쟁이다. 우리는 유능한 인재가 필요하다. 우리는 가장 뛰어난 인재들을 얻기 위해 늘 싸우고 있다. 무엇인가를 잃을지 모른다고 걱정될 때 자연스럽게 나오는 반응은 무작정 붙들고 늘어지는 것이다. 관리자, 최고경영자, 심지어 경제학자들도 대개 곧바로 그런 반사적 반응을 보이며 기본적으로 통제 심리가 작동한다. 그러나 통제는 정말로 효과가 있을까? 그들은 정말 성문을 굳게 지키고 있는 걸까, 그것은 오히려 자해 행위가 아닐까? 여기서 서로 생각이 엇갈린다. 기업들은 경쟁력을 확보하기 위해 독립심이 강한 사람들이 절실하게 필요하다. 그러나 그런 사람들을 경쟁사에 빼앗기지 않으려고 애쓰는 기업들의 태도는 오히려 그들의 독립심을 약화시키고 경제 성장을 정체시킨다.

그렇다면 우리는 어떻게 균형을 잡아야 할까? 먼저 세계가 '두뇌 집단의 균형'을 이루기 위해 벌이는 다양한 노력을 살펴보는 것에서 시작하자. 미국의 버락 오바마 대통령은 미래의 혁신을 말하며 금세기의 새로운 스푸트니크 전기Sputnik moment(구소련이 세계 최초로 인공위성 스푸트니크 1호 발사에 성공한 것을 계기로 미국이 우주선 개발에 박차를 가하게 된 전환점을 의미—옮긴이)를 선포했다. 우리는 새로운 발명품 개발이 인재를 육성하고 유지하는 국가와 기업의 역량에 달려 있음을 안다. 그러나 그러한 경쟁력을 어떻게 성취할지는 알지 못한다. 인재를 유치하기 위한 전쟁이 점점 세계화되면서 노동시장에서 일어난 두 가지 중요한 발전이 서로 충돌한다. 모든 차원에서 노동자들의 기대감은 엄청나게 커졌지만, 실제로 장기적인 고용 전망은 전혀 기대할 수 없는 수준이다. 이러한 필연적 충돌을 막을 수 있는 유일한 처방은 인적 자본 관리에 대해 더욱 깊게 이해하는 데서 나온다.

산업혁명의 시대에서 디지털혁명의 시대로 넘어가면서 날마다 직장에서 틀에 박힌 일을 반복하는 노동 방식의 통제가 완화되었다. 그러나 그것은 사람들이 어디서 어떻게 왜 일하는지에 대한 것이 아니었다. 이러한 간극은 오늘날 혁신의 경계가 대강 어디인지를 보여준다. 우리 앞에는 두 갈래 길이 있다. 다시 말하면, 인재와 인적 자본 통제를 둘러싼 전쟁에는 서로 다르게 접근하는 두 가지 사고방식이 있다. 우선 전통적 사고방식은 혁신의 과실을 거두려면 통제가 반드시 필요하다고 생각한다. 이는 소유권, 지적재산권, 기업 투자, 금융, 경제 성장에 대한 논쟁의 전반에 흐르는 정서다. 비록 그러한 정서가 여기저기서 심각한 도전을 받았지만, 인적 자본 개발과 관련해서는 아직도 여전히 강력하게 영향력을 발휘하고 있다. 이에 반해 우리 앞에 놓인 또하나의 길인 역동적 사고방식은 다양한 인적 자본 전략들을 탐색할 수 있게 도와준다. 여기서 혁신은 정보와 사람의 역동적 흐름과 긴밀하게 연결되어 있다. 벤처기업들을 손쉽게 옮겨다닐 수 있는 자유는 사람들에게 동기를 부여해서 결국 모든 기업에 이익을 주기 때문이다. 우리는 이 길을 따라 이동하면서, 통제 완화가 가져다주는 이익—투자자, 회사, 산업, 지역 전반에 걸친 이익—을 입증하는 새로운 증거에 관심을 가질 것이다. 끊임없이 혁신해나가기 위해서는 관리자, 경쟁자, 경제학자, 법률가를 포함한 우리 모두가 통제 심리에서 벗어나는 법을 배워야 한다.

1장
인재 유치 전쟁

필립 여Philip Yeo(싱가포르 정부의 헤드헌터)는 연쇄납치범이라는 악명 높은 별명이 붙은 사람치고는 전혀 남에게 해를 끼칠 인물로 보이지 않는다. 그러나 어떤 사람들은 그가 매우 위험한 인물이라고 말한다. 지난 6년 동안, 여는 전 세계를 돌아다니며 워싱턴, 샌디에이고, 캘리포니아 팔로알토, 에든버러 등지에 있는 유능한 과학자들을 찾아가서 조국인 싱가포르로 돌아오도록 설득했다.

—『타임 매거진』

두뇌집단의 균형

2006년, 『이코노미스트』지는 "**인재는** 오늘날 세상에서 가장 인기 있는 집단이 **되었다**"고 선언했다. 그때부터 인재를 확보하기 위한 전쟁은 훨씬 더 격렬해졌다. 일터의 제반 환경이 바뀌면서 전 세계의 경제 지평은 평평해졌다. 불과 얼마 전까지만 해도 중국이나 인도, 브라질, 동유럽, 중동 국가들 같은 개발도상국은 값싼 노동력을 제공했지만, 북아메리카와 일부 유럽 국가들은 최고급 노동시장을 독점했다. 그러나 이제 더는 그렇지 않다! 이른바 제3세계 국가들은 무서운 속도로 선진

국들을 따라잡고 있으며 전례 없는 도전과 경쟁력을 보여주고 있다. 이러한 변화가 보여주는 한 가지 사실은 지난날 아시아 국가들의 종신고용과 노동자의 높은 기업 충성도의 전통에도 불구하고 오늘날 그들 국가의 노동자들의 '근속년수'—한 직장에서 계속 근무한 연수—는 미국이나 유럽보다 더 낮다는 것이다.[1]

전 세계 국가들은 마치 벤처자본가들(일부에서는 이런 투자자들이 독수리처럼 무자비하게 가장 유능한 종업원들을 가로채간다고 해서 그들을 벌처 자본가vulture capitalist라고도 부른다)이 하는 것처럼 인재를 유치하기 위해 안간힘을 쓰고 있다. 오늘날 전 세계 첨단 기술의 중심지로 떠오르고 있는 싱가포르는 정부 조직 내에 해외인재부international talent division를 두고 해외에서 유능한 인물들을 유치하는 업무를 맡고 있다. '연쇄납치범'이라는 별명이 붙은 필립 여가 바로 싱가포르의 해외인재부를 이끌고 있다. 여는 자신을 헤드헌터보다는 '인재 날치기'로 소개하고 싶어한다. 여는 한 인터뷰에서 싱가포르가 인재들을 꾀어내기 좋게 미국의 시장 환경이 바뀌고 있다고 말했다. "과거에 미국은 황금산과 같은 존재였어요. 하지만 지금 미국 시장의 상황은 매우 험악합니다. 모든 외국인이 하나의 위협입니다. 시장 전체의 분위기가 바뀌고 있어요."[2] 존 카오John Kao는 그의 저서 『혁신 국가Innovation Nation』에서 세계적 차원의 경쟁을 할 때, '유혹의 기술'에 좀더 관심을 기울이라고 요구한다. 카오의 주장으로는 오늘날 많은 인재가 놀랄 만큼 빠른 속도로 진취적인 지역으로 유입되고 있다고 한다. 사회학자 리처드 플로리다Richard Florida는 유럽과 아시아 국가들이 새롭게 경쟁력을 갖추면서 미국이 "대다수 국민에게 경제적 기회를 제공하지 못하고 서유럽 국가들의 사회적 복지도 제공할 수 없는 이류 경제"로 전락하고 있다고 강하게 경고하고 있다. 이 모든 경고는 앞으로 얼마 안 있어 세계에서 가장 강력한 경제국으로 도약할 것으로 예상되는 중국을 겨냥하고 있다.

2011년 1월, 오바마 대통령은 새로운 냉전의 이미지를 연상시켰다. 구소련이 최초의 인공위성 스푸트니크를 지구 궤도 위에 올려놓은 1957년처럼, 미국은 이제 새로운 제국 중국이 꾸준하면서도 서서히 세계 경제를 지배하는 초강대국으로 성장하고 있는 모습을 위태로운 눈길로 한 발 뒤로 물러서서 주시하고 있다. 오바마는 중국이 "세상에서 가장 빠른 기차와 가장 빠른 컴퓨터"를 보유하고 있다고 경고했다. 그리고 몇 년 안에 중국뿐 아니라 다른 나라들도 다양한 핵심 기술 분야에서 미국을 압도할 것이라는 예측들이 많다. 오바마가 그런 말을 한 다음날, 당시 상원의원이었던 존 케리는 같은 말을 반복하면서 21세기의 혁신 과제로 소련의 스푸트니크라는 역사적 상징을 사용한 의미에 대해서 부연 설명을 했다. "우리는 지금 연구개발이 필요합니다. 과학과 기술, 공학과 수학이 필요합니다. 미국이 다시 굴러가도록 해야 합니다. 지금이 바로 미국의 스푸트니크가 날아오를 순간입니다. 말하자면, 우리는 지금 또다시 스푸트니크가 창공을 가로지르는 것을 보았습니다. 그러나 이에 대응해서 지금의 우리는 1960년대에 했던 것과 유사한 어떤 행동도 하지 않았습니다."

냉전 시대 힘의 균형은 핵무기 경쟁에 주목했다. 그러나 오늘날 국제 경쟁은 인재에 주목한다. 국내외적으로 부글부글 끓어오르는 분야는 첨단 기술과 생명공학기술, 정보 시장만이 아니다. 플로리다는 『창조 계급의 발흥The Rise of the Creative Class』(국내에서는 『신창조계급』이라는 제목으로 번역되어 나옴—옮긴이)이라는 책에서 미국의 인재 기반이 과학과 예술, 경제 관련 모든 벤처 분야에서 점점 약해지고 있다고 경고한다. 미국 대학들이 재능 있는 우수 외국 유학생들을 불러들이고 있기는 하지만, 그 가운데 많은 사람이 미국 시장에 더는 남아서 일하려고 하지 않는다. 미국 국가과학재단National Science Foundation에 따르면, 현재 미국의 과학, 공학, 컴퓨터 기술 분야에서 일하고 있는 박사학위 소지자의 절반 정도가 외국 태생이다. 그러나 이제 더는 최고의 인재들이 미국에 남아서 그들의 전문 업무를 시작하리라고 기대할 수 없다. 플로리다는 최근 저서인 『거대한 판 다시 짜기Great Reset』(국내에서는 『그레이트 리셋』이라는 제목으로 번역되어 나옴—옮긴이)의 결론 부분에서 훨씬 더 강력한 어조로 이렇게 경고했다. "연구개발 실험실은 점점 더 침체와 불황의 늪으로 빠져들고, 공장은 권태와 무관심만 가득하며, 거리는 범죄가 점점 더 난무하는 상황이 바로 우리가 기대할 수 있는 미래의 모습이다." 많은 논란을 일으킨 『호랑이 엄마의 찬송가Battle Hymn of Tiger Mother』(국내에서는 『타이거 마더』라는 제목으로 번역되어 나옴—옮긴이)를 쓴 에이미 추아Amy Chua와 같은 학자들은 자식들의 양육과 교육을 엄격하게 하는 중국이 미국과의 새로운 스푸트니크 경쟁 관계에 접어드는 것에 대해 미국인들의 마음에 더 큰 우려를 심어주었다. 추아는 그 책에서 중국의 부모들이 서양의 부모들보다 더 우월한 방식으로 자식을 양육하기 때문에 학교나 직장에서 중국 아이들이 서양 아이들보다 경쟁우위에 서서 성공할 가능성이 더 높다고 주장한다. 그러나 현실에서 나타나는 징후는 플로리다가 주장하는 것만큼 불길하지 않고, 그것을 적절하게 치료하는 방법 또한 추아가 제시하는 것만큼 급진적이지 않다. 확실한 것은 서양의 부모들이 전임 펜실베이니아 주지사였던 에드 렌델Ed Rendell이 말한 것처럼 '겁쟁이들의 국가'가 되었다고 자인할 필요가 없다는 사실이다. 그러나 오늘날 미국이 국가 경쟁력을 잃고 있다는 생각은 맞다. 어떤 특정한 방식으로 자식을 양육하든, 한 해에 만 명이 넘는 박사를 양산하든, 그것은 미국의 경쟁력을 회복시키는 방법이 아니다. 오히려 이제부터는 유능한 인재들을 어떻게 확보할 것인지, 그리고 인재 육성을 위한 기업과 사회의 역량을 어떻게 키울 것인지에 초점을 맞춰야 한다.

새로운 스푸트니크를 쏘아올릴 순간

우리는 인적 자본과 지식이 21세기의 지배적인 자산이 되었다는 것을 인정한다. 그러나 새로운 시장 경쟁의 현실에 맞는 인재를 어떻게 확보할지에 대해서는 아직까지 생각해내지 못했다. 기업들이 경쟁력을 유지하기 위해서는 혁신을 강력하게 추진할 수 있는 사람이 있어야 하고, 노동자들이 노동력을 유지하며 살아남기 위해서는 고용주들을 바꿀 수 있는 능력이 있어야 한다. 우리는 10년 전보다 훨씬 더 자주 직장을 옮긴다. 대다수 사람은 한 직장에서 3~4년 넘게 일할 생각은 하지 않는다. 그것보다 더 자주 직장을 옮길 가능성은 그다지 높지 않다. 다만, 매우 귀중한 특허를 발명한 사람들은 그것보다 더 자주 옮길 가능성이 높다. 최근 한 연구에 따르면, 경쟁이 심한 산업에서는 종업원 세 명 가운데 한 명이 경쟁사로의 이직을 권유받은 적이 있다고 한다. 토머스 에디슨은 일찍이 창의력이 풍부한 천재는 "99%의 땀과 1%의 영감"의 산물이라고 겸손하게 말했다. 그러나 오늘날 모든 시장에서 기업들이 가장 우수한 인재를 확보하려고 치열하게 경쟁하는 것을 볼 때, 인재를 얻기 위해 경쟁업체들과 전면전을 벌여야 할 정도로 인재가 충분치 않다는 것은 틀림없다. 기업들은 인재를 손에 넣기 위해서 수백만 달러를 들여 신생 기업을 통째로 인수하기도 하는데, 이는 제품만 구매해서는 지식과 기술을 얻을 수 없기 때문에 그 제품을 개발한 팀원 전체를 확보하려는 전략이라고 할 수 있다.

오바마 대통령은 앞서 2010년 12월 6일에 노스캐롤라이나의 윈스턴-살렘에 있는 포사이스 테크니컬 커뮤니티 칼리지Forsyth Technical Community College에서 한 연설에서 구소련의 스푸트니크와 새로운 혁신 경쟁을 연상시키는 발언을 했다. 그는 자기가 이 기술전문대학에서 연설하기로 한 것은 이 학교가 고등학교 졸업생부터 일자리를 잃은 자동차 공장 노동자들까지 모든 사람에게 미래의 산업에서 일할 수 있도록 새로운 기술들을 전수하기 때문이라고 설명했다. 앞으로 우리가 할 일은 명확하다. 새로운 기술을 익히고, 새로운 직장으로 옮기고, 미래 산업을 위한 인재를 육성하는 것이다. 그러나 오늘날 시장의 앞날은 팽팽한 긴장감에 휩싸여 있다. 더이상 안정된 고용보장은 없다. 반면에 기업들의 인재 의존도는 훨씬 더 높아졌다. 지금이 바로 새로운 스푸트니크를 쏘아 올릴 순간이지만, 우리는 아직도 인재를 실은 로켓을 어떻게 우주 궤도로 진입시킬지 알지 못하고 있다. 여기서 중요한 것은 우리가 지금까지 문제의 일부분만 주목하고 있었다는 사실이다. 지금 우리는 단순히 아이들의 양육을 어떻게 할지, 기업의 내부 관리 체계는 어떤 식으로 구축할지를 논쟁하고, 전문대학과 직업훈련센터 같은 것만 생각하고 있다. 아직까지 어떻게 경제적 생산의 한가운데서, 다시 말해서 시장 그 자체의 내부에서 인재 풀을 어떻게 생성하고 유지할지는 생각해내지 못했다. 시장에 진입하기 전이나 진입을 모색하는 동안뿐 아니라 평생 일하는 과정에서 중요한 것은 지속적이고 생산적인 방식으로 인재를 확보하는 방법을 알아내는 것이다.

낮아지는 고용보장,
높아지는 인재 의존도

20세기 말, 대량 생산 체제가 비용이 적게 드는 해외 설비로 급속하게 이식되면서 미국을 비롯한 선진국의 노동 환경은 급격한 변화를 겪었다. 우리는 높은 기술력에 대한 기대와 변화에 대한 적응력, 조화를 이루는 전문화와 첨단 기술에 초점을 맞추기 시작했다. 기업들은 경쟁에서 살아남기 위해 지속적인 혁신과 변화에 의지하면서 안정된 고용보장을 바라는 우리의 기대를 저버릴 수밖에 없었다. 산업화 시대에 노동관계는 안정된 장기고용과 정규직을 보장하는 사회계약을 기반으로 했다. 장기적인 고용 안정과 연공서열에 따른 보상 체계를 바탕으로 승진도 기본적으로 보장되었다. 포드모터스Ford Motors처럼 산업화 시대의 상징인 회사들에 다녔던 노동자들은 입사해서 정년이 될 때까지 동료들과 함께 일하는 것이 보통이었다. 2차세계대전이 끝나고 뉴딜 정책 지지자들은 종신고용을 전제로 노동조합을 결성하고 단체교섭을 시행했다. 고용보장과 안정화는 아주 최근까지도 고용의 가장 기본이 되는 준칙이었다. 첨단 기술 산업을 대표하는 최고의 거대기업들 가운데 하나인 아이비엠(IBM)은 기본적으로 포드 같은 초기 산업화 시대의 기업들처럼 회사에 대한 종업원의 충성도와 장기고용 보장이라는 개념 위에 세워졌다. 따라서 1990년대 초에 시작된 IBM의 종업원 해고는 시장에 극적인 변화가 도래했음을 알리는 신호였다. 장기고용을 더이상 기대할 수 없다는 것이 명확해진 상황에서 IBM 노동자들은 분노하지 않을 수 없었다. "IBM의 임원이 되는 것은 매우 큰 의미가 있었다. '우리는 하나의 거대한 대가족이었어요.' 쉰두 살의 키가 크고 어깨가 넓은 남자 사원 존 영이 말했다. '관리자는 아버지 같은 사람이었죠. 그 대가로 노동자들은 장시간을 근무했고 그들의 아내들은 성실하게 맡은 바 일을 했죠.'" 존의 아내에게 해고에 대해서 묻자 "엄청난 배신감"[3]이라는 말로 대답을 대신했다. IBM의 깜짝 해고 사태가 일어난 지 20년이 흐른 지금, 사용자와 노동자 사이의 유연한 관계라는 새로운 노사 모델은 노동관계를 구성하는 새로운 기준틀이 되었다.

오늘날 노동 모델을 상징하는 신조어인 '**경계 없는**boundaryless' 이라는 용어는 노동자들이 직장을 아주 빠르게 옮기는 것을 의미한다.[4] 노동자들은 이제 더이상 자신들의 짧은 노동주기가 한 바퀴 이상 돌 때까지 오랫동안 같은 작업장이나 동일한 사용자 밑에 남아 있기를 기대할 수 없다. 생산은 이제 그 자체가 어느 한 곳에 한정되지 않는다. 생산 공정이 대개 여러 단계로 쪼개져 세계의 여러 나라에서 각 공정 단계들이 이루어지고 있기 때문이다. 기업들은 고용과 생산 현장에서 더욱 유연해지려고 애쓰면서 고용대행업체들과 계약을 맺는다. 오늘날 고용대행업은 호황을 이루는 산업으로, 기업을 대신해서 노동자 배치와 채용을 주관한다. 최근까지 노동자는 크게 두 부류로 나뉘었다. 하나는 안정된 대기업의 핵심부서에서 일하는 내부노동자 집단이고, 다른 하나는 시간제, 임시직, 계절노동자 또는 비정규직인 외부노동자 집단이다. 외부노동자 집단은 주로 소수자, 여성, 이민자 계층을 중심으로 이루어진 2차 노동 시장을 형성하는데, 대개가 낮은 수준의 기술을 요구하는 저임금 직종으로 고용이 불안정하다. 이들은 또한 고용대행업체를 통해 일시적으로 투입되는 파견노동자들일 가능성이 높다. 오늘날 노동자들이 내부 집단과 외부 집단으로 나뉜 것은 매우 중요한 의미가 있다. 현재 전체 노동자의 약 3분의 1이 전통적인 상근, 정규직 노동자 신분이 아니다. 심지어 마이크로소프트 같은 기존의 첨단 기술 기업들조차도 전 종업원의 거의 3분의 1이 임시직으로 파견되거나 고용된 종업원이거나 독립 컨설턴트들이다. 요컨대, 지난날 비정규직 노동자였던 시간제, 임시직, 파견직, 하청노동자가 이제 21세기 노동자의 전형이 되고 있다. 내부노동자와 외부노동자를 나누는 경계는 이미 허물어졌다. 그런데 무엇보다 중요한 것은 대기업에서 일하는 상근 노동자들도 몇 년 안에 직장을 옮길 가능성이 높다는 사실이다. 첨단 기술업체에서 유흥업소에 이르기까지, 서비스직이든 영업직이든, 숙련 노동자들이 직장을 아주 빈번하게 옮기는 것은 점점 일반화되고 있다.

'여린 마음과 건장한 등짝'

윈스턴 처칠은 1943년 한 의회 연설에서 "미래의 제국은 마음의 제국이 될 것이다"라고 예견했다. 처칠의 말은 오늘날 우리가 고용할 인재들에게 기대하는 것으로 공명을 준다. 혁신은 모든 곳에서 일어나야 하며 영감 있는 사람들의 손에 달려 있다. 전문 연구 시설과 공장의 작업 현장은 모두 창조력의 온상이 될 수 있다. 하지만 '마음의 제국'은 그냥 우연히 생겨나는 것이 아니다. 생산성과 창조성의 불씨가 활활 타올라

불꽃으로 번질 수 있는지는, 그런 마음의 제국을 뒷받침해서 노동자들이 자기 잠재성을 일깨우도록 도울 수 있는 우리의 능력에 달려 있다.

노동자들의 창조성을 계발할 필요가 있다는 생각은 우리의 노동인식에 대한 역사적 전환점을 가져왔다. 우리는 대개 오랫동안 노동을 창조적인 것으로 생각하지 않았다. 따라서 노동력에 대한 우리의 기대가 어떻게 바뀌었는지 되돌아보는 것은 의미 있는 일이다. 19세기와 20세기 초 산업화 시대 전반에 걸쳐, 기업은 노동자들이 발명하고 혁신하고 창조적인 일을 하는 사람이라고 생각하지 않았다. 노동자들을 그저 부품이나 만들고 그것을 포장하는 사람으로 여겼다. 그 결과, 작업 환경은 노동자들의 혁신 능력을 향상시키는 데 전혀 도움이 되지 않았다. 노동자에 대한 일반적인 모습은 컨트리 음악의 자작곡 가수인 멀 트래비스Merle Travis가 광부들의 비애를 묘사한 노래 가사에 잘 드러난다.

> 어떤 사람들은 인간이 흙으로 만들어졌다고 하지만
> 가난뱅이는 근육과 피로 이루어져 있지
> 근육과 피, 살가죽과 뼈
> 여린 마음과 건장한 등짝으로 말이야.

좀더 거슬러올라가서 18세기와 19세기 초 노동자에 대한 이미지는 의존적인 아이들의 모습을 닮았다. 그들은 사용자를 위해 장시간 일했다. 때로는 어쩔 수 없이 그래야 할 때도 있었다. 이러한 산업화 이전 시대의 역사가들은 고용을 가족관계와 비슷하게 묘사한다. 당시 노동자들은 대부분 성인이 된 뒤 자신의 모든 삶을 한 명의 사용자를 위해서 바쳤기 때문이다. 그들의 고착된 신분(노동 신분과 사회 신분)은 노동관계 전체를 규정했다. 법률적으로도 노동 관련 규칙의 명칭은 주종법主從法master-servant law으로 매우 부적절했다. 노동자는 사용자에게 무조건 복종해야 했다. 사용자는 복종의 대가로 노동자들에게 기본적으로 식량과 숙소를 제공할 의무가 있었다. 동시에, 복종이 비록 부동의 규칙이었다고 해도, 한 장소 안에서 생산의 전 과정을 진행하는 초기 농업과 수공업의 특성상, 당시 실제 노동시간의 통제는 산업화 시대의 경우보다 약했다. 19세기 말, 산업이 대량생산 체계로 바뀌면서 노동시장도 크게 바뀌었다. 노동은 소규모 생산에서 대규모 제조로 급격하게 전환하기 시작했다. 또한 상업이 발달하면서 고용관계도 점점 더 복잡한 모습으로 변했다. 노동자를 관리하고 감독하는 사람들이 생겨나고 여러 계층으로 세분화되었다. 다시 말해, 노동자들 사이에 위계질서가 만들어진 것이다. 이제 거대한 조립라인 공장에서 계획에 따라 움직이는 노동은 점점 더 비인간적인 모습을 띠게 되었다. 오늘날 기업은 가장 일반적인 경제 조직의 한 형태가 되었다. 20세기 초, 우리는 역사가 레이먼드 호글러Raymond Hogler가 말한 이른바 '관리의 시대the Era of Management'로 접어들었다. 이러한 관리의 시대에 기업은 모든 생산을 중앙에서 통제하고 치밀하게 조직하고 철저하게 감독했다.

관리의 시대(포드주의) 아버지인 헨리 포드는 포드 자동차회사의 노동자들을 엄격하게 통제했다. 동일한 작업복을 입은 노동자들이 자동차 조립라인에 일렬로 늘어서서 자기가 맡은 공정을 끊임없이 반복했다. 그의 통솔 아래서 자동차 산업은 산업화 시대의 축도가 되었다. 트래비스의 우울한 연가에 나오는 것처럼, 산업화 시대의 노동자에게 가장의 이미지는 '여린 마음과 건장한 등짝'을 가진 개인의 모습이었다. 산업혁명의 지도자들은 직무를 정의하는 가장 좋은 방법으로 업무가 아주 엄밀하고 세분화되어야 한다고 생각했다. 포드 자동차회사의 조립라인에서 하는 노동은 명확하게 단계별로 분리되고 표준화되었다.[5] 아침 8시에 정확하게 출근카드를 찍고, 정해진 휴식시간이 아니면 9시간 동안 자기 자리에 내내 서서 일해야만 했다. 값싼 자동차를 대량 생산하는 것이 자동차 산업에서 가장 중요한 능력이었던 만큼 조립라인 생산은 가히 혁명적인 방식이었다. 포드는 여러 명의 숙련된 노동자들이 한 팀을 이루어 자동차 한 대를 완성할 때까지 일관 작업으로 함께 협업하던 방식을 버리고, 제작중인 자동차가 노동자에게 오는 방식을 도입했다. 말하자면, 노동자는 작업라인의 고정된 자기 자리를 지키면서 동일한 작업을 반복한다. 그러한 역할 구분은 회사의 전 부문에 적용되어 동료 노동자들 사이의 상호교류를 막았다. 20세기 초 과학적 관리론(또는 테일러주의)의 창시자인 프레더릭 테일러Frederick Taylor는 포드가 기업 현장에서 개혁을 수행하는 데 이론적 배경을 제공했다. 테일러는 노동자들이 집단으로 협업하는 것보다 분업을 통해 개인이 자율적으로 따로 일하는 것이 더 효율적이라고 생각했다.[6] 그의 이론에 따르면, 생산관리 계획은 위에서 아래까지 엄격하게 감시되어야 한다. 노동자들이 작업중에 딴 생각을 못하도록 하기 위해서 작업은 모두 전문화되고 생산 단계들은 아주 세분화되어야 한다. 관리자들은 테일러의 과학적 관리론을 현장에 적용하면서, 보통 노동자의 정확한 작업 시간과 동작을 측정하는 시간동작 연구를 바탕으로 조립라인의 공정별 작업방식을 개발했다. 그 시대의 이상적인 노동자는 기계의 톱니바퀴처럼 동일한 작업을 최대한 효율적으로 반복해서 수행하는 비숙련노동자였다.

따라서 테일러주의는 관리자와 노동자 사이에 엄격한 상하계층과 경계가 있었다. 이러한 구분을 더욱 분명하게 하려고 여러 상징적 구조들을 두었다. 노동자들은 시간제로 급여를 받았지만, 관리자들은 월급을 받았다. 노동자와 관리자가 이용하는 식당이 달랐다. 심지어 출입구와 주차장도 노동자와 관리자 구역이 달랐다. 이런 명확한 분리는 인재와 기술에 대한 중요성을 계층에 따라 다르게 생각한다는 의미였다. 그러나 그때에도 위대한 기업가들은 노동자가 얼마나 중요한지 알고 있었다. 당시의 가장 유력한 기업가 가운데 한 명인 철강업계의 전설 앤드루 카네기Andrew Carnegie는 이렇게 말했다. "노동자들이 떠나고 공장만 남으면, 공장 안은 곧바로 풀이 무성해질 것이다. (…) 하지만 공장이 무너진다 해도 노동자들만 있으면, 우리는 더 좋은 새 공장을 곧 갖게 될 것이다."

카네기는 이 말을 통해서 강철은 원재료이지만 노동자는 기업의 생명이라는 것을 명확하게 표현했다. 그러나 산업화 시대의 일반적인 생각은 노동자들은 언제든지 교체될 수 있고, 늘 통제할 필요가 있으며, 창조적 활동과는 담을 쌓은 존재였다.

통제 완화:
지휘자의 선물

작가 앨런 알렉산더 밀른Alan Alexander Milne은 한때 무질서의 장점 가운데 하나가 사람들이 그속에서 끊임없이 새로운 발견을 한다는 것이라고 했다. 그러나 산업화 시대의 기업가들은 생각이 달랐다. 질서는 조직 원리였고 조직 위계는 무엇보다 중요했다. 사장은 절대자였다. 노동자들은 질서에 문제를 제기하거나 세분화된 자기 직무를 넘어서는 일을 해서는 안 되었다. 그러나 지난 몇십 년 동안 노동과 경쟁의 성격이 급격하게 바뀌면서 경영 이론들도 따라 발전했다. 지난날 경영관리의 사회적 통념이었던 것이 이제는 더이상 필요하지 않다.

21세기 경쟁과 생산의 속도는 기업들에게 산업화 시대와는 다른 요구사항들을 내놓는다. 산업화 이후의 시대, 흔히 지식 경제 또는 디지털 시대라고 부르는 지금, 혁신은 기업의 생존을 좌우하는 생명의 피다. 오늘날 무형자산기업의 아이디어, 사람, 상표는 많은 기업의 주요 자산이다. 무형자산이 기업의 자산 기반 가운데 가장 큰 부분을 차지하기 시작했다는 사실을 보여주는 연구 결과가 많이 있다. 그러나 이러한 자산들은 근본적인 약점이 있다. 혁신을 지적재산권으로 보호한다고 해도, 디지털 시대인 오늘날에는 눈 깜짝할 사이에 무단 복제와 유포행위가 발생할 수 있기 때문이다. 이제 경쟁 기업들은 발전된 기술을 이용해서 복제와 개선, 경쟁하는 방법을 아주 신속하게 찾아낼 수 있다. 이렇게 혁신이 영향력을 발휘하는 유효 기간이 급속하게 짧아지면서, 기업들은 가장 혁신적인 최고의 인재들이 필요하게 되었고 그들을 영입하는 관리방식이 절실해졌다.

오늘날 새로운 직장 환경을 비유하는 것으로 오케스트라와 지휘자의 예를 들어 생각해보자. 오케스트라 지휘자는 지휘봉을 써서 단원들 간의 완벽한 조화를 만들어낼 책임이 있다. 스스로 오랫동안 지휘자였던 이타이 탈감Itay Talgam은 위대한 지휘자들의 지휘 방식을 연구하고 나서 가장 훌륭한 지휘자는 혼돈에서 질서를 찾을 줄 아는 지휘자라고 결론을 내렸다. 위대한 지휘자는 지시를 내리지 않고도 훌륭한 곡을 연주하는 환경을 창조해낸다. 위대한 지휘자들은 연주자들에게 단편적인 사실로 결론을 내리거나 상상력 없이 형식만 맞춰 연주하라고 요구하지 않는다. 그들은 청중들이 동시에 다양한 이야기를 들을 수 있게 하는 기쁨을 발산한다. 위대한 지휘자는 개별적 흐름을 존중하고 저마다의 창조적 흐름이 조화롭게 합쳐질 수 있게 한다. 그 과정에서 소음은 마침내 음악으로 재창조된다.

변화하는 관리방식을 본격적으로 살펴보기에 앞서 먼저 널리 알려진 두 명의 지휘자를 비교해보자. 이탈리아인 지휘자 리카르도 무티Riccardo Muti는 지시와 통제로 오케스트라를 이끄는 스타일로 유명한 보수적인 지휘자다. 그를 두고 포드 자동차회사와 같은 지휘자라고 말하는 사람이 있을지 모른다. 사람들은 무티를 독재자라고 불렀다. 그는 현대를 대표하는 위대한 지휘자 가운데 한 명이었지만, 지휘자로서의 경력은 논란이 끊이지 않았다. 그는 오케스트라의 음악 해석이 마음에 안 들면 공연을 자주 포기한다. 지휘자로서 그는 단원들의 의견을 받아들이는 것에 경직된 모습을 보이고, 의견이 다른 단원들이 벌이는 어떤 행동도 용납하지 않는 것처럼 보인다. 실제로 2003년 밀라노에 있는 세계적으로 유명한 오페라하우스 라스칼라La Scala 극장의 오케스트라 단원들은 무티의 통제가 지나치게 심하다고 항의했다. 그들은 상임지휘자 무티가 단원들이 창의적으로 연주할 수 있는 분위기를 허용하지 않고, 자신의 자리를 위협할지도 모를 저명한 객원지휘자들의 영입을 거부한다고 불평했다. 단원들은 무티가 자신들을 동료 음악인이 아니라 단순히 도구(그야말로 말 그대로 그들이 연주하는 악기의 연장)로 사용하고 있다고 느꼈다. 심지어 무티를 "자신만의 예술과 개인적 자만심에 빠진 자아도취적인 사람이다. 그는 자신에 대해서만 얘기할 줄 안다. 그는 풍자만화에 자주 등장하는 지휘자가 되었다"[7]고 비난하는 사람들도 있다. 몇 년 동안 갈등이 지속되다 마침내 무티는 라스칼라 극장의 지휘자를 그만두고, 2010년 시카고 심포니 오케스트라의 음악감독이 되었다.

이번에는 35년 동안 베를린 필하모닉 오케스트라를 지휘한,

아마 전 세계에서 가장 유명한 지휘자인 헤르베르 폰 카라얀Herbert von Karajan의 단원 관리방식과 무티를 비교해보자. 카라얀은 단원들을 통제하지 않고 지휘할 줄 알았다. 그의 가장 뛰어난 능력 가운데 하나는 창조적 연주 분위기를 조성하는 환경을 만들어내는 것이었다. 그는 단원들을 압박하며 위세를 부리지 않았다. 단원들이 어떤 특정한 방식으로 연주하도록 지시하지도 않았다. 카라얀의 지휘 아래 단원들은 숨겨진 연주 역량을 풍부하게 발휘할 수 있었고 창조적으로 곡을 해석하는 것이 장려되었다. 카라얀이 단원들을 엄격하게 감독하지 않으면서도 세상에서 가장 감미롭고 조화롭게 연주하는 오케스트라를 길러내는 능력이 있었다는 것은 음악계에서 누구나 인정하는 사실이다. 카라얀은 지휘할 때 눈을 감았는데, 이는 단원들에게 소리의 조화는 내면에서 찾아야 하며 개별 악기들이 내는 소리를 하나로 엮기 위해서는 듣는 것이 중요하다는 것을 알리는 신호였다. 카라얀은 지휘 방식에 대한 질문을 받으면, 오케스트라 단원에게 어떻게 연주하라고 명확하게 지시를 내리는 것은 자신이 단원들에게 할 수 있는 가장 해로운 행동이라고 신중하게 대답했다. 카라얀의 견해에 따르면, 지시를 내리는 것은 단원들이 서로의 연주에 귀 기울이고 거기서 조화를 찾는 것을 방해하는 행위다. 단원들의 연주를 어떤 틀에 한정시킬 경우, 감정이 억제되어 마음껏 연주하지 못하는 오케스트라의 상황을 초래할 것이다.

기업의 세계에서도 음악계와 마찬가지로 종업원들의 자발

적이고 혁신적인 활동은 가장 놀라운 성공담을 낳는다. 혁신하기를 바라는 마음이 담긴 격려는 어떤 특정한 직무 기술보다 더 큰 생산성을 올린다. 유능한 관리자들은 종업원들이 단순히 관리자의 명령에 따르는 것 이상의 일을 하도록 격려한다. 그들은 종업원들이 더 많이 일하고 변화하고 더 나아지기를 끊임없이 주문한다. 산업화 시대의 조직 원리가 지시하는 것이었다면, 새로운 시대의 방식은 조정하는 것이다.[8] 오랫동안 제너럴모터스GM를 이끌었던 유명한 알프레드 슬론Alfred Sloan은 1960년대 말 일찍이 '직무 확대job enlargement(과도한 분업화에 따른 업무의 단조로움을 해소하기 위해 직무의 완결성을 고려해서 세분화된 직무를 확장, 재편성하는 것—옮긴이)'의 도입을 주장했다. 이러한 새로운 통찰 아래 개별 노동자들은 천천히 그러나 꾸준히 훨씬 더 많은 자율성을 얻기 시작했다. 슬론은 50년을 넘어서 앞을 내다볼 줄 아는 통찰력이 있는 경영자였다. 그는 당시에 벌써 노동자들이 최적의 직무를 수행하기 위해서는 더 많은 재량권과 생각할 자유가 있어야 한다고 믿었다.

말단 종업원에게 더 많은 재량권을 주는 슬론의 실험은 오늘날 규범이 되었다. 종업원들을 지나치게 통제하는 것은 그들의 창조적 열정을 꺾는다. 조직의 모든 차원에서 재량권과 창의력을 발휘하는 유능한 노동자들은 회사가 경쟁에서 살아남기 위해 꼭 필요한 인재들이다. 옛날 직장은 직무의 경계가 뚜렷하고 상하 위계질서가 엄격했지만, 오늘날 직장은 수평적이고 투명한 열린 조직으로 종업원들이 좀더 많은 자유를 누리고 혁신할 기회를 제공한다. 기업들은 전례없는 속도로 변화하는 현실에 직면해서 자기가 맡은 일과 함께 기꺼이 스스로 변신할 줄 아는 종업원들을 고용하고 싶어한다. 이제 관리자의 역할은 윗사람으로서의 상사에서 코치나 조정자로 바뀌었다. 관리자는 통제하는 감독관이 아니라, 종업원들과 대등한 관계에 있는 지도자에 더 가깝다. 볼티모어 심포니의 지휘자인 마린 올솝Marin Alsop이 설득력 있게 말한 것처럼 "저는 축복받은 사람입니다. 최고의 연주자가 되고자 애쓰는 사람들이 100명이나 있기 때문입니다. 그들은 다만 자기들이 최고의 연주자가 될 수 있도록 내가 도와주기를 바랄 뿐입니다."

유능한 관리자들은 위대한 지휘자들처럼 종업원들의 말에 적극적으로 귀를 기울인다. 그들은 자신의 성공보다 자기가 이끄는 팀 전체의 성공을 우선으로 생각한다. 훌륭한 관리자는 통제보다는 자율을 강조하고 종업원들을 세세하게 관리하기보다는 그들이 일할 수 있게 도와주는 것을 목표로 해야 한다. 현명한 지도자들은 권위가 반드시 조직을 관리하는 유일한 해결책이라고 생각하지 않는다. 자유의 확장은 회사의 정보와 지식, 기술을 확인하고 흡수하고 이용할 줄 아는 능력을 향상시킨다. 21세기의 기업은 경영자가 종업원들에게 단순히 명령을 받기보다는 스스로 생각할 것을 요구하면서 직무를 조정하고 동기를 부여하는 중재자 역할을 할 때 번성한다. 실리콘밸리에 있는 에스아르아이 인터내셔널SRI International의 최고경영자인 커티스 칼슨Curtis Carlson은 혁신을 말하면서 '칼슨의 법칙'을 제시했다. "오늘날처럼 많은 사람이 교육과 혁신의 도구에 쉽게 접근할 수 있는 세상에서 아래로부터의 혁신은 혼란스러워 보일지 모르지만 현명한 방식이다. 반면에 위로부터의 혁신은 질서정연해 보일지 모르지만 어리석은 방식이다." 혁신적인 회사는 그러한 혼란을 잘 조화시켜 기업의 미래를 밝힐 새로운 것들을 발견한다.

인수고용:
인재 유치를 위한 의사결정

우리는 지난 수년 동안 기업 안에서 최고의 인재들이 얼마나 독창적으로 생각하느냐에 따라 기업의 경쟁력이 좌우된다는 사실을 인정하면서 통제적 인재 관리 방식을 점차 완화해왔다. 그러나 인재 유치 전쟁—인재를 영입하고 유지하면서 동시에 인적 자본과 그것의 흐름, 지식을 제한하기 위해 경쟁업체들과 벌이는 싸움—에서는 아직도 여전히 통제 심리를 버리지 못했다. 인재 육성에서 자유가 어떤 의미인지를 알고 싶다면, 오늘날 기업이 인재 유치를 위해 어떻게 싸우고 있는지, 인재들은 어떻게 기업을 고르는지, 기업 내에서 인재 관리는 어떻게 하는지 면밀히 검토해야 한다. 오늘날 기업들은 인재 유치에 목마른 나머지 단순히 인적 자원을 얻기 위해서 할 수만 있다면 그들이 속한 회사 전체를 사는 것도 마다하지 않는다. 요즘 기술 전문 블로그들 사이에서는 **인수고용**과 관련된 기사들로 떠들썩하다. "구글, 사회적 검색 신생 기업 앵스트로Angstro 인수하면서 공동창업자 카레Khare도 인수고용하다",[9] "해외의 유수 트위터 앱 가운데 하나인 브리즐리Brizzly 개발팀, 에이오엘(AOL) 인수고용 예정",[10] "모토롤라, 카푸치노 개발자들 인수고용."[11] 그러나 기업에서 인재의 중요성을 알리는 신조어가 나왔음에도 불구하고, 인재를 적소에 배치하는 일은 경영관리에서 가장 어렵고 미숙한 부분 가운데 하나로 남아 있다. 한 경영전문가의 말에 따르면, "기업들의 재무와 관련된 의사결정 방식에 대해서 생각해보라. 여기에는 엄밀성과 전문성, 고급 지식이 요구된다. 하지만 이에 비해 인력과 관련된 의사결정 방식은 어떠한가? 대개 그 과정은 언제 사람을 뽑아야 하는지 결정하는 것에서부터 채용된 인력을 통합하는 것에 이르기까지 모든 단계를 엄밀하게 분석하기 어렵다는 특징이 있다."[12]

인력의 채용과 유지를 결정하기 위해서는 먼저 회사가 필요로 하는 것과 방향이 무엇인지에 대한 평가가 있어야 한다. 기존의 노동자들을 평가하고 그들과 앞으로 채용할 인력을 비교하는 일, 그들의 창의성을 키우기 위해 교육하고 동기를 부여하는 일, 언제 고용을 유지하고 언제 해고할지 판단하는 일, 교체의 적기가 언제인지 결정하는 일, 새로운 인재를 어디서 어떻게 찾고 유인할지 생각하는 일과 같은 평가 작업이 필요하다. 이 모든 것이 결정되는 방식은 체계적이든 아니든 이루 헤아릴 수 없을 만큼 많다. 인력 채용 제도가 전혀 갖춰져 있지 않은 회사들도 있지만, 극도로 조직화된 체계를 갖춘 회사들도 있다. 심지어 채용 과정을 매우 자세하게 도식화해놓은 회사들도 있는데, 그들은 산학협력을 하는 대학 캠퍼스마다 채용 비용을 산정하고, 대학별로 투자회수율을 비교해서 수익률과 상대적 채용 경과, 유지율을 계산한다.[13] 기존의 인재들을 평가할 때 제너럴일렉트릭(GE)의 잭 웰치가 도입한 유명한 활력곡선vitality curve(종업원을 능력에 따라 상위 20%, 중간 70%, 하위 10%로 구분하여 유능한 사람은 인센티브를 주고, 무능한 사람은 퇴출시키는 인사 제도—옮긴이) 모델을 채택한 회사들은 규정에 따라 '상대평가rank and yank' 제도를 시행해서 성과가 낮은 종업원들은 해마다 해고하는 반면, 성과가 높은 종업원들에게는 보상과 승진을 보장한다. 이보다 너 직관적인 인시 제도를 시행하는 기업들도 있는데, 거기서는 인력이 필요한 부서에서 직접 개별적으로 채용 과정을 수행한다. 어느 쪽이든 과거에 기업들은 무능한 인력을 뽑지 않기 위해서 무척 애를 썼다. 그러나 전략가들은 기업들이 역설적으로 그렇게 인재를 솎아내는 과정에 지나치게 많은 시간과 노력을 투자하는 바람에 정작 최고의 지원자들을 일부 탈락시키는 잘못을 저지를 수 있다고 경고한다. 그것보다 오히려 기업들은 새로운 인력 채용을 신속하게 처리하고 그들을 유지하는 과정을 강화할 필요가 있다. 다시 말해, 채용 단계에서 형식적인 것들은 배제하고—잘못하면 과잉 채용을 초래할 수도 있다—가장 우수한 인재만 유지하는 쪽으로 가야 한다.

당신의 기업이나 직업에서 신규 채용과 고용, 승진에 대한 의사결정이 아주 체계적이든, 완전히 뒤죽박죽이든, 기업 현장에서는 여전히 폭발할 것 같은 긴장감이 감돈다. 기업의 처지에서는 혁신적인 인재들이 회사 내에 지속적으로 공급되어야 하지만, 종업원들의 이직 욕구와 인재 유치 전쟁 또한 날로 치열해지는 현실 때문이다. 관리자들은 다른 직장으로 서둘러 옮길지도 모를 종업원들을 훈련시켜야 할지 말아야 할지 딜레마에 직면해 있다. 기업들은 빠른 이직률과 경쟁사의 인재 빼가기를 걱정한다. 또한 기업들은 채용 노력이 소송을 불러올 수도 있기 때문에 그 문제에도 대비해야 한다. 이런 명백한 걱정거리 말고도 회사와 종업원의 욕구와 현실이 서로 충돌하면서 해결해야 할 문제가 또 있다. 그것은 기업과 종업원 사이의 노동계약 방식이 변화하면서 발생한 문제이다. 노동계약의 역학 관계가 바뀌었고, 성과는 이제 더이상 안정성이나 장기 고용을 보장하지 않는다. 더이상 고용보장을 약속받지 못하는 노동자들은 노동력을 제공한 대가로 사용자들로부터 도대체 어떤 종류의 호혜적인 약속을 기대할 수 있을지 의심한다. 전략가들은 조직 내의 관리 방안에 초점을 맞춰 이러한 새로운 역학 관계를 이해하는 데 주력한다. 예컨대, 하버드 경영대학원의 로자베스 칸터Rosabeth Kanter는 사용자들이 노동자들의 충성을 바라기보다는 오히려 적극적인 책임을 부여하라고 조언한다. 인재를 오랫동안 강제로 붙잡아두려고 하지 말고 그들이 전문가로서 자부심을 느끼게 자극하라는 말이다.[14] 그러한 양상을 더 명확하게 볼 수 있게 된 오늘날, 계속되는 인재 유치 전쟁의 역학 관계 속에서 그러한 책임과 혁신의 목표를 어디에 두어야 할지 알려줄 잃어버린 고리가 마침내 우리 앞에 모습을 드러낸다. 요컨대, 오늘날 관리자들의 마음속에 자리잡고 있는 매우 어려운 문제는 이렇다. 최고의 유능한 인재들이 그들의 아이디어와 기술을 가지고 다른 곳으로 이직하지 않게 하려면 어떻게 해야 할까? 그리고 이런 최고의 유능한 인재들 가운데 일부가 불가피하게 경쟁자가 되었을 때, 우리는 어떻게 대응해야 할까?

2장

혁신의 칼날

두 가지 혁신 모델

모든 기업에서 흔히 가장 소중한 자산으로 대우받는 관리자들은 매일 밤늦게까지 회사에서 일한다. 제너럴 밀스General Mills는 세계에서 가장 큰 식품회사 가운데 하나다. 그들이 만들어서 판매하는 주요 제품은 베티크로커Betty Crocker, 치리오스Cheerios, 필스버리Pillsbury이다. 이 회사의 자체 평가에 따르면, 수석 마케팅 임원 한 명이 회사를 떠날 경우, 회사의 마케팅과 고객 정보, 개인적 인맥 관계들이 그와 함께 회사 밖으로 유출되기 때문에 회사는 수백만 달러의 손해를 입을 수 있다고 한다.[1] 따라서 그런 손실이 발생하지 않도록 회사가 밤낮을 가리지 않고 눈을 부릅뜨고 경계하는 것은 당연한 일이다. 그러나 그러한 보호주의 성향은 종업원들의 이직이 바로 회사를 위협하는 것으로 보기 때문에 위험하다. 이러한 심리 상태에서 보통 회사는 인재들이 쉽게 이직할 수 있다는 우려 때문에 인재 개발을 꺼린다. 관리자들은 인재가 회사를 떠날 때 비이성적으로 반응하고 기업들은 인재의 이동을 막기 위해 비생산적인 싸움에 몰두한다. 전통적인 경제 분석에서는 손실을 직관적인 보호주의 성향과 같은 단조로운 방식으로 이해한다. 정통 주류경제학은 인적 자본과 지적 재산권에 대한 통제가 기업의 입장에서 불가피한 제한이라고 본다. 그러한 보호 조치가 없으면 고용주는 종업원 육성에 투자하지 않기 때문이다. 또한 종업원들은 대개 스스로 자기 계발이나 기술 개발을 할 재원이 없어서, 회사로부터 그러한 지원을 받는 대가로 자신의 자유를 맞교환한다는 것이 전통적인 견해다. 이는 퇴직 후 경쟁사 이직 금지(경업금지), 기밀유지 협약, 특허와 저작권 이전과 같은 규정을 통한 종업원의 이동 제한과 정보 통제가 결국 인적 자본에 대한 회사의 효율적 투자를 가능하게 하고 촉진한다고 본다.[2]

1960년대, 노벨경제학상 수상자 개리 베커Gary Becker는 일반 직무교육과 특수 직무교육을 구분했다. 일반교육은 동종 산업에 속한 많은 기업에 유용한 기술을 포함하는 반면, 특수 교육과 기술은 특정한 기업 안에서만 유용하다. 베커는 "지식과 기술은 사람이 움직이지 않고도 유형자산과 금융자산을 다른 곳으로 옮길 수 있기 때문에 지식과 기술을 그것의 소유자와 분리할 수 없다"[3]고 생각했다. 그럼에도 불구하고 베커는 완전경쟁시장에서 노동자는 일반교육과 지식 획득을 위해 투자하고, 기업은 종업원들의 특수교육을 위해 투자할 것이라고 주장했다.[4] 이런 이상적인 세계에서는 노동자가 이미 기업에 들어가는 데 필요한 교육을 받았고 일반적으로 유용한 모든 정보의 대가를 지불했기 때문에, 사용자는 노동자가 정보를 가지고 떠나더라도 별로 상관하지 않을 것이다. 달리 말하면, 주커버그는 윙클보스 형제의 하버드커넥션 프로젝트 일을 하기로 동의한 순간, 윙클보스 형제에게 프로젝트 참여 대가를 이미 지불한 것이다. (그리고 소셜네트워크를 구축할 때 당연히 투입되기 마련인 자신의 모든 컴퓨터 기술도 제공한 셈이다.) 그때 만일 그가 자신이 착안한 소셜네트워크를 개발하기 위해 떠난다면, 회사에 아무런 손해도 끼치지 않은 것이 된다. 이미 자신이 지불해야 할 것을 다 지불했기 때문이다. 실제로 그럴 수 있다면, 노동자의 이직을 어떤 식으로든 제한해서는 안 된다.

그러나 현실에서 대다수 노동자는 일반적 기능이든, 해당 기업만 필요한 특수 기술이든 사용자가 제공하는 교육훈련비용을 감당할 경제적 여유가 없다. 실제로 노동자들이 처한 환경을 보면, 그들이 교육비로 직접 지불할 돈도 없지만, 교육을 받느라 노동시간이 줄어들면 임금이 크게 줄기 때문에 늘 자기 계발이나 귀중한 영업비밀을 배우기 위해 돈을 쓸 수 없다. 회사 기밀이 유용하게 쓰여서 실제 시장 가치로 환산되기 전에, 조직 내 기밀을 아는 것에 대한 가치 규모의 평가는 대개 현실적이지 못하거나 거의 불가능하다. 정통 주류경제학의 견해에 따르면, 기업은 종업원들에게 투자한 것이 다른 곳에 전용되는 것을 막기 위해서 종업원들의 미래 기회를 제한하려고 한다. 달리 말하면, 미래의 경쟁을 제한함으로써 현재의 안정을 취하려는 것이다. 고용주들에게 그러한 제한을 보장한다면, 전통적인 경제 논리에 따라 기업은 투자를 늘릴 것이다.[5]

따라서 (서로 살아남기 위해서 더욱 경계를 강화하는 듯한!) 우리의 통제 심리를 보여주는 이 고전적 모델은 경업금지나 영업비밀, 특허권/저작권 양도 협약을 통한 보호 조치가 이루어지지 않는다면 고용주들이 종업원 교육과 연구, 개발에 투자하기를 꺼릴 것이라고 예견한다(정리 1).[6]

〈정리 1〉

전통적인 모델

통제를 많이 하는 기업일수록 연구개발과 인적 자본에 더 많이 투자한다.

우리가 인재 유치 전쟁의 세계를 탐색하는 목적은 인적 자본과 혁신의 관계를 더 깊이 이해하는 데 있다. 이러한 탐색은 기업과 인재에 대한 투자 동기가 시간의 흐름에 따라 어떻게 달라졌는지 살펴봄으로써 종래의 정통 주류경제학의 견해에 역동적 관점을 추가한다. 나중에 살펴보겠지만, 과거보다 기업 간 인력의 이동이 빈번히 일어나는 환경 아래서 기업의 투자가 축소되는 이유를 설명하는 기존 가정들의 근거가 얼마나 희박한지 심각한 의문을 제기하는 새로운 증거들이 속속 드러나고 있다. 그러나 우리가 알아야 할 더 중요한 것이 있다. 종래의 전통적 모델이 불완전하다는 사실이다. 그 모델은 인적 자본 통제의 영향이 시간이 흐르면서 어떻게 바뀌었고, 그러한 통제가 사람들의 동기 유발에 어떤 영향을 끼쳤는지는 전혀 고려하지 않는다. 인재 유치 전쟁을 제대로 이해하기 위해서는 혁신과 창의성, 생산성에 대해 살펴봐야 한다. 이것들의 심층적인 검토를 통해서 종업원에 대한 통제와 자유 사이의 이해득실을 따져보려고 한다.

이 둘의 이해득실 관계를 밝혀내기 전에 먼저 오랫동안 우리의 통제 심리를 바탕으로 한 전통적인 경제 모델과 오늘날 새롭게 주목받고 있는 경제 모델을 비교해보자. 새로운 역동적 모델은 시장의 복잡한 작용들을 통찰한다는 점에서 전통적인 모델과 크게 다르다. 예컨대, 발명자들의 동기 유발에 대해서 생각해보라. 우리는 직관적으로 경쟁이 사람들의 동기 유발과 탁월한 능력 발휘를 촉진시킨다고 알고 있다. 또한 경제 성장에 성공한 세대들의 상승효과multiplier effect에 대해서도 직관적으로 생각해보라. 인재가 인재를 끌어들이고, 지식이 지식을 낳는다. 인재의 이동은 직업적 연결을 촉진하고, 혁신은 선순환하기 시작한다. 우리는 일상의 삶에서 이러한 효과들을 확인한다. 그러나 오랜 세월에 걸쳐 인재 유치를 위한 경쟁에 통제 심리가 광범위하게 스며들었다.

새로운 모델은 종업원 통제 완화가 회사에 더 유익하다는 사실이 점점 더 명확해지고 있지만, 회사가 우려하는 것도 나름 일리가 있다는 점을 인정한다. 귀중한 정보와 아이디어가 밖으로 새나가고 고객과 종업원을 경쟁사에 빼앗길 수도 있다는 위험성에 대해서 회사가 걱정하고 대비하는 것은 당연한 일이다. 우리가 궁극적으로 목표하는 것은 그러한 이해관계와 위험성을 부인하자는 것이 아니라 그것이 전반적으로 함축하고 있는 의미들을 더 현명하게 다뤄보자는 것이다. 왜 어떤 통제는 중요한데, 왜 어떤 통제 전략은 지나치게 극단으로 흐르는지를 볼 것이다. 이제 좀더 자세히 검토할 새로운 역동적 모델을 그림으로 설명하면 〈그림 2.1〉과 같다. 여기에 나오는 네트워크, 협업, 아웃소싱, 크라우드소싱crowd-sourcing(일반 대중을 제품이나 컨텐츠의 생산이나 서비스 같은 기업 활동의 일부 과정에 참여시키는 것—옮긴이), 흐름, 기업가정신, 사회자본과 같은 전문용어들은 오늘날 혁신과 관련된 논쟁에서 흔히 볼 수 있는 단어들이다. 그런 용어들은 찾아보면 끝이 없다. 오늘날 우리는 이러한 개념들이 현재 진행되고 있는 관리방식과 심지어 지적재산권에 대한 논쟁에 어떻게 적용되는지는 아주 잘 알지만, 우리의 새로운 스푸트니크—혁신적인 인적 자본을 유지하는 일—를 어떻게 처리할지에 대해서는 전혀 알지 못하고 있다. 이러한 추상적 개념들은 대개 혁신의 가장 중요한 원천인 사람 문제와 부딪치면 현실적 전략들을 제시하지 못한다.

역동적 모델

재직중

1) 통제는 회사가 종업원들의 인적 자본에 투자하는 것을 촉진한다.

2) 자유는 개인이 자신의 인적 자본에 투자하는 것을 막는다.

3) 자유는 효과적으로 혁신을 유발하는 새로운 보상 체계를 촉진한다.

퇴직 후

4) 통제는 인재와 회사 기밀의 유출을 막는다.

5) 지유는

- 시장 경쟁을 촉진한다.
- 인재와 회사 관계를 더 좋게 한다.
- 새로운 인재를 찾는 비용을 줄인다.
- '새로운 피'의 유입을 통해 조직을 더 활성화한다.
- 창의적인 인재들의 네트워크를 더 강화한다.
- 인재 풀을 더 풍성하게 한다.
- 지식의 흐름을 촉진한다.
- 기업가정신을 강화한다.
- 지역의 '두뇌 유입'을 촉진한다.

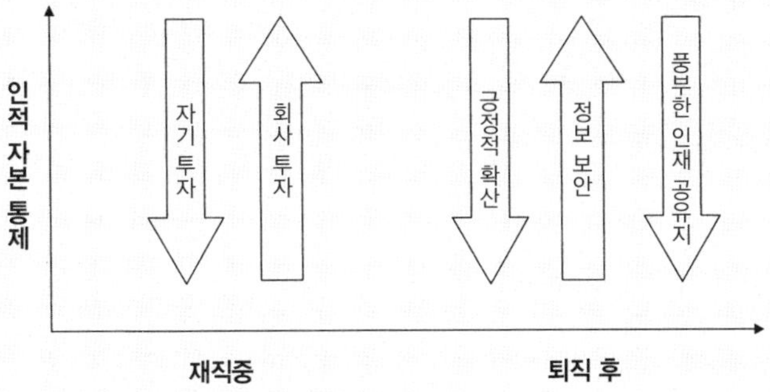

〈그림 2.1〉 역동적 모델

인재는 살아 있다,
인재 만세

인터넷에서 활동하는 공상적 이상주의 사상가 스튜어트 브랜드Stewart Brand는 "정보는 자유를 원한다"는 말을 처음 한 것으로 유명하다. 이 말은 곧바로 지적재산권 통제의 중단을 요구하는 운동의 표어로 전환되었다. 사회운동가들은 특허권, 저작권, 영업비밀, 상표권을 보호하는 법률들이 아이디어와 정보사용, 재활용을 제한하는 범위가 지나치게 넓다고 비난했다. 그러나 브랜드의 말을 자세히 살펴보면 그가 정보에 대해서 '바라는 자유'는 매우 복잡한 의미를 내포하고 있으며, 혁신의 세계를 다양한 비용과 편익들이 서로 부딪치며 밀고 당기는 것으로 이해하고 있음을 알 수 있다. 이 문구는 1984년 제1회 해커스 컨퍼런스에서 처음 나왔는데, 브랜드는 거기서 이렇게 말했다. "한편으로 정보는 매우 귀중하므로 비싼 값을 치러야 합니다. 적절한 곳에서 적절한 정보를 얻는 것은 사람들의 삶을 확 바꿉니다. 다른 한편으로 정보는 자유를 원합니다. 정보를 빼내는 비용이 끊임없이 점점 더 낮아지고 있기 때문입니다."

여기에 바로 지식의 흐름을 막는 것과 촉진하는 것 사이에 전통적인 긴장이 존재한다. 우리는 정보가 안전하게 계속해서 생산되기를 바라지만, 또한 생산된 동일한 정보가 효과적으로 쓰이기를 바란다. 하지만 이것을 인재에 적용할 경우, 문제가 복잡해진다. 우리는 기술 발전과 전문 지식의 축적에 투자하고 싶어한다. 그리고 그러한 투자의 결실이 우리의 이익을 위해 쓰이기를 바란다. 우리는 인재를 육성하고 싶어 하지만 인재가 잘 자라기도 바란다. 오늘날 경제학자들은 오랫동안 노동이동labor mobility(직종, 기업, 산업, 지역 간 노동력의 이동 현상—옮긴이)의 목적과 인적 자본 투자의 목적이 근본적으로 서로 충돌한다고 생각했다. 언젠가 자신을 떠날 어떤 것(또는 사람)에 투자할 이유가 있을까? 지금까지의 결론은 늘 고용주들 측면에서 볼 때, 언제라도 회사를 떠날 수 있는 노동자들을 교육하는 데 투자하는 것을 좋아할 사람은 없다는 것이었다. 그러나 사실은 그렇지 않다는 것을 명백하게 입증하는 새로운 증거와 참신한 통찰이 있다. 역동적 모델은 인력의 흐름과 이동성이 클수록 인적 자본과 혁신에 대한 투자도 커진다는 것을 보여준다.

그것이 경제학자들에게 이해하기 어려운 수수께끼로 보이는 것은 당연하다. 예컨대, 오늘날 주로 지적재산권 연구에 매진해온 저명한 법률경제학자 리처드 포스너Richard Posner가 노동자의 퇴직 후 취업 제한에 대해서 거론하면서 "노무계약서에 퇴직 후 경쟁사 취업을 금지하는 강제 조항을 넣는 것이 그에 따른 사회적 비용을 상쇄하고도 남는 사회적 이익을 창출하는지는 분명하지 않다"[7]고 한 말을 대부분의 경제학자는 동의한다.

우리는 이미 오래전부터 정보 독점이 일으키는 폐해에 대해서 익히 알고 있다. 정보는 본디 자유롭게 흘러 다닐 수밖에 없는 특성이 있다. 정보의 자유로운 흐름이 막힌다면, 우리는 끊임없는 창조적 생각의 창출을 기반으로 하는 사회로 발전하지도 못하고 혁신을 촉진하기 위해 축적된 지식을 사용할 수도 없다. 그러나 인재 유치 전쟁의 중요한 특징이 인적 자본 통제라는 사실을 주목하라. 문제는 인적 자본 통제가 정보 자체(그것이 특허권이든, 저작권이든, 금고 안에 숨겨둔 비밀서류든)를 통제하는 것이 아니라, 그 정보를 보유하고 있는 사람을 목표로 하고 있다는 것이다. 경쟁사 이직 제한은 개인이 체득한 지식을 겨냥한다. 이러한 제한은 또한 사람들 사이의 관계를 표적으로 한다. 경업금지, 영업비밀 유지, 발명권 사전양도 요구를 포함하는 인적 자본 통제는 단순히 정보의 사용만을 제한하지 않는다. 사람들의 경력과 그들 사이의 관계 또한 제한한다. 우리는 회사든 개인이든 투자한 것에 대해서 그 열매를 투자자 자신이 직접 거두기를 바라지만, 동시에 인재와 아이디어의 자유로운 흐름을 통해서 긍정적 성과를 올리기를 바란다. 이것이 바로 혁신의 수수께끼다. 우리의 목표는 기업들이 인적 자본, 교육, 연구에 대한 투자를 늘리는 것과 경쟁사들끼리 정보를 공유하고 보완해서 함께 성장하는 것이 서로 조화를 이루는 것이다. 따라서 이것은 어떤 기업이 사람에 투자해서 얻은 성과를 다른 기업들이 부당하게 빼먹는다는 것을 의미하지 않는다. 사람에 대한 투자에서 얻는 보상과 이익은 단순히 정보를 얻는 것 이상으로 훨씬 더 복합적이다. 그 과정이 차례대로 단계를 밟아 일어나는 것은 아니다. 그러한 균형은 회사에 이익을 주면서 동시에 종업원이나 경쟁사에 동기를 부여한다. 개별 회사의 입장에서 서로 공평하면서 경제는 전체적으로 발전한다. 혁신에 대한 투자가 늘고 동시에 정보의 흐름이 자유롭다. 회사와 종업원, 산업 성장과 개별 기업의 성장, 최초의 혁신과 이어지는 혁신이 서로 균형을 이루는 것처럼 보일지라도, 그것들이 반드시 서로 양분되어 있을 까닭은 없다. 이러한 목표와 이해관계들은 대개 서로 충돌하지 않는다. 인재는 육성되기를 바란다. 그러나 또한 자유로워지기를 바라고 유효하게 쓰이기를 바란다. 우리가 잘 아는 유능한 혁신자들은 우리가 그 둘을 다 할 수 있다는 것을 보여준다.

새로운 혁신 모델 검토

당신도 겪어봤겠지만 많은 회사가 종업원을 채용할 때 서명을 요구하는 표준계약서와 비슷한 것이 아래에 있다. 당신이 전도유망한 생명공학 기업인 바이오젠BioGen에 다닌다고 가정하자. 바이오젠의 표준고용계약서 서문에는 회사가 영업비밀과 상품 정보, 발명, 고객 관계에 대한 권리를 보호할 필요가 있다는 것이 명시되어 있다. 계약서에는 수십 개의 조항과 난해한 법률 사항들이 들어 있지만, 문제의 핵심은 다음과 같은 제한을 두는 것이다.

1. **경업금지:** 바이오젠에 근무하는 동안, 그리고 퇴직 후 2년 동안, 경쟁사에 취업하거나 어떤 법적 자격으로든 제휴를 하거나, 독립적인 계약을 맺거나 자문하거나, 어떤 형태의 용역도 수행해서는 안 된다.
2. **비밀유지:** 종업원은 재직중이든 퇴직 후든 어떤 정보가 비밀로 유

지되고 있는 한, 바이오젠이 아닌 다른 어느 누구에게, 또는 그들의 이익을 위해 어떤 **비밀 정보**도 제공하거나 공개해서는 안 된다. 종업원은 이 조항이 종업원이 경쟁사를 위해 비밀 정보를 사용하거나 공개하거나 거기에 의존하거나 또는 타인의 설득으로 그것을 사용하는 것을 금지하는 것임을 이해하고 동의한다.

3. 소유권과 양도: 모든 발명과 아이디어에 대한 소유권은 바이오젠이 독점한다. 따라서 종업원은 지금까지 발명한 것과 앞으로 발명할 모든 것의 권리를 바이오젠에 양도한다. 퇴직 후 1년 안에 종업원이 특허를 신청할 경우, 그것이 바이오젠의 사업과 관련된 **발명**이라면 무엇이든 해당 종업원이 재직중에 인지한 것으로 추정한다.

인적 자본 통제—또는 고용지적재산권(EIP) Employment Intellectual Property—의 세계는 바로 이 세 가지 조항에서 명백하게 드러난다. 기업들은 대개 이러한 경업금지, 비밀유지, 지적재산권 양도 조항이 포함된 표준계약서를 사용한다. 이러한 각종 EIP 방식들—법률이든, 계약이든, 규범이든 형태를 불문하고—은 규모가 크든 작든 모든 산업, 모든 기업에서 매우 중요하다. 이것들은 여러 가지 놀라운 방식으로 기업의 성공 가능성에 영향을 주기 때문이다. 우리는 인적 자본과 지적재산권이 경제적 성공과 서로 불가피하게 얽혀 있다는 것을 안다. 전통적인 혁신 모델에서는 인적 자본과 지적재산권을 통제하는 방식이 비록 그것을 보유한 개인들에게 피해를 주더라도 회사에는 이익이라고 이해되었다. 종래에 지적재산권 제도에 대해 논의했던 많은 방식을 좀더 일반적으로 접근하면, 인적 자본 통제는 노동자와 미래의 개발자들에게 제약을 가하지만, 새로운 아이디어 개발과 기술 축적, 혁신에 투자하는 기업에는 도움을 주는 것으로 생각되었다. 이것의 장단점은 〈표 2.1〉에 잘 정리되어 있다. 하지만 이것은 많은 투자를 통해 개발한 귀중한 자산들(통제의 필요성 인정!)을 어떻게 효과적으로 사용할 것(자유의 필요성 인정!)이냐는 고전적 문제 제기와 관련해서 답을 주지 않는다.

기업, 개인, 공익은 우리가 늘 균형을 유지하려고 애쓰는 세 가지 힘이다. 이 힘들의 삼각관계는 서로 이해가 엇갈려 긴장을 유발할 수밖에 없다. 법조계에서는 흔히 공평성과 사회복지라는

인적 자본 통제의 장단점

	통제	자유로운 흐름
경업금지	고용주의 기술과 훈련에 대한 투자 보호	이직과 취업의 자유 보호
비밀유지 협약과 영업비밀	고용주의 귀중한 비밀 보호	지식 전파 보호
발명/저작권 양도	연구개발 투자 보호	발명과 창의적 표현의 사용 허용

〈표 2.1〉

두 개의 벡터가 서로 조화를 이룰 필요가 있다고 말한다. 여기서 공평성이란 종업원 개인의 권리와 개별 회사의 이익에 초점을 맞추는 반면, 사회복지는 공공의 관점에서 전체적인 이해득실에 대해서 생각한다. 예컨대, 종업원들의 행동이 제약받고 퇴직 후 경쟁사 이직 제한 때문에 마음대로 직장을 옮길 수 없는 것은 불공평해 보일 수 있다. 그러나 이러한 제한 덕분에 기업들이 인재들의 유출을 걱정하지 않고 안심함으로써 전체적으로 산업이 발전하는 것으로 밝혀진다면, 우리는 그것을 사회복지의 확산이라고 말할 수 있다.

우리는 공평성과 사회복지가 서로 극단에 있다고 믿기 때문에 그 둘을 분리해서 생각하기 쉽다. 전통적인 혁신 모델은 사회복지(다시 말해, 더욱 전반적인 혁신)를 이루기 위해 더 많은 통제가 필요하다고 주장한다. 그럼에도 불구하고 기업들이 인재들을 제한하는 것에 대해서 판사들이 못마땅하게 여기는 것은 그 문제가 노동자 개인과 그의 노동권에 대한 공평성—달리 말하면, 늘 발생하는 노사 갈등—문제와 밀접한 관련이 있다고 우려하기 때문이다. 따라서 법원과 의회는 때때로 기업들이 인재 유치 전쟁에서 통제 전략을 쓰는 것을 제한하면서 공평성을 변호하고 상대적으로 사회적 약자인 노동자를 걱정하는 편에 선다. 이에 대하여 고전적인 경제 분석은 시장의 심각한 붕괴가 없는 한, 임금에는 미래에 발생할지도 모를 노동자의 이직과 관련한 어떠한 계약이나 법률적 제한에 따른 기회비용도 정상적으로 반영되어 있기 때문에 기업의 인적 자본 통제에 대해서 법원이나 의회가 개입하는 것은 불필요하다고 주장한다.[8] 사람들이 자신에게 가해지는 미래의 모든 제한에 대해서 충분히 보상을 받고 있다고 믿는다면, 적어도 노동자를 보호한다는 관점에서 우리는 기업이 노동자들에게 부과하는 인적 자본 통제에 대해서 어떠한 합리적 조치를 요구(이것은 나중에 좀더 자세히 검토할 것이다)할 필요도 없다. 또한 그러한 통제가 상호동의와 법적 테두리 안에서 정상적인 동의의 필요성을 충족시키는 한, 기업의 인적 자본 통제도 당연히 허용될 수 있다. 그러나 법원과 의회는 경제학자들이 제공하는—제한에 따른 보상이 따를 것이라는—이론적 분석이 대개 시장의 현실과 맞지 않는다고 생각했다. 약간의 보상을 바라고 자기 삶을 팔아넘기는 것은 전혀 공평하지 않은 거래처럼 보이기 때문이다.

나는 대학원 공부를 위해 미국에 와서 연방정부가 주는 풀브라이트 장학금을 받았다. 그 장학금을 받으려면 하버드 대학원을 졸업한 뒤에 고국으로 돌아가지 않겠다고 약속하는 계약을 다름 아닌 미국 정부와 맺어야 했다. 그 계약서는 계약 조건이 매우 가혹했다. 장학금에 해당하는 금액을 반납한다고 해서 계약이 해지되는 것이 아니었다. 심지어 높은 이자까지 물어야 한다. 경업금지를 포함한 인적 자본 제한 조치를 당하는 노동자들은 자유를 빼앗긴 상실감 같은 것을 느낀다. 최근에 대학을 졸업하고 민간 항공사에 취업한 사람이 경업금지 조항에 서명하기로 한 것을 설명하면서 한 말은 내가 풀브라이트 장학금을 받으며 서명했던 과정을 다시 생각나게 했다. "대학을 떠날 날이 열흘 남았지요. 저는 어떤 조건이든 받아들일 생각이었어요. 내 삶이라도 팔아넘기려고 했지요. 대개 취업을 위해 면접을 할 때는 그런 것들을 생각하지 않아요. 자기는 십 년 안에 그 회사의 최고경영자가 될 것이고 영원히 그 회사에 남을 거라고 생각할 뿐이죠. 그런데 실제로 현실에서 일하다보면 낮은 임금도 못마땅하고 더 좋은 조건의 다른 회사들이 눈에 들어오기 시작하죠."[9]

여러 현장 연구들에 따르면, 많은 노동자가 이미 취업 제의를 받아들인 뒤에 경업금지 조항에 서명할 것을 요구받게 되면 어쩔 수 없이 서명하거나 강제로 서명할 수밖에 없다고 생각한다. 최근에 한 연구에서는 그러한 경업금지 계약에 서명한 사람들 가운데 약 70%가 취업 제의를 승낙한 뒤에, 아마도 다른 많은 회사의 제의를 거부하고 난 뒤에, 그 계약에 서명할 것을 요구받았다고 한다. 그 연구를 이끈 연구팀장은 "사람들이 자신의 전문 지식이나 기술을 남에게 양도하는 것은 거의 자발적 행동이라고 할 수 없다"[10]고 주장했다. 문제를 더 복잡하게 만드는 것은 많은 경우에 노동자들이 개별적으로 협상을 통해 고용계약을 맺기보다는 일반적으로 취업규칙에 단순히 서명하는 것으로 끝낸다는 사실이다. 비밀유지 약정도 마찬가지로 내용을 정확히 알려주지 않는 것은 물론이고 서명을 요구하는 시점도 부적절하다는 문제가 있다.[11] 대개 종업원을 채용할 때 중요한 비밀 정보와 그것의 운영에 대해서 고용주는 종업원보다 훨씬 더 잘 알고 있다. 심지어 고용주는 종업원을 제약하는 내용을 불명확하고 폭넓게 해석할 수 있는 여지를 남기기 위해 일부러 정보를 모호하게 유지하려고 할 수도 있다.[12] 그 결과, 종업원들은 대개 자신이 동의하는 것이 무엇인지 먼저 그 내용을 보지도 못하고, 또 그 회사의 실체와 발전가능성을 파악하지도 못한 채 비밀유지 약정에 서명할 것을 요구받는다.

그런데 여기서 누군가에게 제약을 가한다는 것은 다양한 이해관계들의 균형이라는 관점에서 볼 때 일종의 착취를 의미한다. 인적 자본을 제한하는 것에 동의할 때 당사자의 교섭력이 어떠했느냐 하는 것은 법원이 판결을 내리는 하나의 중요한 근거가 된다. 한 판결문을 보면, "보통의 개별 노동자는 생계를 꾸리기 위해서 자신의 노동력 말고는 팔거나 사용할 수 있는 것이 거의 없다. 그는 대개 노동력을 팔아야 할 절박한 처지에 있기 때문에 자기 앞에 놓인 행동을 제약하는 상투적 문구가 반복된 계약서에 서명하는 것을 반대할 수 없다. 자기 가족을 부양하기 위해 일할 권리는 노동자에게 가장 중요한 권리다. 따라서 노동자 개인의 협상력은 사용자의 협상력과 전혀 동등하지 않다."[13] 이러한 관점에서 법원이 가장 중요하게 생각하는 문제는 기존의 직장을 떠나 다른 회사로 이직하거나 독립해서 창업하려는 종업원에게 가해지는 퇴직 후 제약조건의 가혹성 여부다. 그런 제약조건들 가운데 가장 위험한 것으로 퇴직 후 경업금지 약정과 같은 인적 자본 통제는 특별한 지식이 필요한 특정한 분야에서 교육받고 일한 노동자들이 자신의 목적을 추구하기 위해, 또는 돈을 벌기 위해 자기 전문 지식이나 기술을 일시적으로 사용하지 못하게 한다. 심지어 비밀유지 약정처럼 좀더 온건한 형태의 통제도 발명자의 자유로운 이직과 새로운 발명을 심각하게 제한할 수 있다.

노동권과 공평성 문제는 열띤 논쟁을 불러일으킨다. 일부 논객들은 기업이 종업원들에게 경업금지를 강요하는 관행을 제한하는 판결에 대해 비판한다. 그들은 그러한 제한이 노동자들이 자신의 인적 자본을 팔기 위해 사용자와 자유롭게 계약을 맺을 수 있는 역량을 약화시켜 노동자의 협상력을 낮추는 바람에, 결국에는 사용자의 임금 결정에 악영향을 주고 사용자가 노동자의 기술 개발에 기꺼이 투자할 의지를 잃게 한다고 주장한다.[14] 그러나 대다수의 논객은 그와 정반대의 영향에 주목한다. 그들은 오히려 경업금지의 강요가 공평성의 관점에서 볼 때, 노동자들의 일할 권리와 자유롭게 직장을 선택할 권리를 억제한다고 주장한다.[15] 노동권을 옹호하는 관점에서 보면, 모든 사람은 남녀를 불문하고 생계를 위해 돈을 벌고 스스로 직업을 찾을 권리가 있다. 따라서 경업금지, 포괄적 비밀유지 약정과 같은 각종 인적 자본 통제는 가족의 생계를 책임지면서 행복을 추구하는 노동자의 권리를 매우 심각하게 침해하는 행위이다.

사용자와 노동자의 상대적 협상력의 한 측면은 좀더 자세히 검토할 필요가 있다. 내가 받은 풀브라이트 장학금 관련 약정과는 달리, 일반 기업의 고용계약은 재협상이 가능하다. 또한 고용계약을 위반한 경우에는 단순히 위약금만 물면 되지, 연방정부와 맺은 계약을 위반했을 때처럼 추방당하지는 않는다. 노벨경제학상 수상자인 로널드 코즈Ronald Coase가 제시한 코즈의 정리Coase Theorem는 최초에 경제적으로 사회의 권리들이 어떻게 분배되어 있든지, 효과적인 거래는 시장에서 이루어질 거라고 예견한다. 따라서 이 정리는 퇴직 후 제약조건들을 돈으로 처리하는 것이 충분히 가치가 있다면, 퇴직자는 그런 제약조건을 위반할 가능성이 있을 때, 전 직장의 사용자와 다시 협상할 것이라고 주장한다. 그러나 이러한 분석은 재협상이 가능하고 빈번하게 일어나며, 노동자가 위약금을 감당할 수 있다는 것을 전제로 한다. 하지만 실제로 현실에서 위약금은 엄청나게 크다. 2005년, 다국적 통신장비업체인 노텔Nortel은 모토롤라Motorola의 전임 사장을 채용하면서 소송에 휘말려 결국 모토로라에 1,150만 달러를 지불하면서 세상의 주목을 받았다. 모토롤라는 노텔이 모토롤라의 전임 사장을 새로운 최고경영자로 영입한다고 발표한 지 며칠 지나지 않아 소송을 제기했다. 모토롤라는 전임 사장이 퇴직 후 경업금지 규정 때문에 2년 안에 다른 경쟁사에 취업할 수 없다고 주장했다. 처음부터 논란이 많았지만 노텔과 모토롤라는 타협책을 모색했다. 또한 노텔은 더이상 모토롤라의 종업원들을 채용하지 않고, 모토롤라의 고객들과 접촉하는 것도 제한하고, 그들의 새로운 최고경영자가 모토롤라의 경쟁 전략이나 분석과 관련해서 노텔에 자문하는 것을 제한하기로 합의를 보았다. 이 경우에 퇴직하는 종업원은 가장 높은 임금을 받았고 가장 막강한 권력을 휘두르던 임원이었다. 그리고 그를 새로운 최고경영자로 영입한 고용주는 그가 전 직장에 구속되어 있던 계약에서 벗어나게 하기 위해 천만 달러가 넘는 돈을 지불해야 했다. 전 직장과 맺은 고용계약에 발목이 잡힌 종업원을 영입하기 위해 회사가 그 정도까지 희생을 감수하는 것이 보기 드문 일이기는 하지만, 모토롤라 전임 사장의 사례는 그다지 드문 일이 아니며 그런 경우 어떤 식으로 타협이 이루어지는지를 잘 보여준다. 하지만 대다수 일반 종업원은 자신들을 옭아맨 규정의 타당성을 검증하거나 그것의 유효범위를 재협상할 수 있는 자원이나 정보, 역량이 없다. 그들은 또한 법원에서 그들이 계약을 위반했다고 판결을 내리면 엄청난 위약금을 대신 물어줄 후원자도 없다. 따라서 대다수 퇴직자는 아마 잠시 뒤로 물러나서 때를 기다리든지, 기존에 했던 것과는 다른 일을 하든지, 그러한 제약에서 해방시켜줄 대기업을 선택하든지, 여러 생존전략 가운데 하나를 고를 것이다.

혁신의 경제학Innovationomics: 왜 무임승차는 성장을 창조하는가 우리는 자칫 기업과 노동자의 대립이라는 함정에 빠지기 쉽다. 고용관계와 노동시장을 연구하는 한 학자로서 나는 이것이 매우 역동적이라고 생각한다. 이 문제를 둘러싼 논쟁들은 마치 우리가 모두 그 문제를 듣기도 전에 저마다 어떤 태도를 보일지 아는 것처럼 무미건조해지고 왜곡된다. 당신은 기업 편인가, 노동자 편인가? 이것은 오늘날 대중적 인기를 노리는 논쟁이 만들어내고 있는 패러다임이다. 그러나 사실

노동과 혁신의 경제학은 극단적으로 단순화되고 때로는 위험하기까지 한 이미 한물 간 자본/노동의 대립을 지루하게 반복하는 것과는 다른 이야기를 한다. 복지 문제—아이디어와 인재의 흐름을 통제함으로써 발생하는 사회 전반의 선과 관련된 문제—를 더 잘 이해하기 위해서는 지식과 혁신의 문제를 더 깊이 파고들어 몰두해야 한다. 오늘날 우리는 발명과 창조성, 인재와 경쟁, 지리적 요소와 성장의 관계가 경제에 끼치는 영향에 대해서 과거보다 훨씬 더 많이 알고, 그런 생각들이 어떻게 왜곡되었는지 성찰할 수 있기 때문에 그러한 탐색을 개시할 수 있는 아주 좋은 시점에 있다. 우리는 이제 혁신이 어떻게 일어나는지에 대한 경제 분석이 실제 데이터와 다르다는 것을 보여주기 위해서 각종 첨단 기술과 실증적 연구들을 사용할 수 있다. 인적 자본 통제가 초래하는 직접적인 결과는 늘 명확했지만—예컨대, 퇴사 후 2년 동안 경쟁사에 취업하지 않겠다고 약속한 기술자는 그동안 다른 일을 찾거나 도시를 떠나야 할 것이다—그에 따른 2차적 피해는 잘 드러나지 않았다. 우리는 이제 인재 유치 전쟁과 인적 자본을 둘러싼 싸움이 혁신과 시장에 어떻게 영향을 끼치는지 명확히 알 필요가 있다. 그러기 위해서는 인재 유치 전쟁의 총체적인 영향을 가장 잘 보여주는 증거를 깊이 파고들어야 한다.

우리는 발명자, 산업, 지리적 요소 등을 자세히 살펴봄으로써 인재 유치 전쟁이 우리 삶에 어떻게 영향을 끼치는지 엄밀하게 검토할 수 있다. 또한 거기서 나온 새로운 데이터를 통해서 인재 유치 전략에 따라 그것이 기업과 산업에 끼치는 영향이 어떻게 다른지도 평가할 수 있다. 그 데이터는 인재 유치 전쟁과 우리의 실제 경제생활 사이의 잃어버린 고리를 제공한다. 우리가 어떤 전략을 선택하느냐에 따라 기업과 지역이 혁신에 성공할지 실패할지가 놀랄 정도로 크게 달라진다는 것을 그 데이터를 통해서 알 수 있다. 예컨대, 그 데이터는 왜 캘리포니아 북부지역이 회사를 창업하려는 사람들의 천국이 되었는지, 왜 패션 산업은 출판 산업과 다르게 편제되는지를 설명해준다. 법률과 관련된 혁신 연구가 아직 초보 상태이기는 하지만, 혁신과 기업가정신에 관한 연구가 점점 심화되면서 인재 유치 전쟁이 네트워크와 지식 생산, 발명자의 역할, 이직, 성장에 끼치는 영향에 대해서 꿰뚫어볼 수 있는 안목도 그만큼 높아졌다. 나중에 보겠지만, 실제로 지역에 따라 인재 유치 전쟁을 수용하는 방식이 다른 것은 일종의 자연실험natural experiment(관찰 연구의 일종으로 연구 설계 단계에서 실험 환경에 대한 제어가 어려울 때 사용하는 실험방식으로 전염병학이나 경제학 연구에서 주로 활용—옮긴이)과 같은 구실을 한다. 하지만 우리가 그것을 통해 늘 확인하는 것은 통제가 양날의 칼이라는 사실이다. 한쪽 날은 흔히 알고 있는 것처럼, 정보 누설과 유능한 인력의 빈번한 이직은 경쟁사들에 이득을 안겨준다. 그러나 다른쪽 날은 매우 획기적인 것으로, 장기간에 걸친 정보 누설과 인재 유출은 새로운 차원의 창조성과 혁신을 촉진시켜 결국에는 해당 기업들뿐 아니라 경제 전반에도 큰 이익을 안겨준다.

이는 모든 경영자들이 대부분 인정할 것이다. 지식은 사람들의 활발한 이동을 통해서 시장에 가장 널리 보급되기 때문이다. 기존의 경쟁사로부터 필요한 인력을 영입하는 것은 신생 기업들이 필요한 산업 기술을 가장 효율적으로 신속하게 입수하는 방법이다.[16] 일렬로 서 있는 패들이 잇따라 우아하게 부딪치며 쓰러지다 점점 속도를 높여 결국 모든 패가 쓰러지는 도미노 게임처럼, 종업원들은 자신이 습득한 기술과 시스템, 아이디어를 가지고 빈번히 회사를 옮겨 다니면서 새로 이직한 회사의 전략 방향을 바꾸게 한다. 그렇다면, 기업들은 그러한 종업원들의 이직과 지식의 흐름에 어떻게 대응할까? 지속적인 실증적 연구의 결과에 따르면, 전통적인 혁신 모델이 설정하는 가정들과 반대로, 특히 첨단 산업 분야에서 성공한 기업들은 정보 유출을 통해 경쟁사들이 공유하는 정보가 많아질수록 그들의 연구개발 노력과 비용이 더욱 증가하는 경향이 있다고 주장한다. 실제로 높은 이직률—인재들의 빈번한 이동—은 생산성과 긴밀한 상관관계가 있는데, 특히 연구개발의 중요성이 큰 산업에서 더욱 그렇다.[17] 이런 사실들은 우리의 기존 생각을 완전히 바꾸게 한다. 페이스북과 구글, 펩시콜라와 코카콜라, 사우스웨스트 항공과 제트블루 항공과 같은 서로 경쟁 관계에 있는 회사들은 최고의 인재들이 경쟁사를 옮겨다니며 아이디어와 열정을 교환할 때 서로 경쟁적으로 투자도 늘어나고 혁신도 촉진되고 순익도 증가할 수 있다. 더 작은 신생 기업들도 그럴 수 있다. 이러한 현상은 선순환을 통해 해당 업계와 지역을 자극하고 활기를 불러일으킨다. 노동이동은 기업들 사이의 네트워크를 강화한다. 그것은 결국 노동자들에게 더 많은 기회를 제공하고 이동성을 높여서 지역의 혁신과 성장을 촉진한다. 실제로 당신이 회사를 자유롭게 옮겨다닐 수 있는 환경에서 회사나 본인이나 모두 좋은 결과를 거두었다고 느껴본 적은 없는가? 나중에 좀더 자세히 살펴보겠지만, 이런 이유로 새로운 사업에 도전하는 기업가들은 대개 혁신적인 분위기를 제공하는 지역에서 창업하려고 한다. 요컨대, 혁신자들, 지식의 자유로운 이동, 그리고 인적 자본 사이의 관계가 밀접한 지역들은 편협하고 폐쇄적이고 고립된 기업 환경의 지역보다 훨씬 더 혁신적이다. 창조적이고 혁신적인 사람들은 자신과 비슷한 종류의 사람들과 접촉할 때 더욱 발전하고 성공한다. 인재가 인재를 부르기 때문이다.

이런 이유 말고도, 직장을 잘 옮겨다니는 창조적 인재들이 그렇지 못한 인재들보다 훨씬 더 생산성이 높다는 것은 이미 알려진 사실이다. 이러한 사실은 두 가지 방식으로 설명할 수 있다. 첫째는 생산성이 높은 종업원일수록 그의 능력을 탐내는 경쟁사들의 영입 제의가 많다는 것이다. 둘째는 더 중요한 내용으로 유능한 인재들이 직장을 옮기면, 그들의 직업 세계가 확장되고 그들의 혁신 역량이 성장하기 때문에 그들의 생산성 또한 크게 높아진다는 것이다. 여러 연구에 따르면, 이직을 자주하는 노동자들은 그렇지 않은 노동자들보다 생산성이 4배가 더 높다는 결과가 있다. 반면에 노동자의 교육 수준은 생산성에 아무 영향도 주지 않는다고 한다. 역사적으로 볼 때도 여기저기 자주 옮겨다니는 외국 태생의 발명자가 훌륭한 발명자들 사이에서도 단연 두각을 나타내었다.[18]

회사는 종업원들의 이직을 안타까워하는 반면, 종업원들은 이직을 많이 할수록 더 창조적인 삶을 산다고 생각한다. 노동자들은 새로운 회사로 이직할 때 새로운 기술과 시스템, 아이디어를 포용하는데, 이것은 노동자들의 독창적인 생각을 자극하고 그들이 계속해서 자기 직업을 유지하게 한다. 따라서 이직은 지식을 지역에 널리 전파하는 데 막대한 영향을 끼친다. 산업의 집적, 다시 말해서 인재들이 생산성이 높은 지역에 집중하는 것에서 얻어지는 이익을 위해 관련 조치가 취해진 뒤에도, 이직은 동일 지역 내에서 전부터 있었던 중요한 특허들을 바탕으로 새로운 특허들이 나올 가능성을 매우 높이는 구실을 한다.[19] 많은 아이디어, 인재, 경쟁 덕분에 지역 경제가 더욱 번성할수록, 창조적 인재들은 자기 회사 밖의 새로운 지식과 만나기 쉬워진다. 경제 중심지들은 이렇듯 창조적인 기업 활동을 위한 비길 데 없는 기름진 옥토가 된다. 따라서 이직은 번창하는 시장에서 찾아볼 수 있는 긍정적 특성들을 해방하는 구실을 한다.

기업 전쟁과 복음

한 경영전략가는 기업들의 이직에 대한 우려를 반영해서 이렇게 주장했다. "노벨상을 받은 과학자 한 명은 매우 귀중한 자원일 수 있다. 하지만 그가 기업과 긴밀하게 밀착되어 활동하지 않고 여기저기 떠돌아다닌다면, 그는 계속해서 이익을 창출하는 자원이 되지 못할 것이다."[20] 하지만 이 주장은 틀린 말이다. 노벨상을 받은 과학자가 당신 부서의 일원이라면, 그가 이직하든 안 하든, 당신이 그의 이직을 막을 수 있든 없든, 당신은 이득을 얻는다. 시장에서 인재의 이동은 지식을 널리 퍼뜨리는 중요한 방법이다. 최근의 새로운 연구에 따르면, 이직률이 높은 지역일수록 지역 내의 지식 유통이 더 원활하다는 것을 보여준다. 당신 부서에 유능한 인재가 새로 들어오면 회사의 상태를 호전시키고 제품을 향상시켜야 하는 당신의 임무 수행에 실제로 도움을 줄 수 있다. 이직을 자주 하는 창의적 인재는 대개 그렇지 못한 인재보다 더 많은 아이디어를 전 직장에서 가져온다.[21] 물론 기업은 그러한 노동자들의 이직을 통해서 새로 영입한 종업원이 전 직장에서 얻은 지식을 더 쉽게 이용할 수 있다.[22] 그러나 경쟁사에 종업원을 뺏긴 회사에도 긍정적인 영향을 끼친다. 경쟁사들이 발명자들을 영입하면, 그들이 전에 발명한 것들이 실제로 이용될 가능성이 높아지기 때문이다.[23] 기업들은 공유하고 더 확장할 수 있는 지식을 체득한 타사의 인재들을 고용하여 새로운 정보를 입수함으로써 발전한다. 시간이 흐르면서, 이직한 발명자들이 발명한 특허들은 시장에서 인용이 가장 많이 되는 중요한 특허가 된다.[24]

전투에서 지고, 전쟁에서 이겨라. 우리는 이제야 비로소 인재의 이직이 전 직장이나 새로 옮긴 직장이나 양쪽 모두에 긍정적인 영향을 끼친다는 것에 동의하기 시작했다. 따라서 인재 유치 전쟁과 함께 지적재산권과 인적 자본 통제에 대해서 논쟁할 때, 많은 사람이 아직도 그것을 승패의 문제로 보는 것은 잘못된 습성이다. 이직이 종업원을 떠나보내는 회사에 부정적인 영향을 끼친다고 보는 전통적인 생각은 최근 연구에서 완전히 뒤집혔다. 인적 자본과 그것을 뒷받침하는 사회 자본은 본디 서로 주고받는 관계다. 동종 산업에 속한 기업들이 끊임없이 경쟁을 되풀이하는 가운데서, 기업들은 회사를 떠나는 종업원을 여전히 중요한 자산으로 여기고 종업원의 이직이 장기적으로 이익이 될 수 있다고 보는 법을 배울 수 있다. 경쟁사의 인재를 영입하는 것은 명백히 회사에 이득이 된다. 그러나 경쟁사의 이득이 언제나 그 반대편 회사의 손실이라고 말할 수 있을까? 우리는 그것을 이렇게 생각해 볼 수 있다. 종업원이 떠나는 회사의 입장에서는 인적 자본을 잃는 것이지만, 시장 전체로 볼 때는 새로운 종업원들이 그 공백을 채우기 때문에 사회 자본이 늘어나는 것이고 업계의 네트워크는 강화된다. 밀림 속 덩굴식물들은 줄기가 잘려나가면 전보다 더 강하게 여기저기로 더 무성하게 자란다. 산업계에서도 마찬가지로 이직한 종업원을 대체하기 위해서 새로운 연결과 소통이 생겨난다. 직장의 벽을 뛰어넘는 사람들 사이의 사회적 교류 관계는 이직과 지역 이동에도 불구하고 살아남아 더 먼 곳까지 서로 연결되어 지식을 얻고 공유하는 '대역폭'을 넓힌다.

그러나 여기서 중요한 질문이 하나 남는다. 지식은 정말로 양방향으로 전달되는가? 와튼스쿨과 메릴랜드대의 연구진은 '인재 유출outbound mobility'의 학습 효과를 밝히기 위해 이런 문제들을 연구했다. 다시 말해, 인재를 경쟁사에 빼앗긴 회사들에서 어떤 학습 효과가 발생하는지를 추적했다. 그 결과, 종업원을 빼앗긴 회사가 그 종업원을 영입한 회사의 특허를 인용(즉, 새로 특허를 출원할 때 이전의 특허를 조회)하는 경우가 전보다 더 늘어나는 경향이 있다는 것이 밝혀졌다. 반대의 경우도 마찬가지였다. 요컨대, 새로 인재를 영입한 회사뿐 아니라 그 인재를 빼앗긴 회사도 상대방의 벤처사업들을 철저히 검토하고 정보를 수집하는 일을 했다. 또다른 관점에서 그 문제를 살펴본 연구자들도 있다. 그들은 인재를 빼앗긴 회사가 전문가협회와 기술위원회, 로비 단체들과 같은 더 큰 시장과 상호작용으로 얻는 또다른 이득이 무엇인지를 연구했다. 기업들은 이 모든 영역에서 현재 보유한 인재들보다 더 광범위한 인재 풀과 관계를 맺을 때, 시장의 치열한 경쟁을 이겨내며 목표 지점에 도달하기가 더 쉽다는 것을 알고 있다. 대표자들이 서로 잘 알고 제휴할 때, 협업은 물론 경쟁도 더욱 효과적일 수 있다.[25]

인재 유출 효과—종업원이 이직해서 얻은 이득—는 종업원이 지리적으로 멀리 떨어진 회사로 이직했을 때 가장 잘 나타난다. 우리는 종업원을 경쟁사에 빼앗기는 것이 괴로운 일이라는 오랜 통설에 쉽게 기댈 수 있지만, 최근의 많은 연구는 종업원을 빼앗긴 회사도 이직으로 얻는 이득이 있을 뿐 아니라, 놀랍게도 그러한 인재 유출 효과가 인재를 영입한 회사가 얻는 이득과 크게 다르지 않다는 것을 보여준다. 종업원들은 회사를 떠날 수 있지만, 그들이 남긴 흔적은 사라지지 않고 그대로 회사에 남는다.[26] 인재를 떠나보내는 회사들은 나중에 그들과 다시 관계를 맺을 수 있고, 그럴 때 다른 회사보다 유리한 위치에 있을 수 있다. 결국 인재를 보내는 쪽이든, 받아들이는 쪽이든 이직을 통해서 큰 이득을 얻는 셈이다. 지리적 요소와 관련해서도 마찬가지로, 발명자들 사이의 지속적인 사회적 교류 관계는 인재가 빠져나간 지역에도 유익한 영향을 끼친다. 실제로 인재가 빠져나간 지역에는 그러한 인재 유출 덕분에 많은 이익이 발생한다. 다른 지역으로 옮겨간 발명자는 전에 근무하던 지역에서 출원된 특허를 인용할 가능성이 높아진다. 이렇게 제도적으로 형성된 관계는 시간과 공간, 제도적 경계를 넘어서 지속될 수 있다.

대부분 기업에서 인재 유출이 본디 일반적인 전략이 될 수 없지만, 기업들은 불가피한 인재 유출에 대해서 그것이 가져다줄 잠재적 이익을 예상해서 대응하는 법을 배울 수 있다. 현명한 기업들은 직접 경쟁하는 회사로 인재가 유출되는 것과 그런 경쟁 관계가 아닌 곳으로 인재가 유출되는 것을 구분해서 본다. 경쟁업체가 아닌 곳이란 현재 고객 관계에 있는 회사이거나 부품을 공급하는 업체거나 제휴 관계에 있는 기업을 포함해서 서로 협력하거나 앞으로 협력할 가능성이 있는 회사들을 말한다. 현명한 기업들은 이러한 회사들이 인재를 빼내갈 때 그들을 더이상 적으로 보지 않는다. 첨단 기술업체의 종업원들처럼 변호사, 회계사, 투자금융업자 들도 모두 빈번하게 직장을 옮겨다닌다. 6년 동안 일류 대형 로펌들에 근무하는 변리사들의 이직 현황을 살펴본 결과, 그들의 이직이 대형 로펌들과 『포춘』 선정 500대 기업의 관계 형성에 어떤 영향을 끼쳤는지를 알 수 있었다. 여기서 한 가지 분명한 것은 어디로 이직하느냐가 중요하다는 사실이었다. 이 연구는 대형 로펌에 근무하던 변리사가 고객사로 이직할 경우, 종업원을 빼앗긴 해당 로펌은 오히려 이익이라는 것을 보여준다. 그러한 이직이 우호적이거나 명백하게 논란이 될 만한 것이 없을 때 특히 더 그랬다. 그런 통계를 믿을 수 없다고? 그렇다면 다른 예를 들어보자. 2004년, 골드만삭스에서 가장 유능한 증권 중개인들 가운데 일부가 회사를 그만두고 자기네끼리 수십억 달러의 헤지펀드를 운영하기 시작했다. 옛날 같으면 이것은 엄청난 충격으로 다가올 수 있는 사건이었다. 회사의 입장에서는 배신감으로 화가 나서 그들과 관계를 끊고도 남을 일이었다. 그러나 골드만삭스는 그들과 관계를 끊지 않았다. 회사를 떠난 그들은 곧 골드만삭스의 중요한 고객이 되었다.[27] 또 한편, 대형 로펌 쿨리 갓워드Cooley Godward에서 일하던 최고의 증권 전문 변호사가 이베이eBay라고 하는 당시로서는 잘 알려지지 않은 작은 인터넷경매회사로 이직했는데, 이것은 로펌의 입장에서 좀 걱정스러운 일이었다. 그런데 1년도 지나지 않아 지금은 이베이의 법률 고문으로 있는 그 이직한 변호사가 쿨리의 문을 두드렸다. 그는 13억 달러 규모에 이르는 이베이 기업공개의 주관사로 쿨리 갓워드를 선정하고 계약을 맺었다.[28] 독자들은 이런 일들이 서로 연관이 없는 독립된 별개의 사건들이라고 주장하며 비웃을 수 있을지 모르지만, 최근에 쿨리 갓워드는 이직한 종업원들 가운데 여럿이 자사의 중요한 고객이 되었다고 발표했다. 실제로 쿨리 갓워드는 이러한 종업원들의 이직이 단절된 손실이 아니라 놀라운 기회라는 사실을 깨닫고 이직한 종업원 관리 프로그램을 시작했다. 과거에 회사에 근무했던 수백 명의 종업원들을 초청해서 칵테일파티를 열고, 웹사이트에 전직 종업원 연락처와 명부를 올려 관리하고, 회사의 공식적인 행사에 그들을 포함시킨다. 또한 월간 소식지에 전직 종업원들의 현황을 소개한다.

요즘은 고객과 판매자, 경쟁자를 구분하기가 어려운 경우가 많다. 어떤 상품이나 서비스와 관련해서 서로 경쟁 관계에 있을 수 있는 회사가 다른 부분에서는 고객이 될 수도 있기 때문이다.

부메랑 고용

회사를 떠난 전직 종업원의 가치를 인정하는 것은 이제 모든 산업에 공통된 일이 되고 있다. 캐피털원, 마이크로소프트, 맥킨지앤드컴퍼니, 어네스트앤드영, 프록터앤드갬블과 같은 일류 기업들은 모두 각종 행사와 총회, 온라인 포럼을 포함하는 서로 비슷한 전직 종업원 관리 프로그램들을 이미 시행하고 있다. 링크드인LinkedIn과 같은 비즈니스 인맥 전문 소셜네트워크들이 이러한 노력을 활성화시키고 있다. 이것을 보더라도 우리는 기업의 통제 심리가 오히려 회사에 유익하지 않다는 것을 다시 한번 확인할 수 있다. 일부 기업들은 회사를 한번 떠난 종업원들은 아무리 뛰어난 능력이 있다고 입증된 경우라도 절대로 다시 채용하지 않는 엄격한 인사정책을 시행하고 있다. 그러나 회사가 전직 종업원들을 다시 뽑을 경우 수백만 달러를 절약할 수 있다고 예상하는 기업들도 있다.[29] 우리는 그것을 부메랑 고용이라고 부른다. 다국적 정유사 쉘은 알리앙스엑스쉘AlliancexShell이라는 웹사이트를 운영하면서 쉘의 전직 종업원들에게 네트워크 서비스 및 재고용과 관련된 정보를 제공한다. 회사가 전직 종업원이라는 자원을 이용하는 것은 대학들이 졸업생들을 관리하는 동창회를 두는 것과 같은 방식이다. 회사에 만족하는 전직 종업원들은 회사의 친선대사가 된다. 따라서 퇴직한 종업원들과 적극적 관계를 유지하는 것은 회사 발전을 위해 유익한 활동이 될 수 있다. 대학 사회에서 교수들이 다른 대학으로 옮겨가는 것은 학교의 명성과 서열을 나타내는 신호 구실을 한다. 내가 있는 샌디에이고대의 경우도 다른 대학들로부터 영입 제의를 받는 교수들의 수가 많다는 것을 매우 자랑스럽게 생각한다. 우리는 그들을 지키려고 애쓰지만, 여러 가지 달콤한 영입 제의에 대학을 옮기려는 교수들이 당연히 있게 마련이다. 하지만 그들이 샌디에이고대를 떠나더라도 우리는 여전히 그들과 매우 친밀한 관계를 유지할 것이다. 그러한 교수들의 이직이 대학의 존재감을 높이고 다른 대학과의 새로운 유대를 형성한다는 점에서 대학에 유익하며 때로는 대학들 스스로가 전략적으로 그러한 교수들의 이직을 권장하기도 한다.

지금은 셰익스피어가 살던 시대에 대다수 사람이 평생 동안 얻었던 정보보다 더 많은 정보를 하루에 받는 시대이다. 이런 정보화 시대의 가장 큰 문제 가운데 하나가 주의력 결핍이다. 우리는 하루종일 뉴스 속보와 새로운 연구 정보, 예산 삭감 소식, 각종 마케팅 광고들에 둘러싸여 있다. 미처 다 수용하기 어려울 정도로 많은 정보들이 있다. 그러나 특별한 사건은 사람들의 주의를 집중시킨다. 종업원이 회사를 떠나는 사건은 흐트러진 주의력을 한데 모으고 경쟁사들이 생산해내는 것에 주의를 집중시킬 수 있다. 회사에 남은 종업원들은 이직한 동료가 했던 업무에 대해서 더욱 주목하고 이해하게 된다. 또한 동료 종업원이 이직한 회사가 하는 일을 더욱 집중해서 주시하기 시작한다.[30] 경쟁사들은 자기네 회사로 이직한 사람이 전 직장에서 중요한 인물이라고 생각할 때 더욱 생기가 넘치게 된다. 그러나 인재를 빼앗긴 회사도 그러한 손실을 오히려 자기 회사를 공짜로 홍보하는 수단으로 이용할 수 있는 조치들을 취할 수 있다. 그것에 성공할 경우, 업계의 주목을 받고 회사를 널리 알리고 친선대사들을 얻을 수 있다.

전통적으로 이직률이 높은 회사들은 종업원의 이직을 막기 위해서 경쟁사 이직이나 창업 제한, 소송 위협과 같은 공격적인 인사 정책을 썼다. 이러한 방어적이고 보복적인 인사정책은 이직을 생각하는 종업원들과 그들을 영입하려는 경쟁사들에 우려를 낳게 하지만, 그것이 회사의 이익을 위한 최선의 조치는 아닐 수 있다.

주요 인재의 이직을 천지가 뒤집어지는 혼란스러운 상황으로 받아들이는 현실 속에서, 회사들은 과연 사고의 전환을 통해 위협이 아닌 이득으로 받아들일 수 있을까? 그들이 이러한 인재 유치 전쟁을 지혜롭게 대처하는 법을 익혀서 마침내 전쟁에서 이길 수 있을까? 다시 말해, 그것을 통해 장기적으로 혁신과 경제 성장을 촉진할 수 있을까? 반드시 승패가 나뉘는 싸움이 아닌 모두가 이기는 싸움이라고 생각하는 것은 쉬운 일이 아니다. 특히 시장에서 경쟁하는 사이라면 더욱 그렇다. 전략적 제휴가 대개 경쟁자들 사이에서 발전하기도 하고 이전되기도 하고 수정되기도 하는 것처럼, 경쟁과 협력은 매우 역동적이다. 그러나 창조적 기업들은 그것보다 더 완벽한 견해를 채택하고 있다. 그들은 통제와 보호의 분위기가 작동하지 않는 시장에서 인재를 자유롭게 채용할 수 있는 환경을 갈망하는 나머지, 인재의 유출을 오히려 자사에 유리하게 바꾸는 방법을 개발한다. 창조적 기업들은 유능한 인재의 유출을 막기 위해 전략적 방법을 써서 종업원들의 만족을 높이고 이직하고 싶은 마음을 사라지게 하는 환경을 만들고 있다. 동시에 그들은 불가피한 인재의 유출을 기회로 바꾸는 법을 배우고 있다. 그들은 인재 유치를 둘러싸고 경쟁사들과 어떻게 싸울지 그 방법을 배우고 있다.

|| 제2부 ||

어떻게 싸울지 선택하라

억압은 미덕에 이르는 방법이 아니다. 사람들은 공포에 억눌리면 수명이 줄어들기 마련이다. 자유롭게 선택한 질서만이 인생을 누릴 수 있게 하고 이성의 영역 안에서 보호받을 수 있게 한다.

—미하이 칙센트미하이Mihály Csíkszentmihály, 긍정심리학의 대부

사람과 그들이 소유한 지식은 서로 분리될 수 있을까? 법은 개인의 자유와 이동을 제한하지 않으면서 비밀을 보호할 수 있을까? 종업원들이 다른 회사로 이직하고 그들이 스스로 아이디어를 개발하는 행위는 반드시 규제가 필요한 대상일까? 그러나 무엇보다도 중요한 것은 어느 회사나 내부적으로 무엇인가를 연구개발하기 위해서는 새로운 아이디어들을 외부에서 끊임없이 찾아서 공급받아야 한다는 사실이다. 그러기 위해서는 다른 기업들이 외부 환경에 대한 경계를 더 낮춰야 하는데, 그것이 말만큼 쉬운 일이 아니다. 우리는 서로 경쟁자로서 늘 수많은 선택을 해야 하며 밀고 당기는 싸움을 해야 한다. 여기서는 그러한 선택들을 보다 잘 이해하도록 돕고, 그것들이 혁신이나 성공과 관련해서 어떤 의미를 함축하고 있는지 설명하고자 한다. 결론부터 말하면, 인재와 발명에 대한 지나친 통제는 개인의 경력과 지역, 혁신에 모두 명백하게 해롭다는 것이다. 나중에 다루겠지만, 그러한 해악은 지식과 사회적 유대, 인재의 흐름이 총체적으로 막히면서 발생하기도 하고 만성적인 통제 심리가 작동하는 인재 유치 전쟁이 환경적 요인과 상호작용을 통해 독창적이고 창조적인 인재들의 동기 유발에 악영향을 끼침으로써 초래되기도 한다.

2부의 목적은 여러 가지다. 먼저, 인재 유치 전쟁에서 작동하는 주요한 통제 기제들의 특징들을 보여준다. 그것은 기존 우리의 기본 정서가 변화함으로써 나타나는 긍정적 결과들을 조사해서 인적 흐름과 인식의 변화가 어떤 이익을 가져다주는지 예증한다. 독자들은 여기서 경업금지와 영업비밀 유지, 특허권 양도 조항, 직무저작물 양도와 같은 것들에 대해서 명확하게 이해할 수 있을 것이다. 또한 이러한 제약사항들을 채택하거나 승인할지 결정할 때 제기해야 할 문제가 무엇이고 피해야 할 함정이 무엇인지도 알게 될 것이다. 그러나 무엇보다 많은 기업과 산업, 도시, 사회의 성공과 실패담, 그것들이 어떻게 변화했는지도 듣게 될 것이다. 혁신적인 환경과 계획이 가져온 놀라운 변화를 고려한다면, 인재 유치 전쟁의 문제들은 공공사업 계획과 민간 투자, 경영전략에 대한 의사결정을 내릴 때 반드시 고려해야 할 중요한 요소다. 혁신 과정의 전반—지식 활동의 적극성, 개인의 동기 유발, 소셜네트워크, 조직 행동, 아이디어의 흐름—에 걸쳐 이러한 전략들의 차이가 인재 유치 전쟁이라는 게임을 뒷받침하는 규칙들에 따라 어떻게 영향을 받는지 비교 평가하는 것은 아마도 여기서 우리가 새롭게 얻을 수 있는 가장 흥미진진한 데이터일 것이다. 따라서 독자들은 앞으로 창조적인 지도자와 혁신자들이 인재 육성과 아이디어 개발의 필요성 문제와 협업, 공유, 인재와 지식의 자유로운 흐름을 통해 얻는 이득 사이의 관계를 어떻게 조화롭게 실현하는지 살펴보게 될 것이다.

3장

경업금지–경쟁하라!

유능한 선수들을 경쟁적으로 영입하는 프로 스포츠계처럼 행동하는 소프트웨어 기업들의 행태를 빗대어 『월스트리트저널』은 게릴라식 영입이라는 용어를 썼다.[1] 일류 기업에서 최고로 우수한 '선수들'—가장 유능한 관리자, 기술자, 영업사원, 디자이너 들—은 대개 경쟁업체로부터 은밀한 영입 제의를 받는다. 그러고는 어느 날 갑자기 나타나서 경쟁사의 중요 직책을 맡기 위해 회사를 떠난다고 공표한다. 2008년, 게릴라식 영입이 IBM을 강타했다. 애플이 IBM의 핵심 관리자 가운데 한 명인 마크 페이퍼마스터Mark Papermaster에게 영입을 제의한 것이다. 2010년 갑자기 사망할 때까지 혁신과 인재 양성을 선도하면서 세계에 영감을 주었던 스티브 잡스는 IBM에서 25년을 봉직한 페이퍼마스터에게 애플을 위해 일해달라고 요청하면서 아이팟과 아이폰 하드웨어 기술 부문 책임자라는 매력적인 직책을 제시했다. 그렇다면, 애플의 제의에 대한 IBM의 반응은 어땠을까? 소송 제기. IBM은 페이퍼마스터가 퇴직 후 1년 안에 경쟁사로 이직할 수 없다는 경업금지 약정을 적용하려고 했다. 그러나 페이퍼 마스터가 애플에서 맡기로 한 새로운 직책이 IBM과 맺은 약정을 위반하는 것에 해당될까? 그 약정을 이 경우에 강제로 집행할 수 있을까? 페이퍼마스터가 IBM에서 맡았던 직무는 블레이드서버blade server 시장과 관련된 일이었다. 블레이드서버는 서버컴퓨터들을 작은 모듈로 쪼개서 서버컴퓨터들이 차지하는 물리적 공간을 최소화하도록 설계되어 있다. 아이팟과 같은 모든 상업용 소형 첨단기기에는 대부분 블레이드서버의 칩 설계 기술과 비슷한 기술이 적용된다. 페이퍼마스터는 바로 이런 종류의 마이크로칩 설계 전문가였다. 페이퍼마스터와 애플은 애플과 IBM이 서로 다른 시장에서 경쟁하는 전혀 다른 업종의 기업이라고 주장했다. 반면에 IBM은 페이퍼마스터가 맡은 아이팟 관련 부서의 직책은 애플이 IBM의 블레이드서버 시장에서 직접 경쟁하게 될지도 모를 새로운 확장형 프로세서 개발을 그에게 맡기려는 계획을 감추기 위한 눈가림이라고 주장했다. IBM이 법정에서 경업금지 약정을 적용해야 한다고 설득하기 위해서는 애플이 단순히 일반적 의미에서가 아니라 블레이드서버라는 특정한 시장에서 실질적으로 자기네와 직접 경쟁하는 주요 회사라는 것을 입증해야 했다. 애플이 IBM의 직접 경쟁 상대가 아니라고 법원이 판단하면, 경업금지 약정은 여기에 적용될 수 없을 것이기 때문이다.

또한 IBM은 그 소송에서 페이퍼마스터가 IBM의 운영방식, 시스템, 제품의 생산과 배치 계획, 확장 계획, 재무 상태와 계획, 고객 명단, 고객 정보, 인사 정보, 영업비밀과 같은 회사의 고급 기밀 사항들을 알고 있기 때문에 경업금지 약정이 반드시 적용되어야 한다고 주장했다. 그러나 IBM은 이 모든 사실이 그 약정을 위반한 것임을 증명한다고 해도 경업금지 약정이 합법적이라는 것을 보여주어야 한다. 애플은 본사가 있는 캘리포니아 주의 경우, 법적으로 경업금지 약정을 인정하지 않는다고 주장했다. 캘리포니아 주는 미국 대부분의 주와 달리 경업금지와 관련된 모든 약정을 무효로 본다. 곧 확인하겠지만, 이것은 캘리포니아 주 사법관할권 아래서 맺은 경업금지 계약과 관련된 모든 분쟁들에 적용된다.

IBM은 소송 제기로 위협을 가하는 동시에 페이퍼마스터에게 보수를 올려주겠다고 역으로 제의함으로써 그가 애플의 제의를 거부하도록 하는 전략을 썼다. 채찍과 당근이라는 화전양면전략을 쓴 것이다. 회사는 이직을 원하는 종업원에게 소송을 제기하는 동시에 임금 인상을 제시했다. 심지어 IBM은 그에게 '가든 리브garden leave(퇴사한 종업원이 회사에서 취득한 지식이나 기술, 기밀 정보를 이용해서 회사와 경쟁하는 것을 막기 위해 일정 기간 동안 회사에 나와 일하지 않아도 임금을 지급하는 고용계약—옮긴이)'까지 제안했다. 따라서 그는 애플에서 일하지 않는 대가로 기업의 안식년 휴가처럼 1년 동안의 봉급을 받을 수도 있었다. 결국에는 대개의 소송 사건들이 그런 것처럼, 어느 쪽도 확실한 승자는 없었다. IBM과 애플은 여러 차례의 긴장된 비밀 협상을 통해서 소송을 해결했다. 페이퍼마스터는 IBM을 퇴직하고 6개월이 지난 뒤부터 애플에서 일할 수 있되, IBM에서 습득한 모든 정보는 비밀로 한다는 조건이었다. 아마 이 싸움의 유일한 승자는 돈 많은 기업고객인 양쪽으로부터 엄청난 수임료를 챙긴 변호사들이라고 말할 수 있을 것이다.

21세기 지식 경제 사회에서 경업금지 관련 분쟁의 실체는 바로 이런 것이다. 유능한 종업원의 이직은 대개 기업에 이중으로 타격을 준다. 해당 기업은 숙련되고 유능한 개인을 잃는 동시에 경쟁사는 상대 회사에서 중요한 일을 했던 인재를 영입함으로써 거꾸로 이득을 얻기 위해 꾸준히 노력한다. 따라서 종업원들이 퇴직 후 경쟁사로 이직하거나 스스로 경쟁사를 차리는 행위를 제한하기 위해 고안된 경업금지 조항은 거의 모든 고용계약서의 표준이 되었다. 어느 곳에 있는 회사든 적어도 일부 종업원에 대해서는 경업금지 약정에 서명할 것을 요구한다. 몇몇 조사에 따르면, 경영관리직과 기술직 종업원들의 90% 정도가 그러한 약정에 서명했다고 한다. 벤처캐피탈 회사들은 자신들이 창업자금을 지원한 회사의 설립자들에게 반드시 경업금지 약정에 서명할 것을 요구한다.[2] 이것은 페이퍼마스터 같은 고위급 임원에 대해서만 적용되는 것이 아니라 모든 종업원 차원에서 시행된다. 경업금지 관련 소송들은 공장의 용접공에서 최고경영자, 컴퓨터 프로그래머에서 요가 강사, 의사에서 제빵업자, 변호사에서 예술가, 마케팅 전략가에서 생명공학기술자에 이르기까지 모든 직업인을 대상으로 제기되고 있는 실정이다. 경업금지 약정은 또한 스포츠와 연예 산업에서도 만연해 있다. 미국농구협회NBA에는 선수들의 팀 간 이동을 엄격히 제한하는 규칙이 있다. 음악가들은 대개 레코드회사와 계약을 맺을 때 배타조건부거래exclusive dealing(거래 상대방이 다른 경쟁업자와 거래하지 않는 것을 조건으로 거래하는 행위—옮긴이) 약정에 서명해야 한다.

이제 이러한 제한이 의미하는 진정한 본질이 무엇인지 살펴보자. 경업금지는 대개 어떤 회사의 종업원이 경쟁사를 위해 어떤 방식으로든 일하거나 제휴하지 않겠다고 약속하는 것을 말한다. 어떤 특정한 분야에서 숙련된 기술을 가진 사람에게 이것은 회사를 나가면 어쩔 수 없이 잠깐 다른 분야에서 일하던지, 다른 직업을 찾아야 한다는 것을 의미한다. 대개 종업원들이 어쩔 수 없이 이러한 제약 조건에 서명하는 것은 무엇보다도 힘의 불균형 때문이다. 회사들은 고용관계를 맺을 때 필사적으로 경업금지 약정에 반드시 서명할 것을 요구한다. 지난 10년 동안 이런 제한을 둔 기업의 수가 증가하고 경업금지와 관련된 분쟁과 소송이 2배로 늘어났다는 사실은 놀라운 일이 아니다. 이 장에서는 경업금지 계약이라는 통제(또는 채찍)와 그것의 정당성을 둘러싼 논란에 대해서 검토한다. 그 과정에서 경업금지가 기업, 인재, 산업, 지역에 끼치는 해악이 거기서 당장 얻는 이득보다 클 때가 언제인지 확인할 것이다.

'기업이 내리는 사형 선고'인 경업금지의 역사

기업들이 왜 경업금지 약정을 통해서 종업원들이 경쟁사로 가는 것을 막으려는지 이해하기 위해서는 먼저 종업원이 직장을 그만두는 것 자체를 막는 더욱 제한적인 고용계약이 왜 법적으로 인정받지 못하는지부터 살펴볼 필요가 있다. 종업원들에게 10년 동안 퇴직하지 않겠다는 약정에 서명하라고 요구하는 기업이 있다고 상상해보자. 그 회사는 과연 종업원이 퇴직을 원할 때 그 약정을 이행하라고 요구할 수 있을까? 지난 수백 년 동안, 매우 특별한 상황을 제외하고는 법원이 개인의 용역 계약에 대해서 특정이행specific performance명령을 내리지 않는다는 오랜 관행이 있어 왔다. 고용계약의 특정이행명령, 다시 말해서 회사를 그만두고 싶은 종업원에게 회사를 위해서 계속 일하라고 명령하는 것은 "기업이 내리는 사형 선고와 같은 것"으로 간주되었다. 법원은 대개 그러한 행태에 대해서 노예제와 비자발적 노역을 떠올렸다.[3] 따라서 법원은 고용계약 내용이 어떻든 간에 노동자에게 강제로 직무를 수행하라고 명령을 내리지 않는다. 결론적으로, 현대 사회에서 노동자에게 강제로 직장에 남으라고 하는 것은 더이상 유효한 법적 선택권이 아니다. 노동자들은 언제나 고용계약을 파기할 수 있다. 계약 위반에 따른 위약금만 기꺼이 물 생각이라면 말이다. 고용계약을 파기하고 퇴직을 원하는 노동자에 대해서 법원이 손해배상 판결을 내리는 것을 넘어서 직장 복귀를 명령하지는 않는다.

사람들이 한 고용주에게 노예처럼 종속될 수 없다는 것은 오늘날 보편적 진리이다. 특정이행의 법적 효력을 인정하지 않을 경우, 노동자들이 사용자에게 절대적인 충성을 맹세하는 대가로 얻는 매우 유용한 교섭력을 잃게 된다고 비판하는 사람들도 있다.[4] 그러나 오늘날 대다수 논객은 노동자가 스스로 현재의 사용자에게서 벗어날 수 있다는 논리를 노동자가 누리는 기본적 자유로 받아들인다.[5] 미국의 모든 주와 대부분의 나라에서 노동자들은 언제라도 자기 의지로 고용관계에 있는 사용자를 떠날 자유가 있다. 사용자들은 노동자들에게 현재의 직장에 머무르라고 요청할 수 없기 때문에, 그들이 퇴직 후 스스로 창업하거나 경쟁사에 취업함으로써 자신들과 경쟁하는 것을 막기 위해서 다른 방법을 찾아야 한다. 그래서 대개 그들이 선택하는 방법이 바로 경업금지 약정이다.

역사적으로 옛 영국 관습법 아래서 생업 활동을 제한하는 모든 계약은 공공정책의 관점에서 효력을 인정하지 않았다. 이것은 경쟁자들 사이에 카르텔 형성이나 가격 담합과 같은 협정을 체결하지 못하게 하는 경쟁법competition law, 미국식으로 말하면 반독점법

antitrust law의 논리로 이어진다. 옛날 우리 선조들은 경업금지가 오늘날 반독점법이 막으려고 하는 기업 전략과 똑같은 문제들을 일으킨다고 직관적으로 이해했다. 경업금지 약정은 개인이 직장을 선택하고 경쟁하는 것을 막음으로써 생업 활동을 직접 제한하는 거래 제한restriction of trade에 해당한다. 경업금지 계약과 관련된 최초의 소송으로 알려진 것은 1414년 중세 영국의 한 마을에서 빨래 건조 일을 하는 가게 주인이 전직 종업원이 동종 사업을 하려고 하자 6개월 동안 그것을 못하게 막으려고 했던 사건이었다. 이 최초의 소송에서 법원은 고소인이 같은 시민이 먹고살기 위해 장사하는 것을 막아달라는 요청은 어처구니없는 짓이라며 그를 꾸짖었다. 법원은 또한 그런 천박한 소송을 제기한 벌로 고소인을 감옥에 처넣겠다고 위협했다.[6]

경업금지와 관련된 영국에서의 최초 소송 이후에 많은 것들이 변했다. 기술이 더욱 중요해지고 정보가 기업 경쟁을 위한 주요 자산이 되면서 법원은 경업금지를 인정하기 시작했다. 그에 반발해서 몇몇 주 의회는 경업금지 약정을 인정할 수 없다고 선포하는 법안을 통과시켰다. 그런 주들 가운데 가장 유명한 곳이 바로 캘리포니아 주다. 캘리포니아 주는 100년 넘게 경업금지 약정의 효력을 인정하지 않았다. 대부분의 다른 주들은 고용주와 퇴직한 종업원들 사이의 경업금지 약정을 인정하지만, 그 약정이 합리성 요건을 충족시키는 경우에만 인정하는 방식으로 적용 범위를 제한한다. 달리 말하면, 일반적으로 거래 제한 행위는 법적으로 인정을 받지 못하며 반독점법의 규제를 받지만, 대부분의 주에서 경업금지 약정은 합리적인 요건을 갖춘 경우라면 그러한 규제 대상에서 제외된다.

합리성의 바다에 빠지다

미국 대부분의 주는 경업금지를 인정하는 것과 그것의 확산을 막는 것 사이에서 균형을 찾기 위해서 포괄적인 합리성 기준, 다른 말로 관습법에서 말하는 합리의 원칙rule of reason을 적용한다.[7] 법대에 들어가면 누구나 처음에 배우면서 두려움을 느끼게 되는 합리성이라는 단어는 법에 자주 등장한다. 누구나 쉽게 이해할 수 있는 개념이지만, 실제로 적용할 때는 기준을 정하기가 매우 어려운 말이다. 법원은 분쟁 당사자들과 사회에 긍정적이나 부정적인 영향을 주는 모든 계약을 사례별로 분석하여 합리성 기준을 정한다. 법원은 어떤 경업금지 약정이 합리적인지 판단하기 위해서 그것이 기업의 정당한 영업 이익을 보호하기 위한 합리적 요구인지를 먼저 살펴본다. 예컨대, 해당 기업이 정말로 자사의 고객 관계나 영업비밀을 보호할 필요가 있는지를 검토한다. 하지만 그런 필요가 있다고 하더라도, 경업금지 조치 때문에 종업원이 겪는 고충, 또는 공익에 끼치는 피해가 기업이 얻는 이익보다 크다면, 법원은 그 약정을 여전히 인정하지 않을 수 있다. 다시 말해, 어떤 계약이 경쟁과 효율적인 인재의 흐름을 막는다면, 법은 개인에 대한 불공평과 공공의 피해(경제학 용어로는 부정적 외부효과negative externality)를 막기 위해 계약 내용을 무효로할 수 있다. 따라서 어떤 경업금지 약정에 대한 합리성 기준을 정할 때, 항상 세 가지 관점에서 문제를 바라보아야 한다.

1. 회사의 입장: 기업의 정당한 이익을 보호하기 위해서 그 제한은 필요한가?
2. 종업원의 입장: 그 약정은 종업원에게 부당한 고충을 강요하는가?
3. 공동체 입장 : 그것은 공익에 반하는 제약인가?

뉴욕 법원은 다음과 같이 지적함으로써 세 가지 관점에서 균형을 맞추는 것이 얼마나 힘든 일인지를 설명했다. "공공정책이 경제적 경쟁과 개인의 자유를 장려하고 사용자의 우월한 협상력으로부터 종업원들을 보호하려고 애쓰는" 것은 맞지만, 법원은 또한 "계약의 자유"가 가져다주는 이익도 고려해야 한다.[8] 이 특별한 사례에서 고용주의 경업금지 약정은 종업원의 순수한 사회적 교류를 포함해서 고용주의 현재 고객이나 잠재 고객, 또는 둘 다, 그리고 동료 종업원, 게다가 장래에 고용주의 소유 대상이 될 수 있는 어떤 미상의 존재까지 포함해서 누구와의 접촉도 금지하는 포괄적 조건이었기 때문에 불합리한 것으로 간주하였다. 고용주의 이익은 퇴직한 종업원에 가해진 압박과 시장 거래에서의 공익 때문에 손해를 감수해야 했다. 계약 당사자들 사이의 이해관계, 그리고 사회와의 관계가 서로 균형을 이루는지 평가하기 위한 세 가지 관점은 현실에서 그 제한과 관련된 더욱 구체적인 속성인 또다른 세 가지 관점—기간, 지역, 직업적 제한 범위의 합리성이라는 문제—과 짝을 이룬다. 요컨대, 경업금지 약정의 인정 여부는 경쟁 활동이 제한되는 공간, 기간, 범위에 대한 합리성, 합법성, 공정성에 따라 결정된다(그림 3.1).

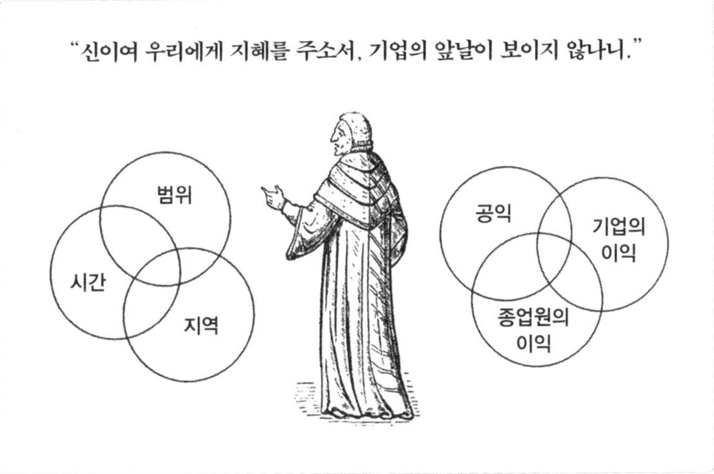

〈그림 3.1〉 합리성 벤다이어그램

이러한 결정 과정이 지금 당신이 보기에도 약간 복잡해 보이지만, 당시에 법원이 보기에도 이러한 합리성 판단 방식은 매우 복잡했다. 법원은 합리성 여부를 결정할 때, 이렇게 이중으로 세 가지 관점에서의 균형을 검토하는 방식을 널리 쓰고 있지만, 실제로는 법원마다 적용하는 방식이 매우 다양하고 사실 중심적이다. 소송의 세계에 익숙한 사람들에게 이것은 전혀 놀라운 일이 아니다. 대개 합리성(과 고충과 정당한 이익)이라는 개념은 법적으로 한

가지로만 정의되지 않는 기준이다. 특히, 경업금지의 인정 여부를 결정하는 기준으로 합리성을 적용할 때, 법원은 일정한 원칙에 따라 판정하지 않고 대개 사례별로 분석하고 평가하는 방식을 썼다. 법원은 경업금지의 시행가능성을 심사할 때, 사례별로 사실에 근거해서 결정을 내린다. 이러한 분석은 정해진 기준이 없고 불분명한 균형 평가들로 가득하다. 한 저술가는 법원이 합리성을 해석하는 범위를 이렇게 설명한다. "경업금지 약정의 적법성과 관련해서 법은 천차만별이라 동일한 조항에 대해서 어떤 주에서는 그것을 합리적이고 적법하다고 선고하는 반면에, 어떤 주에서는 불합리하고 불법이라고 선고할 수 있다. 또 그 이웃 주에서는 불합리하지만 합리적으로 수정해서 법적으로 시행가능하다고 선고하는가 하면, 또다른 주에서는 합리적이지만 재판관할권이 있는 주의 공공정책 방향과 맞지 않기 때문에 법적으로 인정할 수 없다고 선고할 수 있다."[9] 오하이오 법원은 경업금지의 적법성 여부를 결정하는 일이 매우 어렵다는 것을 망망대해에 빠져서 어두운 심연 속에서 헤매는 것과 같다고 화려한 수사로 치장했다.

> 일반인은 [경업금지 약정에 서명하는] 단순한 행위에 수반되는 복잡한 법적 문제를 전혀 알 길이 없을 것이다. 이것은 문제가 너무 복잡해서 법적으로 일반인이 충분히 이해할 수 없다는 말이 아니다. 오히려 일반인이 그 문제에서 헤어나오지 못하고 익사할 정도로 이와 관련된 법원의 판례들이 너무도 많다. 그것은 바다다. 파도가 출렁이고

서로 부딪치고 걷잡을 수 없이 요동치는 망망대해다. 그 바다에서 가능한한 오래 버텨낸다면, 무엇이든 생명을 유지할 수 있는 뜻밖의 어떤 것을 끌어올릴 수 있다.

퇴직 후 전에 다니던 회사와의 경쟁을 금지하는 계약 조항과 관련된 이 깊고 불안정한 바다는 진정 말 그대로 7대양이다. 법원은 그 7대양의 항해를 모두 끝낸 지금, 가능한 한 그 항해기록을 남겨야만 할 것이다. 그래야 다음에 항해를 떠나는 지친 여행자가 길을 찾기 위해 다시 끔찍하게 많은 시간을 허비하지 않을 것이다.[10]

그러고나서 법원은 '정기간행물의 바다', '주석註釋의 바다', '백과사전의 바다', '논문의 바다', '법령 요람의 바다', '판례의 바다', 그리고 훨씬 더 많은 주법州法의 바다에서 '본 것들'을 불러내기 시작한다. 아무리 예리한 법률적 사고능력을 갖춘 사람이라도 익사시키기에 충분한 바다임이 틀림없다! 그러나 그 바닷속은 왜 그렇게도 깜깜한가? 합리성을 결정하는 것이 다양하고 복잡한 요소들을 내포하고 있기 때문이다. 우선, 경업금지가 합리적인지 아닌지 결정하는 일은 사례별로 수행되는 극도로 특정한 사실에 근거한 판단 작업이다. 아주 사소한 사실 관계의 변화도 최종 결론을 완전히 다르게 바꿀 수 있다. 이처럼 사실 관계의 변화와 동반 관계에 있는 합리성 기준은 재판관의 소송 요소들에 대한 균형 감각과 이러한 사실들에 대한 해석, 그리고 재판관이 논란이 되는 문제를 얼마나 중요하게 생각하느냐에 달라진다. 실제로 똑같은 사실과 논점들에 대해서 재판관에 따라 서로 완전히 다른 결론을 내리기도 한다.

그러나 우리는 이 변화무쌍한 망망대해에서 떠오르는 일정한 유형들을 추출할 수 있다. 대부분의 주가 서로 비슷한 구조를 가진 합리의 원칙을 채택했지만, 실제로 법원에서 적용하는 원칙은 매우 다양하다. 대부분의 법원은 단순히 경쟁을 막기 위한 경업금지는 강제로 이행명령을 내릴 만한 충분한 사유가 되지 못한다고 선언할 것이다. 따라서 경업금지를 요구하는 더 뚜렷하고 합당한 목적이 있는지를 더 자세하게 살펴볼 필요가 있다. 대개 경업금지를 요구하는 경우는 기밀 정보와 비밀, 고객 관계를 보호하기 위해서다. 한 법원에서 언급한 것처럼 "퇴직한 종업원은 타불라 라사tabula rasa(라틴어로 '깨끗이 닦아낸 서판'이라는 뜻—옮긴이)—빈 서판—처럼 아무 경험이나 지식이 없이 빈손으로 새로운 사용자에게 가는 것이 아니라 전 직장의 비밀을 가지고 간다."[11] 그러나 나중에 보겠지만 영업비밀 그 자체를 법적으로 정의하는 것은 어렵다. 바로 이 영업비밀 문제 때문에, 경업금지의 시행 가능성에 관해서 논쟁할 때, 일반적으로 말하는 인재와 그들이 습득한 기술과 기밀 정보를 구분하는 것은 매우 중요하다. 법원은 퇴직한 종업원이 습득한 기술과 정보의 등급을 나누기 위해 그가 전 직장에서 책임 범위, 기술 수준, 전 직장 입장에서의 유용성, 경쟁사 입장에서의 가치를 자세히 살핀다. 경업금지가 기업의 비밀을 보호하기 위해서 꼭 필요한가에 대한 최종 결론은 재판관들 사이에 서로 일치되는 경우가 거의 없다.

경업금지를 정당화하게 될 때, (비밀 보호에 이어서) 두번째로 가장 빈번하게 제시하는 근거는 소중한 고객과의 관계를 보호하고 퇴직한 종업원이 기존의 고객들을 가로채지 못하게 해야 한다는 것이다. 여기서도 또 법원은 대개 좋은 경쟁과 나쁜 경쟁을 어떻게 나눠야 할지 난감해한다.[12] 재판관들은 그것을 구분할 틀을 만들기 위해 특정 기업에서 고객 관계의 중요성에 대해서 자세히 따져본다. 예컨대, 일리노이 주는 퇴직한 종업원이 진 직장의 "거의 영구적인" 고객 관계를 위협할 우려가 있을 때만 경업금지 약정을 인정한다.[13] 하지만 실제로 회사와 고객의 관계가 거의 영구적이라고 하는 것에 대해서 곧바로 이런 반문이 제기될 수 있다. 고객과의 관계가 그렇게 끈끈한 기업이라면 왜 자기네 고객이 경쟁자에게로 넘어갈까봐 경업금지까지 요구하면서 안달이 날까? 그렇다면, 우리는 어떤 다른 선택도 존재하지 않는 곳에서 굳이 경쟁과 소비자 선택을 권장할 필요가 있을까? 다른 주들, 예컨대, 뉴햄프셔 주는 대강 현실적 상황을 인정해서 퇴직한 종업원이 전에 자신이 직접 관리했던 고객들을 대상으로 전 직장에 불리하게 경쟁 행위를 하는 것은 못하게 막지만, 그 밖의 다른 고객들과 접촉하는 것은 허용한다. 미국의 많은 주는 다양한 근거들을 수렴해서 때로는 잠재고객을 포함하여 모든 고객을 퇴직한 종업원들의 접근금지 대상으로 지정함으로써 제한의 폭을 더욱 확대하고 있다.[14]

시간의 제약은 짧아지고 공간의 제약은 점점 넓어진다

또한 경업금지 약정이 가하는 시간과 공간에 대한 제약에는 반드시 합리적 이유가 있어야 한다. 시간과 공간에 대한 검토는 구체적인 사실을 근거로 하는 것이 맞지만, 법원들은 대개 경업금지와 관련된 지리적, 시간적 요소들을 분석하기 위한 도구와 경험에 따른 대강의 척도를 개발했다. 법원이 인정하는 경업금지의 시간적 제약의 범위는 매우 다양하다. 펜실베이니아 주와 같은 일부 주들은 대개 3년 이상까지도 경업금지 기간을 늘릴 수 있지만, 그 밖의 다른 주들은 1년이나 2년 이하까지만 인정한다. 지리적 공간 제약과 관련해서는 주마다 일정한 추론에 따라 인정되는 적용 범위가 다르다. 예컨대, 버지니아 주는 경업금지가 적용되는 지역을 현재 해당 기업이 사업하고 있는 지역에 한해서 인정한다. 하지만 미주리 주는 그와 달리 해당 기업이 현재 사업을 하고 있지 않은 지역까지도 적용 범위를 확장해서 인정한다.

오늘날 매우 빠르게 변화하고 경쟁이 치열한 경제 상황에서 시간과 지리적 공간 요소는 서로 얽혀 있기 마련이다. 시간적 제약은 짧아지고 있지만 공간적 경계는 넓어지고 있다. 전 세계를 대상으로 이루어지는 상거래와 국제 시장은 기업들이 전보다 더 빠르고 훨씬 더 큰 규모로 경쟁하게 한다. 예컨대, 독일에 본사를 둔 한 인터넷 기업이 캘리포니아에 본사를 둔 기업과도 경쟁할 수 있다. 휴대폰과 회로 설계 분야에서 보는 것처럼, 한 분야의 지식이 몇 달 만에 낡은 것이 될 정도로 지식의 발전 속도는 매우 빠르다. 따라서 법원은 특정 분야에서 기술의 변화와 함께 그 변화 속도도 고려하는 경우가 점점 늘어나고 있다. 그래서 기술의 변화 속도가 빠른 산업에서는 시간을 오랫동안 제약하는 것이 무의미하다고 생각한다. 실제로 인터넷 산업의 경우, 최근에는 경업금지 기간을 1년만 제약하는 것도 너무 길다고 생각한다. 반면에 경업금지의 지리적 공간 제약의 범위는 전보다 훨씬 넓어졌다. 과거에는 경쟁이 시내에 국한되었다. 시내에 가면 서로 경쟁하는 철물점들이 늘어서 있었다. 그러나 도시가 커지고 교통이 편리해지면서 경쟁은 점차 지역이나 전국 단위로 커졌고 지금은 많은 경우 세계적 규모로 이루어진다. 그 결과, 우리는 법원들이 경업금지 구역을 주나 지역 전체로 지정하거나 심지어 미국 전역과 아메리카대륙 전체를 대상으로 경업금지를 선포하는 경우도 목격할 수 있다. 최근에 기업들은 이러한 경업금지 구역 확대 판결의 물결에 편승해서 기업 이익을 얻을 수 있는 모든 지역을 대상으로 경업금지 구역을 넓히려고 애쓰고 있다. 한 관련 소송에서 법원은 이런 무제한 경쟁에 빗대어 무한한 확장 능력을 지닌 형체 없는 생명체인 아메바와 같다고 말하면서 인정하지 않았다.[15]

시간과 지리적 공간, 기업의 합당한 이익과 관련된 요소 말고도 경업금지의 합법성 검토를 더욱 복잡하게 만드는 것은 경업금지가 노동자에게 부과하는 짐이 과연 합리적인가 하는 판단이다. 여기서 노동자가 자기 전문 분야에서 일하는 것을 막는 것이 합리적 행동인지 스스로 물어보기 바란다. 경업금지를 인정하는 많은 주에서 이와 관련된 문제는 지금까지 훨씬 더 세부적인 조정 과정을 거쳤다. 법원들은 언제 경업금지 약정에 서명했고, 회사를 떠나는 계기가 된 사건이 무엇이고, 퇴직 후 현실은 어떠한지를 종합적으로 평가한다. 합리성을 판단하는 이러한 특징들은 모두 법원마다 큰 차이를 보인다. 경업금지 약정이 양측이 서면으로 직접 서명한 것인가? 종업원을 구속하는 약정에 서명하는 대가로 봉급 인상이나 승진, 교육훈련과 같은 적절한 보상을 하거나 유익한 약속이 있었는가? 경업금지는 자발적으로 그만둔 종업원에 대해서만 적용되는가, 아니면 해고된 종업원에게도 적용되는가? 이 모든 질문에 대한 법원의 대답은 천차만별이다. 어떤 법원은 경업금지가 노동자의 유일한 생계 수단을 빼앗는 것이라면 그것을 무효로 보는 반면에, 어떤 법원은 계약을 준수하고 약속을 지키는 것의 중요성을 강조해서 경업금지를 인정한다.

경업금지 판결에 영향을 끼치는 유동적인 모든 변수와 그것들에 주어진 다양한 중요성을 고려할 때, 경업금지 요구가 합리적인지 예측하는 것이 아주 경험 많은 법률가에게도 왜 그렇게 어려운지 잘 알 수 있다. 경업금지 약정의 합리성을 판정하기 위한 한 법원의 시도는 그러한 예측이 얼마나 어려운지 잘 보여준다. 이 법원은 경업금지 요구가 합리적인지 판단하기 위해 최소한 41개의 질문에 답해야 한다고 선언했다(정리 2).[16]

〈정리 2〉

41가지 질문: 경업금지에 대한 합리적 판단을 위한 한 법원의 시도

1. 고용주는 보호받을 만한 이익이 있는가?

2. 경업금지는 어떤 다른 거래에 부수적으로 따르는 것인가?

3. 소송 당사자들의 목적은 무엇인가?

4. 경업금지의 진정한 목적은 단순히 경쟁사를 제거하고 정상적인 경쟁을 무력화하려는 것인가?

5. 아니면, 종업원이 퇴직하는 것을 막거나 그를 압박하거나 징계하려는 것인가?

6. 아니면, 어떤 다른 업체도 자사 종업원을 빼내가지 못하게 하려는 것인가?

7. 아니면, 종업원이 재직시 경험이나 교육을 통해 습득하거나 갈고닦은 기술과 지식을 외부에서 사용하는 것을 막으려는 것인가?

8. 회사의 사업 특성과 범위는 무엇인가?

9. 해당 종업원이 회사에서 맡은 직무의 특성과 범위는 무엇인가?

10. 그는 얼마나 오랫동안 근무했는가?

11. 그가 맡은 직무는 남들이 쉽게 하지 못하는 고유한 특성이 있는가? 아니면, 다른 사람으로 그 자리를 금방 채울 수 있는가?

12. 그는 고객 정보를 잘 알 수 있는 분야에서 일했는가?

13. 얼마나 많은 고객이 그를 아는가?

14. 그는 회사 고객들과 만나는 유일한 접촉 통로였는가?

15. 그는 고객들과 정기적으로 반복해서 만났는가?

16. 그가 고객과 맺은 관계는 긴밀하고 인간적이고 직접적이고 충성도가 강해서 그가 경쟁사로 옮길 경우 그를 따라갈 정도로 강력한 영향력이 있는가?

17. 회사 고객들은 그가 경쟁사로 이직했다는 사실을 알 수 있는가?

18. 기존 직장의 영업 공간과 이직한 경쟁사의 영업 공간 사이의 거리가 얼마나 되나?

19. 종업원이 고객을 만나고 응대하는 장소가 고객이 있는 외부인가, 회사 구내인가?

20. 그가 하는 일은 단순 반복되는 업무인가, 변화가 많은 업무인가?

21. 그가 하는 일은 사람들을 유인해서 고객을 확보하는 일과 관련이 있는가?

22. 해당 종업원이 경쟁사로 이직해서 하는 일의 특성과 범위는 무엇인가?

23. 그는 이직한 경쟁사를 위해서 전 직장의 주요 고객을 빼내가려고 애썼는가?

24. 그는 실제로 전 직장의 고객을 경쟁사로 유인하고 빼돌렸는가?

25. 그는 얼마나 많은 고객을 빼돌렸는가?

26. 그는 전 직장의 비밀 고객 명부를 취득해서 현재 활용하고 있는가?

27. 회사는 영업비밀을 종업원에게 공개했는가?

28. 경쟁사가 종업원을 영입한 목적은 그런 기밀 정보를 얻기 위한 것이었나?

29. 회사의 사업이 포함하는 영역은 어디까지인가?

30. 종업원이 회사에서 맡은 업무 영역은 어디까지인가?

31. 종업원이 서명한 약정은 어느 영역의 일을 금지하는가?

32. 전 직장이 현재 하지 않고 있는 사업에 대해서도 금지되는가?

33. 전 직장에서 맡았던 직무가 아닌 일에 대해서도 금지되는가?

34. 경업금지가 확대 적용되는 지역의 크기와 조건은 무엇인가? 도시인가, 지방인가? 대도시인가, 중소도시인가? 인구가 밀집된 곳인가, 적은 곳인가?

35. 경업금지 기간은 얼마 동안인가?

36. 해당 종업원이 배제되는 업무의 특성은 무엇인가?

37. 그는 어떤 사람들이나 어떤 부류의 사람들과 거래하는 것이 배제되는가?

38. 전 직장의 고객과의 접촉을 강력하게 차단해야 하는 상황인가, 아니면 단순히 유인하는 행위를 금지하면 되는 상황인가?

39. 해당 종업원이 사기나 불이행, 비리, 부정행위를 벌인 적이 있는가?

40. 종업원의 경쟁사 이직 때문에 실제로 회사에 어떤 손실이 발생했는가?

41. 동종 사업에 얼마나 많은 경쟁사가 있는가? 그 사업은 다른 사업에 비해 특수성이 있는가, 없는가?

그러나 이런 복잡한 질문들을 조사하는 것으로 경업금지를 인정할지 말지가 결정되는 것은 아니다. 앞서 나온 세 개의 원들을 기억하라. 합리성은 단순히 회사의 이익과 종업원의 이익을 서로 균형 맞추는 문제가 아니다. 경업금지가 공익에 얼마나 큰 영향을 끼치는지에 대해서도 검토해야 한다. 다시 말해, 다니던 직장을 그만두면 다른 직장에서 일을 할 수 없을 때, 공익도 크게 훼손되는지에 대한 문제다. 다음에 나오는 의사와 변호사에 대한 이야기는 경업금지의 합법성과 공익의 문제에 대해 우리가 일반적으로 취하는 모순적 태도를 잘 보여준다.

우리가 소중하게 여기는 것:
두 직업의 이야기

비 내리는 어느 추운 겨울날 몹시 아픈 아이를 데리고 의사를 만나러 소아과 병원에 갔는데, 당신이 믿고 찾는 의사가 그만두었다는 말을 들었다고 상상해보라. 당신은 그 의사가 어디로 갔는지 수소문해서 찾아갈 것이다. 그런데 거기서 그 의사가 하는 말이 자기는 전에 있던 병원에서 경업금지 약정에 서명했기 때문에 당신의 아이를 환자로서 계속해서 치료할 수 없다고 한다. 그 의사는 아이가 태어날 때부터 알고 지냈고, 아이가 자라는 것도 함께 지켜보았다. 그래서 당신도 그를 신뢰했고 아이도 그를 믿고 따랐다. 지금 그 의사 말고 당신 아이를 치료할 사람은 아무도 없다. 이제 이와 비슷한 또다른 상황을 상상해보자. 성사 단계에 있는 중요한 거래와 관련해서 급박한 문제 때문에 당신 회사를 전담하는 로펌에 연락한다. 최종적으로 법률적 문제가 해결되어야 하는데, 지금까지 함께 일했던 변호사가 다른 로펌으로 이직했다는 말을 듣는다. 그 변호사는 당신 회사의 내부 사정을 잘 안다. 당신은 그 변호사를 신뢰할뿐더러 이미 여러 달 동안 그 거래를 담당해왔고 지금 그 변호사 말고는 아무도 그 일을 맡아 할 사람이 없기 때문에 그와 계속해서 함께 일하고자 한다. 당신은 이미 소아과 의사와 관련해서 비슷한 상황을 경험했기 때문에 또다시 그런 충격을 받을까 걱정이 앞선다. 이제 그 변호사가 이직하기 전에 근무했던 로펌과 경업금지 약정을 맺었다면 과연 어떤 일이 벌어질까?

경업금지와 소비자가 자유롭게 자신이 원하는 전문가를 선택할 수 있는 권리는 우리가 바로 이런 전문가들의 환자이고 고객이라는 사실을 기억할 때 이러한 논란이 우리 자신과 아주 밀접한 문제라는 것을 새삼 느끼게 한다. 이러한 문제는 우리를 다시 한 번 거대한 합리성의 바다로 나아가게 한다. 변호사와 고객, 의사와 환자. 사회적 관점에서 어느 것이 가장 가치 있는 관계인가? 미국변호사협회(ABA)는 변호사들 사이에 경업금지 약정을 맺는 것을 단호히 반대해왔다. 실제로 ABA의 윤리장전은 경업금지를 완전히 금지한다. ABA는 변호사들이 다니던 로펌을 그만두고 개업을 하거나 다른 로펌으로 이직하는 것을 막는 고용계약이 비윤리적이라고 수십 년 동안 줄기차게 주장했다.[17] ABA의 변호사표준행동준칙Model Rules of Professional Conduct을 보면, 변호사는 "고용관계 종료 후 개업할 수 있는 권리를 제한하는 제휴, 지분 취득, 운영, 고용을 포함해서 어떤 종류의 계약"에 참여하지 못한다는 규칙이 나온다.[18] ABA는 그러한 계약이 변호사라는 전문가로서의 자율성을 제한하고 고객이 자신을 대변할 사람을 자유롭게 고를 권리를 제약하기 때문에 공공정책을 위반한다고 설명한다. 변호사협회는 일반 국민들이 자기가 원하는 변호사를 자유롭게 선임할 수 있도록 변호사 선택의 폭이 가능한 한 가장 넓기를 바라며 동시에 그럴 권리가 있다고 늘 생각했다. 실제로 변호사들 사이의 경업금지 약정은 대개 무효로 판결이 나는 경우가 많은데, 심지어 경쟁사로 이직하는 변호사들에게 임금 지급을 보류하는 약정과 같은 간접적 제한을 금지하는 법원들도 있다.[19]

의사들은 변호사들의 방식과 다르게, 경업금지를 일반적으로 인정한다. 미국의사협회(AMA)는 경업금지 약정이 공익을 해치고 환자 보호에 부정적 영향을 끼친다는 주장을 늘 되풀이하지만 불구하고 그것을 단호히 금지하는 것에 대해서는 거부해왔다. 1933년 초, AMA는 시장에서 경쟁을 방해하거나 의사를 자유롭게 선택할 수 있는 권한을 막는 고용계약이 비윤리적이라고 선언했다.[20] 그러나 1960년 들어 의사협회는 경업금지에 대해서 그동안 취해왔던 부정적 태도를 바꾸려는 모습을 보였다. 그들의 공식적인 의견은 특정 지역에서, 또는 일정 기간 개업해서는 안 될 합리적 이유가 있는 약정은 일방적으로 금지하지 말아야 한다는 것으로 바뀌었다. AMA는 비록 그러한 약정이 공익에 최선은 아닐 수 있다고 인정했지만, 그렇다고 반드시 비윤리적인 것은 아니라는 소신을 표명했다. 이러한 결정은 1971년에 협회의 지역대표자 모임에서 다시 한번 확인되었다. 그들은 거기서 "일정한 기간 특정 지역에서 개업할 수 없다는 약정이 합리적 이유가 있을 때, 그러한 약정을 주장하거나 체결하는 행위에 대해서 윤리적으로 비난할 까닭이 없다"고 선언했다.[21] 1980년, AMA는 의사들 사이의 경업금지 약정이 공익에 어긋난다는 의견을 내놓았지만, 그것을 비윤리적이라고까지 비난하지는 않았다. 오늘날 미국의사윤리지침National Code of Medical Ethics에 따르면, "당면한 상황에서 지역적 제한 범위나 시간적 제약이 지나치게 크거나, 환자의 의사 선택권을 합리적으로 수용할 수 없을 만큼 제약이 많은 계약은 비윤리적이다"라고 명시되어 있다.[22]

실제로 의사들끼리 맺는 고용과 제휴 계약들을 보면 경업금지가 매우 일반화되어 있다. 따라서 법원들은 대개 그러한 제약 조항들을 무효화하는 근거로 AMA의 의사윤리지침을 들려고 하지 않는다. 그것이 경업금지에 대해 명시한 내용이 앞뒤가 맞지 않기 때문이다. 그러나 일부 주에서는 그러한 경향이 바뀌고 있다. 콜로라도, 델라웨어, 매사추세츠 주는 의사들 사이의 경업금지 약정이 무효라고 단호하게 선언했다.[23] 애리조나와 오하이오, 노스캐롤라이나 주를 포함한 다른 주들도 그 약정을 매우 좁은 범위에서만 인정한다.[24] 테네시, 아이오와, 일리노이 주도 최근 판결에서 의사들 사이의 제한적 고용계약을 무효화하는 법원이 점점 늘어나는 추세다. 2005년, 테네시 주 대법원은 의사들에 대한 인적 자본 통제와 변호사들에 대한 인적 자본 통제를 서로 다르게 볼 아무 이유도 없다고 밝혔다. 두 직업군 모두 공공정책의 중요한 고려 대상이라고 보았기 때문이다.[25] 테네시 주 대법원은 변호사의 경우에 사용했던 선택의 자유를 적극적으로 수용해서 "의사를 자유롭게 선택할 수 있는 권한과 (…) 해당 지역사회에서 개업한 의사의 수가 많음으로써 얻게 되는 이익"은 개별 병원들의 사업적 정당성보다 더 중요하다고 언명했다.[26] 그 결정은 테네시 주의 의료계를 한바탕 크게 요동치게 하였다. 테네시 주 의회는 2년 동안의 심의 끝에 특별한 경우에 의사들이 경업금지 약정을 맺을 수 있도록 인정하는 법안을 만들었다.[27] 주 의회는 의사들이 맺은 약정이 반드시 합리적 수준이어야 한다고 결정했다. 특히 (1)당사자들이 모두 서면으로 서명해야 하며, (2)경업금지 기간이 2년을 넘지 말아야 하며, (3)금지 범위는 반드시 한정되어야 한다.[28]

비록 테네시 주에서 의사들의 경업금지 약정이 법적 효력을 다시 발휘하는 것처럼 보였지만, 오늘날 그 밖의 다른 주들은 그러한 계약들이 무효라고 평결한 테네시 주 대법원의 판례를 따르고 있다. 아이오와 주가 그 좋은 예다. 아이오와 주는 20세기 초부터 의사들 사이의 경업금지를 인정해왔고, 1960년대에는 법원들이 그것의 합법성을 재확인했다.[29] 그러나 2008년, 아이오와 주의 항소법원은 아이오와 대학병원을 그만두고 새로 개업하는 의사에게 적용된 경업금지 약정을 무효라고 선언했다.[30] 아이오와 법원은 그 대학이 해당 의사를 교육하기 위해 시간과 돈을 들이지 않았고, 무엇보다 중요한 것은 특히 해당 의사가 새로 개업하는 지역이 의료취약구역으로 지정되었다는 사실에 비추어 환자들이 암 치료를 받기 위해 대학병원까지 먼 거리를 다녀야 하는 불편을 감수할 까닭이 없다고 평결했다.

의료계와 법조계가 인재 유치 전쟁과 경쟁에 대해 취한 서로 다른 태도는 세 가지 관점이 서로 다툴 수밖에 없는 딜레마의 상황을 그대로 드러낸다. 인재는 자유를 원한다. 공익의 측면에서도 그것을 원하는데, 소비자나 고객, 환자는 자신들이 자유롭게 원하는 전문가를 선택할 수 있기를 바라기 때문이다. 반면에 기업은 대개 보호 심리에 매달려 그러한 선택을 제한하려고 애쓴다. 앞으로 보겠지만, 유능한 인재들이 외부로 유출되는 것을 필사적으로 막기 위해 싸우는 이러한 기업들은 장기적으로 보면 자신들이 제약하려고 애쓰는 바로 그 인재의 이동을 통해서 이익을 얻을 가능성이 크다. 기업들은 대개 눈앞의 이익을 먼저 생각하기 마련이라 불건전한 평형 상태를 유지하려는 자기 보호 본능의 태도를 취하기 십상이다. 따라서 그들을 흔들어 깨워 올바른 길로 이끌 정책 같은 외부의 압력이 필요하다. 정교하게 고안된 효과적인 정책은 기업들이 서로 이익을 얻을 수 있도록 도와준다. 이제 캘리포니아 주에서는 이와 관련된 정책을 어떻게 시행하고 있는지 살펴보자.

무관용 원칙:
캘리포니아 방식

경업금지 문제를 다룰 때, 미국은 주마다 엄청난 차이가 있고 망망대해처럼 불확실한 내용이 곳곳에 널려 있다. 그러나 그렇다고 전혀 희망이 없는 것은 아니다. 이러한 상황 속에서 자연스럽게 그 문제를 관찰할 수 있는 이점이 있기 때문이다. 경업금지에 대해서 주마다 서로 다른 입장을 보임으로써, 우리는 그러한 차이가 과연 우리가 촉진하고자 하는 사회적 목표, 다시 말해서 혁신, 성장, 인재에 어떻게 영향을 미치는지 연구할 수 있다. 미국의 주정부들이 인재 유치 전쟁을 어떻게 서로 다르게 관리하고 있는지 자연스럽게 비교 관찰할 수 있게 가장 기준이 되는 환경을 제공하는 주가 바로 캘리포니아 주다. 캘리포니아 주는 1872년부터 100년이 넘도록 노동자들이 퇴직 후 취업에 제한을 받는 것에 대해서 단호하게 반대하는 견해를 고수했다.

캘리포니아 사업직업준칙Business and Professions Code은 "누구든 법률이 인정하는 직업, 거래, 사업에 종사하는 것을 막는 모든 계약"을 무효로 한다.[31] 이 규칙은 자유로운 경쟁과 자신의 선택에 따라 원하는 직장을 구하거나 사업을 할 수 있는 시민의 권리를 지지하는 캘리포니아의 정책을 보여준다. 캘리포니아 사법부는 노동자의 자유로운 직장 이동이 주의 경제 활성화를 극대화하기 때문에 법은 "개인들이 스스로 선택에 따라 원하는 사업과 직업에 종사할 수 있는 중요한 권리"를 반드시 보호해야 한다고 강조했다.[32]

캘리포니아 주의 경업금지 반대 정책은 주가 새로 생기면서 법이 신속하게 정비되던 때부터 시행되었다.[33] 캘리포니아 주에서 초기부터 이렇게 경업금지를 반대하는 정책을 편 것이 역사적 우연이었는지, 아니면 계획적인 경제 정책이었는지에 대해서는 법사학자들 사이에 논란이 있다. 캘리포니아 주 의회는 그 법을 통과시키면서 "거래를 제한하는 계약들을 인정해온 최근 법원들의 결정은 매우 위험한 수준에까지 이르렀다"고 언명했다. 그러나 당시에 "거래를 제한하는 (…) 최근 법원의 결정"에 대한 반감은 협력의 중요성이나 그것이 촉진하는 지식과 인재의 흐름에 대한 깊은 이해보다는 개방성과 노동자의 이동성에 대한 직관적인 선호에 따른 것이었을 가능성이 더 크다.

그럼에도 불구하고, 그러한 반대 정책이 우연한 일이었을 수 있다 해도, 캘리포니아 주는 지난 수십 년 동안 그러한 정책을 매우 일관되게 고수했다. 캘리포니아 주 의회는 경업금지 반대 정책의 변경을 요구할 때마다 그것을 거부했고, 캘리포니아 법원들은 그 정책이 주의 기본 정책임을 반복해서 재확인했다. 캘리포니아 법원들은 때때로 경업금지에 반대하는 태도가 매우 단호해서 기업들이(소송한다면 반드시 무효로 인정될) 경업금지 약정에 서명하지 않는 유능한 노동자들을 고용하지 않거나 승진시키지 않는 경우에 그것을 불법 행위로 보아 징벌적 손해배상을 물려야 한다고 판결하기도 했다. 또한 캘리포니아 법원들은 경업금지를 요구하는 기업이든, 다른 기업의 부당한 경업금지 약정을 존중하는 기업이든 모두 불법으로 간주하는 경향이 있다.[34] 예컨대, 한 영업사원이 경쟁사로 이직했는데, 그 회사에서 동종업계의 기업들에 대한 '존중과 이해' 때문에 해고된 경우(다시 말해, 새로 입사한 회사가 전 회사로부터 경업금지 약정을 이유로 협박 전화를 받았을 때를 의미), 법원은 그것을 부당해고로 선고했다.

그러나 20세기 말 전반에 걸쳐 아주 최근에 이르기까지 경업금지를 인정하지 않는 캘리포니아 주의 법에 대한 적절한 해석을 둘러싼 혼란은 법원에 널리 퍼져 있다. 캘리포니아 법원들은 그러한 반대를 법적 예외 사항에 해당되지 않는 약정은 모두 금지하는 것으로 해석했다. 이에 비해, 제9연방순회항소법원은 똑같은 캘리포니아 법을 해석하면서 경업금지 약정을 무효로 보는 일반 규칙에 대해서 '좁은 의미에서 제한적으로' 예외를 인정하는 것으로 보았다.[35] 이것은 기본적으로 영업비밀을 보호하기 위한 경우에는 캘리포니아에서도 경업금지를 인정하는 합리성을 가르는 하나의 기준으로 도입되었다. 그러나 2008년, 캘리포니아 주 대법원은 고용주와 종업원 사이에 맺는 어떠한 경업금지 약정도 금지하는 법을 재확인했다.[36] 캘리포니아 주 대법원은 제9순회법원의 접근방식을 거부한다고 단호하게 말했다. 종업원이 이직하거나 창업하는 것을 막는 아주 사소하거나 좁은 의미의 제한도 전혀 인정하지 않는다고 평결했다. 캘리포니아 주 대법원의 이러한 평결을 이끌어낸 사건은 대형회계법인 아서앤더슨Arthur Andersen의 한 회계사가 재직 기간중에 서명한 경업금지 약정과 관련이 있다. 아서앤더슨은 합법적인 회계법인으로서 엔론Enron의 붕괴에 연루된 뒤,

일부 전문가 그룹을 런던에 본사를 둔 다국적 금융서비스 기업인 홍콩상하이은행HSBC에 매각하기로 했다고 선언했다. HSBC는 앤더슨의 종업원들에게 '경업금지 약정 종료'에 서명할 것을 요구했다. 그것은 앤더슨의 종업원들이 기존의 경업금지 약정에서 벗어나게 해주는 대신에 회사에 어떤 권리 주장도 할 수 없고, 보상이나 배상권도 포기하고, 앞으로 영원히 회사 기밀정보와 영업비밀을 지킬 것을 요구했다. 한 회계사가 그것에 서명하기를 거부하자 HSBC는 그의 고용 약속을 철회했다. 캘리포니아 주 대법원은 그 사건에 대해서 회사는 계약에 의해서 종업원이 직업, 거래, 사업에 종사하는 것을 제한할 수 없다는 캘리포니아 주의 방침을 확인했다. 주 대법원은 오랫동안 굳건하게 유지해온 캘리포니아 주의 규칙의 정당성을 다시 한번 입증하는 동시에 미국 대부분의 다른 주에서 적용되는 합리성 기준을 거부했다.

캘리포니아 주는 인재 유치 전쟁을 통제하는 수단으로서 경업금지 거부 정책을 지금까지 철저하게 고수하고 있다. 그러나 캘리포니아 주에서도 제휴업체나(종업원에 반대되는 의미로서) 업체 소유주들이 어떤 사업이나 제휴업체 지분을 매각할 때는 경업금지를 인정한다. 따라서 당신이 새로 가게를 열면서 경쟁업체를 인수한다면, 당신은 그 업체 주인에게 당신이 인수한 그 사업을 같은 지역에서 또다시 개업하지 않도록 제한하는 약정에 서명하게 할 수 있다. 제휴 관계와 관련해서 제휴업체는 반드시 실체적이어야 한다. 예컨대, 실체가 없는 지분을 받은 노동자는 제휴관계를 맺은 사람이나 소유주로 인정받지 못한다. 따라서 캘리포니아 주의 경업금지 관련 정책을 교묘하게 회피하기 위해서 그런 지분을 이용하는 것은 캘리포니아 법원에서 '사기 행위'로 간주한다.[37]

캘리포니아 주의 독특한 접근방식은 수많은 법정 다툼과 법률 분쟁을 일으킨다. 예컨대, 버지니아 주에 있는 어떤 기업은 지리적으로 캘리포니아 주까지도 포함하는 경업금지 약정에 노동자들이 서명할 것을 요구할 수 있다. 버지니아 주의 계약법에 따르면, 경업금지는 그것이 합리적인 한 그 효력을 인정받는다. 그러나 캘리포니아 법원들은 캘리포니아 주 밖에서 맺어진 경업금지 약정을 대부분 인정하지 않는다.[38] 그들은 또한 캘리포니아가 아닌 다른 주의 법을 선택하는 것에 동의하는 계약 조항들도 인정하지 않는다. 따라서 캘리포니아 주에서 현재 일하고 있거나 거기서 일하기 위해 캘리포니아 주로 이주하고자 한다면, 비록 당신의 전 직장이 다른 주에 있다고 하더라도, 당신은 경업금지 약정에도 불구하고 캘리포니아 주의 정책에 따라 새로 옮긴 캘리포니아의 직장에서 일할 수 있다.

자연실험:
두 도시의 이야기

> 그래도 지구는 돈다(Eppur si muove).
>
> —갈릴레오 갈릴레이Galileo Galilei

캘리포니아 주는 주 경제 전반에 유익한가라는 관점을 강력하게 견지하는데, 실제 데이터들이 그러한 직관을 확인해준다. 인재들이 경쟁사들을 자유롭게 오갈 수 있는 환경을 강력하게 옹호하는 미국의 서쪽 끝에 있는 이 주는 따라서 혁신과 성장에 대한 그러한 태도가 어떤 결과를 초래하는지 알고자 하는 우리의 탐구가 시작되는 출발점으로 아주 좋은 곳이다. "그래도 지구는 돈다." 갈릴레오는 태양이 태양계의 중심이라는 코페르니쿠스의 이론을 부인하는 각서에 서명한 뒤, 그렇게 반항하듯이 외쳤다.(실제로 그가 그런 말을 했는지는 확실치 않다.) 갈릴레오는 태양의 움직임에 대해서 올바르게 알고 있었다. 비록 그렇게 생각하는 사람은 소수였고 결국 그러한 입장을 번복할 수밖에 없었지만, 그의 신념은 여전히 굳건했다. 캘리포니아 주도 인재의 자유로운 이동을 지지하는 몇 안 되는 소수파의 주에 속한다. 다른 주들은 경업금지가 당연하며 그것을 인정하지 않으면 주 경제가 서서히 멈출 것이라고 주장한다. 그러나 그러한 경업금지를 인정하지 않는 캘리포니아 주는 여전히 잘 돌아간다. 끊임없이 잘 돌아갈 뿐 아니라, 오히려 번창하고 있다. 그곳은 세계에서 가장 성공한 기업들의 본거지이기도 하다. 캘리포니아의 기업들은 종업원들에게 경업금지 약정을 요구하지 않음에도 불구하고 세계적 규모로 치열하게 경쟁하며 성장하고 있다. 실리콘밸리는 돈 많이 버는 안정된 직장을 버리고 대개는 몇몇 동료들과 창고 같은 곳에 틀어박혀 일하며 더러운 세탁물을 엄마에게 다시 안겨주는 당황스러운 상황을 재연하기도 하지만, 결국 그 대가로 크게 성공한 기업의 대표가 되는 사람들의 이야기로 유명한 곳이다. 실리콘밸리의 이러한 유능한 기업가들, 창의적이고 혁신적인 인력은 캘리포니아가 아닌 다른 주에서는 그렇게 쉽게 직장을 옮겨다닐 수 없다.

경업금지를 인정하는 곳으로서 캘리포니아 주의 실리콘밸리와 자주 비교되는 유명한 지역이 바로 첨단 기술의 중심지로 알려진 매사추세츠 주의 루트Route 128 구역이다. 이들 지역은 모두 안정된 대도시들(샌프란시스코와 보스턴)과 인근 유명 대학들(버클리대/스탠퍼드대와 하버드대/엠아이티대(MIT))로부터 거대한 인재풀을 제공받는 유리한 입지를 차지하고 있다. 루트 128 구역은 실리콘밸리와 비슷한 입지에다 그곳보다 3배 이상 일자리가 많은 더 유력한 첨단 기술 지역으로 시작했음에도 불구하고, 20세기 후반 몇십 년만에 실리콘밸리는 기업에서 일하는 종업원 수에서 루트 128을 압도했고, 지역 성장률도 루트 128보다 3배 이상 더 높아졌다. 실리콘밸리가 루트 128보다 더 발전하게 된 이유는 개방성과 변화, 이동성에 더 많은 가치를 두었기 때문이다. 실리콘밸리와 루트 128 두 지역을 비교한 경제지리학자 애너리 색서니언AnnaLee Saxenian은 실리콘밸리가 더 개방적이고 네트워크가 잘되어 있으며 핵심 기능을 외부에서 조달하는 환경이 잘 조성되어 있다고 했다. 매사추세츠의 기업들은 수직적으로 통합되어 있는 경우—생산 기능의 대부분을 기업 내부에서 모두 수행하는 대기업 형태—가 많고, 기업 간 종업원의 이동도 실리콘밸리보다 활발하지 못했다.

따라서 매사추세츠의 기업들은 비밀, 계층, 보호주의 문화가 발달하고 보수적인 정신이 확고했다. 실리콘밸리의 열린 혁신 구조는 시장에 곧바로 영향을 끼친다. 그곳의 개방성은 기업들이 신기술을 도입할 때 상품 개발에서 신제품 시장 출시까지의 시간을 극적으로 단축함으로써 지역 산업이 전례 없이 빠른 속도로 발전하고 성장할 수 있게 했다.

개방성과 이동성 문화를 토대로 시장의 힘에 대한 틀에 박힌 해석을 거부하는 정신—다시 말해, 사업의 실패를 첨단 기술에 도전하는 기업가정신을 북돋우는 긍정적 발판으로 인식하는 자세—이 실리콘밸리에 뿌리내렸다.[39] 실리콘밸리의 활발한 인적 교류와 역동성은 동부 해안의 경쟁 상대, 루트 128의 자급적이고 독립된 환경보다 경쟁적 우위를 제공한다. 섹서니언은 실리콘밸리에서 일하는 한 기술자의 말을 인용한다. "여기 실리콘밸리 사람들은 자기 회사보다 기술과 직업에 대한 충성도가 훨씬 더 커요. 회사는 당신이 일할 수 있게 하는 수단에 불과합니다. 당신이 회로설계자라면, 그 분야에서 최고의 능력을 보여주는 것이 무엇보다 중요합니다. 당신이 한 회사에서 성공하지 못한다면, 다른 회사로 옮기면 되니까요." 실리콘밸리는 인재에 대한 통제와 소유보다는 아주 실용적인 의미에서 혁신을 선호한다.

경업금지에 대한 캘리포니아 주의 반감이 적어도 부분적으로 실리콘밸리의 성공 요소 가운데 하나라고 주장하는 최초의 학자는 스탠퍼드대 법학과 교수인 론 길슨Ron Gilson이다. 길슨은 자기 주장을 뒷받침하는 실증적 증거는 많이 없지만, 실리콘밸리가 보스턴의 첨단 기술 지역보다 훨씬 더 크게 성장한 것은 경업금지의 시행과 관련해서 차이가 있었기 때문이라는 가설을 제시했다.[40] 그는 실리콘밸리가 성공한 요인은 그 지역이 다른 곳보다 경제적, 문화적으로 강점이 있어서라기보다는 캘리포니아 주가 경업금지의 시행을 거부한 것에 있다고 주장했다. 경업금지를 허용하지 않음으로써 인재의 이동이 가속화되고 새로운 회사를 창업하는 분위기가 조성되었다. 개인과 기업의 활동을 제약하는 요소들이 없어지면, 혁신을 추구하는 사람들과 참신한 아이디어들이 봇물처럼 쏟아져나와 강력하고 건강한 산업 환경을 꽃피우기 마련이다. 그렇다면, 실리콘밸리는 이직, 창업, 혁신의 속도가 정말 다른 지역과 다른가?

그렇다. 우리는 초창기 캘리포니아 주 의회가 100년도 더 전에 이미 꿰뚫어 본 직관을 뒷받침하는 자료가 있다. 미국 전역의 첨단 기술 산업 지역들을 조사한 여러 연구 결과에 따르면, 실리콘밸리는 실제로 다른 어떤 첨단 기술 지역보다 직장을 옮기는 비율이 높다. 심지어 실리콘밸리가 아닌 캘리포니아 주의 첨단 기술 지역들도 다른 주들의 해당 지역보다 훨씬 직장 이동이 많았다. 연방준비제도이사회와 전미경제조사국은 한 연구에서 미국 전역의 대도시 지역 20곳에서 직장 이동이 얼마나 빈번하게 일어나는지 조사했다. 그 연구는 대규모 모집단 조사를 통해서 캘리포니아 주의 컴퓨터 산업이 다른 어떤 주보다 지역 간 종업원 이동이 훨씬 더 높다는 것을 발견했다. 그러나 아마 무엇보다 중요한 것은 실리콘밸리가 아닌 캘리포니아 주의 다른 첨단 산업 지역들도 다른 주의 해당 지역보다 이직률이 훨씬 높다는 사실일 것이다. 이것은 경업금지에 대한 캘리포니아 주의 강력한 반대 입장이 결국 주 전체의 이직률을 높였다는 것을 보여준다.

특허는 발명한 것을 출원하고 허가를 받아야 하기 때문에, 특허 등록 데이터베이스를 이용하면 특허발명자들끼리 서로 어떻게 연결되어 있는지를 지도로 그려 파악할 수 있다. 이러한 발명자들 사이의 네트워크를 그려 보면 실리콘밸리가 아주 짧은 기간에 다른 첨단 기술 중심지보다 발명자들의 네트워크를 더욱 긴밀하게 발전시켰다는 것을 알 수 있다. 최근까지 네트워크 분석은 실리콘밸리의 지역적 강점에 대한 주장들에 대해서 면밀히 검토하지 않았지만, 지난 30년 동안 특허발명자들의 관계를 조사한 새로운 연구는 그 지역이 발전한 이유를 명확하게 밝힐 수 있는 계기를 마련했다. 미국의 특허 등록 데이터베이스에는 모든 특허 발명자의 성姓, 출생지, 특허소유자(대개 특허발명자의 소속 회사) 정보가 들어 있다. 연구자들은 이 데이터베이스를 이용해서 특허발명자 네트워크를 그릴 수 있는데, 우리는 그것을 통해서 특허를 공동으로 출원한 두 발명자 사이의 관계를 확인할 수 있다. 하버드비즈니스스쿨은 200만 명이 넘는 발명자가 출원한 거의 300만 개에 이르는 특허들을 조사하여 1990년대 초 실리콘밸리의 지역 네트워크의 놀라운 집합체를 그려냈다(그림 3.2).[41] 이 연구는 보스턴과 캘

〈그림 3.2〉 1990년대 실리콘밸리 발명자 네트워크 (출처: 「실리콘밸리와 보스턴 지역의 발명자 네트워크의 진화Evolution of Inventor Networks in the Silicon Valley and Boston Regions」, Lee Fleming and Koen Frenken,『복잡계 동향Advances in Complex Systems』 10, no. 1, ©2007 World Scientific)

리포니아 북부 지역을 비교하는 가운데, 실리콘밸리가 독립된 작은 네트워크들이 모여서 버섯처럼 하나의 거대한 발명자 네트워크를 형성했다는 것을 발견했다. 21세기 초, 그 지역에 있는 모든 발명자의 거의 절반이 그 초대형 네트워크에 속해 있었다. 그러나 보스턴에서의 그러한 변화는 그보다 훨씬 뒤에 일어났고 변화의 내용도 훨씬 덜 극적이었다. 그 연구 결과에 따르면, 그러한 조직 간 네트워크를 이루는 데 가장 중요한 역할을 한 것은 특히 IBM과 같은 안정된 기업에서 경쟁업체로 이직하는 실리콘밸리 특유의 노동 이동 패턴이었다고 주장한다.

실리콘밸리만의 특이한 현상이 아니다

실리콘밸리의 기적과 빈번한 인재의 이동 사이에 인과 관계가 있음을 증명하기는 여간 힘든 일이 아니다. 캘리포니아 주를 다른 주들과 비교할 때, 고려할 요소와 변수들이 엄청나게 많기 때문에 한 가지 인과 관계만을 콕 집어내는 것은 어렵다. 캘리포니아는 너무 독특한 지역이라 단지 한 축만을 가지고 비교할 수 없을 것처럼 보인다. 따라서 여러 가지 다양한 방식으로 데이터를 면밀히 살펴보아야 한다. 그중 한 가지 중요한 연구 방식이 한 지역의 변화 과정을 비교 검토하는 것이다.

미시간 주는 장기간에 걸쳐 그런 변화 과정을 자연스럽게 비교하며 관찰할 수 있는, 다시 말해서 법률 개정을 통해서 그 전후의 모습을 비교 연구할 수 있는 유일한 지역이다. 1905년, 미시간 주는 오늘날 캘리포니아 주가 공공정책에 반하는 어떠한 고용의 제한도 불법이고 무효라고 선언함으로써 경업금지를 인정하지 않는 것과 비슷한 법령을 통과시켰다. 그 법은 1985년 주 의회가 전반적인 반독점 개혁의 일부로서 그 법령을 폐기할 때까지 효력을 발휘했다. 미시간 주는 1980년대 중반부터 대부분의 다른 주에서 적용되고 있던 합리성 원칙을 채택했다. 하버드비즈니스스쿨 교수들은 다시 한번 이러한 변화와 그것이 미시간 주 노동자들의 이직에 어떤 영향을 끼쳤는지에 주목했다.[42] 그들은 개별 특허발명자들의 이름과 주소가 수록된 미국 특허 데이터베이스를 이용해서 경업금지가 시행된 뒤의 이직 현황을 조사했는데, 그 결과 노동자들의 이직이 크게 줄었으며, 특히 유능한 인기 발명자들의 이직이 가장 눈에 띄게 감소했다는 것을 알았다. 일반적으로 미시간 주에 있는 발명자들의 이직은 경업금지가 시행되기 이전보다 30% 이상 감소했다. 전문 발명자들과 특허 인용이 많이 되는 인기 발명자들의 경우는 훨씬 더 심해서 이직이 45%나 줄었다.

캘리포니아의 기적이 경업금지를 인정하지 않는 특이한 주에서 일어난 특별한 사건이라는 생각을 떨쳐버릴 수 있는 또다른 방법은 모든 주에서 시행되고 있는 경업금지 패턴을 비교하는 것이다. 최근에 연구자들은 모든 주에 걸쳐 경업금지의 시행 강도를 코드화했다. 그 결과, 전국 55개 주와 컬럼비아 특별구(워싱턴 DC)에 저마다 경업금지 시행과 관련된 점수를 매겼다. 캘리포니아 주만 0점이고 나머지 주는 1점에서 9점 사이다. 모든 주가 합리성을 요구하기 때문에 모든 경업금지 약정을 아무 제한 없이 맹목적으로 인정하는 10점 만점의 주는 한 군데도 없다. 최근에 발표된 여러 연구는 이 코드를 우리가 지금까지 조사해온 척도들—이직, 발명자 네트워크, 혁신 속도, 경제 성장—의 차이를 확인하기 위한 도구로 이용한다. 미시간 주의 자연실험과 비슷한 방식으로 UCLA 경영학 교수인 마크 자마이즈Mark Garmaise는 텍사스, 루이지애나, 플로리다, 세 주의 경업금지에 대한 태도가 1990년대와 2000년대 동안 얼마나 크게 바뀌었는지 조사했다. 우리는 어떤 주 내부에서 일어나는 변화들을 연구할 때, 외생적 충격, 다시 말해서 단일 환경에 영향을 끼치는 독립적인 변화들을 관찰할 수 있다. 자마이즈의 연구는 경업금지를 강력하게 시행할 경우, 합리성 기준에 따라 고용에 아주 작은 변화만 있어도 이직이 심하게 감소한다는 것을 밝혔다. 달리 말하면, 경업금지 시행의 세기가 0점에서 3점으로 바뀌든, 5점에서 7점으로 바뀌든 이직은 줄어든다.

자마이즈는 또한 이러한 문제를 경업금지 시행 강도를 점수로 코드화한 55개 주로 확대해서 연구했다. 그는 경업금지의 시행 강도가 낮을수록 이직률이 높다는 것을 알았을 뿐 아니라 더 놀랍게도 경업금지를 강력하게 시행할수록 종업원 1인당 연구개발비와 자본 지출이 줄고 임원 봉급이 감소하고 보너스와 성과급 같은 보상이 기본급이나 고정급에 심하게 의존하는 형태로 바뀐다는 것을 발견했다.

2010년 예일대의 연구진은 자마이즈가 한 것과 비슷한 연구에서 300곳이 넘는 대도시 지역들을 조사해서 경업금지 시행에 소극적인 주들에 커다란 강점이 있다는 것을 발견했다. 그들은 경업금지의 시행 강도를 표시하는 코드를 그대로 연구 대상 지역에 적용한 결과, 경업금지를 인정하지 않거나 약하게 시행하는 주들이 특허 출원과 고용 수준이 더 높고 기업가정신과 벤처 창업을 더 적극적으로 지원한다는 사실을 발견했다. 연구진은 캘리포니아 주에 속한 지역들의 성과가 연구 결과에 영향을 끼치는 것을 제거하기 위해서 실리콘밸리 지역을 빼고 다시 결과를 산출했지만, 최종 결론은 바뀌지 않았다. 우리는 이 놀라운 결과를 다음 장들에서 더욱 자세하게 다룰 것이다. 그러나 어쨌든 지금 여기에서 결론은 명확하다. 경업금지를 인정하는 주라고 하더라도 그것을 시행하는 강도가 약할 경우, 지역 발전에 많은 이익을 안겨준다는 사실이다.

경업금지는 암흑 물질이자 빙산의 일각

자유로운 이직과 인재 경쟁이 오히려 많은 이익을 낳는다는 이러한 발견들을 우리는 어떻게 해석해야 할까? 보스턴 변호사 가버 가레Gabor Garai는 경업금지의 영향을 수면에 떠오른 빙산의 일부라고 비유한다. 일부 사례들이 미디어의 주목을 받지만, 그것들은 그저 빙산의 일각에 불과하다. 그는 "그것의 대부분은 수면 아래에 있어요"라고 말한다. "소송당할까 두려워서 이직하거나 창업할 꿈도 못 꾸는 사람들이 모두 거기에 있습니다." 혁신을 추구하는 기업가들은 회사에 의심을 살만해 보이는 행위appearance of impropriety를 피하기 위해 취업 제의도 마다하고 잠재적인 고객과의 접촉도 꺼리는 종업원들의 비생산적인 두려움에 실망한다. '암흑 물질dark matter(우주를 구성하는 물질 가운데 가장 많은 비중을 차지하는 물질로 오직 중력을 통해서만 그 존재를 확인할 수 있음—옮긴이)'은 이와 같은 경업금지 문제를 설명하는 또다른 은유다. "매사추세츠 주의 경업금지에 대한 포괄적 인정은 그곳의 법률적 지형을 아주 잘 보여주는 암흑 물질의 일부다. 당신은 암흑 물질이 존재한다는 것을 안다. 중력이 작용하는 물질이지만 볼 수도 측량할 수도 없다. 당신은 이직이나 창업을 하고 싶어도 하지 못하는 종업원이 얼마나 많은지, 그래서 소송의 위험을 무릅쓰고 경업금지 약정에 맞서지 못하는 종업원이 얼마나 많은지 전혀 알지 못한다."[43]

아직 작고 소수이지만 점점 많은 주가 캘리포니아 방식을 따르고 있다. 콜로라도 주는 현재 대부분의 경업금지를 인정하지 않고 있으며, 심지어 종업원들에게 경업금지 약정에 서명하도록 강요하는 업주에 대해서는 형사처분도 불사한다. 다만 회사가 종업원에게 제공한 교육훈련비는 반납하도록 하는 예외 조항은 인정하기 때문에 경업금지 시행 강도가 0점은 아니다. 특히, "임원, 관리직, 간부사원, 각종 지원 업무를 담당하는 종업원들"로 육성된 종업원들에 대해서는 경업금지를 여전히 인정하고 있다.[44] 다시 말해, 콜로라도 주는 종업원의 종류에 따라 차별을 두는데, 오직 고도로 숙련된 사무직에 한해서 경업금지를 적용할 수 있게 한다. 노스다코타 주와 오리건 주 또한 경업금지를 거의 인정하지 않는 정책을 펴고 있다.[45] 오리건 주는 2008년에 경업금지를 인정하지 않는 새로운 입장을 내놓았는데, 주 의회가 "경업금지 약정의 남용이 위험한 수준까지 확산"되는 것에 우려를 나타낸 결과였다. 콜로라도 주도 마찬가지로 고액 연봉을 받는 관리직과 지원 전담 종업원들에 한해서 경업금지 조항을 시행할 수 있도록 법을 만들었다. 그 법에는 몇 가지 제약사항들이 덧붙어 있다. 첫째, 입사 전에 종업원에게 경업금지에 대해서 서면으로 **미리** 알려야 한다. 둘째, 경업금지 기간은 최대 2년까지 연장될 수 있다. 셋째, 경업금지는 오직 회사의 영업비밀을 보호하기 위한 목적이어야 한다.

2009년, '제한적 고용계약 금지 조례An Act to Prohibit Restrictive Employment Covenants'라는 법안이 매사추세츠 주 의회에 제출되었다. 그것은 모든 경업금지를 무효로 하는 법안이었다. 매사추세츠 주는 이미 미국 TV · 라디오 연예인 조합(AFTRA)의 강력한 로비활동의 결과로 통과된 방송 산업의 경업금지를 허용하지 않는 법령이 있다.[46] 그 법안을 제안한 집단은 벤처자본가, 경영인, 벤처기업가 들의 모임인 '열린 경쟁을 위한 동맹Alliance for Open Competition'으로 그 법이 미국 전역에 혁신을 촉진시킬 것이라고 설명했다. "우리는 혁신적인 기업가정신을 가로막는 거대한 장벽, 즉 종업원들이 현재의 직장을 떠나 기존 직장과 경쟁할 수 있는 어떤 일도 하지 못하게 하려고 회사가 종업원들에게 강제로 서명할 것을 종용하는 경업금지 약정의 남용을 깨뜨리고자 한다. 오늘날 매사추세츠, 뉴욕, 미시간 주는 아직도 경업금지 조항을 시행하는 수십 개의 주들 가운데 하나에 속한다."

그들은 캘리포니아 주의 경업금지 근절 정책을 본떠 만든 법안을 통과시키기 위해서 경업금지가 유능한 인재들의 자유로운 창업을 방해함으로써 "혁신적인 기업가들이 엄청난 법적, 금전적 위험을 감수할 수밖에 없게 만들고, 국가의 경제적 잠재력을 한껏 발휘할 수 없게" 한다는 점을 널리 알리는 활동을 했다. 매사추세츠에서 창업한 소프트웨어 설계자 리처드 티베츠Richard Tibbetts는 그러한 법안 발안을 "정부에 손 내밀지 않으면서 매사추세츠의 경쟁력에 큰 영향을 끼치는 완전한 법적 변화"라고 말한다. 그 단체는 성공한 첨단 기술 기업들이 끊임없이 기술업체들을 증식시킴으로써 새로 창업하는 수많은 벤처를 배출하는 주역이라고 자부하고 있음을 적극적으로 옹호한다. 경업금지를 인정하는 사법체계는 혁신을 막고 벤처 창업의 열기를 약화시켜 결국에는 벤처기업이 또다른 벤처기업을 낳는 승수 효과를 소리 소문도 없이 날려버린다고 경고한다. 매사추세츠 주 렉싱턴에 있는 하이랜드캐피털파트너스Highland Capital Partners의 대표 폴 매더Paul Meader는 "경업금지는 주 정부의 (…) 경쟁력을 약화시킨다. 따라서 캘리포니아 주는 혁신 경제의 주도권을 강화하기 위해서 그와는 다른 조치를 취한 것처럼 보인다"라고 간단하게 설명한다. 특히, 그들은 경업금지에 반대하지만, 영업비밀 보호, 비밀유지 협약과 같은 형태의 제한에는 찬성한다.

경업금지와 같은 제한 수단들을 선호하는 사람들은 매사추세츠 법안을 반대했다. 법안이 처음 발의되었을 때 법안 심의 과정이 만만치 않았다. 이제 그 법안은 고액 연봉을 받는 사람들의 특별한 경우에만 경업금지를 인정하되 그 기간은 1년까지로 제한한다. 지난 몇 년 동안 매사추세츠에서 경업금지를 인정하지 않거나 크게 제한하는 것을 입법화하려는 노력이 끊이지 않았다. 2011년에 열린 한 의회청문회에서 주지사는 경업금지를 제한하는 성명을 발표하면서 경제 조사에 따르면 경업금지가 "기술노동자, 특히 고급전문기술을 보유한 사람들의 이직에 명백하게 부정적 영향"을 끼칠 수 있으며, 그러한 기술자의 이직 감소가 "경제를 혁신하는 데 역효과를 초래"할 수 있다고 언급했다. 성명서는 경업금지가 대개 노동자들에게 부당한 짐을 지우고 기존의 대기업에 일방적으로 유리하기 때문에 새로운 기업가정신의 발현을 가로막는다고 주장한다. 성명서는 매사추세츠의 경제 발전을 위해 절박하게 변화가 필요하다고 말하며 끝맺는다.

매사추세츠의 로비스트들이 앞장서면서 그 밖의 다른 주 의회들도 비슷한 수정법안을 발의하기 시작했다. 동시에 텍사스, 조지아, 플로리다를 포함해서 많은 주가 경업금지에 대해서 과거에 법원들이 반대했던 방향으로 되돌리는 법안들을 제정하고 있다. 게다가 영국, 중국, 이스라엘, 일본과 같은 다양한 나라들이 혁신과 성장을 위한 최적의 조건을 만들어내는—경업금지 시행을 둘러싼 미국 내의 논쟁과 유사한—개혁방안들을 지속해서 논의해왔다. 그 결과는 경업금지의 영향을 약화시킬수록 경제 전반에 더 많은 이익이 발생한다는 점을 강력하게 시사한다. 우리는 이미 많은 데이터를 통해서 경쟁을 촉진하고 인재 흐름의 통제를 허무는 것이 일자리 증가와 벤처 창업, 지역 발전에 이바지한다는 직관이 옳다는 것을 확인했다.

4장

경쟁과 장소의 기적

공기중에 있는 혁신

런던 인근 템스밸리Thames Valley는 세계적으로 유명한 모터밸리다. 실리콘밸리가 첨단 기술 산업단지로 유명하다면, 모터밸리는 경주용 자동차 산업단지로 유명한 곳이다. 모터밸리는 최신의 첨단 고급 경주용 스포츠카의 본산이다. 그 지역은 포뮬러원카Formula One car와 인디카Indy car 같은 세계 최고의 스포츠카를 생산함으로써 경주용 자동차 산업을 지배하고 있다.

포뮬러원은 급격한 혁신을 이룬 역사가 있다. 해마다 그들이 이루어내는 새로운 발전은 업계 전체로 확산된다. 이러한 역사는 인재들의 높은 이직률과 아주 정확하게 일치한다. 자동차경주 선수와 설계자, 정비기술자 등이 소속팀을 이리저리 옮겨다니는 것은 아주 일반적인 일이다. 자동차경주업계에서 일류 기술자와 설계자들은 평생 그 일을 하는 동안에 평균 8번 소속팀을 옮긴다. 이것은 그들이 3년에 한번꼴로 소속사를 바꾼다는 것을 의미한다. 만일 그곳이 경업금지를 시행하는 지역이라면, 유능한 인재들이 기존 소속사를 떠날 경우, 경쟁사에서 일하지 못하게 하는 계약에 발이 묶여 당분간 방관자로 있을 수밖에 없고 따라서 유익한 정보도 서로 교환하지 못하게 될 것이다. 그들은 혁신과 산업 발전에 참여할 기회를 놓친다. 그래서 마침내 그들이 '현업으로' 다시 복귀했을 때, 시대에 뒤떨어져 남들보다 경쟁력을 상실한 사람이 되어 있을 가능성이 크다. 인재들이 업계를 이리저리 옮겨다니면, 가장 빠른 경주용 자동차에 대한 핵심 정보들이 널리 퍼지기 마련이다. 업계 내부에서는 이런 현상 때문에 "약간 냉소적이기는 하지만, 다른 팀에 대한 정보들을 빼낼 목적으로 단기 계약을 맺는" 팀들이 있다고 말한다.[1] 하지만 우리는 오늘날 이곳 첨단 자동차 산업에서 엄청난 기술 발전과 경제 성장의 모습을 목격한다. 이렇게 끊임없이 인력이 이동하지만(아니, 그 덕분에) 자동차 기업들은 그 지역을 여전히 찾고 그들이 그렇게 한 군데 집결함으로써 세계 자동차 산업을 지배한다. 모터밸리는 치열하게 인재를 뺏고 빼앗기는 문화를 유지하는 가운데 세계에서 가장 잘 팔리는 스포츠카 회사들의 근거지로 남아 있다. 영국의 경제학자 닉 헨리Nick Henry와 스티븐 핀치Steven Pinch는 그 산업에 대한 밀착 연구를 통해서 "그들은 회사를 옮길 때 다른 회사들의 동향에 대한 지식과 아이디어를 가지고 이동함으로써 업계 전체에 지식을 퍼뜨리는 결과를 초래한다 (…) 이러한 인력의 '뒤섞임'은 그 지역 전반에 걸쳐 산업의 지식기반을 공고히 한다"고 결론짓는다.[2]

1920년, 영국 경제학자 알프레드 마샬Alfred Marshall은 지역 지식local knowledge이라는 이론을 개발했다. 마샬은 여러 지역을 자세히 살피고 서로 비교하면 "어떤 거래든 신비에 싸여 있을 수 없고, 오히려 세상에 다 알려지기 마련이다"라고 주장했다.[3] 그때부터 지리적 요소가 얼마나 중요한지에 대한 실증적 증거들이 크게 늘어났다. 특정 장소와 사업 성공 사이에 상관관계가 있음이 밝혀지고 그 이유도 다양하다. 우리는 대개 사업 성공을 이끄는 요소들이 회사 내부에 있다고 생각한다. 사업 계획, 자산, 인력 등이 그런 것들이다. 회사 밖, 외부 환경의 중요성에 대해서는 별로 심각하게 생각하지 않는다. 그러나 실제로는 회사의 성장을 촉진하거나 억제하는 중요한 요소로 회사가 어느 곳에 있느냐 하는 지리적 요소를 간과할 수 없는 것이다. "공기중에 있는 혁신"을 조성하는 환경은 선순환을 이룬다. 다시 말해, 혁신이 일어나는 곳에서 또다른 혁신이 일어나고, 인재가 있는 곳에서 더 많은 인재가 생겨난다.

지역의 경제 성장을 견인하는 동력은 무엇일까? 거기서 나는 천연자원? 자본 투자의 집중? 우수한 교육 체계? 그리고 혁신적 활동은 왜 특정 지역에 집중될까? 그 대답은 무엇보다도 그 지역에 사는 사람들에 있다. 성공한 지역을 보면 대개가 숙련되고 유능한 노동자들이 많이 있으며, 거꾸로 이러한 유능한 인재들은 성공한 지역에서 일할 때 더 많은 것을 빨리 배운다. 또한 그 반대도 사실이다. 혁신적이지 못한 지역에서 일하는 노동자들은 배우는 것도 적고 배우는 속도도 느리다.[4] 따라서 거의 동일한 조건을 갖춘 지역들이 있다면, 그곳이 성공하느냐, 쇠퇴하느냐는 그 지역이 보유한 인적 자본에 달려있다.

마샬의 가설에 따르면, 기업들은 여기저기 흩어져 있기보다 특정 지역에 함께 모인다고 했는데, 기업 군집이 상품과 인력, 아이디어들을 낮은 비용으로 제공하기 때문이다. 이 세 가지 요소는 경제학 용어로 자본과 노동시장, 지식 확산이 주는 이익이라고 바꿔 말할 수 있다. 마샬이 혁신은 "공기중에 있다"는 가설을 제시하고 나서 반세기가 지난 뒤, 노벨경제학상을 받은 케네스 애로우 Kenneth Arrow는 경쟁이 산업 발전을 촉진한다고 설명했다. 애로우는 중앙 통제가 아니라 경쟁이 혁신을 자극한다고 주장했다.[5] 애로우는 인적 자본에 초점을 맞추어 "기업 간에 인력의 이동은 정보를 확산시키는 한 방법이다"라고 했다.[6] 또 애로우는 사람들이 기업을 옮겨다니면서 아이디어도 따라 이동하고 이러한 이동을 통해서 발전과 성장이 촉진된다는 이론을 제시했다. 21세기 네트워크 기술의 급진전에 따른 새로운 연구들은 마샬과 애로우의 주장을 입증하는 실증적 증거를 제공하고, 혁신을 유발하는 환경이 초래하는 많은 긍정적 효과들을 보여준다.

애로우는 한 기업이 시장을 독점하면 굳이 위험을 무릅쓰면서 성공한 발명들을 개선할 생각이 줄어들기 마련이라고 예견했다. 시장에서 지배적 위치를 차지하고 있는 기업은 현재의 제품군에서 이미 얻은 이익과 비교해서 혁신을 위해 투자될 비용을 계산한다. 애로우 효과Arrow Effect에 따르면, 시장 독점 상황에서 혁신은 독점 기업이 현재의 이익을 넘어서 한계이득을 추구하는 쪽으로 이끌기 때문에, 기존의 시장점유를 그대로 대체할 뿐이라고 내다본다. 다시 말해, 독점기업의 경쟁 상대는 바로 자기 자신이다. 따라서 독점기업은 시장행위자에게 최선을 다해 목표를 이루고자 하는 동기를 제공하지 못한다. 반면에 시장에 경쟁자들이 진입하게 되면, 그들은 혁신적 개선을 통해 더 큰 이익을 얻으려고 한다. 처음에 그들이 얻을 이익은 매우 낮은 수준일 가능성이 크기 때문이다. 따라서 경쟁자들은 거대한 독점기업들이 할 만한 가치를 느끼지 못하는 적극적인 개혁 의지를 불태울 만한 충분한 동기가 있다.

애로우 효과는 기업들이 혁신 의지를 자극받기 위해 왜 경쟁자가 필요한지를 잘 설명한다. 그러나 혁신에서 지리적 요소가 끼치는 영향은 경쟁의 직접적인 영향보다 더 크다. 동일 산업에 속한 기업들이 지역적으로 가까이 모여 있으면, 동종업체들에 지원 업무를 제공하는 연관 산업이 발전하면서 개별 기업들은 더 적은 비용으로 더 좋은 업무 지원을 받을 수 있다. 동시에 지역 경제가 활성화하면서 우수한 노동 인력이 더 많이 지역으로 몰려든다. 잠재노동력은 활기가 넘치는 도시들로 몰려들기 마련이다. 다양성이 풍부한 대도시는 기업과 개인들에게 일자리 상실과 산업 위기에 대응하는 보험증권의 기능을 수행한다. 대도시의 노동자들은 그들이 탄 배가 침몰할 때 늘 구명뗏목을 발견할 수 있다. 하지만 기업이 하나밖에 없는 소도시는 노동자들을 큰 위험에 빠뜨릴 수 있다. 그 도시의 근간이 되는 주요 기업이 위기에 빠지면, 노동자들이 그것에 대처할 수 있는 다른 방법을 찾을 수 없기 때문이다.

활기에 찬 도시들은 새로운 인재들을 끌어들임으로써 자체적으로 노동시장을 두텁게 하는 장점이 있다. 도시에 내재된 숙련된 노동인력 풀은 경제 순환에서 완충장치 역할을 할 뿐 아니라 기업들이 새로운 프로젝트를 수행할 때 기존에 회사에 고용된 인력을 그대로 놔둔 채 노동인력을 교체할 수 있게 한다. 도시의 지역 밀도는 경제를 더욱 분업화하고 전문화한다. 다양한 지원 업무를 제공하는 업자들이 생겨나고 그러한 중간 업무를 수행하는 기업들은 낮은 비용으로 문제를 해결하고 각종 서비스를 제공한다. 이러한 대도시 고유의 장점은 또한 소도시나 지방보다 더 많은 발명자를 보유하고 1인당 특허 출원이 더 많은 메트로폴리탄 지역을 낳는다. 도시 인구가 많을수록 혁신이 일어날 가능성은 더 크다. 인구밀도가 100인 메트로폴리탄 지역의 1인당 특허 수는 인구밀도가 50인 메트로폴리탄 지역보다 20% 정도 더 많다.[7]

경제학자 폴 로머Paul Romer는 지리적 요소와 산업 경쟁이라는 두 가지 측면을 조합해서 마샬과 애로우의 통찰을 하나로 묶었다. (오늘날 경제학자들은 이것을 세 경제학자의 이름에서 머리글자를 따서 마르[MAR] 효과라고 부른다.) 로머에 따르면, 지식은 주로 산업에 특화되기 마련이므로, 어느 지역에 기업이 집중하는 것은 분업화된 경제 전반의 성장에 긍정적 영향을 미친다. 동종 업종의 기업들이 한 지역에 밀집하게 되면 지식 교환이 활발해져 급격한 성장을 가져온다. MAR 효과는 이런 유용한 거시 예측을 가능하게 하지만, 거대한 인재 풀과 이직, 경쟁적 인재 영입이 기업과 지역 성장에 어떻게 도움을 주는지 정확하게 설명하지 못한다. 경제학자들은 시장 내에서의 지식의 확산과 귀중한 정보의 이동에 한해서 이야기하지만, 우리는 이런 지식이 실제로 어떻게 이동하는지 더 자세히 알 필요가 있다. 이것을 완벽하게 이해하기 위해서는 지식이 어떻게 인재들에게 습득되고 시장에서 이동하는지를 자세히 검토해야 한다. 특히, 전문가들 사이의 관계가 어떻게 혁신에 이바지하는지 고려해야 한다. 장소의 기적을 밝힐 수 있는 실마리를 더 풀어내기 위해서는 정체된 집단 순응적 사고의 영향에서 벗어나야 한다. 자기네가 개발한 것이 아니면 안 된다는 배타적 NIH(Not Invented Here) 증후군을 극복해야 한다. 다음에서는 이처럼 혁신의 발목을 잡는 함정들의 사례들을 살펴볼 것이다.

케빈 베이컨의 6단계 법칙

2007년, 케빈 베이컨Kevin Bacon은 유타 주 파크시티에서 열린 선댄스 영화제의 개막 주간에 식스디 그리스닷오알지SixDegrees.org라는 웹사이트 개설을 알렸다. 그는 유명 영화배우로 케빈 베이컨의 6단계 법칙이라는 자기 이름이 붙은 인기 있는 게임으로도 널리 알려져 있다. 그 게임은 모든 할리우드 배우들을 6단계 이내에서 케빈 베이컨과 연결시키는 놀이다. 케빈 베이컨은 대중의 엄청난 인기를 얻고 있는 이 게임을 효과적으로 이용했다. 6단계의 정확성을 시험하는 최초의 실험은 1960년대 중반에 이루어졌는데, 당시에 미국의 사회학자 스탠리 밀그램Stanley Milgram은 미국 중서부 지방 사람들 가운데 표본을 선정해서 그들이 전혀 모르는 매사추세츠 주에 사는 한 사람에게 짐을 전해달라고 부탁했다. 그는 짐을 전달할 사람들에게 수신자의 이름과 직업, 대강의 거주지를 알려주고 그들이 개인적으로 잘 아는 사람들 가운데 수신자를 가장 잘 알 만한 사람에게 그 짐을 전달하라고 요청했다. 그 결과는 놀라웠다. 그 전달 고리는 예상했던 것보다 훨씬 더 짧았다. 모든 짐이 전달되는 데 평균 다섯 번의 중간 단계를 거쳤다. 이것은 6단계 이내에서 모든 사람이 연결될 수 있다는 법칙에 부합했다. 21세기 들어 이 실험은 새롭게 조명을 받았는데, 2001년에 미국 컬럼비아대 교수진은 이메일 메시지를 이용해서 밀그램의 실험을 재창조했다. 이 전자메일을 통한 실험에는 모두 157개 나라에서 48,000명의 발신자와 19명의 수신자가 참여했다. 놀랍게도 21세기의 인터넷 또한 6단계만 거치면 모두가 연결될 수 있었다!

정말로 세상은 좁다. 실제로 **좁은 세상**small world은 "아이디어를 쉽게 얻고, 지식이 자유롭게 흐르고, 인재들이 기회를 찾는, 빠르게 변모하는 진화적 환경"을 설명하는 과학 용어가 되었다.[8] 사람들이 더 빈번하고 자유롭게 이동할수록 세상은 점점 더 좁아진다. 실제로 좁은 세상 환경에서는 두 사람 사이를 연결하는 데 평균적으로 거치는 단계는 기준이 되는 6단계에 훨씬 못 미친다. 네트워크 안에서의 상호작용은 더욱 풍부하고 빈번하다. 좁은 세상은 전문가들 사이를 매개하는 중간 단계의 수를 줄여서 교류의 질을 향상시킨다. 좁은 세상이 어떻게 작동하고 발전하는지에 대한 새로운 연구들은 우리에게 새로운 안목을 제공하고 있다. 예술 분야의 네트워크든, 과학 분야의 네트워크든 둘 다 친분과 이전의 유대 관계가 기본적으로 중요하다. 그런데 전문가들의 직업 세계에서 유대 관계가 약한 것이 강한 것보다 더 중요하다는 것은 얼핏 보아 직관과 어긋나는 중요한 통찰이다. 강한 유대 관계는 한 개인을 다중의 친분 관계를 통해서 하나의 사회적 네트워크에 연결시킨다는 것을 의미한다. 당신의 생일을 축하해주고 함께 휴일을 보내며 축구 경기와 포커 게임을 함께 보는 가까운 친구와 식구들은 아마 서로를 가장 잘 아는 사이일 테고 그들 사이에는 다중의 유대 관계가 있을 것이다. 그것들이 바로 당신을 강력하게 하나로 묶어주는 끈이다. 반면에, 약한 유대 관계는 우리를 다른 집단 사람들과 연결시켜 우리의 네트워크를 확대시킬 가능성이 크다. 약한 유대 관계는 당신이 무역박람회나 학술회의, 기금조성모임에서 만나는 사람과 형성된다. 다음에 나오는 에고Ego라는 한 사람의 이야기는 그가 맺는 약한 유대 관계와 강한 유대 관계의 힘을 잘 보여준다.

> 에고는 가까운 친구들이 있다. 그들 대다수는 서로 연락하고 지내는 사이로 서로가 아주 긴밀하게 연결된 사회 조직이다. 또한, 에고는 지인들도 많다. 그들은 서로에 대해서 잘 알지 못한다. 하지만, 이들 지인들은 각자 자기만의 가까운 친구들이 있을 수 있다. 따라서 그들끼리는 서로 긴밀하게 연결된 사회 조직을 이루고 있을 것이다.
> 하지만 그 조직은 에고의 조직과는 다른 것이다. 따라서 에고와 그의 지인 사이의 약한 유대 관계는 단순히 사소한 친분 관계가 아니라, 오히려 서로 긴밀하게 연결된 다른 두 개의 가까운 친구 집단 사이를 이어주는 결정적인 다리가 된다.[9]

이 이야기의 주인공 에고는 유대 관계가 약한 인맥에서 더 많은 이익을 얻는다. 약한 유대 관계는 강한 유대 관계보다 사람들을 서로 이어주는 다리 역할을 할 가능성이 더 크다. 약한 유대 관계가 사람들을 자기가 소속된 조직과는 다른 사회 조직들에 연결하기 때문이다. 당신이 일자리를 찾고 있을 때 가장 친한 친구나 주말마다 함께 테니스를 하는 동료에게 조언을 구하는 것이 가장 좋다고 생각하기 쉽다. 그러나 당신의 가장 친한 친구가 당신을 소개해 줄 수 있는 친구 집단과 연결고리들은 이미 당신도 잘 알고 있는 사람들일 가능성이 크다. 실제로 많은 연구는 약한 유대 관계가 강한 유대 관계보다 경제적 목적을 달성하는 데 더 강력한 영향력을 발휘하고 더 좋은 취업 기회도 제공한다는 사실을 보여준다. 대개 취업하고자 하는 마음이 간절할수록 아주 가까운 관계보다는 약한 유대 관계가 일자리를 찾는 데 더 큰 도움을 줄 가능성이 크다. 비숙련노동자들이 강한 유대 관계에 더 많이 의존하는—무슨 일이든 하려고 일거리를 찾아 수소문하고 다니는 실업자들을 생각하라—반면에, 전문직에 있는 숙련노동자들은 직접적이고 친밀한 관계보다 느슨한 유대 관계에서 더 많은 이익을 얻는다. 대학 사회에 많이 존재하는 이런 느슨한 유대 관계는 겉으로 드러나지 않은 대학의 모습이다. 공동 연구를 하는 사람들은 협력과 전문가 회의, 학술회의를 통해서 여러 연구기관의 연구자들과 관련된 전문 분야의 일뿐 아니라 사교적인 연결망을 구축한다.[10] 이것이 바로 당신 친구들이 아는 사람들과 당신을 이어주는 비즈니스 인맥 소셜네트워크인 링크드인의 기본 개념이다. 링크드인은 현재 전 세계 196개가 넘는 국가와 영토에 걸쳐 1억 2,000만 명이 넘는 가입자를 보유하고 있다.

비즈니스 인맥 소셜네트워크는 개인이 자기에게 맞는 직장에서 직업적으로 성장하도록 도와주는 역할을 한다. 어떤 사람이 가난한 환경에서 태어나 가까운 친족들의 인맥을 통해 직접 도움과 조언을 받지 못했다면, 이 비즈니스 인맥 소셜네트워크가 가족들의 유대 관계가 하는 일을 대신해 줄 수 있다. 최근에 이루어진 한 연구는 가족들과의 관계나 동료들의 경력이 향후 한 개인의 기업 활동에 어떻게 영향을 끼치는지 조사했다.[11] 그 결과, 함께 일하는 동료들이 두 가지 방식으로 한 개인이 혁신적인 기업가로 성장할 가능성을 높인다는 사실을 발견했다. 하나는 그 개인에게 혁신적 기업가로 성장할 기회들이 있음을 인식하는 능력을 향상해주는 것이고, 다른 하나는 그가 그러한 기회들을 추구하도록 끊임없이 동기를 부여하는 것이다. 이러한 두 가지 효과는 가족으로부터 그러한 기업가정신을 물려받지 못한 사람들에게 가장 강하게 나타난다. 이것은 시장에서의 유대 관계가 공동체의 유대 관계를 대신할 수 있다는 것을 의미한다.

골디락스 네트워크

에고의 이야기는 개인들, 특히 가장 인기가 많은 인재들—고급기술자, 발명자, 고위 임원 같은 사람들—에게 네트워크가 얼마나 큰 경제적 가치가 있는지 잘 보여준다. 사람만 네트워크를 구성하는 것이 아니라 기업도 한다. 경제사회학자 브라이언 우지Brian Uzzi는 한 유명한 연구를 통해 사회 구조가 경제생활에 어떻게 영향을 끼치는지 살펴보았다. 우지는 기업이 외부와 어떤 유대 관계를 맺는지가 기업의 생존 가능성에 영향을 준다는 것을 발견했다. 기업의 성공을 위해서는 회사에 물품을 공급하는 업체들과의 유대 관계가 너무 강하지도 않고 약하지도 않아야 한다.[12] 다시 말해, 최고의 실적을 올리는 기업들은 여러 업체와 유대 관계를 맺되, 나중에 발목이 잡힐 정도로 긴밀한 의존 관계는 맺지 않는다. 우지는 기업의 사회적 관계 형태를 말하는 기업의 '배태성embeddedness'이 그 기업의 경제적 영향력을 설명한다고 주장한다. 의류 산업의 사회적 관계에 대한 우지의 현장 연구는 긴밀한 네트워크 안의 배태성이 당연히 기업에 유익하다는 것을 보여준다. 하지만 동시에 좀 역설적일지 모르지만, 배태성이 지나치게 높거나, 개인들에서 본 것처럼, 의존성이 너무 큰 긴밀한 유대 관계는 오히려 기업의 적응력을 약화시킬 수 있다. 예컨대, 한 유통업체가 물품을 공급하는 업체와 긴밀한 사회적 관계를 맺고 있다면, 다른 경쟁업체가 더 낮은 가격으로 물품을 공급하려고 할 때 합리적으로 보면 그 업체와 계약을 맺는 것이 맞지만 그렇게 하지 못할 수 있다. 기업들은 땅속 깊이 뿌리박은 견고한 네트워크를 형성하되, 변화의 바람에 휠 줄 아는 유연함이 있는 참나무 같은 존재가 될 필요가 있다.

따라서 개인이든 기업이든 발전하기 위해서는 강하**면서도** 약한 유대 관계를 유지하는 것이 좋다. 지금까지 나는 이러한 관계가 성공적으로 일자리를 구하는 데 유리하다는 것을 강조했다. 하지만 그것보다 훨씬 더 흥미로운 것은 그러한 네트워크가 창의성과 혁신을 촉진하는 방식들이다. 혁신하기 위해서는 사회적으로, 직업적으로 다양한 연결고리들이 필요하다. 어느 분야든 획기적인 발명을 위한 최초의 아이디어들이 탄생하기 위해서는 인간들 사이의 상호작용이 반드시 필요하다.

적절한 사람을 만나지 못해 사장되는 새로운 발견들이 얼마나 많은가? 기존의 유대 관계는 성공적으로 공동 작업을 하기 위해서 얼마나 중요한가? 최근에 한 연구팀은 친분과 개인적 관계가 예술품 생산이나 학술 작업에 어떤 식으로 도움을 주는지 조사했다. 그 팀은 이미 여러 협업 네트워크에 참여한 경험이 있는 숙련된 전문가들과 처음으로 자기들이 작업한 연구 결과와 활동들을 시장에 내놓는 초임자들을 비교했다. 그 결과는 놀라웠다. 영향력이 큰 저명한 학술지들은 기존 전문가들의 비율이 높다. 누구든 당연히 그럴 거라고 예상할 수 있을 것이다. 그러나 동시에 연구팀은 전에 함께 공동 연구에 참여했던 사람들의 수가 지나치게 많으면 배치 순위가 떨어진다는 사실도 발견했다.[13] 이것은 다음에 공동 연구를 성공적으로 수행하기 위해서는 네트워크가 잘 형성된 숙련된 연구자들과 팀을 구성하되 그들이 반드시 전에 함께 작업했던 사람들일 필요는 없다는 것을 의미한다.[14] 오히려 새로운 인재를 끌어들여 창조적인 팀을 꾸리는 것이 성공의 가능성을 높인다. 강하면서도 약한 유대 관계를 유지하는 것이 중요하다는 사실과 발목을 잡을지도 모를 지나치게 긴밀한 관계를 피하기 위해 우리의 네트워크를 넓힐 필요가 있다는 점을 상기하라. 이 원칙은 단순히 구직자들에게만 한정된 것이 아니다.

우리는 늘 인간의 지식이 집단적 노력의 성과라고 직관적으로 생각하기 쉽다. 그러나 어떤 아이디어가 어디서 시작되었는지 추적하는 데는 한 가지 중요한 문제가 있다. 아이디어의 확산 과정을 잡아내는 어려움 가운데 하나는 과거 기록을 찾는 것이다.

바이러스의 확산을 목격하는 것처럼 혁신의 확산을 관찰할 수 있을까? 오늘날 과학은 개인들 간의 관계와 그것이 인간의 활동에 미치는 영향을 시험할 수 있는 새로운 도구들을 제공한다.[15] 네트워크 과학은 인터넷에서 이루어지는 정보교환을 통해서 수많은 개인이 서로 어떻게 연결되어 있는지, 직업적 상호작용, 검색 패턴, 심지어 우리의 소비 습관까지 알 수 있게 한다. 네트워크 이론가들은 수학 모형을 이용해서 객체 또는 주체들 사이의 관계를 연구한다. 네트워크는 사람이나 기업들(노드node)과 센터(허브hub) 사이의 링크(에지edge)들로 구성되어 있다. 이것은 직업적 유대 관계, 친분, 정보교환, 상거래 같은 것을 통해서 개인들 사이의 관계를 보여준다.

아이디어들이 바이러스처럼 확산될 수 있다면, 우리가 확산을 막고자 하는 전염병 같은 진짜 바이러스 연구는 아이디어 확산을 이해하기 위한 시발점으로 더할 나위 없다. 과학자들은 매우 현실적인 이유로 바이러스의 네트워크 지도를 그린다. 에이즈바이러스 같은 전염병 확산을 통제하는 사회 계획과 정책 수립을 지원하기 위해서다. 과학자들은 네트워크 지도를 그릴 때, 대개 비슷한 형태를 취한다. 네트워크 위에 있는 대다수 사람은 섹스파트너의 수가 소수다. 하지만 일부 개인들은 그것과 달리 수백 명의 섹스파트너를 고집한다. (그런 '무절제한 섹스'를 범죄로 보아야 한다고 주장하는 사람들도 있다.)[16] 바이러스의 확산과 마찬가지로 여러 노드와 허브들을 서로 연결하는 것은 더 이상의 에이즈 전염을 막기 위해 정책결정자들이 콘돔을 나눠주고 시험하는 계획을 세우도록 도움을 줄 수 있다. 예컨대, 컴퓨터 모의실험을 통해서 수많은 상호작용의 패턴을 모형화하는 작업과 네트워크 과학은 과거에 바이러스가 어떻게 확산되었는지에 대한 실마리를 제공할 뿐 아니라 앞으로 어떻게 움직일지도 예측할 수 있게 한다. 이러한 네트워크 지도들은 정책 당국이 위험한 바이러스 전염병의 확산과 질병 발생을 막고 교육자들이 성병 예방 프로그램을 만들도록 도울 수 있다. 최근 들어 네트워크 분석은 페이스북 이용자들의 교제와 섹스 행태를 파악하는 데 적용되기도 한다. 그것에 따르면, 소셜네트워크 이용자 비율이 높은 곳이 매독에 걸린 사람들의 비율도 높다. 네트워크 과학이 이렇게 수많은 인터넷 이용자들 사이의 사랑과 질병의 관계를 보여줄 수 있다면, 인재의 이동과 혁신 사이에 어떤 관련성이 있는지도 당연히 예측할 수 있지 않을까?

특허와 과거 기록

혁신에 대해서 연구할 때, 특허 등록원부는 창의적인 협업 지도를 그리기 위한 풍부한 기록보관소다. 혁신은 특허로 등록될 수 있는 발명품들을 포함해서 그것보다 더 넓은 의미가 있다. 발명품은 독창적이고 참신하고 구체적인 새로운 저작물이나 도구를 말한다. 혁신은 그러한 발명품뿐 아니라 시장에서 부가가치를 주는 기능 개선이나 변경들도 포함한다. 혁신 정보는 특허, 저작권, 상표, 영업비밀을 포함해서 지적재산권 보호 대상이 될 수 있다. 그러나 혁신은 더 나은 제작 공정과 기업 전략, 연구 패턴의 개발, 효과적인 지식의 흡수처럼 보호할 수 없는 개선이나 변경도 포함한다. 혁신은 확산되고 누적되는 특성이 있기 때문에 고정하거나 그 크기를 수치로 나타내기가 어렵다. 그러나 특허는 전혀 그렇지 않다. 특허는 혁신을 확인할 수 있는 창을 연다. 특허에는 기록이 있기 때문이다.

모든 발명자는 특허를 출원하려면 반드시 신원이 확인되어야 한다. (나중에 보겠지만, 소유권이 회사로 이전되는 경우에도 마찬가지다.) 따라서 모든 특허 기록에는 발명자의 집주소와 회사에 대한 정보가 들어 있다. 특허 네트워크를 상상해 볼 때, 그 네트워크에서 노드는 등록된 특허들일 수 있다. 그러면 링크는 어떤 특허를 또다른 특허에서 인용하는 것을 의미한다.[17] 또 달리 말해서, 노드는 특허를 발명한 발명자일 수 있다. 그러면 링크는 서로 다른 발명자들 사이의 협업이 된다. 발명자 A와 B가 한 특허를 공동으로 발명했고, B와 C가 또다른 특허를 공동으로 발명했다면, 발명자 A와 C는 한 네트워크의 일부이고, 발명자 B는 그 네트워크의 노드가 된다. 첨단 네트워크 분석 기법과 새로 도입된 특허청 전자문서시스템 덕분에 이런 데이터들을 걸러낼 경우, 수많은 특허 발명자들이 서로 어떻게 연결되어 있고 서로 어떻게 협업했는지를 파악할 수 있는 특허 발명 네트워크를 그릴 수 있다. 이제 특허 데이터는 발명자들의 협업 상황과 그들의 움직임을 추적할 수 있는 아주 귀중한 방법을 제공한다.

이렇게 네트워크를 그리는 작업은 실제로 사람들 사이의 관계를 시각화할 수 있게 한다. 네트워크 연구자들은 특허 데이터들을 모은 뒤, 발명자들을 연결하는 알고리즘을 이용해서 발명자들 사이에 협업이 얼마나 많이 이루어졌는지를 평가한다. 발명자 네트워크 연구에서 첫번째로 중요한 발견은 네트워크의 밀도가 그 네트워크에 있는 발명의 수와 매우 밀접한 상관관계가 있다는 사실이다. 이것은 접촉하는 사람이 많을수록, 발명자 **개개인**은 점점 더 창조적으로 된다는 것을 의미한다. 발명자들 사이의 연결은 한 분야에서 공동 발명 특허의 수뿐 아니라 전체 특허의 수를 늘린다. 조밀한 네트워크는 전체적으로 협업이 더 많고 더 생산적이다. 예컨대, 한 무리의 나노기술자들이 수십 명의 생명공학 연구자들이 있는 샌디에이고로 이주할 때 파급효과가 발생한다. 그들이 서로 교류하면서 다른 분야 연구자들과 공동 연구를 통해서 새로운 발명에 이를 가능성이 기하급수적으로 증가하기 때문이다. 이웃집들이 서로 길을 통해 연결되듯이, 이러한 보이지 않는 유대 관계는 사람들 사이에서 혁신의 촉매제로 작용한다.

또한 특허 인용(새로 출원된 특허가 기존의 특허를 조회하는 것)과 관련된 네트워크 연구에 따르면, 다양한 산업이 혼재하는 대도시에서 발명된 특허들이 동종 업체들만 있는 소도시에서 발명된 특허들보다 특허 인용수가 두 배 더 많다. 특허 인용으로 혁신의 정도를 완벽하게 평가할 수는 없지만, 그러한 인용이 특허의 가치와 그러한 특허를 소유한 기업의 시장 가치와 상관관계가 있다는 사실은 매우 중요하다. 다시 말해, 다양한 산업이 혼재하는 역동적인 곳에서 일하면서 어떤 것을 발명한다면, 그 발명은 크게 성공할 가능성이 있다. 결론적으로 예술 분야든 과학 분야든 혁신을 위해서는 다양성과 서로 다른 학문 간 공동 연구가 매우 중요하다.

21세기 르네상스

> 오늘날 미국에 필요한 것은 르네상스다. 앞으로 나아가기 위해서는 때론 뒤로 물러설 필요가 있다.
>
> —스탠리 크라우치Stanley Crouch, 소설가이자 비평가

1452년 공증인인 아버지와 농부의 딸인 어머니 사이에서 사생아로 태어난 레오나르도 다빈치는 "인간은 무엇이든 하려고 마음만 먹으면 다 할 수 있다"는 생각을 몸으로 보여주었다.[18] 르네상스 시대에 천부의 재능을 타고난 것으로 밝혀진 사람들—유감스럽게도 당시에는 그런 사람들이 대개 남성이고 여성은 거의 없었다—은 과학과 예술, 모든 지식 분야에서 기술을 개발하도록 장려되었다. 다빈치는 우리 현대인들에게 르네상스를 상징하는 인물이다. 그는 과학자이자 공학자, 해부학자, 식물학자, 미술가, 조각가, 건축가, 수학자, 작가, 발명자였다. 다빈치는 청년 시절에 유럽을 돌아다니며 많은 예술가와 사상가들 밑에서 배움을 얻었다. 그러는 가운데, 그는 헬리콥터, 행글라이더, 태양열 발전, 악기, 대포, 탱크, 유체 역학의 진흥과 같은 다양하고 신기한 발명품들을

개발하고 설계하고 이론화했다. 다빈치의 엄청난 발명품과 놀라울 정도로 넓은 관심의 범위는 수천 쪽의 공책에 다 기록해도 모자랄 것이다.

다재다능함과 여러 학문 분야를 종합하는 접근방식은 르네상스의 특징이었다. 그러나 이러한 아이디어들은 15세기 이탈리아보다 앞서 이미 존재했다. 고대 그리스 발명자들은 대다수가 모든 분야에 박식한 사람들이었다. 그들은 포괄적인 교육 방식을 채택하고 그들의 지식을 어느 한 가지 주제에 한정하지 않았다. 그러나 사람들은 다빈치가 마지막 남은 진정한 르네상스인이었다고 믿는다. 오늘날 기술이 발전하고 복잡해지면서 모든 분야에서 전문화가 필요해졌다. 이제 더이상 한 사람이 모든 학문과 기술의 열쇠를 쥘 수 없게 되었다. 하지만 오늘날에도 최고의 귀중한 발견은 서로 기술적으로 거리가 먼 분야들 사이에서 일어난다는 사실은 다양한 학문이 종합적으로 어우러진 르네상스의 학제적 특성과 그것의 중요성을 다시 한번 확인시킨다. 통합의 시대라고 하는 21세기 혁신은 훨씬 더 미세하게 조율되고 정교해진다. 이제 어떤 학문도 배타적으로 홀로 존재할 수 없다. 나노기술은 기계공학과 반도체기술, 분자생물학이 서로 교류함으로써 발전한 분야의 대표적 사례다. 그 기술은 오늘날 의학, 약학, 전자, 에너지 생산과 같은 다양한 분야에 적용되고 있다. 갑자기 세상을 떠나기 전까지 첨단 기술 혁신의 상징이었던 애플의 스티브 잡스는 창의성을 어떻게 정의하는지 질문을 받고 창의성이란 사물들을 서로 연결하는 것이라고 대답했다. 잡스는 평생 남들이 안 간 새로운 분야와 아직 서로 연결되지 않은 부문들을 열정적으로 연구함으로써 그러한 믿음을 현실로 보여주었다. 그는 고급 자동차, 서예, 명상, 동양철학에 조예가 깊었다.

실제로 다양성과 여러 학문 분야를 종합하는 접근방식이 주는 이익은 크다. 하버드비즈니스스쿨의 교수진은 서로 다른 학문 분야의 사람들이 함께 모여 공동 연구하는 것이 얼마나 큰 가치가 있는지 조사했다. 그들은 학문 분야가 다른 사람들이 공동으로 개발한 발명품들과 같은 학문 분야의 사람들이 개발한 발명품들을 비교했다. 그 결과, 평균적으로 전자의 발명품이 후자의 발명품보다 당장 성공의 가능성이 떨어진다는 사실이 밝혀졌다. 그러나 앞으로 중요한 새 발견의 가능성을 놓고 볼 때는 다양한 분야의 사람들이 모인 창조적인 팀이 더 유리하다는 결론에 이르렀다. "팀 구성원들의 분야나 학문이 다양할수록 그들이 이룩한 전반적인 혁신의 질은 떨어진다. 그러나 (…) 여러 학문 분야의 사람들이 공동으로 작업해서 나오는 새로운 발견은 비록 매우 드물기는 하지만, 대개 아주 가치가 높다. 전통적 접근방식으로 이룩한 최고의 혁신보다 더 우수하다."[19]

이것은 다양한 학문을 종합하는 것은 위험도 크지만 그만큼 돌아오는 이익도 크다는 것을 의미한다. 불확실성도 마찬가지로 커진다. 혁신 추구의 불확실성이 클수록 아주 획기적인 뜻밖의 아이디어들이 나올 가능성도 크다. 혁신에 대한 새로운 연구들에 따르면, 다양성과 불확실성의 중요성을 강조하면서, 획기적인 새로운 것을 발견하기 위해서는 한 회사나 팀이 얼마나 많은 새로운 아이디어를 내놓느냐 하는 것뿐 아니라 얼마나 서로 다른 수준의 다양한 아이디어들을 내놓느냐 하는 것이 정말 중요하다. 지식은 한 회사에만 귀속되어 제한되지 않고 회사와 지역들 사이로 널리 퍼진다.[20] 전문 분야도 서로 다르고 팀 구성원도 다양한데다 창의적인 개인들끼리 서로 빈번하게 교류하다보면 실패한 아이디어들이 양산되기 십상이지만, 그런 과정을 통해서 인류 역사를 진보로 이끄는 백만 번에 한번 나올까 말까 한 위대한 발명이 탄생할 가능성은 더 커진다. 다양한 사람들이 모여 작업하는 것은 마당을 어질러놓지만 획기적인 발명이 자라나는 기름진 토양을 일군다. 살다보면 많이 느끼는 거지만, 위험이 클수록 그 대가도 크다는 격언은 여기서도 유효하다.

시간이 흐르면서 혁신은 어떤 한 개인이나 한 회사, 심지어 한 산업을 넘어서 더 큰 규모로 일어난 일이라는 것을 이해하게 될 것이다. 우리의 시야를 점점 넓혀서 보면, 한 기업의 작은 작업 단위들뿐 아니라 나아가 한 산업, 한 지역 안에서의 공동 작업을 하는 여러 인재들 사이의 상호작용에서 다양성이 얼마나 중요한 역할을 하는지 명백하게 드러난다.

활기 넘치는 중심 허브

> 시는 작은 행간에 많은 것을 압축하고 거기에 운율을 가미해서 전달하고자 하는 의미를 깊게 한다. 도시는 그런 시를 닮았다. 도시는 모든 삶, 모든 인종과 혈통을 하나의 작은 섬에 압축하고 거기에 내부 기관들의 약동하는 운율과 반주를 가미한다.
>
> —엘윈 브룩스 화이트Elwyn Brooks White

다양한 학문 분야를 가로지르는 다빈치의 성취는 진공 상태에서 이루어진 것이 아니었다. 당시 강력한 영향력을 떨치던 메디치가家는 르네상스 예술가들을 열렬히 지원했다. 그들의 후원은 피렌체를 활기 넘치는 창조적 허브로 변모시켰다. 메디치가의 경제적 지원은 레오나르도와 미켈란젤로와 같은 예술가들이 번창할 수 있는 환경을 마련했다. 미켈란젤로는 레오나르도와 마찬가지로 르네상스를 대표하는 전형적인 인물—화가이자 조각가, 건축가, 시인, 공학자—이었다. 15세기 이탈리아의 수준 높은 도시화와 특히 피렌체의 독특한 정치, 사회, 시민적 특성은 강렬하고 장기적인 문화 운동의 분출을 초래했다. 결론적으로, 메디치가의 영향력은 새로운 사상이 번창하는 허브를 창출했고, 피렌체에 모인 수많은 인재는 획기적인 창작의 불꽃을 당겼다.

새로운 네트워크 과학은 메디치가가 처음부터 알고 있었던 것, 곧 창의적이고 독창적인 사람들을 한데 모으면 저마다 더 뛰어난 능력을 발휘한다는 사실을 확인시켜 준다. 혁신적인 기업가

이자 작가인 프란스 요한슨Frans Johansson은 과거로 눈을 돌려 광범위한 학문 분야의 학자들을 한데 모으는 현상을 메디치가 효과라고 부른다. 르네상스 시대 이후 500년이 지난 오늘날에도 우리는 혁신의 중심 허브들이 그곳에 있는 인재들을 후원하는 것을 발견한다. 다빈치가 르네상스를 대표하는 전형적인 인물이라면, 아이데오IDEO라는 디자인 회사는 오늘날 르네상스 기업의 모델이다. 『월스트리트저널』은 스탠퍼드대 교수 한 명이 공동 창립자로 있는 그 회사를 '상상력의 놀이터'라고 불렀다. 또 『포춘』은 '혁신 유Innovation U'라고 부른다. 이데오는 공학자들로 구성된 디자이너들이 가득하지만 인류학자, 심리학자, 미술가, 음악가 들도 종업원으로 있다. 이데오는 팜파일럿Palm Pilot(초창기 휴대용컴퓨터—옮긴이), 애플과 마이크로소프트의 마우스, 립체어Leap Chair(등판의 모양에 따라 등받이를 변형시켜 허리를 편하게 만드는 의자—옮긴이)에 , 펩시콜라의 트위스트앤고컵Twist 'N Go cup(콜라를 다시 채워 마실 수 있게 만든 컵—옮긴이)을 비롯해서 각종 장난감, 가구, 의료장비, 디지털기기와 같은 수많은 제품의 디자인 작업을 수행했다. 캘리포니아 팔로알토에서 이데오가 다양한 분야의 전문가들을 한데 모으기 시작한 것은 그냥 무작위로 진행된 것이 아니다. 약동하는 실리콘밸리의 혈맥에 위치한 이데오는 새로운 정상에 등극했다. 그 회사의 성공은 모든 면에서 아주 주목할 만했다. 이제 이데오는 뉴욕, 시카고, 보스턴, 런던, 뮌헨, 상하이에 지사를 두고 있다. 실리콘밸리는 20세기의 피렌체인 셈이다.

오늘날 수많은 벤처기업들이 실리콘밸리에서 창업한다. 1990년대 중반, 인터넷, 소프트웨어, 컴퓨터디자인, 게임, 생명공학 기업들을 포함해서 세계에서 가장 큰 첨단 기술업체의 20% 이상이 실리콘밸리에 둥지를 틀었다. 2000년대 초반 첨단 기술업체의 거품 현상이 발생했음에도 불구하고 실리콘밸리의 권좌는 흔들리지 않고 지속되고 있다. 또한 그 지역은 미국 전역에서 평균 소득이 가장 높은 곳이기도 하다. 지금도 여전히 새로운 기업들이 그 지역에서 놀라운 속도로 문을 열고 있다. 따라서 많은 지역에서 실리콘밸리의 성공을 본받아 따라 하려고 하는 것은 당연한 일이다. 많은 경제학자와 사회학자들이 실리콘밸리의 성공 비밀을 풀기 위해 지금도 연구를 계속하고 있다.

실리콘밸리가 첨단 기술 단지의 전형적인 사례이기는 하지만, 다른 산업 단지들과 피렌체 같은 중심 허브들도 오늘날 쉽게 발견할 수 있다. 경제학자들은 그것을 집적 경제agglomeration economics—서로 연관된 기업들이 같은 공간에 모여 있는 것—라고 부른다. 우리는 주변에서 그런 단지들을 많이 목격한다. 할리우드는 영화 산업을 지배하고, 내슈빌은 컨트리 음악을 상징하는 도시가 되었다. 뉴욕시는 금융과 법률서비스의 중심 허브이고, 코네티컷의 하트퍼드는 미국 보험 산업의 중추다. 또한 내가 교수로 있는 샌디에이고는 오늘날 약학과 응용생명과학의 세계적인 도시 가운데 하나로 생명공학 기업들이 급격하게 늘어났다.

각 도시의 경계 안으로 들어가면 훨씬 더 자세한 지도를 그릴 수 있다. 예컨대, 맨해튼하면 한 블록—5번가와 6번가 사이에 있는 47번가—이 문득 떠오르는데, 그곳에는 거의 3,000개의 다이아몬드 가게들이 있다.[21] 또 브로드웨이의 몇몇 블록들은 극장과 음악의 현재와 미래를 보여준다. 또다른 거리로 걸음을 옮기면 패션용품, 전자제품, 의류, 회계, 소프트웨어 업체들이 모여 있는 것을 볼 수 있다. 뉴욕시 안에서 허드슨 강과 이스트 강에 둘러싸여 섬처럼 고립되어 있으면서도 집중화된 맨해튼의 작은 거리에는 저마다 모든 사람에게 필요한 무엇인가가 있다. 거기서 성공할 수 있다면, 세계 어디서도 성공할 수 있다. 『뉴요커』에서 오랫동안 일했던 E. B. 화이트는 1949년에 자신이 사랑하는 도시에 대해서 이렇게 썼다.

> 밀물처럼 밀려드는 통근자들은 도시를 분주함으로 들뜨게 한다. 대대로 그곳에 살았던 원주민들은 도시에 견고함과 영속성을 부여한다. 그러나 그곳에 새로 정착한 사람들은 도시에 열정을 준다. 빈민가에서 작은 식료품점을 열기 위해 그곳으로 이주한 이탈리아 농민이든, 이웃들의 멸시를 피해 미시시피의 작은 마을에서 도망쳐온 어린 소녀이든, 여행 가방에 작품 원고를 챙겨 넣고 마음의 상처를 달래며 미국 중서부 옥수수 재배 지역 콘벨트에서 온 청년이든 전혀 중요하지 않다. 그들은 저마다 뉴욕을 첫사랑의 열정으로 가슴에 품는다. 그들은 저마다 뉴욕을 탐험가의 눈으로 샅샅이 훑는다. 그들은 저마다 콘솔리데이티드 에디슨 컴퍼니(뉴욕시에 전력과 가스를 공급

하는 회사—옮긴이)도 무색할 정도로 엄청난 열정을 쏟아낸다.

앨런 알렉산더 밀른A. A. Milne이 혼돈은 끊임없이 재기발랄하고 흥미진진한 발견을 낳는다고 했던 말은 회사가 단순히 조직적 차원에서 동료 종업원들끼리 창조적인 활동을 할 수 있는 환경을 얼마나 잘 조성했느냐 하는 문제를 뛰어넘는다. 화이트가 의미한 것처럼, 긍정적 차원의 혼돈은 도시 전체에 활기를 불어넣는다. 무질서는 도시를 자극하고 인간의 능력 발휘에 박차를 가한다.

노벨경제학상을 받은 로버트 루카스Robert Lucas는 사람들이 기꺼이 비싼 집세를 내고도 붐비는 도시에서 살고자 하는 모습을 아주 간단하게 설명했다. 그들은 다른 사람들 옆에서 살고 싶어 하기 때문이다. 루카스는 사람들이 남들과 가까이 있고 싶어서가 아니라면 무엇 때문에 맨해튼이나 시카고의 중심가에서 셋방살이를 하려고 하겠느냐고 물었다. 이것은 인구가 과밀한 도시의 밝은 측면이다. 도시는 날마다 사람과 사람을 이어주고 서로의 재능과 기술을 증진시킨다. 루카스는 "뉴욕시의 의류지구, 금융지구, 다이아몬드지구, 광고지구 같은 공간들은 컬럼비아대나 뉴욕대처럼 지식의 중심지들이다"라고 말한다. 뛰어난 여성 도시연구자이자 사회학자인 제인 제이콥스Jane Jacobs는 도시의 혼돈된 모습을 번영과 변화가 살아 숨쉬는 생명의 피라고 보았다. 제이콥스는 도시를 아이디어의 배양기라고 묘사한다. 동종 산업에 속하는 기업들이 한군데 모이는 것이 경제적으로 유리하다는 MAR 효과를 입증하는 경제 분석을 상기하라. MAR 효과는 불완전하다. 제이콥스의 연구는 여기에 다양성과 산업 간 융합의 영역을 추가한다. “그것이 무엇이 되었든 도시가 만들어내는 다양성은 그 도시에 매우 많은 사람이 아주 가깝게 모여 살고 있으며 그러한 도시들 사이에 매우 다양한 취미와 기술, 욕구, 물품, 생각 등이 공존하고 있다는 사실을 기반으로 한다.”[22] 앞서 기업 차원에서 긴밀한 유대 관계가 정점에 이르면 의존성이 심해지고 정체되는 현상이 발생하는 것을 목격한 것처럼, 제이콥스의 분석에 따르면, 도시는 다양성이 부족할 때 경제와 아이디어들이 정체되고 지나친 효율성 강조, 과잉 조직화, 서열화 같은 것이 발생한다.

지리적으로 고립된 곳일수록 창의적 활동이 부족하고 따라서 중요한 역할을 하지 못한다는 사실은 혁신을 이루는 데 지리적 요소가 얼마나 중요한지를 보여준다. 기업들이 교통 혼잡 비용을 감수하면서 경쟁업체 근처로 이전하려고 하는 것은 거기서 잃는 것보다 얻는 것이 더 많기 때문이다. 많은 경제학자는 이러한 이익을 집적 경제와 한곳에 집중된 지식의 확산이라고 부른다. 우리는 이미 지역적으로 단지를 이룬 기업들의 다양한 장점들을 알고 있다. 종합적으로 볼 때, 경제 주체들이 한곳에 모이는 것은 혁신과 성장의 가능성을 높인다. 기업들이 한곳에 모이면, 인재와 기술의 공급, 협업의 가능성이 급속도로 커진다. 경쟁업체들은 업계를 선도하는 기업들의 근처에 있으면서 그들에 대한 세밀한 관찰을 통해 최고의 선택을 한다. 기업들이 집단으로 단지를 형성하면 고객들 입장에서 한 곳에서 더 편리하게 여러 기업을 방문하고 더 많은 선택을 할 수 있기 때문에 거래비용을 절감할 수 있다. 요컨대, 의류와 관련된 거래를 위해서는 의류 지구로 가면 되고, 마이크로칩과 관련된 거래는 실리콘밸리로 비행기를 타고 날아가면 된다. 비용은 덜 들이면서 선택은 더 많이 할 수 있다. 마샬은 혁신이 집중되는 한 장소에서 일어나는 일련의 사건들을 이렇게 예견했다. "일을 잘했는지 정확하게 평가할 수 있다. 기계와 공정 과정, 기업 일반 조직에서의 발명과 개선을 곧바로 검토할 수 있는 장점이 있다. 누군가 새로운 아이디어를 내놓으면, 다른 사람들이 그것을 받아서 자기네 의견과 조합할 수 있다. 따라서 그것은 더 발전된 새로운 아이디어의 원천이 된다."[23]

이미 아는 바와 같이, 비슷한 회사들이 가까이에 있다는 것만으로 경쟁력이 생기는 것은 아니다. 가장 중요한 지식의 확산은 (동일한 산업보다는) 서로 다르지만 보완성이 있는 산업들 사이에서 발생한다. 예컨대, 실리콘밸리 같은 곳에서 의욕적인 소프트웨어, 생명공학, 마이크로칩, 벤처캐피탈 회사들을 수용할 때, 이 다양한 산업들은 서로를 보완해가며 저마다 더 강해진다. 오늘날 다양한 산업들을 가로지르는 지식과 기술은 여러 가지 아이디어를 서로 연결시키고 새로운 분야와 실험들로 이어지면서 혁신의 계기를 제공한다. 두 가지 맥락의 경제적 예측—산업 집중에 초점을 맞춘 MAR 효과와 산업의 다양성에 주목하는 제이콥스의 분석—을 모두 뒷받침하는 실증적 증거가 있다. 산업 단지와 역동적으로 움직이는 다양한 시장은 저마다 개별 기업의 성공에 긍정적인 영향을 끼친다. 결론은 아주 명확하다. 지역의 산업들이 다양할수록, 개별 산업에 속한 경쟁업체들이 많을수록, 경제는 더 빨리 성장한다.[24]

산학 연계

지리적 요소의 가장 중요한 특징 가운데 하나가 지역의 혁신 문화를 보완해줄 교육기관의 존재 여부다. 스탠퍼드나 UC 버클리, UC 샌프란시스코 같은 대학들과 민간 기업들 사이의 지식의 확산과 제휴는 실리콘밸리의 성공과 그곳의 인재들의 높은 이직률과 관련이 깊다. 흥미롭게도 스탠퍼드대는 동부 매사추세츠의 첨단 기술의 중심 허브인 하버드대와 MIT대보다 산학 협력을 증진시키는 데 더 빨랐다. 스탠퍼드대는 다양한 목표 달성—비영리 목적의 대학교육과 영리 목적의 벤처사업—을 위하여 산업계에 문을 열라고 신호를 보냈다. 그것은 실리콘밸리를 급속하게 성장시킨 개방과 자유의 문화에 아주 잘 어울리는 조치였다. 그러한 제휴 관계가 주는 이득은 매우 명백하다. 대학들은 민간 시장에서 적용할 수 있는 혁신의 기반이 되는 기초연구를 제공한다. 오늘날 대학과 민간 산업 사이의 동맹은 고밀도 혁신 지역에서 중요한 사안이 되었다.

1989년, 경제학자 애덤 자페Adam Jaffe는 "대학의 연구 체계를 개선하는 주는 기업의 연구개발 투자를 이끌어내고 기업 생산성을 증대시킴으로써 지역의 혁신을 강화할 것이다"라고 말했다.[25]

자페는 선구적인 실증 연구를 통해서 지역 대학들이 수행한 연구개발의 결과가 각 주에 등록된 특허 수와 어떤 연관관계가 있는지 살폈다. 자페는 여기서 대학 연구기관들이 지역의 기업들로 적극적으로 혁신을 확산시킨다는 것을 발견했는데, 따라서 대학의 연구비 지출이 증가할수록 지역의 특허 출원율도 늘어난다. 여기서도 또한 근접성은 중요한 문제다. 기업의 연구개발부서가 대학이 연구한 것을 얼마나 많이 인용했는지 살피기 위해서 출원된 특허들을 검토한 연구들이 여러 개 있다. 그 결과, 기업들은 대학이 멀리 있는 경우보다 가까이 있을 때 대학에서 연구한 것들을 인용할 가능성이 더 크다는 것을 알았다.[26] 최근 들어 기술의 눈부신 발전은 샌디에이고, 시애틀, 오스틴, 채플힐과 같은 다양한 도시에서 일어났다. 노스캐롤라이나의 더럼-채플힐 산업 회랑 지대는 실리콘 트라이앵글Silicon Triangle이라는 별칭이 붙여졌는데, 그곳이 듀크대와 노스캐롤라이나대 가까이에 있고 미국의 유명한 첨단 기술 단지들 가운데 하나로 발전했기 때문이다.

우리는 특정한 산업에 대한 연구를 통해서 산학연계의 중요성을 확인할 수 있다. 생명공학 기업들의 성공은 지역에 있는 대학의 저명한 학자들과 공동 연구를 수행한 그들 기업의 연구원들이 쓴 논문의 총수와 명백한 관련이 있었다. 그러나 중요한 것은 산업체와 공동 연구를 수행하지 않은 순수 학술 논문의 수만으로는 한 산업의 성공을 예측하지 못한다는 사실이다. 다시 말해, 특허출원율과 같은 척도는 산업계와의 적극적인 협력 관계를 반영하지만, 대학의 논문 제출과 같은 척도는 급속히 발전하는 생명공학 분야와 같은 산업의 성공을 반영하지 못한다. 생명공학 기업들의 성공은 단순히 회사 가까이에 대학들이 있어서가 아니라 그런 대학들과 적극적으로 과학적 협력 관계를 맺은 덕분이다.[27]

보헤미안 지수

그것(야구장)을 세우면, 그들이 올 것이다.

—영화 〈꿈의 야구장 Field of Dreams〉(1989년)

오늘날 도시들은 사람들을 잡아끄는 마력이 있다. 우리 가운데 많은 사람들은 도시생활이라는 새로운 세계에서 교육기관, 예술, 이탈리아 음식, 명상 센터와 같은 기성품들을 두루 누리고 싶어 한다. 고등학교에 다닐 때는 기술적 재능이 뛰어난 괴짜들과 예술적 감수성이 풍부하고 자유분방한 보헤미안들이 함께 어울리지 않는다. 그러나 사춘기가 지나면 그들은 도시에서 함께 모인다. 단순히 이웃으로 공존한다는 말이 아니다. 도시는 그들의 공생 장소인 것이다.

당신이 열망하는 것들을 말해보라. 멋진 식당, 연극과 영화, 요트, 골프, 패션, 음악. 도시의 라이프스타일은 인재들을 사로잡고, 인재들은 그러한 라이프스타일을 뒷받침한다. 문화, 레스토랑, 홍청거리는 밤거리, 다양한 예술이 혼재하는 곳에 인재들이 모인다. 제이콥스의 제자인 사회학자 리처드 플로리다Richard Florida가 이끄는 한 연구진은 높은 수준의 혁신이 이루어진 곳들의 특징에 대해서 연구했다. 플로리다는 도시의 '보헤미안 지수bohemian index'를 보면 많은 것을 알 수 있다는 흥미로운 주장을 한다. 사전적 정의에 따르면, 보헤미안이란 전통적인 행동 규범을 무시하는 예술적, 또는 문학적 소양이 있는 사람들을 말한다. 연구진은 한 도시 안에 있는 예술가—음악인, 공연자, 작가—의 수에 주목했는데, 그들이 많이 밀집한 곳은 첨단 기술, 금융, 고급품 제조업을 포함해서 서로 관련이 없어 보이는 산업들에서 인적 자본과 혁신이 집중된다는 사실을 발견했다. 그들은 또한 '게이 지수gay index'도 만들어냈다. 여기서도 남성동성애자인 게이 가구 수와 지역의 성장 및 발전이 서로 밀접한 관련이 있다는 것을 찾아냈다. 다시 말해, 다양성에 대한 열린 자세는 인재들을 끌어모으는 데 매우 중요하다.

그 연구는 보헤미안 지수와 게이 지수 말고도 한 지역의 이민자, 예술가, 다양한 인종에 대한 개방성과 그곳의 경제적 성공 사이의 상관관계에 대해서도 면밀히 살폈다. 연구진을 확대 개편해서 캐나다와 오스트레일리아에서도 똑같은 연구를 수행한 결과 또한 차이가 없었다. 연구진은 보헤미안 지수가 높은 도시들은 "공통적으로 창조성, 개성, 차이, 장점을 중요하게 생각하는 정신"을 공유하고 있다고 결론지었다.

플로리다의 보헤미안 지수는 내가 여기서 인재 유치 전쟁과 관련해서 통제 심리와 개방 심리를 비교하면서 말하는 인재 흐름

지수talent flow index와 다르지 않다. 나중에 곧 보겠지만, 인재와 혁신을 지지하는 인적 자본 제도가 있는 지역이 그렇지 않은 지역보다 새로운 인재를 끌어들이면서 동시에 기존의 인재 유출을 막을 가능성이 훨씬 더 크다. 새로운 아이디어와 사람들에게 더욱 개방적인 지역일수록, 새로운 인재들을 더욱 관대하게 받아들이며 인적 자본을 더 많이 얻는다.

우리는 저마다 각 도시의 자세한 보헤미안 지수를 미리 알지 못하는 경우에도 서로 다른 지역이 장차 어떤 종류의 미래로 나아갈지를 직관적으로 생각하는 것이 있다. 『월스트리트저널』은 최근에 대학을 졸업한 사람 4,000명을 대상으로 조사했는데, 그들 가운데 4분의 3이 자신들은 취업 가능성보다는 취업 장소를 더 중요하게 생각한다고 말했다. 적어도 아직 젊고 부양의 책임이 없을 때 사람들은 자신이 살고 싶은 장소를 먼저 고르고 구직은 그다음에 생각한다.[28] 플로리다는 사람들이 도시를 어떻게 선택하는지 20년 넘게 연구한 뒤, 직업 대 사람이라는 구도는 잘못된 이분법false dichotomy이라는 결론을 내렸다. "그 둘은 장소라고 하는 접점에서 함께 만난다. 실제로 장소는 사람들과 일자리를 맺어주는 두터운 노동시장과 사람들이 일생의 반려자를 만날 수 있게 하는 짝짓기 시장, 사람들 사이에 친분을 쌓게 하는 사교 시장, 사람들이 자기가 원하는 라이프스타일을 추구할 수 있게 하는 문화 시설, 그리고 사람들이 전체적으로 자신의 정체성을 세우고 확인할 수 있게 독려하는 일상의 잡다한 선택을 제공한다."[29] 그러나 무엇보다 중요한 것은 새로운 인력의 유입에 적극적이고 그들의 직업, 상호작용, 그리고 인재 양성을 활성화하는 곳일수록 더 많은 이익이 뒤따라 발생한다는 사실이다.

사회적 미디어의 원조:
개인적 상호작용

지식은 사람들 안에 내재되어 있다. 발명자들이 지역적으로 어느 한곳에 모이는 것은 새로운 현상이 아니다. 역사가 나오미 라모로Naomi Lamoreaux와 케네스 소콜로프Kenneth Sokoloff는 19세기 말과 20세기 초의 특허 데이터들을 조사했는데, 당시에도 발명자들이 발명율이 높은 지역에 모여 있었다는 것을 발견했다. 그렇게 고도의 혁신을 이룬 지역의 발명자들은 더욱 전문화되고 개인당 발명율 또한 높은 모습을 보였다.[30] 오늘날 통신비가 극도로 낮아지고 필요한 지식을 찾고 접근하기가 더욱 쉬워지면서 발명자들이 지식을 이용하는 것은 훨씬 더 쉽고 빈번해졌다.

정보를 즉석에서 자유롭게 전달할 수 있고 디지털 정보를 곧바로 이용할 수 있는 오늘날 같은 정보화 시대에는 세계가 바로 수많은 아이디어가 집중되는 하나의 중심 허브 그 자체가 아닌가? 유감스럽지만, 사실은 그렇지 않다. 어떤 최신 기술이 나온다고 해도, 그리고 오늘날 세계가 하나로 통일되어 지역적으로 아무리 차이가 없다고 한들, 개인들의 직접적인 소통과 관계를 대체할 수 있는 것은 없다. 지리적으로 밀집된 지역에서는 사람들이 전문가들의 모임에 참석해서 자기 분야에서 마음에 맞는 혁신자들과 사회적 관계를 맺을 수 있다. 지식 이전은 대개 서신 교환이나 논문 발표보다는 서로 대면하는 만남과 오랜 의견 교환을 요구한다. 디지털혁명, 특히 인터넷은 자기 자리에 앉아서 멀리 떨어진 곳까지 이동하지 않고도 그곳의 새로운 과학과 혁신을 배울 수 있게 했다. 그러나 지식은 또한 물리적 공간에 구속되기도 한다.

많은 일과 연구, 의견 교환이 온라인으로 이루어지고 있는 오늘날, 공간의 영향력이 점점 약해지고 있다고 예상할 수도 있겠지만, 장소의 중요성은 지금도 여전히 강력한 힘을 발휘하고 있다. 일반 정보와 체화된 지식 사이에 무슨 차이가 있는지 생각해보라. 체화된 지식은 경험, 다시 말해서 행동이나 관찰을 통한 학습으로부터 온다. 이러한 종류의 지식은 체계적으로 정리하고 기록하기 어렵다. 체화된 지식embedded knowledge(또는 암묵적 지식tacit knowledge)은 직접적이고 반복된 접촉을 통해서 비공식적으로 학습된다. 동종 산업에서 일하며 직업상 서로 교류하는 사람들은 지식공동체, 곧 지식과 전문기술로 함께 묶인 인적 네트워크를 구성한다. 그들은 동일한 어휘와 동적인 언어를 공유한다. 전문 용어들과 노하우는 그들이 공식적인 교육을 마친 뒤에도 오랫동안 끊임없이 변한다. 사회적 유대와 서로 얼굴을 맞대는 만남은 직업과 관련된 비즈니스 인맥을 육성하고 정보를 더욱 충실하고 빠르고 정확하게 확산시킨다.

이제 알다시피, 암묵적 지식이 확산되는 방식은 네트워크의 형태와 전파되는 정보의 복잡성에 따라 달라진다.[31] 지식은 기업들을 가로지르며 전파되는 과정에서 아무 오류 없이 정확하게 전달되지 않는다. 지리적으로 떨어져 있는 문제가 있기 때문이다. 최초의 정보와 그 정보를 받고 해석하는 방식 사이에 공백이 존재하기 마련이다. 고도로 복잡한 지식은 확산이 어렵다. 게다가 지식을 공급하는 쪽과 받는 쪽 사이의 거리가 멀수록 전달되는 지식의 정확성은 더 떨어질 가능성이 크다. 할머니에게 컴퓨터 사용법을 가르치는 경우를 생각해보라. 옆에 앉아서 사용법을 차근차근 가르치기도 힘들 텐데, 할머니가 멀리 떨어져 있어서 전화로 사용법을 알려줘야 한다면 훨씬 더 힘들지 않겠는가? 하물며 극도의 첨단 기술 세계에서는 아무리 기술에 익숙한 세대의 사람들이라고 해도 서로 얼굴을 맞대고 상호작용을 하는 것을 대체할 수 있는 것은 별로 없다. 따라서 지식이 복잡할수록 그것의 확산은 어느 지역에 더욱 집중될 수밖에 없다.[32] 예컨대, 특허 출원이 세계 어디서든 누구나 가능하지만 혁신적인 기업들은 지리적으로 멀리 떨어진 대학보다는 가까이에 있는 대학의 연구 결과를 인용할 가능성이 더 크다(정리 3).[33]

〈정리 3〉

공간은 정보가 흐르는 방식을 제한한다. 그리고 그러한 흐름은 기업의 성장과 성공에 결정적인 역할을 한다.

첨단 기술 산업과 관련된 연구들은 앞서 말한 좁은 세계의 중요성을 떠올리게 하는 한편, 기업의 성공은 특허와 영업비밀을 제외하고도 암묵적 지식과 그 지식을 체화한 인재들에 의해 결정된다는 사실을 밝힌다. 레이저 산업을 예로 들면, 관련 학술지에는 한 회사가 경쟁력을 갖출 수 있게 하기에 충분한 모든 지식이 상세하게 수록되어 있었다. 어떤 것도 감춰져 있거나 비밀인 정보는 없었다. 그러나 레이저 산업에 종사하는 벤처기업들의 성공 가능성을 연구한 결과, 매우 놀라운 사실을 발견했다. 이미 레이저 산업에 필요한 정보를 입수한 기업들 가운데 성공한 기업들은 전에 경쟁회사에서 일했던 종업원들을 고용한 회사들뿐이었다.[34] 마찬가지로 생명공학 산업은 새로 발견한 과학적 지식을 직접 체화한 몇몇 핵심 요원들을 육성했다. 생명공학 기업은 처음에 기업과 협력하면서 학교의 위상을 유지하려던 몇몇 대학의 과학자들과 함께 연구를 시작했다. 민간 영리 벤처기업들과 공동으로 연구할 수 있도록 허락을 받은 이 대학교수들은 그 회사들의 초기 소유지분들을 확보하는 데 성공했다. 초창기 15년 동안, 생명공학 산업 자체의 입지 조건과 성장을 결정한 것은 바로 그 분야의 주역이 되는 유능한 혁신자들이 있었던 지역이었다. 어느 분야를 주도하는 과학자들이 어디에 있느냐는 최초로 성공하는 벤처기업들의 지식 패턴과 지리적 조건을 결정하는 데 유일하면서도 가장 중요한 역할을 했다.

지리적으로 구속된 지식 흐름이 끼치는 영향력은 규모가 작고 새로운 기업들에 훨씬 더 강력하다. 그들은 그러한 지리적 단절을 극복하기 위해 내부적으로 개발연구에 대규모 투자를 할 수 없기 때문이다.[35] 이 회사들은 지식을 향상시키기 위해서 새로운 인재 영입과 관련 분야의 전문가들 사이의 상호작용을 활성화해야 한다.

우리는 가까이에 경쟁업체들을 두는 것이 어째서 유익한지 모두 알고 있음에도, 그들이 가까이 있으면 회사의 비밀 공정과정이나 영입된 유능한 인재들, 곧 공개될 발명들을 경쟁업체에 강탈당하지 않을까 하고 여전히 두려워한다. 경쟁업체를 피해서 아무도 자기네 인재들을 빼앗아가거나 회사의 비밀을 훔쳐가지 못하도록 단절된 지역을 찾는 것이 더 낫지 않을까? 새로운 첨단 분야를 발굴해서 경쟁업체들과의 직접 대면을 피하는 것이 상책이 아닐까? 경쟁이 끊임없이 위기를 가져온다고 해도, 그 질문들에 대한 대답은 대체로 부정적이다. 오늘날의 기업 환경에서 현실적으로 기업들이 경쟁을 피할 방법은 없다. 오히려 기업들은 경쟁을 통해서 새로운 성장의 발판을 마련할 수 있다. 이것이 바로 우리가 개척해야 할 새로운 변경, 다시 말해서 인재 유치 전쟁을 대하는 현명한 접근방식의 핵심 내용이다. 성공한 기업가들은 혁신적인 다른 기업들과 가까이 있는 것이 자기네 기업의 혁신을 가속화한다는 사실을 안다.[36] 신속하고 효율적인 지식 확산과 더불어 많은 발명은 경제 발전을 촉진한다. 인재들의 기업 간 이동은 경제 전반에 놀라운 결과를 불러온다.

우리는 이제 번창하는 첨단 기술 지역에 필요한 요소들이 무엇인지 어느 정도 합의에 이르렀다. 사회기반시설과 자본, 인재들을 끌어들일 수 있는 삶의 질, 일류 연구기관들의 존재, 지속적으로 전문가들과 교류할 수 있는 환경들이 그런 요소들이다. 기업들이 가장 해결하기 힘든 부분이 바로 이 마지막 요소이다. 그러나 무엇보다 중요한 것은 경업금지의 효력이 약할수록, 인재의 이동이 자유로울수록, 경제가 성장한다는 사실이다. 다음 단계는 개인적인 유대 관계를 넘어서 어떤 지식과 아이디어가 공유할 가치가 있고 어떤 것이 비밀로 간직되어야 하는지 생각할 차례이다. 이제 우리는 언제 고삐를 풀고 언제 통제를 유지해야 하는지 알 필요가 있다.

5장
비밀유지-비밀은 없다!

정글의 법칙

영업비밀은 빠르게 환경이 바뀌는 시장에서 경쟁하는 모든 기업들에 매우 치명적인 중요성이 있다. 어떤 사람은 그것을 '기술이전의 주력主力 the workhorse of technology transfer(기술이전 계약 내용의 대부분이 영업비밀과 관련된 사항이라는 의미—옮긴이)'이라고 부르기도 한다.[1] 따라서 오늘날 기업들은 경쟁력을 유지하기 위해서 과거 그 어느 때보다 사업 계획과 아이디어들을 극비 사항으로 지킬 필요가 있다. 그러나 영업비밀은 또한 경제 분석의 '방치된 고아neglected orphan'라는 명칭을 얻기도 한다.[2] 누구나 영업비밀이 중요하다는 것을 인정하지만 영업비밀 보호의 범위와 논리는 늘 혼돈의 한가운데 있다. 당신이 대형 전자회사의 잘 나가는 생산 공장의 공장장이라고 생각해보라. 당신 회사는 기존 경쟁업체들에 비해 매우 경쟁력이 뛰어난 메탄올을 생산하는 공정과정을 고도의 보안 속에 비밀리에 새로 개발했는데 아직 특허 등록을 하지 못한 상태다. 아주 화창한 어느 날 정오쯤 공장 위를 낮게 선회하고 있는 소형 비행기 한 대를 당신이 목격한다. 그 비행기는 계속해서 천천히 상공을 미끄러지듯이 날고 있는 것으로 보아 어떤 의도가 있는 것이 분명해 보인다. 경쟁업체들이 당신 공장의 비밀 공정과정을 알아내기 위해 비행사를 고용해 항공사진을 찍고 있는 것은 아닐까? 이렇게 몰래 염탐하는 비행사는 어떤 법을 위반하고 있는 것일까? 법적으로 그 비행기는 위법행위를 저지르고 있는 것이 아니다. 공장 위의 하늘은 국가 영공의 일부이기 때문이다. 그러나 이와 똑같은 일이 듀폰 공장의 상공에서 일어났을 때, 법원은 그 행위가 불법적인 경제스파이 행위라고 선고했다. "여기서 저질러진 것과 같은 기업스파이 행위는 오늘날 우리 산업사회의 일각에서 유행하는 인기 스포츠의 일종이 되었다. 그러나 우리는 오로지 기업 간의 자유로운 경쟁만을 추구하는 이러한 **정글의 법칙을** 우리의 상업적 관계에 적용할 **윤리성의 기준으로 용납해서는 안 된다**. 독창적인 발명 정신을 약화시키기에 충분할 정도로 경쟁업체를 염탐하는 데 비용을 추가로 쏟아붓는 것을 막기 위해서 여러 가지 보호 조치들이 필요한 시점에

이른 지금, 우리는 더이상 스파이 행위에 대해서 참을 수 없다."

실제로 정글의 법칙이 우리의 상업적 관계를 뒷받침하는 기준 윤리가 될 수 없다면, 윤리적 경쟁과 비윤리적 경쟁을 어떤 식으로 구분해야 할까? 듀폰 사례는 은밀하게 수집된 모든 정보가 위법이 아니라는 점을 명확히 했다. "기업 간의 건전한 경쟁을 유지하기 위해서는 경쟁업체를 관찰할 수 있는 여지가 남아 있어야 한다. 경쟁업체는 가격 결정을 위해서 경쟁 상대들을 보고 다닐 수 있고 또 그래야 한다. 또한 자사 제품의 품질과 구성 성분, 제조 방식의 개선을 위해서 경쟁사의 제품을 검토할 수 있어야 한다. 몰래 훔쳐보는 외부의 도발적 시선을 막기 위해 일반적으로 담장을 세우고 지붕을 얹는 것은 당연하다. 그렇다고 영업비밀을 발명한 사람에게 오늘날 통용되는 돌발적이고 추적불가능하고 막기 어려운 스파이 수단들에 대비할 방법까지 요구할 수는 없다."

그렇다면 우리는 현실적으로 공정한 경쟁 행위와 불공정한 경쟁 행위 사이의 물리적 경계를 어떻게 설정해야 할까? 하지만 그러한 물리적 경계를 정하는 것보다 더 큰 문제는 회사의 전·현직 종업원들이 정보를 사용할 때 어떤 경우가 공정하고 어떤 경우가 불공정한지 어떻게 기준을 잡느냐 하는 것이다. 지적재산권 소유 문제와 언제나 자유롭게 이동할 수 있는 인적 자본 사이에는 늘 긴장 관계가 존재할 수밖에 없을까?

영업비밀은 대개 경제적 이익을 제공하는 매우 중요한 극비 정보를 말한다. 미국 연방대법원은 영업비밀을 보호하는 것의 본질적 이유를 "상업적 윤리의 유지"를 위해서라고 한마디로 요약했다.[3] 관세와 무역을 위한 일반 협정(GATT)과 같은 국제협약들도 마찬가지로 "정직한 상거래 관행"이라는 전제 아래 영업비밀을 보호한다.[4] 십중팔구 회사의 기밀들을 알고 있을 가능성이 큰 사람들, 다시 말해서 종업원들은 어떤 사법제도 아래서든 회사를 떠난 뒤에도 회사의 기밀을 누설하지 말아야 하는 법적 의무가 있다. 따라서 기업의 인재 유치 전쟁은 인재들이 기업의 비밀을 누설하지 못하게 하는 데 많은 투자를 한다. 동시에 그리고 어쩌면 바로 영업비밀이라는 말 속에 있는 윤리적 의미 때문에, 영업비밀보호법은 지적재산권과 관련된 어떤 다른 영역의 법률보다 특별한 문제를 드러낸다. 따라서 늘 영업비밀 분쟁과 관련된 일에 종사하는 사람들도 아직 그 분야에 대해서 아주 명확하게 이해하지 못하고 있다.

영업비밀로 숨길 것인가,
아니면 특허로 출원할 것인가

당신이 개인 발명자이든 회사이든, 발명 소유권자로서 당신은 자신의 지적재산권을 안전하게 지키기 위해 여러 가지 선택을 할 수 있다. 대개, 발명자들은 발명한 것을 특허로 출원하거나 아니면 비밀로 보호한다. 잠시 두 경우의 장점을 서로 비교해보자. 제약회사 와이어스Wyeth는 수십 년 동안 비밀 생산공정을 통해서 한 호르몬 대체요법 치료제를 생산했다. 그 비밀 공정은 와이어스에서 근무했던 발명자의 이름을 따서 브랜든 공정Brandon process이라고 부른다. 브랜든 공정은 새끼를 밴 암말의 오줌(PMU)에서 에스트로겐을 추출해서 그것을 저장 응축시킨 건조 오줌(PCUD)이라고 알려진 정화된 분말로 변형시킨다. 1990년대에 와이어스의 주 경쟁업체였던 내츄럴 바이오로직스Natural Biologics는 그 약을 복제하려고 애썼지만 계속 실패하다가 와이어스에서 퇴직한 한 화학자로부터 비밀 정보를 넘겨받아 마침내 복제약 생산에 성공했다. 그 호르몬 대체요법 치료제가 비록 수년 전에 특허를 얻었고 그 이후 제조과정에 있는 다른 관련 특허들과 마찬가지로 특허권이 소멸되었지만, 법원은 특허를 받지 않은 브랜든 공정이 영업비밀이라는 사실을 발견했다.[5] 법원은 결국 내츄럴 바이오로직스가 호르몬 대체요법 치료제를 생산하지 못하게 하는 영구적 영업금지 명령permanent injunction을 내렸다. 그 생산공정의 비밀과 가치는 법의 보호를 받기에 충분하다고 판단했기 때문이다.

여기서 보면 영업비밀은 특허보다 명백하게 우위에 있다. 특허 출원은 처리 기간이 오래 걸리고 형식적 절차가 필요한 복잡한 과정이며 특허가 최종 등록되기까지는 큰 비용이 들고 불확실성도 높다. 따라서 많은 기업과 특히 소규모 회사들은 그들이 발명한 것을 특허로 등록하기 위해 많은 돈과 시간을 들이는 데 주저하기 마련이다. 게다가 특허 등록이 된다고 해도 유효기간이 한시적일 뿐이다. 문제를 더 복잡하게 만드는 것은 반도체 산업 같은 분야에서는 혁신적인 발명품의 라이프사이클이 발명 특허를 얻는 기간보다 더 짧을 수 있다는 사실이다. 특허권 보호는 정해진 기간이 있는 반면에, 영업비밀은 비밀이 유지되는 한 계속해서 보호받는다. 영업비밀이 특허보다 유리한 또다른 점은 정보를 회사 안에서 통제할 수 있다는 것이다. 대개 법적으로 특허권을 소유하고 있다고 해도 그것을 위반했는지를 추적하는 일은 매우 어렵다. 특히, 그 정보가 회사 내에서 일어나는 여러 과정, 예컨대 제약회사의 생산라인과 관련이 있을 때, 특허 위반 여부를 추적하는 것은 거의 불가능에 가깝다. 이런 경우에 비밀 엄수는 더 좋은 방법일 수 있다.

이러한 장점들 때문에 많은 경우에 영업비밀은 특허로 등록된 지적 자산들보다 기업에 훨씬 더 중요하다. 최근 연구에 따르면, 열 개 기업 가운데 아홉 곳이 극비 정보를 보호하는 데 영업비밀이 특허보다 더 효과적이라고 평가했다. 세계적인 지적재산권 컨설턴트 가운데 한 사람인 로버트 셔우드Robert Sherwood는 특허 등록률이 높은 생명공학 같은 산업에서도 기술이 대부분 특허를 받지 않았으며 모든 신기술의 90% 이상이 영업비밀로 되어 있다고 설명한다. 모든 면허와 기술이전 계약의 80% 이상이 단독이든 특허와 함께 하든 영업비밀 보호와 관련이 있다. 특허 자체들도 대개가 혁신의 가치를 높이는 부수적 영업비밀들로 둘러싸여 있다. 영업비밀은 정말로 신경제의 주력인 셈이다!

영업비밀은 이와 같은 무제한의 보호기간과 강력한 통제라는 장점이 있는 반면에 단점들도 있다. 영업비밀은 경쟁업체가 독립적으로 같은 종류의 발명을 하거나, 역공학reverse engineering으로 기존의 설계를 거꾸로 분석해서 기술 향상을 도모하거나, 앞뒤를 가리지 않고 비밀을 빼내 갈 경우 보호를 받을 수 없다. 이와 같이 특허법과 영업비밀보호법은 서로 반대쪽을 향한다. 특허법은 본디 발명자 공개라는 특징이 있는 반면에, 영업비밀보호법은 법적 보호를 받기 위해 정보 은닉을 요구한다. 따라서 한 법원은 오늘날 정보의 공개와 투명성에 대한 요구가 점점 커지면서 특허의 역할이 특히 중요해지고 있다고 말한다. "기업들의 기술 의존도가 높아지고 영업비밀에 기대는 경우가 줄어들면서 특허 제도의 중요성이 끊임없이 커지고 있다. 이러한 상황의 변화는 오늘날 정보 분석 능력이 크게 발전하여 새로 발명된 것을 더 쉽고 빠르게 모방하고 변용할 줄 알게 되었고, 기업들 사이의 경쟁 또한 치열해졌으며, 늘 그래왔던 것처럼 발명에 대한 기업의 보상을 바라는 발명자들의 기대 심리 또한 덩달아 커졌기 때문이다."[6]

영업비밀은 당연히 반드시 지켜야 하는 비밀이다. 영업비밀은 한번 누설되면 더이상 비밀이 아니다. 폭스 방송사가 〈아메리칸 아이돌〉이라는 인기 쇼프로그램을 다른 사람의 아이디어에서 베꼈다는 소송을 당했을 때, 법원은 그 소송을 기각했다. 폭스 TV가 변론을 잘해서? 그 아이디어를 처음에 낸 사람은 인터넷에 자기 아이디어를 널리 알렸다. 그리고 여러 제작사에 아이디어 내용을 상세하게 기술한 편지를 자발적으로 발송했다. 아이디어를 낸 본인이 스스로 자기 아이디어를 무분별하게 타인들과 공유했기 때문에, 그 아이디어는 영업비밀로서 법적 보호를 받을 수 없었다.[7] 요컨대, 그는 자기 비밀을 지키지 못한 것이다.

어떤 사람은 누구보다도 비밀을 잘 지킨다. 폭스 TV는 〈아메리칸 아이돌〉의 아이디어 창안자가 비밀을 지켜내지 못했기 때문에 그 프로를 자유롭게 제작할 수 있었지만, 사실 리얼리티 쇼는 최고 수준의 비밀 엄수를 요구한다. 모든 리얼리티 쇼의 원조라 할 수 있는 〈서바이버〉는 모든 참가자에게 최종 우승자가 누구인지 공개하지 못하게 하는 비밀유지 약정에 서명하도록 요구함으로써 극도의 비밀 엄수에 성공했다. 비밀을 누설한 참가자는 누구라도 계약을 위반한 대가로 500만 달러의 벌금을 내야 한다.

연예계와 정치 분야에서 기업과 금융 분야에 이르기까지 모든 기업은 비밀이 있다. 최근에 월트디즈니사는 스포츠 아일랜드Sports Island의 아이디어를 내고 그 건축모형을 디즈니에 제출한 사업가 두 명에게 그들의 아이디어를 훔친 대가로 2억 4,000만 달러를 지급하라는 법원의 명령을 받았다. 〈아메리칸 아이돌〉 사례와는 달리, 두 건축가와 디즈니사는 모두 그 제안서와 사업계획서가 비밀 준수를 전제로 제출된 것임을 알고 있었다. 그러나 디즈니는 그 사업계획서를 무단으로 사용했고, 결국 거대 애니메이션 회사가 타인의 비밀 정보를 유용하는 잘못을 저지르고 말았다.[8] 이와 유사한 사례로, 도시바는 렉사Lexar의 제어장치 기술과 관련된 영업비밀을 유용한 것으로 밝혀지면서 4억 6,550달러를 물어냈다.[9] 최고위급에 있는 사람들도 비밀을 지키는 책임에서 면제될 수 없다. 미 해군기 한 대가 북한에 추락한 뒤 당시 대통령이었던 리처드 닉슨은 기자회견에서 그의 경력에서 최악의 국가정보누설이라는 잘못을 저지르고 말았다. 닉슨은 저도 모르게 미 국가안보국이 구소련과 중국, 북한의 레이더장치에서 사용하는 암호를 해독한 내용을 공개했다. 이것은 마침내 미국 정보활동에 치명적인 결과를 초래했다. 한 정보 분석가는 그 멍청한 실수에 대해서 이렇게 통탄했다. "저는 그 말을 듣는 순간 정말 죽는 줄 알았죠 (…) 소련을 비롯한 다른 나라들이 모든 주파수와 통신망구조를 한꺼번에 다 바꿨어요. 그것을 다시 알아내는 데 몇 달이 걸렸어요."[10] 미국 대통령도 극도로 중요한 국가 기밀을 지키는 데 어려움이 있듯이, 하는 일이 무엇이든, 능력이 있는 없든 상관없이 누구나 실수도 할 수 있고 비밀을 유출할 수도 있다.

영업비밀이 우리 경제의 새로운 주력인 것은 맞지만, 고대 로마 시대만큼이나 오래된 유물이다. 옛날에는 다른 사람의 고용인(노예)을 시켜서 주인의 상거래 비밀을 빼내오게 하는 사람은 누구든 가혹한 대가를 치렀다.[11] 포르투갈이 아프리카에서 인도를 거쳐 극동지방에 이르는 향신료와 비단의 교역로를 지배했던 13세기와 14세기, 그들은 그 교역로를 비밀에 부침으로써 독점을 유지할 수 있었다. 포르투갈 왕들은 교역로가 그려진 비밀 지도를 감추기 위해서 지도를 유출하는 사람은 누구든 사형에 처했다. 아마 미국 최초의 영업비밀 소송은 1886년의 〈피바디 대 노퍽Peabody v. Norfolk〉 사건일 것이다. 거기서 매사추세츠 주대법원은 비밀제조공정이 회사의 지적재산권이라고 판결했다. 이 소송에서 프랜시스 피바디Francis Peabody는 삼베옷을 생산하는 새로운 공정을 발명해서 회사를 설립하고 노퍽Norfolk을 재봉사로 고용했다. 그러고 얼마 안 있어 노퍽은 경쟁업체인 제임스 쿡James Cook의 회사로 이직했다. 법원은 회사의 비밀을 지켜야 하는 종업원의 의무는 고용 기간이 끝나고도 지속된다고 설명했다. 같은 해, 코카콜라는 오늘날 세계에서 가장 유명한 영업비밀인 콜라 제조법을 발명했다. 회사 내부에서는 그것을 '머천다이즈 세븐 엑스Merchandise 7X'라고 부른다. 계약자들 가운데 제조법을 완벽하게 아는 사람은 아무도 없다. 계약자들은 재료 배합과 관련한 일부의 노하우만으로 작업을 할 뿐이다. 코카콜라 회사는 소문에 의하면 그 제조법을 애틀랜타 도심의 지하 금고에 저장해놓고 극히 일부 경영진만 접근할 수 있도록 제한함으로써 100년이 넘도록 비밀을 지켜왔다.

경제 스파이 활동의 기원

스파이 활동이라는 용어는 트렌치코트를 입은 사람들이 암호를 보내고 밤중에 몰래 남의 집에 침입하는 것 같은 냉전 시대의 장면을 떠올리게 한다. 회사 종업원들과 경쟁업체들이 공모해서 서로 상대방의 비밀을 찾아내려는 경제 스파이 활동은 범죄 소설이나 액션 영화의 흔한 소재처럼 보인다. 그것은 실제로 현실에서 자주 일어나는 일이다. 그러한 활동은 국내외를 막론하고 일종의 범죄 행위로 당연히 법의 심판을 받는다. 오바마 대통령이 혁신에 대해서 강조하면서 미국의 새로운 스푸트니크 전기를 말했을 때, 미국 연방수사국(FBI)의 공식 웹사이트는 "냉전은 아직 끝나지 않았다. 다만, 세계 시장이라는 새로운 영역으로 옮겨갔을 뿐이다"라고 명시했다. FBI는 국내외 경쟁자들이 미국 기업을 위해 일하는 내부자들을 대상으로 인재들을 영입하고, 지적재산권이나 시제품 정보를 빼내기 위해 뇌물을 수수하고, 사이버 침입을 일삼고, 몰래 잠입하고, 쓰레기통을 뒤지고, 도청하는 것과 같은, 말 그대로 정부의 스파이 활동과 치열한 경쟁을 하는 수많은 다른 수단을 통해서 해마다 수십억 달러를 투입하고 있다고 추산한다.

1966년에 제정된 연방경제스파이활동조례Federal Economic Espionage Act는 영업비밀의 절도를 연방범죄로 규정했다. 그 조례는 1990년대 들어 경제 스파이 활동 때문에 미국 기업들이 엄청난 손해를 입은 것에 불만의 목소리가 치솟으면서 통과되었다. 조례가 통과될 때, 상원의원 알렌 스펙터Arlen Specter는 수년 동안 외국과 그 나라 기업들이 미국 기업들의 비밀을 강탈해감으로써 경쟁적 우위를 차지하려고 애썼다고 분명하게 말했다. "정보위원회는 냉전이 끝나고 난 뒤로 해외 여러 나라가 미국의 경제적 비밀을 훔치기 위해 스파이 활동을 점점 격화시키고 있음을 인식하고 있다. 미국 기업이 무형의 지적재산권을 강탈당해서 입은 피해 추산액은 1,000억 달러가 넘는다. 일자리를 잃은 미국인의 숫자는 셀 수도 없을 정도다."[12]

조례 제정 이후 기소 건수는 법률이 발효된 첫해에 12건이 넘는 수준에 불과했다. 그러나 현재는 수백 건의 사건이 수사중에 있다.[13] 전 세계 기업들이 지적재산권을 훔치기 위해 비밀 전술, 다시 말해서 '비열한 책동'을 쓰고 있다는 생각은 미국 기업들과 연방당국자들이 더욱 공격적인 자세를 취하게 했다. 예컨대, 제너럴모터스(GM)는 핵심 임원 여덟 명이 폴크스바겐으로 이직하는 것을 보고 독일 당국에 경고했다. 독일 당국은 그들이 GM의 신차계획을 포함해서 미국에서 형사고발을 당할 수 있는 민감한 자료들을 방대하게 다루었다는 증거를 발견했다. 그런 영업비밀 누설범죄에 대한 벌칙은 매우 가혹해서, 10년 이상의 투옥과 개인 벌금, 최고 500만 달러의 기관 벌금을 부과한다. 게다가 그러한 벌칙은 직접 그 정보를 유용한 사람들뿐 아니라 훔친 정보인지 알면서도 그것을 구매하거나 사용한 사람들에게도 확대 적용된다.

많은 유명 기업이 영업비밀을 탈취한 혐의를 심하게 받았지만, 대부분이 범죄 행위 자체에 연루되지는 않는다. 그들은 대개 알지 못한 채 일류 기업들의 요직에 대한 욕심 때문에 과잉 충성한 종업원들로부터 경쟁업체의 영업비밀을 건네받을 뿐이다. 스파이 활동 범죄는 휴렛패커드(HP)와 IBM, 인텔과 에이엠디(AMD), 당연히 코카콜라와 펩시와 같은 경쟁사들이 관련되었다. 한때 IBM에서 영업부장으로 일했던 사람은 HP의 부사장 자리를 노리고 IBM의 생산원가와 마케팅 전략이 담긴 문서들을 가져왔다.[14] 그 종업원은 IBM의 비밀문서들을 다른 HP 임원들에게 "대외비"라는 제목으로 이메일을 발송했다. 이 문서들을 받은 HP 임원들은 연방 관리들과 IBM에 알렸고 그 종업원은 기소되었다. 도난당한 코카콜라의 비밀문서들이 펩시의 임원들에게 전달되었을 때, 그들 또한 비슷한 조치를 취했다.[15] 펩시 임원들은 비밀문서라고 도장이 찍힌 코카콜라 공식 문서들을 제공하겠다는 편지와 코카콜라의 신제품 견본을 받았다. 코카콜라의 비서 한 명과 또다른 두 명의 공모자는 코카콜라 신제품과 관련된 비밀자료들을 수집해서 펩시에 그 정보를 팔 생각이었다. 훔친 자료에는 새로운 음료의 마케팅 전략과 제품 견본이 포함되어 있었다. 펩시는 즉각 코카콜라 임원들에게 그 사실을 알리고 FBI에 신고했다. 그뒤, 코카콜라만큼이나 고전적인 함정 수사가 이어졌다. 코카콜라의 임원들은 FBI와 공조해서 그 비서가 코카콜라의 비밀자료들을 빼내는 것을 녹화했다. 범죄를 모의한 세 사람은 FBI 요원들이 그 비밀자료를 사는 것처럼 가장해서 만나기로 약속한 뒤, 7월 4일에(정말로!) 모두 체포되었다. 미국에서 가장 유명한 영업비밀이 형사사법제도의 중추기구인 FBI와 코카콜라의 가장 강력한 경쟁업체의 청렴성 덕분에 지금까지도 비밀로 유지될 수 있었다.

그것이 도덕적 청렴성 덕분이든, 아니면 가혹한 형벌과 공적 수치심의 위험 덕분이든, 대다수 기업은 속이지 않고 공정하게 거래하는 것을 더 선호한다. 정보를 몰래 빼내 그것을 빌미로 회사에 입사했다면 그 책임이 단순히 당사자에게만 있는 것이 아니고 그들이 새로 입사한 회사에도 있다. 형사와 민사 책임은 개인 또는 회사가 그 정보를 부적절한 방법으로 취득했다는 것을 알았거나 알 만한 근거가 충분히 있었으면서도 그것을 사용하는 데 동의했을 때, 제3자에게도 확장될 수 있다. 한 법원은 종업원이 그 같은 범죄 행위를 한 어느 경쟁업체에 대한 평결을 내리면서 "그들은 원인을 제공했고 그 과실을 따먹었다. 이제 와서 그 책임을 부인할 수는 없다"고 설명했다.[16] 때때로 기업들은 경쟁업체들에 대해서 치밀하게 계획적으로 스파이 활동을 하기도 한다. 그 지시는 대개 최고 경영진에서 내려온다. 예컨대, 소프트웨어 회사인 비즈니스 엔진 소프트웨어(BES)Business Engine Software는 경쟁사인 니쿠 코퍼레이션Niku Corporation의 데이터베이스를 원격 해킹하고, 수년에 걸쳐 제품 디자인과 고객 자료를 훔치고, 가짜 이용자 이름으로 1,000건이 넘는 비밀문서들을 다운로드한 것으로 밝혀진 뒤, 임원들이 형사 처분을 받고 니쿠에 500만 달러의 합의금을 지급하라는 명령을 받았다.[17]

그렇다면 무엇이 비밀인가

경제 스파이 활동과 영업비밀 탈취는 심각한 불법 행위이다. 그러나 직장에서 습득한 모든 것이 향후 몇 년 동안 비밀로 지켜져야 하는지는 명확하지 않다. 한 지적재산권 전문가가 말한 것처럼 "아무리 경험이 많은 종업원이라도 지식을 사용할 수 없게 되면 갓 졸업한(그리고 구매 가치가 현저히 떨어지는) MBA에 지나지 않는다."[18] 법적 판단에 도덕성이 개입되면 어디까지 영업비밀을 보호해야 하는지 경계를 그리기가 매우 어려워진다. 미국 대부분의 주, 정확히 말해서 45개 주는 영업비밀을 "제조방식, 패턴, 편집, 프로그램, 도구, 수단, 기술, 공정 과정을 포함하는 모든 정보"로 폭넓게 정의하는 표준영업비밀조례(UTSA)Uniform Trade Secrets Act를 일부 수정한 영업비밀 법령을 제정했다. 전통적으로 영업비밀은 제조법, 조리법, 디자인 계획, 생산 기술과 같은 제품과 관련된 정보에 초점이 맞추어져 있었다. 그러나 지난 몇 년 동안 영업비밀의 범위가 점점 확대되더니 연구 방식, 마케팅 전략, 광고 활동, 사업 계획, 임금과 이익 관련 자료, 가격 체계와 같은 정보까지 보호 대상에 포함되었다[19] 기업들은 회사의 생산공정도, 설계도, 수요 예측 정보, 고객만족조사 내용, 품질관리 자료, 고객 정보, 공급 관련 업체 정보, 계약 종료일과 관련된 영업비밀 소송들을 제기한다. 그 결과, 오늘날 기업들이 비밀로 분류하는 많은 정보는 시장 경쟁 그 자체에 대한 정보와 관련되어 있다. 따라서 우리는 이러한 범위 확대가 지나치게 폭넓은 것이 아닌지 자문해볼 필요가 있다. 예컨대, 퇴직한 종업원이 옮겨간 회사가 가격을 인하하는 패턴조차도 영업비밀, 다시 말해서 경쟁업체 가격표를 유용한 것으로 본다.[20] 이처럼 다른 기업들의 움직임을 예상하는 것과 관련된 정보의 사용은 분쟁의 소지가 있다. 그것은 경쟁과 독립적으로 존재할 수 없는 그런 종류의 정보이다. 오히려 비밀이라고 주장하는 정보들은 시장이 있기 때문에 생겨난다. 그것은 또한 대개 강력한 보호 여부와 상관없이 끊임없이 생성되는 그런 정보이기도 하다. 무언가를 팔려고 한다면, 가격 체계는 반드시 있어야 하기 때문이다.

영업비밀의 확대는 비밀로 간주되는 대상의 범위가 늘어나는 것뿐 아니라 기업들이 비밀이라고 주장하는 방식에서도 명백해졌다. 논리적으로 볼 때, 우리가 관찰을 통해서 확인할 수 있는 것은 보통 공개 정보라고 하지 비밀이라고 하지 않는다. 그러나 특히 회사를 퇴직한 종업원들과 관련된 경우에는 정보 통제가 매우 엄격하게 적용된다. 오늘날 인재 유치 전쟁에 깊이 스며들어 있는 통제 심리를 생각하면 이것은 그리 놀라운 일이 아니다. 이론상 영업비밀 보호는 경업금지와 마찬가지로 경쟁을 막아서는 안 된다. 다시 말해, 회사를 떠나고 싶어하는 유능한 종업원의 경력을 방해하기 위해 영업비밀 보호가 악용되면 안 된다. 그러나 영업비밀은 어쩌면 어떤 형태의 지적재산권보다도 더 온통 부정적 의미로 가득차 있는지도 모른다. 많은 법원은 일반적인 기능 훈련과 회사 소유 정보를 구분하려고 한다. 전자는 종업원 개인의 것이지만 후자는 고용계약서의 비밀유지 조항에 따라 보호받을 수 있다. 하지만 어떤 사람이 비판하는 것처럼, "보호받을 수 있는 영업비밀과 보호받지 못하는 개인 또는 직업 기술과 같은 정보를 가르는 기준은 매우 모호하다".[21]

법조계는 영업비밀 소송이 늘어나는 추세가 암시하는 문제점들을 잘 알고 있다. 유능한 인재들이 직장을 자유롭게 옮기기 위해서는 현 직장에서 자유롭게 기술과 경험을 습득할 수 있어야 하고 이직해서도 그것들을 자유롭게 쓸 수 있어야 한다. 한 법원에서 언급한 것처럼 "종업원들이 자신의 전문 지식과 기술을 최고로 비싸게 쳐주는 가장 마음에 맞는 사람에게 팔 수 있는 자유는 개인의 자유를 구성하는 하나의 중요한 측면이다."[22] 또다른 법원은 "전체 공정에서 다양한 특수 기술을 제외한 기술들을 포함해서 전 직장에서 습득한 기술과 지식을 자신에게 가장 유리하게 써먹을 수 있는 종업원들의 권리를 제한하는 족쇄는 절대 없어야 한다"고 설명했다.[23] 동시에 교육훈련을 일반적인 것과 특수한 것으로 나누는 것도 매우 어려운 문제이다. 스탠퍼드대의 지적재산권 전문가인 로버트 머지스Robert Merges는 일반 기술과 특수 정보 사이의 모호한 경계를 "지적재산권 분쟁의 신전에서 가장 논란이 많은 문제 가운데 하나"라고 평한다.

경업금지의 경우와 마찬가지로 영업비밀을 법적으로 정의하고 시행하는 방식은 주마다 매우 다양하다. 회사는 종업원들이 영업비밀을 유출할까봐 그들을 쫓아다니며 감시했는데, 알고 보면 회사가 영업비밀이라고 말하는 것들은 많은 법원이 일반적인 문제 해결 능력이라고 정의한 것들이다.[24] 따라서 법원들은 종업원들의 재능, 다시 말해서 그들의 정신적, 육체적인 능력이나 기술로부터 영업비밀을 분리해내기 위해 거듭 고심한다. 기업이 종업원들에게 제공한 교육훈련이 회사의 소유라고 주장하기 위해서는 그것이 특별하다는 것을 회사가 입증할 것을 요구하는 법원들도 있다. 여기서 특별하다는 것은 "고용된 기업에서 평범하고 통상적이며 일반적이거나 관습적인 것을 뛰어넘는 것"을 의미한다.[25] 그러나 놀랍게도 최근에 일어난 많은 소송은 회사가 제공한 훈련의 형태와 무관하게 종업원이 습득한 기술들에 대해서 회사의 소유라고 주장하는 것을 인정했다.[26]

토머스 에디슨은 옛날에 이렇게 항변했다. "난 실패한 게 아니다. 이렇게 하면 작동하지 않는다는 것을 1만 가지나 발견했을 뿐이지." 오늘날 인재 유치 전쟁이 벌어지는 현장에서 영업비밀로 간주될 수 있는 정보와 지식의 형태들이 점점 확대되면서 분쟁을 일으키는 두드러진 사례가 바로 부정적 노하우negative know-how—안 될 일에 대한 지식—이다. 부정적 노하우란 다른 회사로 이직한 종업원이 어떤 특정한 화학적 결과를 얻으려고 할 때, 실험에 성공하기까지 전 직장에서 실패한 일련의 방식들을 써서는 안 되고 지금까지 알려지지 않은 다른 방법들을 써야 하는 경우 같은 것을 말한다. 부정적 노하우를 도난당했다고 주장하는 것은 영업비밀 보호법의 가장 기이한 전개과정 가운데 하나다.[27] 부정적 노하우도 전 직장의 소유권으로 법적 보호를 받을 경우, 새로운 직장으로 이직하는 발명자들은 과거의 실수와 실패들을 반복하지 않을 책임이 생길 수 있다.

부정적 노하우와 관련된 논쟁은 유능한 종업원이 다른 직장으로 일자리를 옮길 때 가져가는 지식 가운데 어디까지가 기업 비밀에 속하는지를 따지는 많은 치열한 전투 가운데 하나이다. 기업 비밀로 보호를 받을 수 있는 것과 없는 것 사이의 불확실한 경계와 관련된 또다른 사례는 해당 정보를 개발한 사람과 관련이 있다. 몇몇 판결에 따르면, 종업원이 독자적으로 개발한 정보는 개인의 것이며 따라서 나중에 그것을 어디서든 자유롭게 사용할 수 있다. 그러나 대다수 법원은 그와 달리 비밀 정보는 그것을 개발하는 데 종업원이 기여했든 안 했든 무조건 기업의 소유라고 판결을 내렸다.

이보다 훨씬 더 큰 문제는 법원이 일반적으로 어느 시점부터 해당 정보를 공개가 아닌 비밀 정보로 볼 것인지 예측할 때 발생한다. 똑같은 정보라 할지라도 그 정보를 개발하는 데 들어간 투자의 크기와 그것을 비밀로 지키기 위해 애쓴 노력에 따라 그 정보를 비밀로 보호할지 말지가 결정된다. 따라서 법원은 데이터가 어떻게 수집되었는지 조사한다. 예컨대, 전화번호부나 업체 주소록 같은 데서 고객 이름을 발견할 수 있다고 해도, 회사의 고객 정보는 여전히 영업비밀로 볼 수 있다고 평결할 수 있다. 게다가 회사가 그 정보를 연구, 개발하는 데 많은 시간과 노력, 비용이 들어갔음을 입증할 수 있다면, 영업비밀로 인정받을 가능성이 더 커진다.

또한 법원들은 종업원이 기억하고 내면화한 정보가 이전에 근무하던 회사의 소유일 수 있는지에 대해서 여러 가지 문제를 검토한다. 다시 말하면, 정보가 비밀로 취급되는 시점은 그것이 복제될 때인가, 아니면 종업원이 실제로 회사를 떠날 때인가? 회사를 떠나는 종업원이 그 정보를 비밀로 충분히 인지하고 기억했는가? 무의식적으로 정보를 내면화한 것과 의식적, 또는 의도적으로 기억한 것은 구분되어야 하지 않을까? 이러한 문제들에 대한 법원들의 반응은 다양하다. 최근에 영국에서 벌어진 한 소송에서처럼 일부 법원들은 퇴직한 종업원이 정보를 "자기 머릿속에" 넣고 나온다면 "아무도 그가 그것을 마음대로 사용하는 것을 막을 수 없다"고 생각한다. 그러나 오늘날 대다수 법원은 당연하게도 영업비밀의 보호를 물질적인 데이터나 문서의 도난에만 한정하지 않고 종업원의 머릿속에 기억된 정보를 재생해낼 수 있는 경우까지 포함시킨다.[28] 종업원이 회사에서 빼낸 자료가 물질적이든 아니든 중요하지 않다. 지적재산권은 지적인 것이다. 심지어 "깊은 내면의 기억에서 이 정보를 캐낼" 수 있다면 그것으로 충분히 비밀로 인정받을 수 있다.[29] 따라서 비밀 정보는 단순히 기억하고 있는 것만으로도 그것을 기억하고 있는 사람에 의해 유용될 가능성이 여전히 남아있다고 보는 것이 일반적인 통례다.[30]

극비 정보

경업금지와 달리 영업비밀은 공식 계약이 없이도 늘 보호를 받지만, 그것의 중요성이 점점 더 커지면서 영업비밀의 범위를 넘어서는 정보까지 보호받기 위해서 계약서를 작성하는 기업들이 늘어나고 있다. 영업비밀은 법령에 그 범위가 정의되지만, 기업들은 비밀유지 약정(NDA)Nondisclosure Agreement을 통해서 회사 소유로 보호받을 수 있는 정보의 범위를 확대하려고 한다. 그 결과, 일부 기업은 종업원들이 회사에서 습득하는 거의 모든 정보를 보호하기 위해 NDA를 이용하려고 한다. 그러나 많은 법원은 NDA가 만일 비밀 정보를 "필연적으로 [피고가] 제공받은 서비스와 '관련해서 또는 어떤 식으로든 연관된' [원고가] 제공한 모든 정보로서" 정의한다면, 그 약정이 부당하게 범위를 확대한 것으로 평결을 내릴 것이다.[31] 비밀 정보를 개인의 직무와 "관련해서 또는 어떤 식으로든 연관된" 모든 정보로 규정하는 것은 비밀유지 약정을 기간이나 지역의 제한이 없는 사실상의 경업금지로 바꾸는 것과 마찬가지인 셈이다. 달리 말하면, NDA의 지나친 범위 확대나 불확실한 경계 때문에 법원은 그것의 합리성에 의문을 제기할 수 있다. 따라서 법원은 회사가 반드시 비밀로 지켜야 할 실제 정보를 명확하게 분류하지 못할 경우, 비밀유지 약정의 유효성을 인정하지 않을 수 있다. 반면에, NDA에 비밀로 수록된 정보가 고도로 세분화되고 특정화될수록, 그것이 법정에서 인정받을 가능성은 더욱 커질 것이다.

오늘날 NDA의 유효성 인정을 둘러싸고 벌어지는 전투는 매우 치열하다. 널리 주지의 사실로 인정된 것이 아닌 정보는 무엇이든 다 기업 소유의 정보라고 주장하는 것이 약정서 한 장으로 가능한 일인가? 어떤 법원은 비밀유지 약정에 수록된 회사 소유 정보에 대한 정의를 폭넓게 인정하는 반면에, 또 어떤 법원은 그 약정이 경쟁과 정보의 자유로운 흐름을 촉진하고 종업원들의 이직과 일할 권리를 보호하는지 여부를 중시한다.

캘리포니아 주는 경업금지의 경우에서처럼 사람들의 행동

에 제한을 가하는 조치에 대해서 다시 한번 좀더 신중하게 접근했다. 캘리포니아 법원들은 영업비밀과 다른 또하나의 비밀 정보 범주를 인정하는 것에 명확하게 거부 의사를 표명했다.[32] 캘리포니아 주는 거래의 제한을 금지하기 때문에 영업비밀보다 더 많은 것을 보호하는 비밀유지 약정을 무효로 본다. 캘리포니아 법원들은 더 폭넓은 비밀 보호가 인정된다면, "기업주들은 불법 조항들을 직접 폭넓게 삽입할 수 있을 테고 (…) 많은, 아니 어쩌면 대다수의 종업원은 그 조항에 대해서 외부 자문을 받거나 법정에서 시비를 가리지도 못한 채 그냥 묵묵히 이행할 수밖에 없을 것이다"라고 걱정한다. 뉴욕 주의 항소법원도 과거에 이와 비슷하게 진술했다. "그 지식이 영업비밀로 보호받을 만한 가치가 없고, 지금까지 그로 인한 어떠한 상업적 권리 침해도 없었다면, 우리는 종업원들이 기회가 왔을 때 직업적으로나 금전적으로 자신의 가능성을 실현할 수 있는 능력을 제한받을 아무런 이유가 없다고 본다."[33] 그러나 최근 들어 뉴욕 법원들은 고용주가 보호받을 정보에 대한 정의를 폭넓게 인정함으로써 비밀유지 약정이 없어도, 비밀로 볼 수 없는 정보까지 보호받을 수 있게 했다.[34] 요컨대, 비밀유지 약정을 다룰 때 법원들은 경업금지를 다룰 때와 마찬가지로 저마다 판단을 달리한다. 어떤 법원은 약정의 범위나 타당성에 대해서 아무 문제도 제기하지 않은 채 무조건 인정하는 반면에, 어떤 법원은 경업금지를 다룰 때와 똑같이 엄격하게 그것의 필요성 유무를 따진다. 하지만 대다수 법원에서는 대개 중간 입장을 취해서 그 약정의 합리성을 심리하되 경업금지보다는 느슨한 조건을 적용해서 기간도 더 늘려주고 적용 대상 지역의 범위도 더 넓혀주는 경우가 일반적이다.

예컨대, 일리노이 법원들은 최근에 여러 건의 NDA에 대해서 지나치게 폭넓은 범위와 무제한적인 기간 적용 때문에 무효라고 평결했다. 일리노이 법원의 한 판사는 전략 계획, 정책, 마케팅 계획을 포함해서 비밀로 보호받아야 할 정보에 대한 기재 내용이 지나치게 모호해서 종업원들이 동종 산업의 다른 기업에서 근무하는 것을 완전히 막고 있다고 선고했다. 그것은 오로지 퇴직한 종업원이 회사 비밀 정보를 유용하지 못하게 하려는 것이지 그가 다른 기업에 취직하는 것을 완전히 막으려는 것이 아니라는 기업주의 주장이 정직하지 못하다고 법원은 판단했다. 그 종업원을 영입한 회사는 그가 전 직장에서 마케팅 이사로 근무하면서 쌓은 전문지식과 기술, 경륜을 인정해서 유능한 임원으로 임용한 것인데, 만일 그가 자신의 경험과 기술, 지식을 사용하는 데 제한을 받는다면, 실제로 누가 보아도 그가 자신의 경력을 계속 이어가지 못하리라는 것은 너무도 명명백백한 사실이었다.[35]

실제로 모든 영업비밀 분쟁에서 가장 논란이 되는 것은 종업원이 회사를 그만두고 다른 회사로 이직하면 언젠가 그가 회사의 비밀을 누설할 수밖에 없을 거라고 주장하면서 종업원의 이직 자체를 완전히 막으려는 기업의 시도이다. 이러한 열띤 논쟁은 결국 영업비밀 보호를 명목으로 사실상의 경업금지를 관철시키려는 의도가 배후에 깔려 있다.

영업비밀 누설의 불가피성:
머핀 맨, 베이글 보이, 소프트드링크 킹

2010년, 한 연방법원 판사는 빔보 베이커리Bimbo Bakeries의 전직 수석부사장—그를 머핀 맨이라고 부르자—이 경쟁 제과업체인 호스티스브랜즈Hostess Brands로 이직하는 것을 금지하는 명령을 내렸다. 그가 전 직장의 영업비밀을 광범위하게 취득하고 있기 때문이었다. 그 분쟁을 부추긴 것은 유명한 '토머스의 잉글리시 머핀 빵Thomas's English muffins'이었다. 빔보 베이커리는 이 맛있는 조식용 머핀으로 해마다 5억 달러의 매출을 올린다. 머핀 제조에는 세 가지 비밀이 있다. "골고루" 반죽되는 빵 원료, 제빵 기술, 빵을 굽는 공정이 그것들이다. 빔보 베이커리 종업원들 대다수는 그 세 가지 비밀 가운데 오직 하나만 알지만, 머핀 맨은 세 가지를 모두 알고 있었다. 이런 사실들을 모두 감안할 때, 그의 이직은 빔보 베이커리에 치명적인 위협이 아닐 수 없었다. 머핀 맨은 회사를 떠난다는 것을 발표하기 몇 달 전에 이미 경쟁업체의 영입 제안을 수용한 상태였다. 게다가 그는 퇴직하기 바로 전날 빔보의 비밀 정보에 몰래 접근했다. 따라서 판사는 머핀 맨이 "전혀 믿을 수 없는" 사람이라고 판단했다. 마침내 법원은 할 수 있는 가장 강력한 처분을 내렸다. 머핀 맨이 경업금지 약정에 서명하지 않았다고 해도 그가 새로운 직장으로 취업하는 것은 완전히 금지된다고 선고했다. 판사는 그 판결 취지를 이렇게 설명했다. “우리는 피고가 호스티스브랜즈에서 관련 직무를 수행할 때 과연 빔보의 영업비밀 정보를 완전히 기억에서 지울지에 대해서 깊이 의심하지 않을 수 없다.”

식품 산업은 영업비밀과 인재를 둘러싸고 가장 치열하게 싸우는 현장이다. 과일통조림업계의 두 선두 주자인 델몬트Del Monte와 돌Dole의 사례를 들어보자. 입사 16년차인 델몬트의 수석 기술자 한 사람이 돌로 이직했을 때, 법원은 경업금지 약정을 맺지 않은 상태에서 불가피하게 영업비밀을 공개할 수밖에 없거나 단순히 비밀 공개의 위협이 있다는 이유로 종업원의 이직을 원천봉쇄하는 것이 정당한지에 대해서 고심했다. 법원은 그 종업원이 회사를 떠날 때 어떤 문서도 가지고 가지 않았고 중요한 영업비밀을 기억하지도 않은 것 같다고 평결했다. 또한 돌은 새로 영입한 종업원이 새로운 자리에서 전 직장의 비밀을 유용하지 않을 것임을 보장하는 적절한 조치들을 취했기 때문에, 돌이 자사의 인재를 영입한 의도에 대한 델몬트의 막연한 의심을 근거로 그의 이직을 막을 이유가 전혀 없다고 판결을 내렸다.

첨단 기술 산업은 식품 산업과 마찬가지로 영업비밀을 둘러싸고 격렬한 싸움이 벌어지는 또다른 격전지다. 최근에 프록터앤드갬블Procter&Gamble은 전임 부사장 한 명이 주 경쟁업체인 클로록스Clorox의 같은 자리로 옮겨가려는 것을 막으려고 했다. IBM은 수석 엔지니어 한 명이 시게이트Seagate로 자리를 옮기려는 것을 막으려고 했다. 또 다우케미컬Dow Chemical은 전임 엔지니어들과 영업

담당 임원이 GE로 이직하려는 것을 막아달라고 법원에 금지명령을 요청했다. 이 모든 사례에서 비록 경업금지 약정을 맺은 데는 없었지만 해당 업체들은 모두 종업원의 이직을 막으려고 했다. 일부 주에서는 이러한 요구를 받아들인다. 따라서 경업금지 약정이 없는 경우에도 현실적으로 퇴직한 종업원이 습득한 전 직장의 영업비밀을 유출하지 않고 경쟁업체에서 일할 수 있는 방법이 전혀 없다고 법원이 판단한다면 아무리 유능한 인재도 이직하려다 자칫 일자리를 잃거나 경쟁업체로의 이직이 완전히 봉쇄될 수 있다. 이것이 바로 오늘날 대단히 논란이 많은 영업비밀개시불가피론doctrine of inevitable disclosure이다. 사후에 사실상 경업금지를 인정하는 셈이다. 이 주장은 회사가 종업원에게 경업금지 약정에 서명할 것을 요구하지 않은 경우에도 종업원이 새 직장으로 이직하려고 생각하는 것을 원천적으로 막는다. 영업비밀개시불가피론을 수용하는 주들은 인재 유치 전쟁을 벌이는 기업들에게 강력한 통제 수단을 제공한다. 그곳의 법원들은 전 직장의 고용주와 이직한 새 직장의 고용주 사이에 직접적인 경쟁 관계가 있는지, 그리고 이직한 종업원이 새 직장에서 맡은 자리가 전 직장에서 맡은 자리와 얼마나 비슷한지를 면밀히 검토한다. 영업비밀개시불가피론에 동의하는 법원들은 이러한 조건에 부합하는 경우라면, 이직한 종업원이 소지한 지식과 앞으로 할 일로 볼 때, 전 직장에서 습득한 비밀 정보를 틀림없이 누설할 수밖에 없을 거라고 판단한다.

무엇보다도 이런 경우에 중요한 구실을 하는 것은 이직하고

자 하는 종업원 당사자이다. 이직을 원하는 당사자가 부정직하다는 증거가 밝혀지면 법원은 그가 전 직장의 영업비밀을 유용할 가능성이 크다고 확신하기 마련이다. 한 법원은 이직한 종업원이 "더 많은 돈을 벌기 위해 퇴직하면서 그 사실을 숨긴다면, 성공에 대한 유혹이 너무 커서 원고 회사의 비밀 정보를 누설할 수밖에 없다는 생각도 능히 할 수 있다"고 판단했다.[36] 예컨대, 소프트웨어 회사의 종업원 두 명은 퇴직한 회사의 비밀 정보 보호에 대해서 철저하게 "무시하는 태도"를 보인 것으로 밝혀지면서 다른 경쟁업체로 이직하는 것은 물론이고 스스로 창업하는 것까지 모두 금지되었다.[37]

펩시의 마케팅 임원 한 명이 퀘이커 오츠Quaker Oats Company로 이직하는 것을 둘러싼 분쟁 사례는 영업비밀 분쟁이 얼마나 극적일 수 있고, 왜 영업비밀개시불가피론이 그렇게 논란이 많은지를 잘 보여준다. 이 펩시콜라의 분쟁은 세계에서 가장 큰 음료회사 가운데 하나가 비교적 늦게 시장에 들어온 신규업체와 청량음료 전쟁에 빠지게 했다. 펩시의 수석 마케팅 이사 윌리엄 레드몬드William Redmond는 회사에 10년 동안 근무했다. 그가 펩시를 떠날 때 맡은 직무는 캘리포니아 지역을 총괄 관리하는 자리였다. 당시 캘리포니아는 5억 달러 이상의 수입을 올리는 지역으로 펩시가 북아메리카 대륙에서 올리는 수익의 20%를 차지했다. 레드몬드는 자신이 맡은 수석 자리 덕분에 펩시의 전략 계획, 연간 운영 계획, 공격 전략, 그리고 판매와 유통 체계의 혁신 계획과 관련된 민감한 비밀 정보에 접근할 수 있었다. 일리노이 지방법원은 레드몬드에게 향후 6개월 동안 퀘이커 오츠에서 일할 수 없으며 펩시와 관련된 어떠한 비밀 정보도 사용하거나 누설할 수 없다고 선고했다. 법원은 레드몬드가 퀘이커 오츠에서 맡은 새로운 직무가 전 직장인 펩시에서 맡았던 일과 매우 긴밀하게 연관되어 있어서 "레드몬드가 비밀 정보와 아닌 것을 구분할 줄 아는 초능력이 없는 한, 게토레이와 스내플에 대한 의사결정을 할 때, 펩시의 영업비밀에 의존하지 않을 수 없다"고 보았다. 이것은 법원의 시각에서 볼 때 퀘이커 오츠가 펩시의 계획을 부당하게 이용할 수 있으며 펩시의 유통과 포장, 가격, 마케팅 활동을 예측할 수 있다는 것을 의미했다. "다시 말해, 펩시는 자신의 팀에 있던 선수 한 명이 큰 경기가 있기 전에 팀의 전술을 손에 쥐고 상대팀으로 이적하는 황당한 상황에 부딪힌 코치의 입장인 셈이다." 법원은 더 나아가 레드몬드가 퀘이커 오츠의 영입 제의를 받는 동안에 펩시에 자신의 결정을 솔직하게 밝히지 않았기 때문에 그를 신뢰할 수 없다고 판결했다. 비록 레드몬드가 경업금지 약정에 서명하지는 않았지만, 법원은 그에게 6개월 동안 퀘이커 오츠에서 일할 수 없다는 금지명령을 내렸다.

일리노이 주에서 펩시 소송이 끝나고 1년 뒤, 한 뉴욕 법원은 갓 구운 베이글 빵과 관련된 분쟁에서 비슷한 접근방식을 취했다. 냉동이 아닌 갓 구워낸 베이글 빵을 직접 만들어 파는 업체인 엉클비스베이커리Uncle B's Bakery는 전임 부장이 브루클린베이글보이스Brooklyn Bagel Boys의 부장으로 자리를 옮기는 것을 막으려고 했다. 전임 부장은 경업금지 약정에 서명한 적이 없었다. 또한 브루클린베이글은 자신들이 새로 영입한 사람에게 어떠한 영업비밀도 누설하지 않도록 주의하라고 요청한 기록도 보여주었다. 그러나 법원은 그 영입을 막을 만한 근거가 될, 의도치 않은 영업비밀의 누설이 있을 수 있는 중대한 위험을 발견했다. 법원은 종업원들이 재직 기간 축적한 일반 지식을 사용할 수 있는 권한이 있다는 점을 인정했지만, 일반 지식과 영업비밀을 가르는 기준이 '매우 불확실'해서 실제로 어쩔 수 없이 영업비밀을 누설할 수 있다고 보았다. 다시 말해, 일반 지식과 특수 지식은 구분하기가 어렵기 때문에 전 직장에서 했던 일과 관련된 모든 정보를 자유롭게 유통시키기보다는 보호하는 쪽으로 더 많이 흘렀다. 법원은 정보의 자유로운 이동 대신에 통제를 기본 방향으로 삼은 것이다.

이것은 바로 우리가 문제로 삼고 있는 인재 유치 전쟁에서 경계해야 할 일종의 통제 심리의 확대라고 볼 수 있다. 청량음료 업계에서 일어나는 인재 유치 전쟁이든, 베이글 빵 업계에서의 분쟁이든, 이러한 경쟁업체들 사이의 치열한 전투가 암시하는 것은 매우 극적이다. 핵심 인재가 자신의 뛰어난 지식과 기술을 사용할 수 없게 되고 더 나아가 다른 경쟁업체에 취업도 할 수 없게 된다. 영업비밀개시불가피론은 사전 동의나 보상도 없이 고용관계를 변질시키고 인적 자본이 시장에서 평가되는 방식을 바꾼다.

확대 범위

요컨대, 우리는 지금까지 기업 정보에 대한 통제가 점점 더 확대되었다는 사실을 알았다. 영업비밀로 간주되는 정보가 점점 확대되고, 영업비밀의 범주를 넘어서는 비밀유지 약정의 체결 사례가 증가하고, 영업비밀개시불가피론을 채택하는 법원들이 늘어나면서 영업비밀의 존재에 따른 사실상의 경업금지가 되살아난 상황이다(그림 5.1).

경업금지 사례에서 본 것처럼, 영업비밀을 합리적인 기업의 이해관계와 연관시키는 기준이 불분명하다는 것은 고용주나 종업원이나 모두 자기들의 권리와 의무에 대해서 자주 오해한다는 것을 의미한다. 종업원들은 어떤 기업 정보도 일부러 취득하려고 의도하지 않았더라도 영업비밀을 취득할 위험에 늘 노출되어 있다. 종업원들이 어떤 종류이든 전 직장의 정보와 지식을 이용할 상황에 부딪친다면, 그것이 긍정적 노하우든 부정적 노하우든, 기억된 것이든 복제된 것이든, 비밀 정보든 공개 정보든, 누설된 것이든 막 누설되려고 하는 것이든 상관없이 그들은 과연 자신이 지닌 일반 기술을 포함해서 회사에서 습득한 기술을 쓰지 않고 견뎌낼 수 있을까?

오랫동안 나와 함께 일했던 동료 학자 유발 펠드먼Yuval Feldman은 실리콘밸리의 기업 임원들이 영업비밀에 대해서 어떻게 이해하고 있는지 인터뷰를 진행했다. 펠드먼은 개인의 심리와 사회적 인식, 그리고 현재의 법체계 사이의 상호작용을 연구하면서, 수백

확대 범위

기업들은 영업비밀과 비밀유지 약정을 사실상의 경업금지로 이용하고 있다.

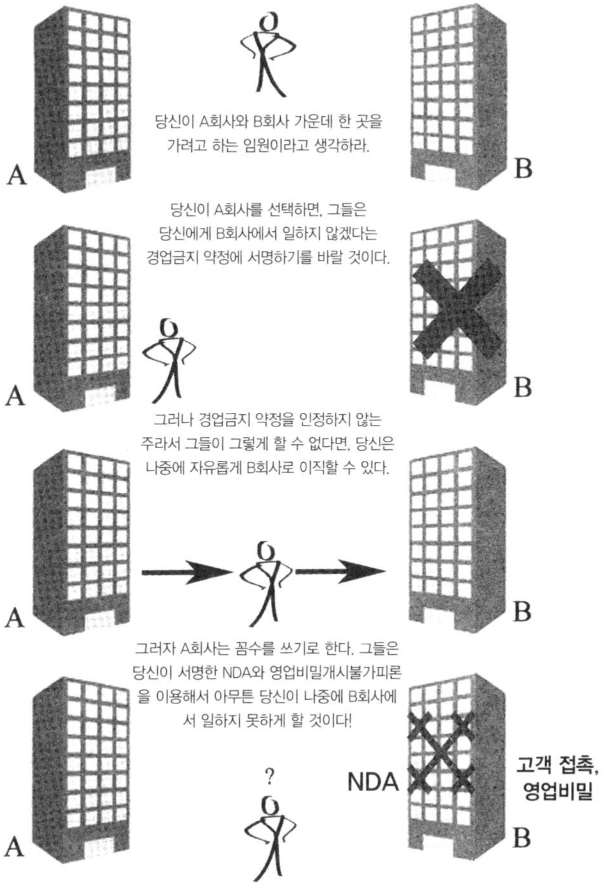

기업들은 영업비밀의 누설 불가피성과 영업비밀, NDA와 같은 "작은 X들"을 이용해서 완벽한 경업금지라는 "큰 X"를 완성하고 있다. 그 결과 영업비밀이 영원히 지속되기 때문에 종업원들의 고용조건은 더욱 악화될 수 있다!

이러한 영업비밀의 범위 확대는 외견상 비밀 정보의 누설을 막는 데 필요한 보호막이나 위험한 경업금지를 대체하는 제도로 보일 수 있다.

〈그림 5.1〉 사실상의 경업금지 구실을 하는 비밀유지 약정

명의 첨단 기술업체 종업원들이 비밀 정보에 대해서 심리적으로 어떻게 인식하는지를 조사했다. 그는 종업원들이 개인적으로 정보를 개발한 뒤, 다른 회사로 이직했을 때 법적으로 그 정보를 전 직장의 비밀 정보로 해야 한다고 생각하는지에 대해서 알고 싶어 했다. 그는 또한 종업원들이 머릿속에 기억한 정보를 다른 외부 매체, 이를테면 컴퓨터 하드드라이버에 저장된 정보와 다른 것으로 인식하는지도 연구했다. 그 결과, 첨단 기술업체의 종업원들 사이에 명백하게 일치하는 사항이 하나 있다는 것이 밝혀졌다. 그들은 자신이 직접 개발한 정보와 기술은 회사를 옮길 때 가져갈 수 있다(그리고 가져가야 한다)고 믿었다. 그들은 또한 자기가 기억하고 있는 정보는 회사 것이 아니라고 생각했다. 오히려 그들은 자신을 포함해서 실리콘밸리에서 일하는 모든 첨단 기술업체 인재들이 그 정보를 이용할 수 있어야 한다고 믿었다. 그 정보는 자기 머릿속에 들어 있기 때문이었다. 영업비밀에 대한 법적 정의와 범위가 불명료하고 기업마다 적용하는 형태가 다양한 까닭에 종업원들이 자신들의 책임 한계에 대해서 오해하는 경우가 점점 많아지고 있다. 펠드먼의 연구는 영업비밀에 대한 정의가 불분명함을 지적하는 것 말고도 노동 문화와 기업 규범이 얼마나 중요한지를 잘 보여준다. 앞으로 계속해서 살펴보겠지만, 법에서 아니라고 해도 비즈니스 인맥 소셜네트워크는 어떤 정보를 비밀로 하고 어떤 정보를 공개할지, 어떤 것을 소유하고 어떤 것을 공유할지, 어떤 정보를 통제하고 어떤 정보를 자유롭게 유통시킬지 다 자기 나름의 관행을 확립할 것이다.

인재 유치 전쟁의 여러 전략과 인적 자본과 지적재산권을 통제하는 많은 제도에서 보는 바와 같이, 여기서 서로 다투는 것은 경쟁업체들과 유능한 인재들, 그리고 정보와 인력의 자유로운 흐름이 제공하는 공익 사이의 균형을 맞추기 위한 것이다. 영업비밀은 다른 지적재산권 논쟁과 인재 유치 전쟁과 같은 분쟁에서와 마찬가지로 전통적으로 연구개발투자의 편익 대비 정보독점에 따른 비용의 문제인 것이다. 법에 대한 경제적 분석의 선구자로 유명한 리처드 포스너Richard Posner는 이렇게 경고한다. "오직 영업비밀의 소유권자가 비밀을 지키기 위해서 터무니없이 생산성이 떨어지는 조치를 취할 때만 영업비밀이 보호된다면, 더 효율적인 생산수단을 발명하기 위해서 자원을 투입하고자 하는 의욕은 줄어들 것이고 따라서 발명의 양도 축소될 것이다."[38] 포스너는 동료 학자인 윌리엄 랜즈William Landes와 함께 종업원들이 기업주의 비밀 정보를 가지고 달아날 수 있도록 허용할 경우 발생하는 역효과에 대해서 다음과 같이 경고한다.

> 종업원들이 기업주의 영업비밀을 누설하지 않기로(또는 기업주와 경쟁하지 않기로) 약속하는 계약을 법이 인정하지 않는다면, 기업주들은 비밀 엄수가 꼭 필요한 경우가 아닌 한, 그들의 기업을 지극히 비효율적인 방식으로 재정비할지도 모른다. 그들은 영업비밀을 보호하는 사법관할권으로 본사를 옮길 수도 있고, 종업원들이 회사를 그만

두고 싶어하지 않도록(다시 말해, 종업원들이 회사의 영업비밀을 가지고 나가지 않도록) 임금을 더 많이 줄 수도 있고, 종업원들 개인이 직무에 대해서 많이 알지 못하게 하도록 더 많은 사람에게 일을 나누어주거나 비록 능력이 모자랄지라도 가족 구성원들을 데려다 쓸 수도 있다.[39]

여기서도 경업금지 사례에서 보는 것처럼, 기업들이 교육과 연구, 개발에 투자를 늘리기 위해서는 영업비밀을 보호하는 것이 필요하다는 전통적인 경제 분석의 시각을 볼 수 있다. 이런 시각에서는 종업원들이 스스로 정보 생성을 위해 투자할 것으로 보지 않는다. 그들은 확실히 거기에 돈을 쓸 수 있는 여력이 없다. 기업의 입장에서 매우 현실적인 위험들이고 포스너의 우려 또한 예리하지만, 경쟁력 있는 혁신의 세계에 대한 우리의 새로운 관점으로 보면, 비밀 엄수와 투자를 연결짓는 문제는 또다른 우려를 낳는다. 지나치게 강력한 영업비밀 보호는 종업원들이 향후 새로운 직장을 찾는 것을 막을 뿐 아니라 지식과 인재 풀이 양성되는 방식과 경제에 손상을 입힌다.

특허나 저작권 같은 지적재산권 보호를 정당화하는 가장 큰 이유는 그것이 혁신을 촉진한다는 것이다. 모든 나라, 헌법과 법률에서 지적재산권 보호를 바라보는 시각은 아이디어 개발에 대한 투자를 촉진하고 투자자들이 그러한 투자에 대한 보상을 받을 수 있게 하는데 필요하다는 것이다. 영업비밀의 필요성을 설명할 때

보통 내놓는 근거는 회사가 만들어낸 정보와 지식을 통제할 수 있는 능력은 무엇보다도 그것들을 개발하게 하는 적절한 동기를 제공할 것이라는 데 있다. 그러나 영업비밀과 그 밖의 다른 지적재산권 사이에는 커다란 차이가 하나 있다. 영업비밀은 공개를 요구하지 않는다. 실제로 다른 종류의 지적재산권은 공개되고 등록되어 일반인들이 보고 이용할 수 있어야 하지만, 영업비밀은 비밀을 지켜야 한다. 특허를 보호받기 위해서는 발명한 것을 특허청에 출원해서 설계도를 포함한 전체 과정을 일반에 공개해야 한다. 정보 확산이 주는 편익을 우리 식으로 이야기하면, 특허 문서는 긍정적인 지식 유출로 볼 수 있다.[40] 반면에, 영업비밀을 보호받기 위해서는 아이디어를 일반인들이 볼 수 없게 감추어야 한다. 이러한 영업비밀 본연의 특징을 감안할 때, 새로운 아이디어에 대한 투자를 선택할지, 지식의 자유로운 흐름을 선택할지는 누구든 쉽게 예상할 수 있다. 지식을 독점하는 데 들어가는 비용은 다른 지적재산권들을 통제할 때 드는 비용보다 훨씬 더 크다.

지식은 인간 두뇌 세포에 새겨지거나 금고 속에 넣어 저장되고 숨길 수 있다는 바로 그 이유 때문에, 영업비밀 보호는 그것을 저장하는 매체와 관련해서 근본적으로 다툼의 소지가 있다. 이미 알다시피, 우리는 지식과 그것을 머릿속에 저장한 사람을 구분해서 생각할 수 없기 때문이다.

실리콘밸리에는 더이상 비밀이 없다

영업비밀과 경업금지 조항은 서로 돌고 도는 관계이다. 기업주들은 대개 경업금지가 영업비밀을 보호하기 위해 나온 것임을 보여줌으로써 경업금지를 인정해야 한다는 주장을 정당화한다. 동시에 경쟁을 금지하고 정보를 공개하지 않기로 하는 계약서의 존재 자체는 비밀을 유지하기 위한 기업의 노력이 얼마나 간절한지 잘 보여준다. 결론적으로 영업비밀은 종업원의 퇴직 후 활동 제한 범위를 정하게 되고, 거꾸로 그러한 활동의 제한은 종업원이 지켜야 할 영업비밀의 범위를 뒷받침한다. 더 나아가, 경업금지는 영업비밀이 누설되는 것을 막을 수 있고(따라서 일부 경쟁업체들이 영업비밀 누설의 불가피성을 주장함으로써 사실상의 경업금지를 요구하고), 영업비밀 보호는 경업금지를 제한하는 것에 대한 하나의 대안으로 보일 수 있다. 예컨대, 경업금지를 인정하지 않는 캘리포니아 주의 기업들은 정보와 인재 유출을 막기 위해서 영업비밀 보호에 훨씬 더 적극적으로 기댈 것이라고 생각할 수 있다. 그렇다면 실제로 캘리포니아 주의 인재 유치 전쟁은 그곳에 경업금지라는 강력한 통제 수단이 없기 때문에 다른 지역보다 영업비밀 보호에 더 많이 의존하고 있을까?

캘리포니아 주가 경업금지를 공식적으로 인정하지 않는 예외적인 접근방식을 취한 것과는 달리, 영업금지에 대해서 내린 판례들은 대다수 다른 주들과 비슷하다. 캘리포니아 법원들은 "주의회가" 1984년에 캘리포니아 표준영업비밀조례를 제정함으로써

"자유롭게 경쟁할 권리가 상대방의 비밀 저작물을 사용할 권리까지 포함하는 것은 아니라고 결정한 많은 다른 주들 가운데 하나로 캘리포니아 주도 이름을 올렸다"고 공언했다.[41]

하지만 캘리포니아 법원들은 영업비밀의 통제를 무제한으로 확대할 수 있도록 허용하는 것에 주저했다. 예컨대, 한 법원은 퇴직한 종업원에 대해서 회사의 영업비밀을 지키도록 요구하는 것을 제한하기로 한 결정은 "아이디어의 자유로운 사용을 촉진하는 것에서 얻는 이익이 경제적으로 중요한 비밀의 소유자들에게 보상하는 것에서 얻는 이익보다 크다는 캘리포니아의 정책 방향"을 반영한 것이라고 설명했다.[42] 지금까지 본 것처럼, 캘리포니아 법원들은 캘리포니아 표준영업비밀조례 아래서 비밀로 간주되지 않는 정보를 단순히 고용주가 그 정보를 NDA에 비밀로 수록했기 때문에 비밀 정보라고 정하는 것에 반대했다. 실리콘밸리에 있는 첨단 기술업체들의 인재들이 법에서 인정하는 것보다 더 좁게 영업비밀의 범위를 정의했다는 펠드먼의 조사 결과를 다시 한번 상기하라.

캘리포니아의 접근방식은 종업원이 자신의 경력을 증진하고 생계를 꾸리기 위해 지식과 교육, 경험을 사용할 수 있는 권리와 정보를 소유한 기업주의 권리 사이에 균형을 맞추는 것이었다.[43] 수년 동안 실리콘밸리는 첨단 기술의 대표적인 지역 경제로 명성이 날로 높아지면서 캘리포니아 법원과 업계 지도자들은 다른 지역에 비해 영업비밀의 범위를 폭넓게 인정하지 않는 예외적인 태도를 보여왔다. 실제로 실리콘밸리에서 발생한 영업비밀 관련 분쟁 건수는 다른 경쟁 지역과 비교할 때 상대적으로 적었다. 실리콘밸리에서도 일반적으로 NDA가 체결되지만, 그것이 실제로 문제가 되어 법적으로 집행될 거라고 믿는 사람은 많지 않다.[44] 그리고 그것은 사실이다. 지금까지 실리콘밸리의 기업들이 경쟁업체로 이직한 종업원들을 대상으로 비밀유지 약정을 어겼다고 소송을 제기한 경우는 많지 않았다.

경제지리학자들은 실리콘밸리에 있는 기업들이 정보를 공유하는 문화를 형성하게 된 것은 지리적으로 가까이 몰려 있기 때문이라고 분석했다. 경제지리학자 애너리 색서니언은 실제로 실리콘밸리의 유능한 프로그래머들이 어떤 특정한 회사에서 일하는 것이라기보다 "실리콘밸리에서 일하는" 것이라고 느끼는 것은 바로 이러한 물리적 근접성 때문이라고 주장했다. 놀랍게도 경쟁업체 간의 소송전에서 보병 역할을 하는 변호사들도 실리콘밸리에서는 여러 회사를 빈번히 옮겨다닌다. 그들은 전형적인 변호사의 이미지를 떨쳐버리고 값비싼 소송전을 조장하기보다는 협상을 중재하고 자문하는 역할을 자임했다.[45] 이러한 실리콘밸리의 변호사들은 오늘날의 실력자들처럼 소송대행자가 아닌 조력자로서 자신을 재탄생시켰다.

실리콘밸리의 기업들은 반도체와 첨단 기술 산업을 전체적으로 발전시키는 것이 그들 모두에게도 이익이며, 기업들이 내부적으로 반드시 알아야 하는 모든 것을 다 배울 수 없다는 것도 이미 이해한 것처럼 보인다.[46] 실리콘밸리에서는 기업들이 서로를 적으로 인식하지 않으며, 종업원들의 기업 간 이직을 배신행위로 생각하지 않는다. 그리고 혁신적인 기업가들에게 도둑이라는 낙인도 찍지 않는다. 실제로 퇴직한 종업원들이 회사의 비밀 정보를 사용한 것을 가지고 공격적인 소송을 남발한 기업들은 실리콘밸리에서 책임 있는 기업으로서의 명성에 심한 손상을 입었고, 그들이 보유한 최고 인재들의 사기를 떨어뜨리는 동시에 새로운 인재를 영입하는 데도 큰 타격을 입었다.[47]

앞에서 살펴본 캘리포니아 지역에서의 상당히 높은 종업원 이직률은 인재들이 새로운 직장에서 영업비밀을 이용할 많은 기회를 창출했다. 우리가 여기서 알 수 있는 것은 경업금지와 같은 제한 조치에 열중하는 태도에 내재된 통제 심리에서 벗어나기 위해서 반드시 어떤 다른 전략이 필요한 것은 아니라는 점이다. 그 반대로, 경쟁업체 간에 인재와 지식의 자유로운 이동을 통해서 모두가 더 많은 이익을 얻을 수 있다는 것을 이해할 수 있기만 하면 된다.

6장

정보 공유와 인지적 자유의 기적

인지적 자유cognitive freeddom
(개인이 무엇인가를 하고 싶을 때, 그것을 자유롭게 선택해서 할 수 있는 상태—옮긴이)

"어떤 것을 가지고 싶다면, 그것을 포기해라." 우리 아버지가 자주 하시는 말씀이다. 고금을 통틀어 가장 뛰어난 발명가 중 한 명인 벤저민 프랭클린이 자신이 발명한 많은 것들 가운데 단 하나도 특허를 내지 않았다는 사실을 알았을 때, 이 말이 머리에 떠올랐다. 프랭클린은 "남들이 발명한 것을 우리가 편히 이용하는 것처럼, 우리 자신이 발명한 것을 (…) 아낌없이 그리고 즐겁게 (…) 남들과 나눌 줄 알아야 한다"고 믿었다. 하지만 기업들의 현실은 **그렇게** 단순하지 않다. 그래도 오늘날 프랭클린에게서 한두 가지라도 덕을 보지 않은 기업은 없을 것이다.

상식적으로 볼 때, 비밀 엄수와 혁신은 대개 서로 충돌하는 개념이다. 따라서 많은 노력이 투입된 아이디어들을 통제하는 것과 지식을 공유하고 축적하는 것 사이에는 정교한 균형이 필요하다. 비밀 엄수와 정보 공유라는 스펙트럼의 양극단은 이러한 두 개의 서로 대립되는 목소리들에서 포착된다. 한편에서 정부의 안보담당관은 "1온스의 충성은 1파운드의 두뇌만한 가치가 있다(국가 기밀 보호가 그만큼 중요하다는 의미—옮긴이)"고 말한다. 반면에 다른 한편에서 연구소의 물리학자는 "유감스럽게도 비밀 엄수와 연구 발전은 서로 양립할 수 없다. 과학과 관련해서 이것은 늘 진실이다"라고 주장한다.[1]

영업비밀은 언제나 경쟁하는 기업들 사이에서 중요한 문제였다. 그래서 일부 기업들은 그것의 범위와 한계를 넓히기 위해 지금도 싸우고 있다. 법원들은 많은 경우에 기업주들이 "영업비밀을 보호하기 위해서가 아니라 경쟁을 막기 위해서" 애쓰고 있다고 보았다.[2] 한 법원은 비밀 보호와 시장 경쟁 사이의 이러한 긴장 관계를 칼과 방패의 관계로 명확하게 비유한다. "영업비밀에 주어진 보호는 비밀 관계에 대한 신용을 보존하기 위해 법원이 인정한 방패이지, 종업원들이 실제로 회사를 떠나 같은 업종의 다른 회사로 옮겨가지 못하게 위협함으로써 종업원들을 붙잡아두기 위해 기업주들이 휘두르는 칼이 아니다."[3]

강력한 정보 보호를 지지하는 사람들은 정보 누설에 따른 치명적 결과에 대해서 경고한다. 기본적으로 정보 보호로 이득을 보는 기업들로 구성된 미국산업기밀보호협회American Society for Industrial Security는 영업비밀이 외부로 노출되어 미국 기업들이 입는 순수한 경제적 손실이 한 달에 20억 달러에 이를 것이라고 추산한다.[4] 그러나 이러한 추산은 오해의 소지가 크다. 일부 비밀 정보의 누설로 손해를 보는 바로 그 기업들이 정보의 확산으로 전체 산업이 발전하는 것으로부터 얻는 이익에 대해서는 말하지 않고 있기 때문이다. 어떤 사람들은 기업에 중요한 모든 형태의 정보에 대한 법적 보호가 없다면, 그 기업은 누가 그 정보에 접근하는지 감시하기 위해 시간과 돈을 투자하지 않을 수 없을 거라고 경고한다.[5] 그러나 나중에 보겠지만, 모든 산업과 기업들이 그러한 틀 안에서 움직이는 것은 아니다. 중요한 것은 기업들이 기술적으로나 법적으로 비밀 정보를 통제하는 것을 인정하느냐 마느냐 하는 문제가 아니라, 오늘날 기업 간 인재 유치 전쟁에 깊이 스며든 통제 심리가 비밀 엄수와 정보 공유 사이의 균형 유지에 악영향을 끼쳤느냐 아니냐 하는 문제이다.

개별 기업들의 통제 심리는 느슨한 통제가 가져다줄 수 있는 이득에 대해서 끊임없이 생각하지 못하게 한다. 그동안 기업전략가들은 관리 형태의 다른 측면에서 지나친 통제가 초래하는 부정적 결과들을 많이 목격했다. 그러나 아직도 많은 기업이 편협한 시각에 사로잡혀 정보를 통제하고 비밀 엄수를 유지하고 있다. 개별 기업들, 크게는 시장에서의 영업비밀에 대한 지나친 보호는 그들이 보유한 인재 풀을 제한하고 유능한 발명자, 창의력이 뛰어난 사람, 혁신을 추구하는 사람들이 활기차게 능력을 발휘할 수 있는 발전의 가능성을 가로막는다. 비밀 보호 조치의 끝없는 확대는 종업원들이 나중에 회사를 그만두고 다른 회사로 이직하거나 스스로 회사를 차릴 때 자신의 기술과 지식을 사용할 수 있는 범위를 제한했다. 그것은 경쟁업체든 아니든 기업들이 지식의 자유로운 이동을 통해 서로 이익을 얻는 것을 막음으로써 산업 전반에 걸쳐 막대한 손실을 초래했다. 무엇보다 혼란스러운 것은 정보와 지식에 대한 통제 심리에 젖은 기업들의 경우, 내부의 혁신 과정이 무산되는 이상 현상에 빠진다는 사실이다. 이렇듯 비밀 엄수와 통제를 중시하는 심리는 부작용이 심하다. 종업원의 사기, 창의성, 정보 교환이 모두 감시의 대상이 되기 때문이다.

비밀 엄수의 장막 아래에서

영업비밀보호법은 엉뚱하게도 지나친 비밀 보호 조치들의 남발을 일으킬 수 있다. 정보 누설은 새로울 것이 없다. 하지만 오늘날 그것은 순식간에 일어난다. 특히, 요즘 같은 시절에 제품 생산의 비밀공정이 외부로 노출되면, 곧바로 인터넷에 공개될 가능성이 크다. 그 결과, 되돌릴 수 없는 치명적인 손실이 발생할 것이다. 동시에, 급속도로 진행되는 기술 발전은 비밀의 가치가 일시적일 뿐이고 제품의 라이프사이클보다 점점 더 짧아진다는 것을 의미한다. 무엇이든 먼저 시작하는 사람들은 가장 큰 특권을 누리기 마련이다. 혁신의 결과로 맨 처음 나온 발명품은 그다음 후속타가 시장에 나오기 전에, 그리고 복제품이 그것의 경쟁적 우위를 훼손하기 전에 그 열매를 재빨리 거둬들여야 한다. 앞서 본 것처럼, 일부 추정치로는 기업들이 회사 비밀 정보의 부정한 유용 때문에 해마다 피해보는 손실액이 수천억 달러에 이른다. 따라서 비밀 엄수는 경영자들에게 그 어느 때보다 중요한 것처럼 보일 수 있다.

그러나 오늘날 기업들은 비밀 엄수와 정보 공유 사이에서 내부적으로 줄다리기를 할 수밖에 없다. 그렇다면 기업들은 실제로 어떻게 대응할까? 어떤 기업은 비밀 엄수를 강화하기 위해서 종업원들을 격리하고 생산공정을 세분화한다. 또 어떤 기업은 영업비밀을 보호하기 위해서 규칙, 소송절차, 관례를 확립한다. 또다른 기업은 심지어 옛날식 방법에 기대어 실질적으로 비밀 정보에 접근하는 것을 차단하고, 컴퓨터 사용을 규제하고 감시하며, 오래 전부터 써먹던 협박과 은폐를 시도하기도 한다. 그러나 그렇게 하는 데 드는 비용은? 기업들이 해마다 컴퓨터 보안과 각종 정보 보호 조치, 지나친 감시 비용으로 쓰는 수십억 달러가 넘는 돈은 종업원 사기, 생산성, 창의성, 행복이라는 통화로 지불된다.

『월스트리트저널』의 기자 알레시아 스웨시Alecia Swasy는 『연속극: 프록터앤드갬블의 내막Soap Opera: The Inside Story of Procter & Gamble (P&G)』이라는 저서에서 1990년대 P&G의 정보 보안 상황이 '완전한 편집증' 상태임을 밝힌다.

한 광고디자인 회사 직원은 신시내티에 있는 레스토랑에 점심을 먹으러 가서 이미 방송 중인 한 광고에 대해서 논의했다가 P&G가 얼마나 피해망상에 사로잡혀 있는지 나중에 알았다. 그날 늦게 P&G 브랜드 담당자는 상사로부터 전화를 받고 "보안 위반"과 관련해서 한소리를 들었다. 그는 일반인들이 다 보는 레스토랑에서 광고에 관해서 말한 것 때문에 꾸중을 들었다. 상사는 "P&G는 기업스파이들이 우리의 대화를 엿듣기 위해 주변에 앉아 있다고 확신하기 때문에 보안담당자들이 이곳저곳 레스토랑에 가지. 그들은 자네를 마구 닦달해서 자기네 보안 규칙을 지키게 하고 싶어하네"라고 말했다. 일부 보안담당관들은 P&G와 그들의 광고를 맡은 업체의 종업원들이 비행기 안에서 업무와 관련된 이야기를 하는지 감시하기 위해서 신시내티와 뉴욕, 시카고를 오가는 비행기를 타는 것 말고는 다른 일을 안 한다. 인터넷 전화 통화 또한 감시 대상이다. P&G의 한 전임 종업원은 월가의 한 애널리스트에게 응답전화를 한 통화기록 때문에 상사들한테 얼마나 시달림을 당했는지 회상한다. (…) 말썽꾼으로 낙인이 찍혔던 또다른 종업원들도 집과 사무실 전화가 도청되었다고 믿고 있다. 일부 임원들은 만일 그곳 관리자들이 누군가를 좀더 자세하게 확인하고 싶다고 말하면 보안담당자들이 종업원들의 의료기록과 경찰 기록을 구하는 데 도움을 준다고 주장했다.

스웨시 자신도 P&G에 대한 기사를 연재하는 동안 그들로부터 미행과 도청, 염탐을 당했다. P&G는 심지어 스웨시의 통화기록 제출을 법원에 요청하기도 했다. 1837년 이래로 아이보리 비누와 합성세제 타이드의 인기로 급성장한 P&G는 내부의 어두운 측면이 밝혀지면서 지나친 피해망상 속에서 종업원들을 심하게 통제하기 시작했다. 20세기 말에는 마침내 종업원들에게 전체주의적인 충성을 강요했다. 그러던 중, P&G는 스웨시의 연재 기사가 『월스트리트저널』에 처음 게재된 뒤, 스웨시와 통화한 사람이 누구인지 찾기 위해 지방 경찰 관리들을 만나 P&G 종업원 수백 명의 개인 통화 기록을 은밀하게 조사해달라고 설득했다. 스웨시는 이러한 협박 행위 때문에 유능한 P&G 종업원 다수가 회사를 그만두고 다른 직장을 찾아 나섰다고 결론지었다. 회사의 지나친 감시는 종업들에게 과도한 규칙 준수를 부과함으로써 더 커다란 잠재적 시너지를 질식시키는 결과를 낳았다. "기술자들은 영업직 사람들이 비밀을 누설할지도 모르기 때문에 영업조직과 어울리지 말라는 소리를 듣는다. (…) 리처드슨-빅스Richardson-Vicks가 P&G를 장악한 뒤, 관리자들은 무역박람회 참석이 금지되었다. 그들의 기업주는 '지나치게 많은 눈'이 자기들을 주시하고 있다고 선포했다. P&G가 차민 제지공장Charmin Paper을 인수하면서 이웃에 있는 종이공장과 남는 원재료들을 서로 나누던 종업원들 간의 오랜 관행도 끝났다. (…) 한 기술자는 '그들과 더이상 만나지 말라는 이야기를 들었죠'라고 했다. 중요한 핵심 지식은 종업원들 사이에 공유되지 않았다. 한 세대 종업원들의 기억과 경험은 다음 세대의 종업원들에게 전달되지 않았다. P&G는 보안에 지나치게 집착했다."

끊임없이 감시받고 있다는 느낌은 사생활 의식과 개인의 의욕을 약화시킬 수 있다. 방위업체 록히드마틴Lockheed Martin의 한 종업원은 늘 감시받고 있는 느낌을 이렇게 설명한다. "스텔스 프로젝트가 끝날 때까지 공장 안에는 늘 함께 지내는 약 40명의 감사역들이 있었는데, 그들은 보안 및 계약 문제와 관련해서 내 일거수일투족을 감시했다." 그는 결론적으로 "좋든 싫든 우리는 카프카가 말한 그런 관료체계 속에 살고 있었다"라고 했다.[6] 한 IBM 종업원은 회사 내부에서 주고받는 우편봉투 체계를 내부용, 대외비, 제한적 대외비, 등기, 극비로 등급화해서 지나치게 보안에 힘쓰는 것은 쓸데없는 낭비라고 설명한다. "IBM은 1년에 약 400만 개의 우편봉투를 샀다. (…) 하지만 IBM 종업원들은 결국 수많은 평범한 문서들을 대외비가 아닌데도 대외비라고 분류했다."[7]

지나친 비밀 엄수가 종종 일종의 마케팅 수단인 경우가 있다. 코카콜라 비밀제조법이 바로 그런 사례인데, 마케팅 담당자들은 그것을 소중한 비밀정보로 생각하기보다는 기업의 홍보 도구로 더 중요하게 본다. 21세기에 전 세계에서 비밀리에 제품을 개발하는 업체로 애플보다 더 유명한 기업은 없다. 애플의 비밀주의는 소비자들을 애타게 한다. 애플은 언론에 제품을 발표하는 것을 회사의 행사 일정으로 잡는다. 최근에 갑작스럽게 세상을 떠났지만 스티브 잡스가 신제품을 꺼내들고 극적으로 무대에 등장하는 상징적 순간이 올 때까지 어떠한 언급도 하지 않고 비밀로 한다. 『와이어드』지는 그것을 "모든 열렬한 애플 애호가들이 기다리는 순간"이라고 묘사한다. "애플의 최고경영자 스티브 잡스는 전체 행사 개요와 시장점유율 변화, 몇 가지 사소한 제품 소개를 설명해 나간다. 그러다 갑자기 '한 가지 더'라는 잡스의 말 한마디에 모든 사람들이 숨을 죽인다. 마침내 모든 사람이 갈구하던 새로운 기술적 욕망의 대상이 신전에 등단하는 것이다."[8]

애플은 비밀을 엄수하기 위해서 극단의 조치들을 취한다. 애플은 고객이든 부품 공급업체든 어느 누구에게도 미래의 신제품을 예견하고 계획할 수 있는 어떤 지침도 제공하지 않는다. 내부적으로도 극비로 시제품을 개발하고 있는 종업원들은 검은 장막 아래서 일하도록 명령받을 수도 있다. 애플에서 마케팅 자문역으로 일한 적이 있었던 가이 가와사키Guy Kawasaki는 애플의 비밀주의는 단순한 마케팅 전략 이상의 의미가 있다고 주장한다. "그것은 단순히 마케팅 전략으로만 훌륭한 것이 아니다. 그것은 훌륭한 재고 전략이기도 하다. 실제로 모든 사람이 아이팟이나 맥 신제품이 곧 나올 것이라는 사실을 안다면, 그들은 기존 제품들을 더이상 구매하지 않을 것이다. 따라서 판매는 감소하고 재고가 쌓일 것이다."[9] 애플의 신제품이 출시될 때마다 그것을 둘러싼 소문은 소비자에게 흥미진진하지만, 애플 종업원이나 제조업체, 심지어 기자들에게 회사 비밀의 노출은 재앙적일 수 있다. 애플은 신제품 정보를 흘리는 사람은 종업원이든 기자이든 부품 공급업체든 블로거든 그 누구를 막론하고 끝까지 추적한다. 최근에도 애플 부품 공급업체들이 자기네 종업원들을, 예컨대 차세대 아이폰 시제품을 잃어버린 것 때문에 가혹하게 조사한 이야기들이 심심치 않게 떠돌았다. 어떤 애플 종업원들은 아주 사소한 정보를 흘리거나 한 기업 고객에게 새로운 소프트웨어를 선보인 책임을 물어 해고당했다.[10] 애플은 종업원들이 규칙을 잘 지키고 비밀을 엄수하는지 감시하기 위해 때때로 제품 가격과 특징에 대한 그릇된 정보를 흘린다. 애플은 그러고 나서 그릇된 정보가 언론에 보도되면 그 출처를 철저히 조사해서 정보를 누설한 사람을 찾아낸다. 애플은 또한 계약업체들의 신뢰도를 시험하고 보안 관련 내용을 위반하는지 추적하기 위해 일부러 거짓 정보를 제공하기도 한다. 더 나아가 언론에도 고의로 오보를 내서 정기적으로 "방해 전략을 쓴다."[11]

애플 제품을 제조하는 가장 큰 협력업체는 흔히 폭스콘Foxconn으로 알려진 타이완의 혼하이정밀산업Hon Hai Precision Industry이다. 폭스콘은 거의 2,500만 대의 애플 아이폰을 생산하고 있으며 앞으로 아이패드도 생산하기로 계약을 맺은 상태다. 따라서 애플을 만족시키는 것은 그들에게 가장 중요한 과제다. 타이완에 있는 공장의 생산 시설은 두터운 담으로 둘러싸여 있다. 지난 몇 년 동안 되풀이된 종업원 자살 보도들은 비밀을 지키기 위한 회사의 조치가 위험한 수준에 도달한 것이 아닌가 하는 우려를 높였다. 폭스콘 공장의 보안 수준은 일반 관공서들보다 더 철저하다. 금속탐지기는 물론 신체 수색이 일상화되어 있다. 경찰들은 약간의 수상한 움직임도 포착하기 위해 수시로 경계를 선다. 종업원들은 대개 자주 조사를 받고 의심받는다. 비밀을 누설한 것으로 의심되는 폭스콘 종업원이 폭스콘 보안부서의 가혹한 심문을 받은 뒤 자살했다는 보도들이 자주 흘러나왔다. 몇 달 뒤, 아이패드를 생산하기로 한 바로 그달에 폭스콘 노동자가 4명 넘게 자살했고 1명 이상이 자살을 시도했다.[12] 폭스콘은 한 해에 자살자가 10명에 이르고 난 뒤, 노동자 평균 임금을 올리고 노동자들에게 자살 반대 서약서에 서명할 것을 요구하는 계획을 발표했다. 비밀 엄수가 공포와 고통을 확산시키는 지경에 이르면, 그것의 한계에 대해서 다시 한번 생각해 볼 필요가 있다. 여기서 더 나아가면 비밀 엄수의 대가에 대한 논의가 방향을 잃을 수도 있다. 이것이 비밀 보호의 어두운 측면이라면 그 대안은 과연 무엇인가?

기업 안팎에서의 통제 심리의 변화

개방과 자유로운 소통이 유익하다는 사실이 연구 결과나 현실 세계에서 입증되었지만, 기업들이 실제로 회사 안팎에서 두루 정보 개방과 비밀 엄수 사이의 균형을 유지하기 위해서는 많은 노력을 기울이지 않을 수 없다. P&G의 지나친 비밀주의 사례가 보여주는 것처럼, 그리 멀지 않은 과거인 1990년대 전반에 걸쳐 기업들은 작업장 바깥과의 대화와 경쟁업체 종업원들과의 교류를 엄격하게 통제했다. P&G는 종업원들이 동종업계 사람들과 네트워크를 형성하는 것을 막는 기업의 전형을 보여주었다. 따라서 종업원들이 퇴직 후 경쟁업체에 들어가거나 동종업계에서 창업하는 것에 대해서 공격적으로 소송을 거는 기업으로 P&G의 악명이 높아진 것은 당연한 일이다.

P&G는 그 때문에 확실히 생산적 혁신을 이룰 수 없었고 시장은 그러한 상황을 용납하지 않았다. 2000년, P&G는 주가가 118달러에서 52달러로 떨어지면서 시가 총액이 반 토막 이상 날아갔다. 마침내 P&G는 시장에서 자신들이 어떤 잘못을 저질렀는지 깨달았다. 따라서 여태껏 해왔던 경영 방식을 바꾸지 않으면 안 되었다. 그 결과, 한때 종업원들이 외부와 소통하는 것을 철저하게 막았던 P&G는 이제 신제품의 거의 절반을 외부에서 생산한다. 신제품 아이디어를 외부에서 조달하는 비율은 2000년에 10%에서 2000년대 중반에 35%가 넘는 수준까지 크게 늘어났는데, 그 결과 제품 적중률은 극적인 상승을 기록한 반면에 내부의 연구개발비는 크게 감소했다. 몇 년 전, P&G는 기업 내부나 외부의 아이디어들을 서로 접목하는 연계개발 프로그램Connect & Develop Program을 도입했다. 그 프로그램은 21세기에 P&G의 성장에 결정적인 역할을 했다는 것이 곧 밝혀졌다. 아주 최근까지도 P&G는 신제품 아이디어의 거의 50%가 외부에서 온 것이라고 공개하면서 "우리는 아이디어가 어디에서 오든 상관하지 않는다"고 힘주어 말한다.[13] 실제로 P&G에서 가장 성공한 제품 가운데 하나인 저가 전동칫솔인 크레스트 스핀브러시Crest Spinbrush를 발명한 사람은 창의적인 한 개인 기업가였다. P&G는 그 기술과 아이디어를 시장에 바로 팔 수 있는 제품으로 생각하고 사들였다.

P&G는 연구개발 과정을 외부에 맡김으로써 기존 제품을 개

선하고 신기술을 도입할 때 일을 신속하게 진행하고 비용 효율을 높인다.[14] P&G는 이러한 새로운 혁신 방식의 성공에 힘입어 끊임없이 전문가들에게 기술 자문을 의뢰하고 외부의 혁신적 기업가로부터 완성된 아이디어를 사들이는데 주저하지 않는다. P&G는 또한 "투자가 매우 많이 되는 노드"에 집중하는 학자들, 다시 말해서 각종 창의적인 과학적 연구들에 몰두하는 과학계의 구성원들과 관계를 증진해왔다. 한 제품을 시장에 내놓기 위해서는 발명에 필요한 것과는 또다른 광범위한 사업 계획과 자원, 기술이 필요하다. P&G의 새로운 접근방식은 발명과 상업화라는 서로 다른 두 세계를 잇는 다리 역할을 함으로써 결국 신제품을 시장에 진입시키는 데 성공하고 있다.

오늘날 P&G는 제약회사 신텍스Syntex처럼 경쟁업체를 포함해서 외부인들에게 회사 설비를 보여주고 종업원들 사이의 교류를 허용하는 열린 기업들의 선례를 성공적으로 따라가고 있다. 신텍스는 일찌감치 외부의 아이디어에 열린 기업이 창의적인 인재들의 자유로운 이동을 통해서 이익을 얻을 수 있다는 사실을 알고 있었다. 1990년대에 신텍스는 박사과정을 마친 젊은 공학자들이 수년 동안 회사에서 인턴으로 일할 수 있는 제도를 시행했다. 그들 가운데 나중에 경쟁업체에 입사하는 사람이 나오더라도 상관하지 않았다. 외부의 기술자들이—새로운 아이디어와 참신한 역량의 귀중한 흐름의 형태로—내부의 개발팀에 합류하도록 허용함으로써 신텍스가 얻는 대가는 그에 따른 비밀 정보의 유출로 잃는 손실보다 훨씬 더 컸다.

새로운 피와 NIH 증후군

보는 눈이 많으면, 못 찾을 버그가 없다.

—리누스의 법칙Linus's Law[15]

P&G가 통제와 독자 개발을 중시하는 기업에서 협업과 네트워크를 중시하는 조직으로 거듭나기까지는 사고방식의 일대 전환이 필요했다. 기업들은 대개 근시안적 사고에 빠지기 쉽다. 따라서 기업들에 외부의 아이디어를 받으라고 요구하는 것은 간단한 일이 아니다. 그러한 요구를 받아들이기 위해서는 대개 심리적 변화가 필요하다. 자기네가 직접 발명한 것이 아니면 안 된다(Not Invented Here의 약자 NIH는 국립보건원National Institutes of Health의 약자와 같은데, 일부러 국립보건원의 행태를 풍자하는 용도로 쓰기도 한다)는 생각은 일종의 기업 병리 현상이다. P&G는 수년 동안 이런 방식을 고수하면서 기업 내부에서 나온 아이디어만을 중요하게 생각했다. NIH는 초기에 국가주의와 연계되어 있었다. 미국 기업과 소비자들은 대개 국경 밖에서 개발된 혁신을 받아들이지 않았다. 실제로 20세기 전반에 걸쳐 미국이 아닌 다른 지역에서 개발된 기술이라는 이유로 뒤늦게 도입된 첨단 기술들이 많이 있다. 예컨대, 일본과 미국 시장은 대개 영국 기업들이 개발한 가정용 컴퓨터를 무시했다. 오늘날 세계에서 가장 인기 있는 자동차인 일

제 자동차들은 처음에 국내 시장을 넘어 해외로 진출하기가 쉽지 않았다. 미국의 자동차 판매업자와 소비자들이 국산 제품을 더 좋아했기 때문이다.

그러나 오늘날 같은 세계화된 시장에서 혁신을 이루는 데 국가주의는 전혀 존재하지 않는다. 빠르게 변화하는 시장은 기업들이 외부의 혁신을 받아들이고 모든 곳, 모든 사람으로부터 가치 있는 연구와 지식, 아이디어들을 구매하고 교환할 것을 요구한다. 그러나 다른 기업들이 성공적으로 발전하는 모습을 코앞에서 보고서도 오랜 습관을 버리기가 쉽지 않다. 단순히 자기네 것이 아니면 안 된다는 생각 때문에 외부의 아이디어와 해결책을 간과하고 결국 손해를 입는 기업들이 아직도 많이 있다.

대개 종업원 이직이 거의 없는 곳에서 NIH 증후군이 더 많이 발생하는 것은 당연하다. 기업이 지나치게 안정되어 있으면, 집단사고의 병리 현상—응집력이 강한 집단은 집단적 합의와 준거에 대한 욕구가 강하기 때문에 또다른 중요한 대안들을 간과한다—과 NIH 심리는 더욱 커질 수밖에 없기 때문이다. 한 연구 결과에 따르면, 이직이 거의 없는 부서는 점점 비생산적 조직으로 바뀐다.[16] 거의 100만 건에 이르는 특허를 조사(하고 다양한 업체들이 모인 장소에 위치하고 있는 것의 다른 긍정적 효과를 통제)한 또다른 연구에서도 주로 소도시들에서 NIH 심리가 더욱 많이 나타난다는 것을 보여준다. 한 기업이 지역 경제를 지배하는 외부와 격리된 지역들(다시 말해, 기업 도시)의 경우, 그 회사는 독자적인 발명에 의존할 가능성이 크고, 동일한 발명에 대해서도 다양한 기업들이 모여 있는 지역보다 개발 속도가 늦을 확률이 높다.[17] 여기서 무엇보다 놀라운 사실은 그러한 행태가 기업 도시에 있는 가장 큰 대기업의 종업원들에게만 일어난다는 것이다. 반면에 같은 도시에 있는 소기업들은 다양한 업체들이 모인 지역의 소기업들과 마찬가지로 외부의 혁신 자원을 기꺼이 수용하려고 하는 모습을 보인다.

좋은 아이디어들은 외부에 있다. 그러나 그러한 혁신을 흡수하는 능력을 높일 줄 아는 기업은 외부에 대해서 열린 자세를 취하는 기업들이다. 문을 꼭 닫아걸고 비밀유지를 위한 조치들에 깊이 매몰된 기업들은 외부의 귀중한 정보들을 인식하고 이용할 수 있는 범위가 제한된다. 외부의 발전에 스스로 문을 열 줄 아는 기업들은 행운이라고 생각한 것이 실제로 행운의 문제가 아니라는 것을 알기 때문이다. 내가 가장 좋아하는 행동 실험 가운데 하나는 스스로 행운아라고 생각하는 사람들이 실제로 운이 좋다는 것을 보여주는 실험이다. 그 실험에서 연구자들은 실험 대상자들이 다니는 길에 달러 지폐를 마구잡이로 뿌려놓는다. 그 결과, 스스로 운이 좋은 사람이라고 생각하는 사람들은 그렇지 않은 사람들보다 길에서 돈을 발견할 가능성이 훨씬 더 높았다. 이렇게 볼 때, 조직의 지도자들은 팀원들이 땅바닥에 떨어져 있는 달러 지폐를 발견하도록 격려해야 한다. 개방이란 유용한 아이디어라면 그 출처가 어디든 문제 되지 않는다는 것을 의미한다.

재사용: 외부에서 찾는 행위를 자랑스럽게 여겨라(Proudly Found Elsewhere)

> 아무런 사전지식 없이 애플파이를 만들고 싶다면,
> 먼저 우주를 발명해야 한다.
>
> —칼 세이건Carl Sagan, 미국의 천문학자, 1934–96년

혁신을 외부에 위탁하는 것은 어떨까? 시간은 흘러간다. 오늘날 혁신은 과거 어느 때보다 훨씬 더 수명이 짧다. 따라서 아이디어를 발굴하는 범위를 넓히는 것이 무엇보다 더 중요해졌다. 전통적으로 신제품을 시장에 소개하는 데 앞장섰던 P&G 같은 기업들은 이제 그동안 해왔던 방식들을 재고하고, 조직 구조를 재설계하고, 연구개발 부문을 활성화해야 했다. 기업들은 한동안 실제로 제품 생산을 외부에 위탁했다. 수직 통합된 기업의 시대가 저무는 가운데 자회사들이 수평적으로 결합하고 생산 고리가 긴 기업 형태가 경쟁력을 갖춘 기업의 지배적인 모습이 되었다. 한때 국내에만 갇혀 있던 기업들이 다층 구조의 세계적 기업으로 발전했다. 회사 내부에서 독자적으로 모든 기능을 수행하던 것이 자회사나 하청업체들과 기능을 분화하거나 공유하는 모습으로 바뀌었다. 노동력을 비롯한 생산 비용이 저렴한 다른 나라로 많은 공정이 빠져나갔다.

아이디어의 생산도 제품 생산과 마찬가지로 대개 외부에 위탁하는 것이 더 쌀 수 있다. 수직 통합된 기업들은 전통적으로 자

체 연구개발 부문에서 나오는 혁신에 주목했다.[18] 그러나 21세기의 경쟁 환경에서는 사내에서 개발되는 혁신만으로 치열한 경쟁을 뚫고 나갈 수 없다. 벤처캐피탈 자금조달과 종업원의 이직률 증가는 벤처기업들의 경쟁을 촉진시켰다. 혁신을 외부에 위탁하는 것은 제품 생산을 외부에 위탁하는 것과 크게 다르지 않다. "최고 수준의 기업들이 점점 확대되는 공급망을 관리하는 것처럼, 훌륭한 혁신 기업들은 혁신의 가치사슬을 이루는 부분들을 외부에 위탁하는 법을 배우고 있다."[19]

이렇듯 혁신을 외부에 위탁하는 시장이 점점 성장하고 있는 가운데 몇몇 새로운 기업들이 그 시장에 뛰어들었다. 외부의 계약 연구자들의 네트워크인 이노센티브InnoCentive는 자사의 웹사이트를 통해서 각종 기업들이 요구한 해결 과제들을 처리해주는 회사다. 본사는 매사추세츠 주의 월섬에 있지만, 많은 연구자가 중국, 러시아, 인도 같은 해외에 거주한다. 이노센티브는 크라우드소싱crowd sourcing(외부 전문가나 일반 대중이 기업의 제품 개발이나 문제 해결에 참여할 수 있게 하고 그 수익을 공유하는 방식—옮긴이)이라는 아이디어를 이용해서 한 회사의 자원을 전 세계의 수많은 잠재적 문제 해결사로 확대시킨다. 일라이릴리, 라이프테크놀로지스, 미 항공우주국(NASA), 네이처닷컴, 『포퓰러사이언스』, 프록터앤드갬블, 로체, 록펠러재단, 『이코노미스트』를 포함해서 다양한 기업과 단체들이 그들의 당면한 문제를 해결하기 위해서 이노센티브와 제휴를 맺었다. 이노센티브는 이들 기업을 문제 의뢰자라고 부르고,

그 기업들에게 도움을 주는 사람들을 해결사라고 부른다. 옛투닷컴Yet2.com은 또다른 예이다. 옛투닷컴의 웹사이트는 온라인 지적재산권 시장으로, 발명자들은 거기에 각종 혁신적 아이디어들을 올리고, 기업들은 문제 해결이 필요한 과제들을 올린다. 따라서 이 사이트는 기술 이전과 협업이 필요한 거래 당사자들을 서로 맺어주는 구실을 한다. 옛투닷컴은 1999년 지멘스, 바이엘, 허니웰, 듀폰, 프록터앤드갬블, 캐터필러, 엔티티(NTT)리싱을 포함한 세계 굴지의 기업들이 자본을 투자해서 설립한 기업이다. 오늘날 옛투닷컴은 미국, 유럽, 일본에 회사가 있다. 최근에 이 회사는 주로 인도와 싱가포르에서 운영되는 또다른 온라인 혁신 플랫폼인 아이디어켄닷컴ideaken.com과 제휴를 맺었다고 발표했다. 샌디에이고의 내 동료 학자들이 주축이 되어 설립한 테크시즈Tech-Seeds라는 회사는 대학들이 학문적 성과로 개발한 혁신 제품들을 상업화할 수 있도록 벤처캐피탈과 기업들을 연결시켜주는 일을 한다.

심지어 NASA도 일부 연구 과제를 외부의 아마추어 과학자들에 분산 위탁하는 실험을 하고 있다는 사실은 놀라운 일이 아닐 수 없다. 그러나 NASA는 2000년에 이노센티브 같은 네트워크를 이용하는 것을 넘어서 일반 개인들에게 화성의 지도를 그리는 작업에 참여해달라고 요청하는 아인슈타인앳홈Einstein@Home이라는 자체 프로그램을 개시했다. NIH 심리와 정체된 집단사고에 대한 우려는 유감스럽게도 NASA의 관료주의에 따른 직무 태만 때문에 컬럼비아 우주선 참사가 일어났을 수 있다는 주장과 관련된 최근 논쟁에서 잘 드러났다. 2003년 2월 1일, 컬럼비아 우주선은 이륙할 때 공기력 때문에 여행가방 크기의 발포단열재가 떨어져나가면서 선체에 지속적으로 손상을 입힌 결과 텍사스 상공의 대기권에 재진입하는 순간 폭발하면서 선체가 불타버리고 산산조각이 났다. 문제는 NASA의 시대착오적 조직 구조가 참사 원인의 일부인지 아닌지를 가리는 것이었다. NASA의 방만한 운영이 개인의 비판적 사고와 책임을 회피했다는 강력한 비판이 뒤따르면서, 미의회는 민간 비영리기관이 조직하고 운영하는 경쟁들을 촉진하기 위해서 NASA에 1,200만 달러의 경연대회 예산을 승인했다. 대회 우승자는 반드시 자기 창고에서 혼자 연구하는 발명자이어야 하며 우승한 발명품에 대한 권리도 행사할 수 있다.

NIH 심리에 맞서는 문화적 현상으로 혁신을 외부에서 찾는 것을 자랑스럽게 여기라는 주장(Proudly Found Elsewhere: PFE)이 부상하고 있다. 컴퓨터 프로그래밍 기술이 빠르게 발전하고 있는 오늘날, 기업들이 성공하기 위해서는 혁신과 개선이 필수적이다. 따라서 NIH 증후군에 대한 거부 반응은 21세기에 이루어지는 대부분의 혁신이 이전에 축적된 지식을 기반으로 한다는 것에 대한 명확한 인식에서 비롯된 것이라고 볼 수 있다. 에릭 레이먼드Eric Raymond가 주장한 19가지 소프트웨어 개발 지침 가운데 두 번째 지침은 다음과 같다. "좋은 프로그래머들은 무엇을 프로그램으로 짤지 안다. 그러나 위대한 프로그래머들은 무엇을 수정해야 하는지 (그리고 재생해야 하는지)안다."

바퀴는 이미 발명되었다. 오늘날 발명은 전에 발명된 것을 바탕으로 추가되거나 그 부산물로 나온 것들이다. 모든 작업을 새로 시작하는 것은 비효율적이고 비생산적이다. 현명한 연구 집단은 전 세계에서 유사한 문제를 두고 씨름하고 있는 다른 연구자들의 지혜를 얻으려고 애쓰고 그것을 이용한다. 오픈소스open source(소프트웨어의 소스 코드를 공개하여 기술을 공유하고 누구나 자유롭게 수정, 배포하자는 운동으로 저작권 보호에 반대함—옮긴이) 공동체를 지지하는 사람들은 "성능 실험을 해줄 사람들과 협력 개발을 할 사람들이 매우 많다는 사실을 감안하면, 우리는 거의 모든 문제를 신속하게 풀 수 있고 잘못된 부분이 있으면 누군가가 반드시 찾아내 고칠 것이다"라고 확신한다.[20]

모든 일이 대개 그렇듯이 장점이 있으면 단점도 있기 마련이다. 많은 사람이 프로그램을 들여다보면 버그는 쉽게 잡힐 수 있지만 거꾸로 더 많은 버그가 추가될 수도 있다. "누군가가 반드시 버그를 잡을 거라고 믿어"라고 생각하는 것은 재앙으로 가는 지름길일 수 있다. 그것은 관리자들이 맞부딪칠 수밖에 없는 오랜 딜레마이다. 얼마나 통제하고 얼마나 자유를 주어야 최선의 결과를 얻을 수 있을까? 한 전략가는 그것을 이렇게 설명한다. "뛰어난 프로그래머들이 있는 진짜 유능한 개발팀에서 일하고 있는 사람이라면, 솔직히 말해서 그 밖의 다른 사람들이 짠 프로그램은 버그가 가득한 쓰레기로 보일 수 있고, 그들 가운데 누구도 프로그램을 일정에 맞춰 끝내지 못할 거라고 생각할 것이다. 당신이 오랜 전통의 프랑스 요리학교인 르코르동블루Le Cordon Bleu 출신 요리사라면 신선한 라벤더가 필요할 때, 그것을 농산물직판장에서 사기보다는 직접 키운다. 때때로 거기에 신선한 라벤더가 없을 수도 있고, 상인들이 시든 것을 신선한 것으로 속여 팔 수도 있기 때문이다."[21]

회사 내부의 부서들이 직접 개발하지 않은 혁신 방안을 사용하는 것에 반대하는 것은 때때로 자신들이 만든 제품처럼 모든 측면에 대해서 잘 알고 관리할 수 없기 때문이라는 이유로 정당화되기도 한다. 또 때로는 수직적 통합을 통해서 얻는 경제적 이득도 있을 수 있다. 그러나 대개 외부에서 개발한 혁신을 재사용하는 것이 에너지, 시간, 돈, 자원을 절약한다는 것은 사실이다. 관리자들은 이러한 편익을 얻기 위해 그러한 혁신의 재사용을 지지하는 법제도와 그 방식으로 생산된 제품을 신뢰해야 한다.

재사용과 재활용이라는 개념은 자연환경운동을 넘어서 혁신과 인재 풀의 충원의 문제로 확대된다. 이러한 개념들은 외부 세계에 지나치게 통제적이고 폐쇄적인 조직들에 대해서 경고의 의미를 담고 있다. 이러한 경고의 의미는 조직 내부에서 이루어지는 개인과 부서의 창의성을 억누르는 지나친 감시와 비밀 엄수의 대가가 얼마나 치명적인지 이해하기 시작할 때 더욱 분명하게 드러난다.

빅브라더와 창의성

> 단결심(esprit de corps): 소속 집단의 명예를 지키기 위한 열정과 헌신, 강력한 존경을 불러일으키는 집단 구성원들 사이에 공통적으로 존재하는 정신.
>
> —『메리엄 웹스터』 사전

너무 지나친 감시와 감독은 창조의 불꽃을 꺼뜨릴 수 있다. 경영학계의 거두 피터 드러커는 우리가 흔히 경영이라고 부르는 것 가운데 많은 것들이 사실은 사람들이 일하는 것을 어렵게 한다고 경고했다. 새로운 혁신의 시대를 사는 요즈음 사람들은 드러커의 경고를 매우 심각하게 받아들이고 있다. 오늘날 조직심리학자들은 지나친 감시와 감독이 개인의 동기부여를 훼손할 수 있다고 경고한다. 과도한 감시는 불신과 자발성 억압과 같은 비생산적인 부메랑 효과를 초래할 수 있다.[22] 철저한 통제와 지시 때문에 생겨난 깊은 불신은 자발성을 위축시키면서 태만과 패배의식을 불러온다.[23] 여성들에게 성차별을 느끼게 하거나 소수 민족에게 민족차별을 떠올리는 것이 그들의 직무 수행 능력을 약화시키는 것처럼, 조직 내부에서의 불신이 의미하는 것은 일종의 자기충족적 예언self-fulfilling prophecy(어떻게 행동할 것이라는 주위의 예언이 실제로 행위자에게 영향을 주어 결국 그렇게 행동하게 하는 것—옮긴이)이 될 수 있다. 사회심리학자 로버트 치알디니Robert Cialdini가 말한 것처럼, "사람들은 자신의 행동이 감시받고 있다고 생각할 때, 자신이 하는 행동을 스스로 좋아서 하는 것이 아니라 강압적인 통제 때문에 억지로 하는 것이라고 탓한다. 그 결과, 그들은 바람직한 행동 그 자체에 별로 관심이 없어지고 (…) 그들의 행동을 통제할 수 없을 때가 올 때마다 바람직하지 못한 행동에 빠질 가능성이 더 높아진다."[24] 강력한 통제는 인간이 그저 좋아서 하는 본능적인 행동을 하지 못하게 만든다.

호주에 본사가 있고 샌프란시스코와 암스테르담에 지사를 둔 혁신적인 소프트웨어 회사인 아틀라시안Atlassian은 새로운 소프트웨어 도구를 만들 때 종업원들에게 열심히 일할 것을 요구한다. 그러나 그들에게 일할 수 있는 충분한 시간을 준다. 아틀라시안은 또한 종업원들이 참신한 아이디어를 개발할 수 있도록 자유 시간을 허용한다. 그리고 지역사회를 위해 자원봉사 활동을 할 수 있도록 1년에 5일간 유급휴가도 준다. 사람들은 회사 사무실마다 비디오 게임기와 보드 게임 도구가 갖추어진 것을 보면, 거기서 과연 어떻게 일을 할 수 있을까 의아해 할 수도 있다. 그러나 아틀라시안의 독특한 방식은 믿기 어려울 정도로 성공적임이 이미 입증되었고, 회사는 치열한 경쟁 시장에서 발전을 거듭해왔다.

다른 기업들은 단결심을 고취하기 위해 보다 전통적인 방식을 취한다. 각종 모험을 통해서 "참여자들을 서로 단합시켜서 다시 업무에 복귀했을 때 더 큰 하나로 녹아들 수 있도록" 고안된 연수 과정을 며칠 또는 몇 주에 걸쳐 실시한다. 임원들은 고전적인 트러스트 폴trust fall이라는 신뢰 쌓기 게임을 한다. 그것은 나무 그루터기에 선 사람이 뒤에 선 동료가 자신이 땅바닥에 닿기 전에

잡아줄 거라고 무작정 믿고 그대로 뒤로 자빠지는 게임이다.

우리의 일하는 방식이 지난 몇십 년 동안 크게 바뀌었다는 것을 부정할 사람은 아무도 없다. 이러한 변화와 함께, 팀워크와 협업에 대한 우리의 이해 또한 발전했다. 미국의 초기 역사에서 산업 현장은 늘 종업원들의 단결심을 고취시키려고 애썼다. 산업 노동의 몽상가 헨리 포드는 노동자들에게 가치관을 심어주는 데 큰 관심이 있었다. 그래서 그는 회사에 사회복지사와 연구자들로 구성된 사회학부Sociology Department라는 조직을 두고 노동자들이 비윤리적 행위를 저지르지 못하게 하는 임무를 부여했다. 윤리적 문제는 노동자들과 그들 가정의 청결에서 흡연과 도박에 이르기까지 광범위했다. 또한 노동자들의 교회 참석, 개인 저축, 그리고 심지어 아침에 일어나면 잠자리를 정리하는지도 감시했다. 포드는 노동자들이 심각한 비윤리적 행위를 저질렀을 때에는 임금 삭감 같은 징계 처분을 내렸다. 참 기이하게도 "[사회학부의] 조사자들이 노동자들의 잠자리가 정리되었는지 확인하기 위해 집을 방문하거나 저금통장을 보여 달라고 요구하거나 빚진 현황을 자세히 요구하는 것에 대해서 아무도 이의를 제기하는 사람이 없었다. 동료 노동자, 이웃, 아내, 아이들, 심지어 노동자를 진료했던 의사까지 조사를 받았다."

사회학부의 이런 극악한 인권 침해 행위는 마침내 노동자들에 대한 통제가 지나치다고 느낀 포드 자신에 의해서 중단되었다. 포드는 1922년 회고록에서 "가부장적 간섭주의는 기업에 어울리지 않는다"고 말했다. 그러나 이러한 노동자 통제 조직을 제거했음에도 불구하고 통일된 정예 노동자 집단에 대한 포드의 전반적인 견해는 크게 바뀌지 않았다. 심지어 산업혁명 시기가 지난 지금에도 일부 조직이론가들은 포드의 주장에서 큰 영감을 받는다.

팀 혁신이 우리 경제의 절대 기준이 되면서 오늘날 조직 문화는 포드의 사회학부와는 매우 달라 보인다. 기업들은 집단 역학 상담원을 고용하고, 공동 '아이디어 회의'를 활성화하고, 다양한 과외활동을 마련하고, 종업원들을 리더십 연수와 임원연찬회에 파견함으로써 그들의 대인관계와 관련된 기술을 세련되게 가다듬는 데 적극적으로 나서고 있다.

그러나 오늘날은 모두가 알다시피 포드가 살았던 빅브라더 시대와 달리 통제를 느슨하게 하는 것이 오히려 종업원들의 회사에 대한 충성도와 헌신성을 더 높이고 집단 역학을 향상할 수 있다. 조직시민행동(OCB)Organizational Citizenship Behavior은 개인들이 직장에서 직접적인 명백한 지시나 보상 체계 없이 조직에 이익을 주는 방식으로 자발적으로 행동하는 것을 설명하기 위해서 조직이론가들이 개발한 공식 용어다. OCB를 활성화하는 데 필요한 환경을 더욱 촉진하기 위해서는 의사 결정을 분산화하고 하급 종업원에게 작업 결정권을 부여하는 것과 같은 조치를 취하는 것이 필수적이다.[25] 구글과 아틀라시안과 같은 기업들은 철저한 감시와 규제 중심의 근무 문화를 투명성과 독립성, 발명을 위한 자유 시간의 문화로 바꾸었다. 이런 혁신적인 기업들은 종업원들이 관심이 있는 일이 무엇인지 알고 종업원이 참여하는 구조를 만들려고 애쓴다. 그들은 종업원들에게 모든 문을 열어 놓고 업무와 고객 관계 개선에서 신제품 디자인과 마케팅에 이르기까지 다양한 주제들을 토론을 통해 조정하는 개방적이고 포괄적인 정책을 쓴다. 결론은 자명하다. 조직적 참여와 정체성 공유는 생산성을 높인다.[26]

아름다운(주고받는) 마음

> 할 수 있는 한 모든 것을 공유하라!
>
> —마리사 메이어Marissa Mayer, 구글 (현재 야후의 최고경영자)

> 열린 회사, 허튼소리 절대 불가. 아틀라시안은 모든 현실 세계에서, 때로는 비현실 세계에서도 투명성을 채택한다. 내부 정보든 외부 정보든, 모든 정보는 기본적으로 공개한다. 우리는 스스로에게, 종업원들에게, 그리고 우리의 고객들에게 정직한 모습을 보이는 것을 두려워하지 않는다.
>
> —아틀라시안의 윤리 가치 장전

영업비밀보호법은 의도치 않게 비밀 엄수 조치들의 지나친 남발을 초래할 수 있다. 21세기의 생산은 쌍방향이다. 거대 컨설팅 회사인 맥킨지는 지난 10년 동안 가장 빨리 성장하고 있는 직업이 복잡한 상호작용, 높은 수준의 행동 자유, 독립적 판단과 관련된 일들이라고 추정한다. 실제로 이러한 직업들은 다른 직장보다 3배 정도 더 빠르게 급성장했으며, 새로 생겨난 모든 직업 가운

〈정리 4〉

산업 노동에서 지식 노동으로의 전환

인력을 이용한 상품 생산 ——→ 인간들 사이의 상호작용.

데 70%를 차지한다. 21세기에 미국 노동시장을 구성하는 직업의 절반 정도가 그러한 행동의 자유를 요구한다. 그러나 이것은 단순히 미국만의 현상이 아니다. 모든 국가가 세계화의 대열에 합류하여 발전과 경쟁을 지속하는 한 그런 유사한 패턴은 전 세계 어디서고 볼 수 있다. MIT대의 경제학자 마이클 피오레Michael Piore는 산업 시대의 노동과 오늘날의 노동을 대비시키면서 전자를 **인력을 이용한 상품 생산**이라고 하고 후자를 **인간들 사이의 상호작용**이라고 아주 간명하게 요약한다. 지난 시절의 통제되고 분절된 노동과 달리, 새로운 경제의 노동은 노동자의 독립적 판단과 팀 구성원으로서의 역할이 모두 요구된다(정리 4).

개인 발명자에서 개발팀으로, 개별 노동에서 협업으로, 명확한 계층조직에서 자유로운 행동과 선택으로의 진화는 단순히 인력의 변화가 아니다. 그것은 조직의 심리, 사고방식의 변화도 요구한다. 2008년, 당시 구글의 가장 나이 어린 부사장이었던 (현재는 구글의 주 경쟁업체 야후의 최고경영자인) 마리사 메이어는 구글의 혁신 원칙에 대해서 곰곰이 생각했다. 그녀는 혁신을 끊임없는 학습 과정이라고 설명하며 상부에서 혁신 과정을 통제하려고 하거나 순식간에 완전해지기를 바라는 것에 대해서 경고했다. 구글에서 아이디어는 기술직, 관리직, 이용자, 재무담당자, 그 누구든 모든 사람이 낼 수 있으며 서로 유기적으로 연결되어 있다. 따라서 메이어의 철학은 구글에서 일하는 모든 사람이 할 수 있는 한 모든 것을 공유하도록 촉구하는 것이다. 메이어 자신은 구글에서 진행되는 프로젝트에 관한 모든 정보를 회사의 내부 통신망에 낱낱이 다 올려 모든 종업원이 회사에서 현재 진행되고 있는 프로젝트에 접속해서 그와 관련된 지식을 얻을 수 있게 함으로써 자신의 철학을 몸소 실천했다. 메이어는 한 사람의 지도자로서 공유와 브레인스토밍, 팀 단위로 노력하는 문화를 육성하고자 한다. 그러는 가운데 모든 사람은 회사의 성공을 위해서 헌신하게 된다. 누구나 회사를 더 좋게 만들 수 있는 아이디어들이 있다. 이러한 철학을 현실에서 성공적으로 수행하고 있는 구글 같은 기업은 다른 기업들이 부러워하는 단결심, 다시 말해서 종업원들이 규범을 공유하고 서로 신뢰하는 조직으로 발전해나가며, 그것은 마침내 종업원의 창의력 발휘에 막대한 영향력을 끼친다.

토머스 에디슨은 동료 발명가들에게 혁신적인 프로젝트를 시작할 때 다음과 같은 조치를 취하라고 알려주었다. "과거의 모든 경험을 떠올리시오 (…) 할 수 있는 한 그 주제와 관련된 모든 것을 연구하고 읽으시오."[27] 최상의 연구 아이디어는 주로 활발하게 상호작용이 이루어지는 환경에서 나온다. 사는 사람이 많은 곳일수록, 사회적 네트워크가 조밀할수록 더 많은 혁신이 이루어진다는 것은 앞에서 이미 보았다. 우리는 어떤 것을 만들 때, 과거의 경험과 앞서 행해진 모든 것을 바탕으로 한다. 그러기 위해서는 그런 것들이 서로 올바르게 연결되어야 한다. 기업들이 아이디어를 수행하기 위해서는 물질적 자본과 투자가 뒤따라야 한다. 그러나 그에 못지않게 중요한 것은 함께 일하고 정보를 공유하고 아이디어를 교환할 자세를 갖춘 유능한 인재들을 잘 만나야 한다는 사실이다. 만일 우리가 협업 정신을 반영하는 조직 문화를 만들려고 한다면, 외부를 향해 더욱 열린 자세로 더욱 폭넓게 친밀한 관계를 유지해야 하는데, 우리는 과연 그것을 어떻게 이룰 것인가?

개별화되고 반복되는 틀에 박힌 작업을 중시하던 과거 산업화 시대의 조립라인과 달리, 오늘날 많은 사람이 다양한 학문적 연구와 일류 기업들의 실제 경험을 통해서 동의하는 것은 의사결정과 혁신적인 문제 해결 능력 면에서 팀이 개인보다 더 뛰어나다는 사실이다.[28] 예컨대, 특허 출원과 새로운 학문적 발견과 관련해서 여러 과학자로 구성된 팀과 개별 과학자를 비교하면, 결국에는 팀의 성과가 더 큰 이익을 낸다. 거의 모든 분야에서 팀이 개인보다 높은 성과를 올린다. 최근에 『사이언스』에 게재된 한 연구는 팀의 영향력이 상대적으로 크다는 것을 보여주기 위해서 지난 50년 동안 발표된 2,000만 건의 학술 논문과 200만 건의 특허를 면밀히 검토했다. 그 결과는 연구자들이 애초 예상했던 것보다 훨씬 더 놀라웠다. 공동 저자나 발명자가 단독 저자나 발명자보다 많은 것은 단순히 한두 분야만이 아니었다. 거의 모든 분야에 걸쳐 팀이 개인보다 더 많은 지식을 생산했음이 입증되었다.[29] 이런 방대한 데이터 분석을 통해 공동명의로 생산된 특허와 논문이 개인 명의의 특허와 논문보다 훨씬 더 자주 인용된다는 사실이 밝혀졌다. 다시 말해, 이 연구는 동일한 편수의 단독 저자의 논문과 공동 저자의 논문을 비교했을 때, 장기적으로 공동 저자의 논문들이 학계에서 더 많은 신뢰를 받고 더 자주 인용되며 궁극적으로 더 중요한 자리를 차지한다는 것을 보여준다. 출원된 특허들을 분석했을 때도 공동 발명된 특허가 단독 발명된 특허보다 더 많다는 사실을 보여준다.[30] 오늘날 팀은 매우 영향력이 큰 지식 생산에 이바지하고 있다.

발명을 많이 하는 발명자들은 대개 어떤 큰 팀에 소속되어 있는 경우가 많다. 미국이 아닌 다른 나라의 발명자들도 상황은 마찬가지라는 것은 주목할 만한 일이다. 이것은 지리적 요소와 인재 이동의 효과에 대해서 앞서 보았던 사실과도 서로 연관이 있다.[31] 또한 협업을 많이 하는 개인은 또다시 협업에 참여할 가능성이 높다는 사실도 밝혀졌다. 이것은 협업이 경험이 쌓이고 시간이 흐르면서 점점 강화되는 일종의 학습 과정이라는 것을 말한다.[32] 보다 일반적으로 말하면, 이러한 발견은 지식의 생산양식이 바뀌었다는 것을 보여준다. 오늘날 협업은 과거 그 어느 때보다 더 일반적이다. 하지만, 협업의 규모는 무엇을 연구하고 발명하느냐에 따라 다르다. 특히 흥미로운 연구는 창의력을 발휘할 수 있는 두 개의 아주 다른 환경에서의 협업을 비교한 것이다. 실제로 극적이고 분방하고 어질러진 작가들의 공동 집필실과 계산적이고 정밀하고 정돈된 천체물리학자와 생물학자, 화학자들이 공동으로 연구하는 실험실은 서로 비교하기 힘들 정도로 매우 이질적인 공간들이다. 브로드웨이 뮤지컬 대본을 공동 집필하는 것과 천체물리학, 생물학, 화학 분야의 과학자들이 공동 연구하는 것을 비교해서 성공적으로 협업을 마친 경우를 분석한 결과, 두 분야 사이의 평균적인 협업 규모가 서로 다르다는 것을 발견했다. 브로드웨이에서의 변화는 시간이 흐르면서 크게 달라졌다. 1930년대까지는 대본을 공동 집필하는 팀의 작가 수가 늘어나다가 그뒤로 큰 변화가 없었고 지난 70년 동안 평균 7명의 대본 작가가 한 팀을 이루는 것이 보통이었다. 하지만 과학적 연구의 협업 규모는 이것과 완전히 다른 모습을 보였다. 과학적 학술 논문의 공동 저자의 수는 계속해서 늘어나고 있으며 어떤 분야에서는 한 연구 프로젝트당 평균 10명이 넘는 공동 저자가 있는 경우도 있다.

경쟁은 창조자이면서 파괴자이다. 건전한 경쟁은 경쟁자들에게 동기를 부여하고 주의를 집중시키며 상상력을 자극한다. 하지만 팀들 사이의 격렬한 경쟁은 심지어 같은 회사에 있는 조직들이라고 해도 서로 정보 공유를 피하려고 할 수 있다. 회사가 너무 비대해지면, 그 자신이 성공의 희생자가 될 수 있다. 회사 내 부서들 사이의 물리적 공간의 비대함뿐 아니라 종업원들의 계층적 차별의 비대함은 우리가 상상할 수 있는 바로 그것, 분리, 다시 말해서 아이디어의 분리, 사람들 사이의 분리를 초래한다. 연구개발부서와 회사의 나머지 부서들 사이의 분리는 혁신을 가로막는 장벽이 될 수 있다. 회사 내부 조직들은 서로 점점 벽을 쌓게 되고 서로에 대해서 알려고 하지도 않고 상시로 교류하지도 않을 가능성이 있다. 휴렛팩커드는 조직 규모가 엄청나게 비대해지자 (150개 부문 이상으로 불어나자) 사내 조직들 사이에서 "정치적 중립"으로 지칭되는 전략적 계획과 모델링(SPaM)Strategic Planning and Modeling 그룹이라는 조직을 만들었다.[33] 이 조직이 하는 일은 다른 부서에서 무슨 일을 하고 있는지 아는 것이다. 그래서 부서들의 정보를 통합하고, 한번 실수하거나 실패한 것들이 반복되는 것을 막고, 회사 전반의 혁신 가능성을 극대화시키는 것이다. 팀들이나 동료들 사이의 어느 정도 건전한 경쟁은 회사 전체를 위해 바람직하다. 그러나 SPaM과 같은 조정 기능은 회사 내에서 불건전한 적대감이 확산되지 않도록 하면서 조직 전체가 조화를 이루게 하는 데 필수적 요소라는 것을 입증했다.

라스베이거스에서 일어나는 일은 라스베이거스에서 끝나지 않는다

혁신은 진공 상태에서 일어나지 않는다. 상호 학습의 욕구는 기업의 장벽들을 뛰어넘는다. 제트블루항공의 창업자, 데이비드 닐먼David Neeleman은 항공업계에서 개최하는 각종 국제회의에 참석하고 업계 사람들과 네트워크를 형성하면서 항공사들 가운데 가장 두드러진 혁신—전 좌석 위성TV 설치, 가정 예약, 본인 좌석 지정—을 도입했다. 시장 경쟁이 가장 치열한 산업에서도 경쟁업체들은 직접적인 인맥 관계 형성을 통해서 서로 정보를 교환한다. 실제로 긴밀한 인맥 관계의 중요성을 잘 보여주는 예로, 투자자들은 의사결정을 위한 정보를 얻으려고 할 때 전문 학술지를 읽기보다는 믿을 만한 친구를 만나 자문을 받을 가능성이 더 크다.[34] 내셔널세미컨덕터National Semiconductor의 한 임원은 업계 사람들이 서로 얼마나 친밀한 관계를 유지하는지 이렇게 설명한다. "우리는 모두 서로를 잘 알아요. 이 업계는 누구나 한두 번은 함께 일한 적이 있기 때문에 모두가 서로 다 아는 사이죠."[35] 어떤 산업은 그 업계에서 일하는 사람들이 자기가 소속된 특정한 회사보다 산업 전체에 대해서 훨씬 더 강한 충성심을 보인다. 과학자와 기술자들은 서로 다른 직장을 다니더라도 어느 누가 기술적 문제에 부닥쳐 힘들어할 때, 심지어 그 사람이 경쟁업체 종업원이라 하더라도 그 문제를 풀기 위해서 서로 돕는 것이 불문율처럼 되어 있다.[36]

성공 여부가 불확실한 가운데 반드시 성공해야 한다는 압박감이 최고조에 달할 때, 사회적 인맥 관계는 특별히 빛을 발한다. 기업들은 그럴 때마다 다음과 같은 질문들에 직면한다. 그 일이 위험을 감수할 만한 가치가 있는지 어떻게 아나? 신제품을 출시하려고 하는데 아직 시장에 그와 같은 제품이 아무것도 없을 때, 그 제품의 성공 가능성을 어떻게 평가할 수 있을까? 지적재산권 같은 비교가 불가능한 희귀한 자산에 대해서는 그 가치를 어떻게 매겨야 하나? 우리는 이런 질문들에 대한 답을 찾기 위해서 전문가들의 견해와 친구들의 의견에 크게 기댄다. 불확실한 문제에 부닥쳤을 때, 사회적 인맥 관계가 두터운 사람은 많은 자문과 도움을 받을 수 있다.

사람들과 친분 관계를 맺고 인맥을 형성하는 것의 중요성을 감안할 때, 많은 사람이 오늘날 외부와 고립된 채 공포와 고독 속에서 일하고 있는 현실은 특히 걱정스러운 일이 아닐 수 없다. 정치학자 로버트 퍼트남Robert Putnam은 사람들이 "나 홀로 볼링"을 하고 있는 것에 대해서 우려를 나타냈다. 그는 사람들이 사회적 네트워크를 풍성하게 하는 활발한 교류 활동에 점점 더 미숙해지고 있다고 걱정한다. 지나친 통제 심리에 매몰된다면, 실제로 혁신을 추진할 때 외부의 도움을 전혀 받지 못한다는 각오를 해야 한다. 브루킹스연구소Brookings Institution의 로버트 랭Robert Lang과 마크 뮤로Mark Muro 연구원은 사람들의 직접 만남과 사회적 네트워크 구축의 필요성을 자세히 열거하면서 라스베이거스의 컨벤션 센터들과 여행자 수용능력에 대한 칭찬을 아끼지 않는다. 모든 기업이 공동의 공간에 함께 모여 직접 거래할 수 있는 편익을 제공하기 때문이다. 공교롭게도 '라스베이거스에서 일어나는 일은 라스베이거스에서 끝난다What happens in Vegas stays in Vegas(라스베이거스라는 특수한 환경의 도시에서 일어나는 일은 다른 지역과는 전혀 관련이 없다는 의미—옮긴이)'라는 슬로건에도 불구하고, 실제로 라스베이거스에서 일어나는 일은 전 세계의 기업 활동에 큰 영향을 끼친다. 씬 시티Sin City(마약, 도박, 매춘 같은 범죄가 자주 일어나는 곳이라는 의미에서 라스베이거스에 붙은 별칭—옮긴이)에서 맺어진 사회적 인맥 관계는 거기서 머무르지 않고 도시 경계를 넘어 전 세계 시장으로 퍼지며 꽃을 피운다. 라스베이거스는 사적인 문제들에 대한 자유재량을 중시하는 도시로 명성이 높지만, 기업들이 그것을 이용해서 장기적으로 비즈니스 인맥을 늘려나가는 독특한 공적 공간으로 라스베이거스를 이용한다는 점에서 매우 역설적 공간이라고 할 수 있다. 랭과 뮤로는 전 세계 기업들이 그곳에서 각종 전시회나 총회, 전문가 회의를 여는 까닭은 "어른들의 디즈니랜드an adult Disneyland"라고 부르는 라스베이거스의 바로 그 경박하고 유흥적인 특성 때문이라고 설명한다. "오늘날 라스베이거스 전시회에 온 사람들을 천박하게 생각하며 흥을 깨는 모든 사람에게 우리는 이렇게 말한다. 씬 시티의 매우 자극적인 특성은 그곳이 기업인들의 접촉을 제공하는 사회적 윤활유로서 역할을 하게 한다고."

"어른들의 디즈니랜드"라는 말은 개인과 팀들을 연결하고, 네트워크화된 산업 안에서 네트워크와 조직들을 연결하는 방식들에 아주 잘 어울리는 은유다. 외부에서 나온 아이디어를 이용하는 것처럼 어떤 방식은 서서히 발전해왔는데, 일부 기업들은 그러한 통찰을 얻기까지 극도로 힘들다는 것을 잘 보여주었다. 비밀 엄수와 정보 공유를 둘 다 잘하는 데 들어가는 전체 비용과 편익을 잘 이해할 때 비로소 우리는 인재와 지식, 혁신적 환경의 유대 관계를 충분히 활용함으로써 더욱 현명한 선택을 할 수 있다.

7장
내 것–네 것(또는 우리 것)

미친 과학자와 유명한 발명자의 차이는 그가 실패했느냐, 성공했느냐의 차이다.

—브라이언 터너Brian Turner, 캔자스시티 우주해적Kansas City Space Pirates팀

에반 브라운의 두뇌는 누구의 것인가

인간의 살해 본능은 두뇌의 능력을 끌어올려 우리의 기술을 한 차원 더 높게 향상시킬 수 있을지도 모른다. 스티그 라르손Stieg Larsson의 소설 『불을 가지고 노는 소녀The Girl Who Played with Fire』에서 내가 가장 좋아하는 장면 중 하나는 뛰어난 지능의 소유자이지만 늘 불안한 심리상태에 있는 주인공 리스베트 살란데르Lisbeth Salander가 흉악한 자기 아버지를 죽이려는 장면이다. 그녀는 여러 달 동안 세상에서 가장 어려운 대수학代數學 문제 가운데 하나를 풀기 위해 씨름했다. 그것은 수백 년 동안 수

많은 수학자의 마음을 사로잡았던 문제였다. 라르손은 그 문제가 강력한 성능을 가진 컴퓨터가 발명되기 전에는 풀 수 없다고 독자들에게 설명하기 위해 최선을 다한다. 하지만 주인공은 타고난 지능 덕분에 아버지를 살해하기 직전에 머릿속으로 그동안 풀지 못했던 모든 의문점을 해결하고는 하던 행동을 멈춘 채 제자리에 주저앉아 숨죽여 낄낄 웃는다. 리스베트 살란데르는 믿을 수 없는 아버지를 바로 앞에 두고 천재적인 재능에 불을 붙여 번득이는 새로운 발견의 순간에 도달한다.

텍사스 출신의 컴퓨터 프로그래머 에반 브라운Evan Brown은 1996년 화창한 주말에 자신의 메르세데스 자동차를 몰다가 그런 발명의 순간을 경험했다고 주장한다. 그때 그의 머릿속에 떠오른 것이 바로 그 '솔루션Solution(해법)'이었다. 나중에 법원들은 판결을 내릴 때마다 브라운이 생각해낸 아이디어를 지칭해서 대문자 S로 표시하면서 솔루션이라고 불렀다. 그는 오래된 컴퓨터시스템의 소프트웨어를 새로운 시스템에서도 쓸 수 있도록 전환하는 프로그램을 개발하려고 무려 20년 동안 애쓰고 있었다. 그런데 갑자기 한순간에 브라운의 머릿속에 그 해법이 반짝 떠오른 것이었다. 그가 개발한 솔루션은 컴퓨터의 업그레이드를 쉽게 하고 기존 소프트웨어를 새로운 하드웨어에서 그대로 쓸 수 있게 하는 획기적인 알고리즘이었다.

그런데 브라운이 발명한 프로그램 앞에 아주 커다란 장애물이 하나 불쑥 나타났다. 브라운은 오랫동안 고심했던 솔루션의 형태가 명확해졌을 때 거대 통신회사 디에스씨/알카텔DSC/Alcatel의 기술지원부에서 근무하고 있었다. 브라운은 비록 주말 쉬는 날에 그 아이디어가 불쑥 떠올랐다고 주장하지만, 그전에 이미 자신이 발명하는 모든 것에 대한 "법적 권한과 소유권, 이권"을 고용주에게 넘긴다는 계약서에 서명한 상태였다. 브라운의 계약서에는 그가 고용된 날부터 퇴직하는 날까지 그가 발명하거나 인지한 모든 것에 대해서 비밀을 유지하고 회사에 양도하는 것으로 되어 있었다. 브라운이 개발한 솔루션을 알카텔에 밝히기를 거부하자 회사는 그를 해고하고 소송을 걸었다. 그 소송은 5년 반 동안 지속되었다. 마침내 텍사스 법원은 브라운이 개발한 알고리즘이 전 고용주의 소유라고 판결을 내리면서 알카텔의 손을 들어주었다. 법원 판결 이후, 브라운은 석 달 동안 아무 대가도 받지 못한 채, 알카텔을 위해서 수백 쪽에 이르는 프로그램 코딩을 해야 했다. 그는 몹시 분노하며 자신의 웹사이트에 비통한 마음을 토로했다. 그는 자신이 어떻게 몇 년 동안 고통스러운 소송의 나날을 보냈는지 다음과 같이 설명한다.

> 이제 디에스씨/알카텔은 소송 당시에 오직 내 머릿속에만 존재했던 생각들에 대한 법적 권리와 소유권이 있다. 디에스씨/알카텔은 사법부에 영향력을 발휘해서 내 권리를 부인하고 내 생각을 빼앗아갔다. 나는 극도로 낙담해 있다. (…) 나는 오랜 세월 많은 시간을 투자해서 그 아이디어를 개발했다. 그 아이디어는 한번도 문서로 작성되거

나 어떤 형태로든 기록으로 남긴 적이 없었다. 디에스씨/알카텔은 내가 그 문제의 마지막 부분을 해결했을 때 자기네 회사의 종업원이었기 때문에 그 문제를 해결하는 대가로 아무것도 지불한 적이 없지만 내 아이디어가 회사의 것이라고 주장했다. 디에스씨/알카텔은 법정에서 내가 자기네 "발명"을 훔쳤고 지적재산권을 유용했다고 진술했다. (…) 결국 승자는 아무도 없었다. 모두가 졌다. 이제 소송은 끝났다. 나는 내가 좋아하는 것, 컴퓨터 프로그래밍으로 돌아갈 것이다.

브라운의 사례는 법사학에서 아주 특이한 경우는 아니지만 전 직장의 고용주에게 자신이 발명한 아이디어를 넘기도록 법적 명령을 받은 발명자들이 느끼는 도덕적 분노를 상징하는 사건이 되었다. 브라운의 소송 사례는 전 세계의 이목을 집중시켰다. 『포브스』와 『플레이보이』에 게재된 기사에 흥미를 느낀 언론사들은 그 사건이 오늘날 발명자들에게 의미하는 바가 무엇인지 주목하며 "한 푼도 못 받는 당신의 생각"(『와이어드』), "미스터 오웰을 떠올리며"(『타임』), "사상경찰의 또다른 사례"(『런던타임스』)와 같은 제목의 기사들을 쏟아냈다. 또한 스콧 애덤스Scott Adams는 브라운의 사건에서 영감을 받아 딜버트Dilbert 연재만화를 창작해냈다(그림 7.1).

브라운의 소송은 왜 그렇게 전 세계 발명자들의 공감을 얻었을까? 아마 그 솔루션이 알카텔에서 근무한 10년의 세월을 넘어서는 브라운의 필생의 산물인 것처럼 보였기 때문인지도 모른다.

〈그림 7.1〉 딜버트—백만 불짜리 아이디어
(Dilbert©2009 Scott Adams, UNIVERSAL UC LICK의 사용 허락 받음. 판권 소유)

브라운은 알카텔(당시에는 디에스씨)에 입사하기 거의 20년 전 텍사스 에이앤드엠(A&M)대에 다닐 때부터 한 시스템에서 돌아가는 프로그램을 다른 시스템에서도 돌아가게 하는 알고리즘을 개발하기 시작했다. 브라운은 알카텔에서 거의 10년 동안 다른 소프트웨어 개발 업무를 수행했는데, 이제 자신이 생각했던 알고리즘의 기본 구상이 거의 완성되었다고 생각했을 때, 회사에 자신의 발명에 대한 비밀유지 약정을 풀어달라고 요청했다. 알카텔은 그 요청을 거부하고 대신에 회사 내부의 경비 절감의 대가로 200만 달러를 지급하고, 제3자에게 판매했을 때 매출의 50%를 추가로 주겠다고 제안했다. 브라운은 회사의 제안을 거부했다. 양측이 서로의 타협안을 받아들일 생각이 없음이 확인되자, 알카텔은 브라운을 해고하고 계약 위반으로 고소했다. 텍사스 법원은 이 사건을 단순한 계약 위반으로 보고 브라운에게 그의 아이디어를 회사에 넘겨주라고 선고함으로써 알카텔의 손을 들어주었다.

법원은 매우 당당하게 판결을 내렸다. 법원은 브라운의 솔루션을 전 고용주에게 모두 공개하라고 명령하고, 브라운이 알카텔에 입사해서 초기에 맺은 계약이 경업금지의 합리성 요건에 해당하지 않는다고 판결했다. 오히려, 법원은 발명품 양도 조항을 고용주의 고유 권한이며 강력한 통제수단으로 보았다. 그러나 그 소송에 대한 언론의 관심, 대중적 논쟁, 학자들의 논평은 그러한 소송들의 복잡성을 드러낸다. 개인이 발명한 것에 대한 회사의 통제 범위는 끝이 없단 말인가? 한 개인의 머릿속에서 떠오른 포괄적인 개념을 어느 정도의 수준에서 물질적인 발명품과 같은 것으로 인정해야 하는 걸까?

브라운은 자신이 알카텔에서 한 일이 그 솔루션과는 전혀 상관이 없다고 주장했다. 그러나 좀더 정확하게 말하자면, 논란의 한가운데 있는 그 솔루션은 분쟁이 발생한 기간 내내 아이디어 배양 단계에 머무르고 있었다. 그 아이디어는 가치가 있지만 아직 완성되지 않았고 여전히 구체적이지 못했다. 브라운은 세부적 운영 방안을 도출하지 못했으며, 실제로 그것을 프로그램으로 구현하지도 않았다. 요컨대, 그 솔루션은 그의 머릿속에만 들어 있었다. 이 모든 이유 때문에 그러한 초기 혁신 단계에서 강제로 솔루션 공개를 명령하는 것은 기술적으로도 무르익지 않았고 윤리적으로도 가혹한 처사로 보인다. 법원의 판결 내용을 보았을 때, 브라운이 현실적으로 생각했다면 자신의 아이디어를 밝히지 않고 회사를 그만둔 뒤 혼자서 그것을 개발하는 편이 더 좋았을 것이라는 냉소를 금하지 않을 수 없다. 결론적으로, 아직 완성되지 않은 개인의 머릿속에 있는 혁신 방안의 소유권을 회사에 양도하라는 것은 그러한 아이디어의 기초적 요소를 소유하고 있는 당사자의 의욕을 꺾음으로써 오히려 그의 머릿속에 떠오른 기발한 아이디어를 완벽한 청사진으로 완성시키는 것을 저해할 수 있다.

엄격한 직무발명의 양도(계약서에 서명한 순간, 그것은 내 것이 아니다) 에이브러햄 링컨은 "천재성의 불꽃에 이익이라는 기름"을 붓기 위해 배타적 특허 보호권을 부여한다고 명언을 남겼다.[1] 미국 헌법은 발명자들이 "그들이 발명한 것들에 대한 배타적 권리"가 있다고 명시한다. 이 원칙을 기반으로 연방특허법은 개인 발명자들이 자신의 발명품을 특허로 등록할 것을 요구한다. 기업들은 특허 발명자가 될 수 없지만 특허 소유권자는 될 수 있다. 오늘날 현실은 기업들이 거의 언제나 특허를 소유한다. 오늘날 대부분의 발명이 직장에서 일어나기 때문에, 직장에 고용된 발명자들이 아닌 기업들이 거의 모든 발명을 소유한다.

기업들은 다양한 방식으로 발명에 대한 소유권을 얻는다. 미국은 특허 등록률이 높은 다른 나라들과 비교해서 종업원의 발명에 대한 소유권과 관련된 연방법이 없다. 그와 관련된 규정은 주의 계약법과 관습법에 있다. 얼핏 보면, 그 법률은 매우 단순해 보인다. 기본 원칙은 이렇다. 종업원이 어떤 특정한 발명을 목적으로 고용된다면, 고용주는 종업원이 발명한 것에 대한 정당한 소유자이다. 따라서 종업원이 고용된 목적에 합당한 발명 직무의 물질적,

지적 결과물은 모두 고용주의 것이다.[2] 예컨대, 발명에 대한 권리를 양도하는 계약서가 없다고 하더라도, 종업원이 집에서 작성한 발명 초안은 그 소유권이 본인에게 없을 수 있다. 회사가 그에게 문제의 발명을 하도록 직무를 부여했기 때문이다.[3] 최근에 법원들은 "발명을 목적으로 고용된"이라는 문구의 의미를 확장해서 비록 일반적인 목적으로 고용되었다고 해도 종업원은 특정한 발명 직무의 책임이 있다고 판결했다. 종업원의 많은 직무 책임 가운데 하나가 관련된 모든 발명의 소유권을 고용주에게 양도하는 것임을 암묵적으로 인정한다는 것이다.

그러나 법원들은 오래전부터 특정한 발명 의무가 명시되지 않은 경우에는 별도 합의 사항이 없다면 발명자에게 소유권이 있다고 판결해왔다. 지난 몇 년 동안 법은 이러한 상황—다시 말해, 고용주의 요청이 없었음에도 종업원이 스스로 발명을 할 때—에서 발명에 대한 종업원의 소유권과 거기에 대한 일부 몫을 챙기려는 고용주의 이해관계 사이의 균형을 잡으려는 노력을 여러 차례 시도했다. 그 해법은 발명자가 자기를 고용한 고용주에게 암묵적인 특허사용권을 부여하는 무상실시권無償實施權shop right이었다. 무상실시권은 고용주에게 회사에 관련된 발명을 사용할 수 있는 비독점적인 권한을 주는데, 그 발명이 종업원의 의무 범위를 벗어나 있을 때도 적용된다.[4]

이론적으로 볼 때, 특정한 발명 의무 범위 밖에 있는 모든 발명의 소유권은 당연히 종업원에게만 있어야 한다. 그러나 실제로 기업들은 경업금지 조항에 따른 퇴직 후 경쟁사 취업이나 창업에 대한 통제와 비밀유지 약정에 따른 영업비밀에 대한 통제를 강화하면서, 종업원들에게 직무발명에 대한 양도 계약에 서명할 것을 점점 더 집요하게 요구해왔다. 오늘날 대다수 직무발명자는 미래의 어떤 발명도 회사에 양도할 것을 미리 약정한다. 다시 말해, 대부분의 발명은 법적으로 발명자인 종업원 소유가 기본이지만 그 기본 원칙은 계약으로 바뀔 수 있다. 실제로 기업들은 향후 발명되는 모든 것에 대한 권리를 양도할 것을 요구하는 계약서를 상시로 요구한다. 낮은 차원의 제조 업무에 종사하는 종업원에서 설계나 디자인과 같은 창조적 업무를 하는 종업원에 이르기까지 모든 종업원에게 입사할 때 직무발명 양도 조항에 서명할 것을 요구하는 회사들이 많이 있다. 하지만 과거와 미래의 혁신적 발명에 대한 모든 재산권을 회사에 양도하는 대가로 혹시 회사가 종업원에 주는 것이 있다면 몇 푼 안 되는 착수금뿐이다(정리 5).[5]

에반 브라운의 운명처럼, 대부분의 주에서 법원들은 사전 양

〈정리 5〉

발명 소유권 관련 규칙

1. 발명 목적의 고용 ⟶ 발명이 "고용 기간 동안 할 일"이다. 회사 소유.
2. 발명 목적을 특정하지 않은 고용 ⟶ 종업원 소유. 고용주는 무상실시권을 가질 수 있다.
3. 그러나(실제로 다른 모든 규칙을 무용지물로 만드는 예외) 회사는 고용 목적과 상관없이 계약을 통해 종업원이 발명한 모든 것(퇴직 후를 포함해서)을 사전에 양도받을 수 있다.

도 계약을 고용주에게 유리하게 폭넓게 해석한다. 일부 법원들은 문서로 서명된 계약서가 없는 경우에도 구두나 암묵적 동의만으로 사전 양도를 인정하기도 한다.[6] 특허 등록률이 높은 다른 나라들은 그러한 사전 양도를 요구할 수 있는 권한을 제한하지만, 미국에서는 캘리포니아를 포함해서 소수의 주만이 고용주들이 직무와 전혀 무관한 발명의 특허 소유권 사전 양도를 요구하지 못하게 함으로써 이러한 계약의 범위를 법적으로 제한하고 있다.[7]

캘리포니아 주의 노동법에 따르면, 종업원이 발명한 것이 그가 고용될 때 직무의 일부로 기대되지 않은 것이라면, 그가 온전히 자기 시간에 고용주의 자원이나 영업비밀을 전혀 쓰지 않고 발명했을 경우, 종업원에게 자신이 발명한 것에 대한 권한을 회사에 양도하도록 요구하는 고용계약은 효력을 인정받지 못한다.[8] 예컨대, 내가 자전거 만보계를 새로 발명한다면, 나를 고용한 캘리포니아에 있는 대학은 그것에 대한 소유권을 요구할 수 없다. 법학교수로서의 내 직무가 운동기기를 발명하는 것과는 상관이 없기 때문이다. 이와 비슷한 제한을 성문법으로 규정한 주는 몇 군데 안 되고, 매사추세츠 주 같은 나머지 다른 주들은 (브라운/알카텔 소송으로 잘 알려진 텍사스 주는 물론 여기에 속하지 않는다) 법원이 정한 합리성 기준에 따라서 양도의 범위를 제한한다. 한 매사추세츠 법원은 "100년이 넘도록 많은 법원이 종업원이 발명한 것을 고용주에게 양도하도록 요구하는 고용계약을 인정하지 않았다"고 했다. 그럼에도 불구하고 합리성 심사는 매우 제한되어 있고 법정 제한 규정도 대개가 매우 협소하다. 심지어 발명자들에게 매우 관대한 캘리포니아 주에서도 다른 대부분의 법정 기준 때문에 법과 계약을 종합해서 판단한 결과, 대다수 종업원이 자신들이 발명한 것에 대해서 재산권 행사를 하지 못하는 것으로 나왔다.

직무발명 양도의 범위

고용주는 종업원에게 향후 얼마나 오랫동안 종업원의 아이디어에 대한 소유권을 주장할 수 있을까? 종업원을 고용하고 있는 동안만일까, 아니면 퇴직 후까지 이어질까? 브라운이 알카텔을 떠난 뒤에 아이디어가 떠올랐다면 어떻게 상황이 바뀌었을까? 그가 입사한 뒤 몇 년 동안만 발명한 것들을 고용주에게 양도하기로 합의했다면 어떻게 되었을까? 이것은 직무발명 양도 조항trailer clause과 관련된 문제다. 직무발명 양도 조항은 때때로 특허권 잔류 조항patent holdover이라고도 부르는데, 종업원이 그만두거나 해고당한 뒤에도 그가 발명한 것들에 대한 회사의 소유권을 보장해주는 규정이다. 종업원이 퇴사한 뒤 특정 기간 안에 등록하는 모든 특허에 대해 전 직장의 고용주가 소유권을 행사하는 경우가 직무발명 양도 조항의 전형적인 모습이다.

직무발명 양도 조항은 그 밖의 다른 인적 자본 통제 수단과 마찬가지로 그것의 타당성, 합법성, 적용가능성, 범위와 관련된 문제들을 제기한다. 이러한 문제들은 앞장에서 밝혔던 것과 유사한 난관에 봉착한다. 경제학자들은 종업원들에게 지나치게 많은 자유를 주어 쉽게 회사를 그만두고 전 직장에서 습득한 것을 바탕으로 독자적으로 발명 작업에 착수할 수 있게 하는 것은 회사가 인적 자본에 투자하고자 하는 의욕을 꺾을 것이라고 우려한다. 그러나 거꾸로 지나치게 종업원의 권리를 규제하는 직무발명 양도를 허용할 경우, 건전한 경쟁이 억제되는 것은 물론이고 유능한 발명자가 자기 능력을 충분히 발휘하지도 않고 아이디어 개발에도 적극적으로 나서지 않을 것은 누구나 직관적으로 알 수 있다. 따라서 전체 공공의 이익도 크게 훼손될 위험성이 크다. 이러한 딜레마가 던지는 가장 중요한 의미는 지나친 통제도 지나친 자유도 모두 뛰어난 아이디어의 탄생을 가로막는다는 것이다. 대부분의 주에서는 이러한 딜레마를 극복하기 위해서 균형 논리를 적용한다. 우리는 앞서 다른 인적 자본 통제와 관련된 부분에서 이러한 균형 논리를 적용한 것을 보았다. 법원들은 직무발명 양도 조항이 "공정하고 합리적이고 적정할" 것을 요구한다. 경업금지와 비밀유지 약정에서처럼, 직무발명 양도 계약에 적용되는 합리성 기준은 종업원과 공공정책에 가해지는 부담과 기업의 정당한 요구사항 사이에 균형을 맞추려고 한다. 법원들은 직무발명 양도 조항이 합리적인지 아닌지 판단하기 위해서 세 갈래 관점에서 (경업금지 약정에 대한 합리성 기준을 세 가지 관점에서 판단한 것처럼) 심사한다. 다시 말해, 그것이 ① 고용주의 정당한 영리를 보호하고 ② 종업원에게 부당한 고충을 부과하지 않고 ③ 공공정책에 반하지 않는다면 그 조항은 합리적이라고 볼 수 있다.

타고난 발명자인 아르만드 치아바타Armand Ciavatta의 사례는 직무발명 양도 조항의 효력을 아주 잘 보여준다. 치아바타는 잉거솔랜드Ingersoll Rand에서 수년 동안 기술자로 일하는 동안 회사의 아이디어 창구에 수십 차례 아이디어를 냈지만, 회사는 그 아이디어들을 하나도 채택하지 않았다. 그는 근무한 지 13년이 흐른 뒤, 상사와 제품 제조에 대한 의견이 맞지 않는다는 이유로 회사에서 쫓겨났다. 그는 실업 상태에서 새로운 직장을 찾는 중에 남는 시간을 이용해서 지붕에 안전하게 오를 수 있는 안전장치roof stabilizer에 대한 아이디어를 개발했다. 치아바타는 아이디어를 시험해서 시제품을 만들고 특허를 냈다. 그는 또한 사업 계획을 짜고 평생 저축한 돈을 찾고 동생에게 돈을 빌려 새로운 발명품을 완성했다. 그가 비록 전 직장의 영업비밀이나 기밀 정보를 이용해서 발명품을 만든 것은 전혀 아니었지만, 그 발명품은 잉거솔랜드가 속한 산업과 관련된 제품이었다. 따라서 잉거솔랜드는 그 제품의 소유권을 요구했다.[9]

치아바타는 브라운과 마찬가지로 회사와의 소송에서 졌다. 그러나 그는 뉴저지 주 대법원까지 소송을 끌고 가며 끝까지 싸웠다. 결국 대법원 판사들은 "발명자의 천재성과 혁신의지를 육성하면서 동시에 기업이 장기적으로 많은 투자가 들어가는 연구개발 프로젝트를 시도할 수 있도록 적절한 보호와 보상을 유지해야 한다는 관점"에서 볼 때, 전 직장의 고용주가 요구하는 것은 합리적이지 않고 유효하지도 않다고 만장일치로 판결을 내렸다. 다시 말해, 치아바타는 이전에 자신의 행동을 제약하는 계약서에 서명했음에도 불구하고 스스로 발명하고 소유하는 데 제약이 없었다. 치아바타는 발명을 목적으로 고용되지 않았고, 회사의 연구개발 부서에서 근무한 적도 없었다. 또한 해고된 뒤 그가 발명품을 개발하는 과정에서 회사의 영업비밀을 누설하지도 않았고 어떤 부정한 짓도 하지 않았다. 게다가 그 제품은 그가 속했던 업계에서 실업 상태로 있는 동안에 발명되었고 경쟁 제품들이 시장에 진입하는 것을 부당하게 제한하지도 않을 것이기 때문에, 대법원은 이 사건에 대해서 직무발명 양도 조항을 적용하는 것에 반대했다.

뉴저지 주 대법원의 판결은 직무발명자의 승리였다. 치아바타의 법정 투쟁은 마침내 승리로 끝났지만 그 사건은 나중에 사법제도의 한계와 허점들을 백일하에 드러낸다. 소송에서 이기고 몇 년이 지난 뒤, 치아바타는 사법제도가 결국 전 고용주 같은 시장의 거물들로부터 자신을 보호할 수 없다는 사실을 알고는 씁쓸해했다. 치아바타는 개인 발명자로서 시장에서 인정받는 좋은 제품이 있었고, 대법원은 그 제품의 특허권이 그에게 있다고 판결했다. 그러나 그는 소송의 대가로, 그리고 대다수 소비자가 치아바타의 신제품을 사지 않도록 잉거솔랜드가 마케팅 노력을 기울인 결과, 시장에서 퇴출되고 말았다. 치아바타는 안전장치를 발명한 지 25년이 지난 뒤, 그리고 전 직장과의 소송에서 이기고 나서 17년이 흐른 뒤에, 한 편지에다 이렇게 썼다. "유감스럽게도 나 같은 사람들이 볼 때, 법은 우리 사회에서 창의적이고 생산적인 요소들을 응징하는 데 사용되더군요 (…) 소송의 유일한 목적은 내가 사업을 못 하게 하는 데 있었어요. 나는 재판에서 이겼지요. 하지만 더 좋은 제품을 가지고도 사업을 할 수 없었어요. 이런 종류의 소송에 대한 벌금을 엄청나게 부과하지 않는 한 이런 일은 멈추지 않을 겁니다."[10]

치아바타의 법적 승리는 개인사를 넘어서 대다수 발명자를 생각할 때 원칙적으로 범위가 매우 한정되어 있다. 법원이 기업의 직무발명 양도 요구에 제한을 가하는 데 공감했던 바로 그 이유 때문에 그러한 공감의 범위 또한 제한될 수밖에 없다. 오늘날 시장에서 대다수 유능한 인재와 창조적인 직장인들은 법정에서 회사와 소송을 벌일 경우 질 가능성이 많다는 것이 보다 현실적인 가정이다. 오늘날 대개 퇴직한 종업원들은 일반적으로 발명과 혁신 업무에 종사했거나 연구개발팀에서 근무했거나 자신의 아이디어를 구현하기 위해 아마도 전략적으로 회사를 그만두었을 것이다. 이 모든 요소는 직무발명 양도 조항에 반기를 드는 발명자들에게 매우 불리하게 작용한다. 사람들은 치아바타의 승소로 직무발명 양도 조항을 광활한 대양의 수면에 둥둥 떠다니는 하나의 작은 얼음덩어리처럼 생각할 수도 있다. 하지만 유감스럽게도 그 얼음덩어리는 거대한 빙산의 일각이라는 사실이다. 수면 아래에 있는 수많은 발명자는 치아바타가 벌였던 법적 투쟁은 감히 생각도 하지 못하고 그들의 인생을 바꿀지도 모를 발명들을 그냥 썩히는 편을 택하는 것이 현실이다.

자신의 머릿속에만 존재했던 컴퓨터 알고리즘을 전 직장의 고용주에게 양도할 수밖에 없었던 브라운은 법정 분쟁에 따른 어지러운 상황이 잠잠해진 몇 년 뒤에 가진 한 인터뷰에서 자신이 알카텔에서 해고된 뒤 새로운 일자리를 찾는 데 어려움을 겪은 것은 소송이 진행중에 있었기 때문이라고 말했다. 이런 어려운 상황은 많은 소송에서 되풀이된다. 그래서 발명자들은 이러한 부담 때문에 갑자기 태도를 바꾸어 일자리를 찾으려고 한다. 발명자들이 최종적으로 승소하든 패소하든 소송의 부담은 그들에게 매우 크다. 발명자들은 소송중에 일자리를 얻지 못하고 시장에서 표류하면서 법원뿐 아니라 나중에 자신을 고용할지도 모를 고용주들을 대상으로 자신이 소유하고 있는 인적 자본의 자유와 소유권에 대해서 설득해야 하기 때문이다.

솔루션 때문에 브라운을 고소한 회사, 알카텔은 퇴사한 전 종업원의 뒤를 캐고 다니며 그가 영업비밀을 강탈하고 지적재산권을 침해했다고 강력하게 주장했다. 이런 이유로 『월스트리트저널』은 알카텔을 댈러스의 텔레콤 코리도Telecom Corridor 지역에서 가장 소송을 좋아하는 회사라고 부르기까지 했다. 이제 직무발명 양도 계약은 경업금지와 비밀유지 약정처럼 인재의 자유로운 이동과 아이디어의 확산을 막는 강력한 제약 수단이 되었다.

무엇을 그리 멍하니 생각하고 있는가

미국의 지적재산권(IP) 제도의

매우 두드러진 특징 가운데 하나이며 특허 등록률이 높은 다른 나라와 비교할 때 가장 기준이 되는 것 가운데 하나는 개별 직무발명자들에게 꼭 필요한 보상이 전혀 없다는 점이다. 별도로 계약서에 명시된 것이 없다면, 민간 고용주들은 종업원들의 발명품 덕분에 이익을 얻었을 때, 그들에게 어떤 보상도 할 의무가 없다. 특허 경쟁이 치열한 다른 나라들은 미국과 달리 회사에 자기가 발명한 것들을 양도하는 종업원들에게 회사가 법적으로 정당한 보상을 지불할 것을 요구한다. 예컨대, 독일은 민간 기업의 발명자들이 회사에 양도하는 모든 발명품에 대해서 정당한 보상을 하도록 요구한다. 독일법 아래서 발명은 조건없는 사전양도 계약의 대상이 될 수 없다. 하지만 종업원들은 회사에 다니는 동안 자신의 고용과 연관된 어떤 발명에 대해서도 회사에 보고할 의무가 있으며, 이후 고용주가 종업원들이 발명한 것에 대해서 소유권을 주장하고 특허로 등록하는 데 넉 달이나 걸린다. 회사가 그 발명을 특허로 등록하기로 했다면, 회사는 해당 종업원에게 양도 대가로 처음에 일시불로 얼마를 지급하고 특허 가치에 따라 정당한 몫을 추가로 보상해야 한다. 종업원의 직무가 발명 업무와 관련되어 있거나 발명을 할 때 회사의 자원과 지식에 크게 의존한 경우는 보상금이 더 낮아질 수 있다.[11] 프랑스와 핀란드, 스웨덴에서도 이와 비슷한 기업들의 정당한 보상 의무가 있다.

오늘날 서양의 대다수 경쟁국을 곧 추월할 정도로 특허 등록률이 급속도로 높아지고 있는 중국은 고용주들에게 '직무발명'의 권리를 완벽하게 부여한다. 직무발명은 회사에 근무하는 동안 고용주의 도구와 기술 자원을 써서 개발한 모든 발명을 말한다. 중국의 직무발명양도법의 두드러진 점은 종업원이 퇴직, 은퇴, 이직 후 1년 안에 발명한 것들도 그 종업원의 과거 직무와 관련되어 있는 한, 양도 대상에 포함된다는 것이다. 다시 말해, 중국은 기본적으로 종업원이 회사를 떠난 뒤에도 그가 발명한 것들에 대해서 포괄적인 양도 의무를 적용한다. 그러나 동시에 중국이 미국과 크게 다른 것은 고용주가 종업원이 발명한 것에 대해서 합리적인 보상을 해야 한다는 점이다. 종업원이 발명한 것에서 얻은 이익에 대해서는 무조건 적어도 2%, 라이센싱 계약으로 얻은 이익에 대해서는 적어도 10%를 지불해야 한다.

일본의 제도 또한 회사에 양도된 발명에 대해서 직무발명자가 적절한 보상을 받을 수 있게 보장한다.[12] 일본의 고용주들은 종업원들이 발명에 기여한 상대적 공헌도에 비례해서 반드시 합리적인 보상을 제공해야 한다. 따라서 일본은 미국과 달리, 독일이나 중국처럼 특허를 받을 만한 아이디어를 발명한 모든 종업원에게 합리적인 보상을 받을 수 있는 권리를 부여한다. 발명으로 거둔 이익과 관련해서 직무발명자가 받는 보상금은 통상임금을 훨씬 웃돈다.

최근에 일본의 대법원은 이러한 보상 기준에 새로운 생명을 불어넣었다. 일본 회사 올림푸스 광학Olympus Optical의 종업원이었던 슌페이 다나카Shumpei Tanaka라는 발명자가 CD와 DVD 플레이어에서 공통으로 사용되는 비디오디스크 판독 핵심부품을 개발하자, 회사는 그것의 특허권을 주장했다. 다나카는 그 부품의 발명자로서 통상적인 올림푸스 내규에 따라 보상을 받았다. 올림푸스는 그 발명으로 수백만 달러의 수입을 올린 반면에 다나카가 회사로부터 받은 돈은 1,800달러에 불과했다. 다나카는 회사를 그만둔 뒤, 올림푸스를 상대로 소송을 제기했다. 그가 발명의 대가로 받은 보상이 일본 특허법에서 요구하는 합리적인 보상 기준에 모자란다고 주장했다. 일본 법원은 올림푸스가 벌어들인 전체 라이센싱 이익의 5%를 다나카에게 지불해야 한다는 데 동의하고 그렇게 선고했다.

이러한 획기적인 판결이 내려진 이후 일본에서는 고용주들에 대한 소송이 줄을 이었다. 그 가운데 일부는 직무발명자에게 수백만 달러의 합의금을 지급하는 것으로 결론이 났다. 슈지 나카무라Shuji Nakamura는 전 직장 니치아 화학Nichia Chemical을 상대로 청색 LED를 제품화하는 데 기여한 적절한 보상을 요구하며 소송을 제기했다. 회사는 처음에 나카무라에게 발명에 대한 보상으로 200달러를 주었다. 그러나 도쿄 지방법원은 그에게 1억 9,000만 달러를 지급하라고 명령했다. 또다른 최근 사례로, 도쿄 고등법원은 전직 히타치 종업원에게 170만 달러의 보상금을 지급하라고 명령했으며, 도시바에도 플래시메모리를 발명한 직무발명자에게도 비슷한 수준의 보상을 하도록 선고했다. 직무발명자들의 소송이 잇따르면서 일본 기업들은 직무발명에 대해서 주목하기 시작했다. 그 가운데 많은 기업이 직무발명 보상 제도를 정비하고 특허 제품에 대한 발명자 보상 기준을 높이고 있다.

많은 특허를 내고 있는 다른 주요 나라들은 직무발명자들이 발명의 소유권을 고용주에게 양도하더라도 그 발명에 대한 일정한 대가를 보상받도록 법적으로 보장한다. 그러나 미국 기업들은 그런 법적 의무가 없다. 그럼에도 현명한 일부 미국 기업들은 솔선해서 직무발명자들에게 보상하는 제도를 시행하고 있다. 샌디에이고에 본사를 둔 무선통신회사이자 세계 최대의 칩 공급업자인 퀄컴Qualcomm은 종업원들의 이름으로 등록된 특허에 대해서는 모두 상당한 보상을 한다. 보상 기준은 특허 사용 수준에 따라 단계별로 정해져 있다. 그 결과, 퀄컴의 종업원들은 과거에 자신이 개발한 특허들에 대한 보상으로 해마다 많은 상여금을 받는다. 휴렛팩커드(HP)의 '우선매수청구권' 제도는 또다른 사례다. HP는 종업원들이 근무 외 시간에 자발적으로 아이디어를 개발하면, 비밀유지를 요구하고 시장에서 그 발명에 대한 권한을 주장하지만 거기서 발생한 이익의 한 몫을 종업원에게 지급한다.

과학의 상업화

> 내게 선택할 권리가 있는 한, 나는 오직 시민의 자유와 관용, 법 앞에서 모든 시민의 평등이 지배하는 나라에서 살 것이다.
>
> —알베르트 아인슈타인Albert Einstein, 1933년

당신이 내가 감옥에 갈지도 모른다고 하는 말에 너무 끔찍해서 아침에 잠에서 깰 수가 없었어요. 하지만 어느 순간 난 결심했어요. 받을 자격도 없는 자들이 형사법정을 이용해서 내 소중한 것을 빼앗아가려고 하는 것을 가만 보고 있지는 않을 거라고.

—페트르 타보르스키Petr Táborský, 자신의 연구 노트를 대학에 넘기지 않은 죄로 감옥에 갇힌 과학자, 1997년

이상적인 세상이라면, 대학에 근무하는 과학자들은 재산권이 아니라 자신이 연구하고 발견한 것으로 인정을 받을 것이다. 그러나 21세기에 미국의 대학들은 특허로 해마다 올리는 수입이 수십억 달러를 훨씬 넘는다. 과학자들은 자신이 발견한 것을 상품화해서 수익을 올리고 있는가? 그들은 자신이 이룬 과학적 성과로 돈을 버는 대학으로부터 그에 합당한 대가를 받는가? 한때 사우스플로리다대의 유능한 과학도였고 지금은 고국인 체코 공화국에서 교수를 하는 페트르 타보르스키는 자신의 연구 성과에 대한 권리를 지키기 위해 감옥에 가는 길을 택했다.

학생 실험실 보조로 일했던 타보르스키는 키티리터kitty litter(고양이 배설용 상자에 까는 점토인 캣리터cat litter의 상표 이름—옮긴이)를 인간들이 버린 폐수를 정화하는 도구로 전환하는 방법을 발견했다. 이 프로젝트는 플로리다의 공익 기업인 플로리다 프로그레스Florida Progress Corp가 제공한 연구보조비로 시작되었다. 처음에 계획된 프로젝트는 타보르스키가 새로운 방법을 발견하기 전에 끝났다. 그러나 이 젊은 연구자는 교수들의 감독 아래 석사논문의 일부로서 그 연구 작업을 계속하도록 허락을 받았다. 마침내 그가

새로운 발견에 성공하자 대학 당국과 공익 기업은 저마다 그 발명이 학과 실험실에서 이루어졌기 때문에 자기네 것이라고 주장했다. 하지만 타보르스키는 그것을 발견한 사람은 자기라고 확신했다. 그는 자기 아이디어를 특허로 등록하고 손으로 쓴 실험노트를 제출하지 않고 보관했다. 그 실험노트는 소송의 핵심대상이 되었고 결국 그는 그것 때문에 감옥에 갔다. 타보르스키가 실험노트를 대학에 넘기지 않자 대학 당국은 그를 실험노트를 훔친 죄로 형사고발했다. 자기가 쓴 실험노트를 자기가 훔쳤다는 죄로 고소당한 셈이다. 타보르스키는 자기가 돈을 주고 사서 학교 안팎에서 늘 지니고 다녔던 노트가 네 권 있다는 것을 서슴없이 인정했다.

타보르스키가 비록 비밀유지 약정이나 어떤 다른 고용계약에 서명한 것이 없었지만, 법원은 그가 자기 자신의 연구 성과를 훔쳤다고 생각했다. 대학 방침에 따르면 그것은 대학의 재산이었기 때문이다. 그러나 싸움은 거기서 끝나지 않았다. 젊고 고집이 센 성격에다 그것이 부당한 판결이라고 확신한 타보르스키는 자신의 특허 소유권을 대학에 양도하고 실험노트를 돌려주라는 판사의 명령에 불복했다. 결국 타보르스키는 판결 불복으로 금고형을 받았고 경비가 최고로 삼엄한 주 교도소에 수감되었다. 타보르스키의 도덕적 확신의 대가는 그의 자유를 앗아갔을 뿐 아니라 이혼의 아픔까지 가져왔다. 그는 당시에 이 싸움에 대한 결정을 내리면서 결혼보다 정의가 더 우선순위에 있다고 생각했다. 당시 플로리다 주지사였던 로튼 차일스Lawton Chiles가 법원에 관대한 처분을 요청하겠다고 했지만, 타보르스키는 그 제안을 거부하면서 그것을 받아들일 경우 유죄를 인정하는 것과 마찬가지라고 주장했다.

타보르스키의 비극적 무용담은 그 결과의 가혹함 때문에 매우 특이한 사례이지만, 그 사건의 시발점이 된 갈등은 결코 드문 일이 아니다. 교수들과 대학 당국 사이의 분쟁은 지난 20년 동안 급격하게 증가했다. 2005년, 미국 연방 지방법원은 노벨상 수상자이자 전직 예일대 교수였던 여든일곱 살의 존 펜John Fenn에게 특허권 사용료와 벌금, 법정비용으로 100만 달러 이상을 예일대에 지급하라고 명령했다. 그 저명한 화학자는 화학성분들을 질량 분석하는 방법을 개발했다. 요컨대, 그가 1990년대 중반에 발명한 것은 새로운 에이즈 약물치료제 개발을 포함해서 신약을 신속하게 평가하는 방법이었다. 예일대는 펜이 그것의 특허권을 자기 지분이 일부 있는 회사에 라이센싱하는 불법을 저질렀다며 소송을 제기했다. 법원은 펜이 예일대에 특허권 일부를 양도하지 않은 것을 "사기와 민간 절도"라고 선고하며 대학의 손을 들어주었다.

예일대는 결국 소송에서 이겼다. 대학종사원들이 발명한 것은 대학에 양도해야 한다는 문서로 된 대학 방침이 있었기 때문이다. 그러나 몇십 년 전만 해도 연구자와 연구기관 사이의 그런 소유권 분쟁은 드물었다. 종업원이 발명한 것에 대한 소유권을 결정하는 것과 관련된 1933년 한 소송에서, 미국 표준규격국National Bureau of Standards에 근무하던 연구원 두 명은 나중에 특허 출원된 몇 가지 발명들을 개발했다.[13] 이 발명들은 기본적으로 그 연구원들이 그곳에서 맡은 직무와 관련이 없었다. 법원은 그들이 주로 발명보다는 기초적인 연구에 종사하는 연구원들이라는 사실을 알았다. 하지만, 그 연구원들은 특허를 개발하는 동안 표준규격국의 자원을 사용했다. 이것이 바로 정부가 그 특허에 대한 소유권을 주장하는 이유였다. 법원은 그 사건을 판결하면서 기초 연구와 발명 사이에 결정적으로 어떤 차이가 있는지 구분했다. 법원은 본디 그들의 맡은 바 직무였던 자연법칙을 연구하는 일은 자연법칙을 콘크리트 시공에 응용하는 것과 다르다고 설명했다. 법원이 이 두 과정을 서로 별개의 일로 구분한 것은 기초 연구 과정에서 개발된 발명은 그 연구원들이 본디 책임진 직무의 범위를 벗어난 것으로 연구원들에게 소유권이 있다는 것을 의미한다. 지난 몇 년 동안 정부와 대학의 연구원들은 기초 연구 과정에 발생한 실용적인 발명을 매우 자유롭게 활용했다. 그러나 최근 들어 대학들이 시장의 영리를 추구하기 시작하면서 계약과 문서화된 방침을 통해 특허를 내고 상품화할 수 있는 연구 성과나 발명들은 모두 양도할 것을 요구한다. 1980년, 베이돌법Bayh-Dole Act이 통과되면서 대학의 이러한 양도 요구가 촉진되었다.

대학 혁신의 비아그라

대학이 민간 기업처럼 특허권 양도 방식에 집착하는 것은 매우 큰 금전적 보상이 뒤따르기 때문이었다. 대학이 발명에 대해서 새롭게 생각하게 된 계기는 1980년

베이돌법으로 잘 알려진, 특허상표법수정조례Patent and Trademark Law Amendment Act의 통과였다.[14] 1980년대 이전에는 대학들이 대개 정부의 후원을 받아 개발한 발명에 대해서 소유권을 주장할 수 없었다. 정부기관이 발명 특허를 내고 이익을 내는 데 기여한 바가 많지 않아도 그 발명의 소유권은 연구기관이 아닌 정부기관에 있었다. 베이돌법은 이런 문제를 해결하기 위해서 정부 기금을 지원받아 개발한 발명이라고 해도 대학이 그것에 대한 소유권을 가지고 특허를 라이센싱할 수 있게 했다.

대학들은 위스콘신매디슨대의 주도 아래 그들이 연구실과 실험실에서 발명한 것들에 대한 소유권을 가질 수 있도록 베이돌법의 통과를 위해 활발한 로비를 펼쳤다. 상원의원 버치 베이Birch Bayh는 정부가 해마다 대학의 연구를 지원하기 위해 수십억 달러를 쓰면서 거기서 발생한 성과물을 상업화하지 못하게 막는 기존의 제도는 터무니없다고 주장하면서 대학들의 법 개정 운동을 지지했다. 그는 "미국 대학들에 있는 많은 과학 인재들—해마다 수많은 혁신적인 과학적 발견을 이루어내는 인재들—이 관료적 형식주의와 불합리한 정부 규제 때문에 시간 낭비만 할 것이다"라고 경고했다. 베이돌법은 법안이 통과된 이후, "지난 반세기 동안 미국에서 제정된 법령들 가운데 가장 큰 영감을 주는 법"[15]이며 "대학 혁신을 위한 비아그라"[16]라는 칭송을 받았다. 그러한 표현은 다소 과장되었을 수 있지만, 어쨌든 그 법을 통해서 연구기관뿐 아니라 연구자들도 기초 연구의 상업화 문제를 바라보는 시각이 새롭게 바뀌었다.

오늘날 대학의 기초 연구는 방대한 규모의 자본과 관련해서 위기에 처해 있다. 얼마 전까지만 해도 대학들은 대개 비영리기관의 지위를 유지했다. 따라서 그들은 특허를 내는 것에 그다지 관심이 없었고 과학의 상업화에 연루되는 것을 거부하면서 자유로운 아이디어의 교환을 장려하는 입장이었다. 이것은 다른 한편에서 연구자들이 자유롭게 기업계로 뛰어들어 사업을 할 수 있고 자신이 발명한 것들을 쉽게 특허로 등록할 수 있다는 것을 의미했다. 교수들은 정부 기금을 지원받아 발명한 것들을 대학들이 상업적으로 활용할 수 없었던 그때를 흔히 말하는 좋았던 옛 시절이라고 말한다. 그 시기에는 많은 대학교수들이 회사를 설립했다. 대학이 교수가 발명한 것을 상업화할 수 있기 전에 설립한 그런 종류의 회사들 가운데 하나가 생명공학 산업을 일으켜 세우는 데 앞장선 생명공학기술 기업, 제넨텍Genentech이다. 제넨텍은 캘리포니아대 샌프란시스코 캠퍼스의 생화학과 교수이자 재조합디엔에이(DNA) 기술 분야의 선구자인 허버트 보이어Herbert Boyer가 1976년에 설립한 회사였다.

베이돌법이 대학에 학내 연구자들이 발명한 것을 특허내고 상업적으로 활용할 수 있는 여건을 마련하자, 대학들은 전례 없이 빠른 속도로 특허를 등록하면서, 그동안 연구자들이 민간 벤처기업을 설립하도록 허용한 것에 대해서 재고하기 시작했다. 그렇게 해서 탄생한 것이 대학의 기술이전센터(TTO)Technology Transfer Office이다. TTO는 대학의 지적재산권에 대한 라이센싱 업무를 전담하는 대학 내부 조직이다. 이 조직은 거의 모든 연구기관에서 급속히 성장했다. 대학에서 등록한 특허의 최근 수치는 이러한 상황 변화를 이해하는 데 필요한 근거 자료를 제공한다. 1980년에 미국 대학들이 받은 특허 수는 250건에 불과했지만, 오늘날은 해마다 수천 건의 특허를 내고 있다. 현재 미국 대학들 가운데 가장 많은 특허를 보유하고 있는 캘리포니아대가 창출하는 특허 수입은 특히 두드러진 예라고 할 수 있다. 캘리포니아대가 지난 5년 동안 해마다 특허로 올린 수입은 제넨텍, 몬산토, 마이크로소프트에게서 받은 수백만 달러를 포함해서 평균 1억 달러가 넘었다.[17] 그런 막대한 이익은 연구기관들과 해당 기관 소속 과학자들 사이에 분쟁이 일어날 경우, 그것을 공정하게 해결할 수 있는 수단의 필요성을 제기한다.

베이돌법의 제정과 더불어 상아탑의 분위기가 바뀌면서 대학 당국은 발명의 소유권을 공유하는 쪽으로 문을 열고 있다. 미국에서 실제 발명자에게 의무적으로 보상하도록 규정하고 있는 법령은 연방정부가 고용한 사람들이나 정부 지원 사업과 관련이 있다. 정부 관련 모든 관공서에서 일하는 공무원들이 발명한 것들은 모두 정부가 소유하지만, 직무발명자는 처음에 일괄로 대가를 받고 최소한 로열티의 15%를 추가로 받는다.[18] 이와 마찬가지로, 베이돌법은 교수들이 대학에 양도한 발명에서 발생한 로열티의 일정 부분을 대학이 해당 교수에게 보상할 것을 요구한다. 오늘날 대학들은 적절한 보상 기준을 찾기 위해서 직무발명 소유권 정책을 계속해서 바꿔나가고 있다.

대학이 교수들을 고용하는 목적은 대개 특정한 발명이나 영리 목적의 과제와 관련된 연구보다는 일반적인 연구를 수행하게 하는 것이다. 따라서 대학이 교수가 발명한 것에 대해 소유권을 주장하고 특허 사업을 하려면 법적으로 명확하게 기술이전 계약을 맺어야 한다. 막대한 돈과 대학의 명성 때문에 대부분의 대학 연구소들은 분쟁이 생길 경우를 대비해서 고용계약을 맺는 쪽으로 방향을 잡았다. 그러나 기술이전 정책에 대한 현재의 접근방식은 대학마다 매우 다르다.[19] 일부 대학들은 교수를 포함해서 교직원들에게 좀더 호의적인 기준을 채택했다. 예컨대, 하버드, MIT, 존스홉킨스대는 교직원들이 대학의 자원과 시설들을 광범위하게 사용했을 때만 기술이전을 요구한다.[20] 발명이 어떤 특정한 직무와 관련해서 나온 산물이 아닌 한, 이런 종류의 계약 아래서는 발명자가 대학의 자원을 상당히 많이 사용해서 발명한 것이 아니라면, 여기서 **"상당히 많이 사용"**이라는 문구가 의미하는 것이 대개 불명확해서 해석에 혼란을 초래할 수 있음에도 불구하고, 그 발명에 대한 특허권은 발명자에게 있다.

이와 정반대로 교직원들이 개발한 모든 잠재적인 특허에 대한 소유권을 연구기관이 갖는 포괄적 방침을 채택한 대학들도 있다. 피츠버그대의 특허 정책은 매우 단순하지만 광범위한 소유권을 주장한다. "교수를 포함한 교직원, 학생들의 연구 활동으로 발생한 특허와 지적재산권은 모두 대학의 소유다." 그러한 방침은 일반 사기업의 고용계약처럼 단순히 대학의 구성원이라는 이유로 돈이 되는 어떤 발명도 모두 차지하겠다는 심보나 마찬가지다. 캘리포니아 대학도 한때 모든 대학 구성원들에게 그들이 발명한 것을 모두 대학에 양도하라고 요구했다.[21] 하지만 나중에는 그런 일방적인 요구 조건에서 물러나 보다 공정한 중간 입장으로 방향을 틀었다. 캘리포니아 주가 그런 광범위한 사전 양도를 법적으로 제한하고 있다는 사실을 떠올리면 그 이유를 금방 이해할 수 있을 것이다.

또 한편으로 특허를 낼 만한 아이디어들을 발명할 때, 대학의 자원을 "부수적인 것 이상으로 사용"(스탠퍼드대의 방침)하거나, "고용 기간중"(예일대와 컬럼비아대의 방침)에 발명한 것에 대해서만 소유권을 주장하는 중간적 입장을 취하는 대학들도 있다.[22] 모든 고용관계가 그렇듯이, 고용 범위를 실제로 어느 정도로 잡아야 할지는 논란이 많은 부분이지만, 대학들은 대개 계약과 방침을 통해서 고용 범위를 대학의 후원 아래서 수행되는 강의, 연구, 기타 모든 지적 활동을 포함해서 폭넓게 정의한다.[23] 특히, 스탠퍼드대의 방침은 발명자들이 "기술이전을 가장 우선에 두고 발명했다면, 그들이 발명한 것을 자유롭게 공적 영역에 둘 수 있다"라고 명시적으로 규정하고 있다.

대학들이 아직도 직무발명의 양도 범위를 어디까지 잡을지 정하지 못하고 시행착오를 거듭하고 있기는 하지만, 그러한 양도에 따르는 다양한 보상 제도들을 계속해서 시험해왔다. 그런 보상 제도들이 발명자들에게 양적, 질적으로 큰 영향을 끼친다는 것을 알기 때문이다. 많은 대학은 직무발명자들에게 대개 로열티의 30%를 지급한다. 또 일부 대학은 그 발명자가 속한 학과에 로열티의 10-20%를 추가로 지급한다.[24] 예컨대, 시카고대의 로열티 배분 제도는 직무발명자인 교직원에게 총 라이선싱 로열티의 25%를 주고, 그 발명을 기반으로 새로 회사가 설립된 경우, 회사 지분의 25%를 추가로 지급한다.

인적 자본 통제의 장단점을 둘러싼 다른 논쟁들과 마찬가지로 이런 다양한 보상 제도는 대학에서 가장 효율적으로 발명을 촉진하는 보상과 구조에 대한 풍부한 비교 근거를 제공한다. 위스콘신대는 미국에서 연방 정부 지원금을 가장 많이 받는 다섯 개 대학 가운데 하나로 등재된 매우 성공적인 연구기관의 한 예이다. 그러나 역사적으로 위스콘신 주 의회는 교직원들이 대학에 재직 중에 창업하는 것을 금지했다. 그러나 이후 이러한 제한을 없애면서 위스콘신 주는 첨단 기술 업체들이 줄줄이 창업하는 가운데 급속한 경제 성장을 이루었다. 비영리적인 연구 목적과 영리를 추구하는 성장 사이의 균형을 맞추고 지역 발전과 더불어 세계적 성장을 위해 대학들이 맡은 역할은 매우 힘들고 까다로운 일이다. 대학 당국과 교직원들 사이의 지적재산권 분쟁은 민간 시장과 비교하면 거의 없는 편이다. 대학들이 민간 시장보다는 직무발명자들에게 상대적으로 호의적인 제도를 운용하기 때문으로 보인다.[25]

그럼에도 불구하고, 예일대와 펜 사이의 소송처럼 교직원 발명을 둘러싼 대학 내의 분쟁은 발명자들과 연구기관들이 상업화를 목적으로 하는 혁신 경쟁에 뛰어들면서 점점 더 일반화되고 있다.

바비 인형의 몸통은 누구의 것인가

> 40년 동안 도심에는 바비 인형밖에 없었습니다. 그러다 브랏츠 인형이 등장했고 금방 바비 인형의 콧대를 꺾어버렸습니다.
>
> —톰 놀란Tom Nolan, 완구업체 엠지에이(MGA) 측의 최종 변론

그동안 미국 전역에서 어린 소녀들의 꿈과 놀이 시간을 지배했던 바비 인형의 인기가 이제는 점점 수그러지고 있다. 새로운 취향과 새로운 인형들이 바비의 제국을 위협하고 있기 때문이다. 우리 가운데 많은 사람은 어쩌면 이런 상황 전개를 목격하는 것이 그다지 서글프지 않을지도 모른다. 어렸을 적 나는 이미 바비 인형의 세계가 보여주는 왜곡된 현실에 대한 느낌이 있었던 것 같다. 우리 어머니는 임상심리학자이며 아동의 성별 차이를 연구하는 아동발달 전문 교수이다. 중학교 때, 나는 친구들과 엄마의 연구 실험을 위해서 짧은 비디오를 찍었다. 그 실험은 아이들에게 "남자아이 장난감"—트럭, 축구공, 변신 로봇—을 가지고 노는 여자아이들과 "여자아이 장난감"—바비 인형, 머리띠, 줄넘기—을 가지고 노는 남자아이들에 대해서 어떻게 생각하는지를 물었다. 그 결과, 놀

랍게도 전 세계 모든 연령대에서 남자아이 장난감을 가지고 노는 여자아이들에 대해서는 높이 평가하고, 여자아이 장난감을 가지고 노는 남자아이들에 대해서는 낮게 평가한다는 사실이 밝혀졌다. 나는 자라면서 우리는 모두 선택을 하고 그 선택에는 다 결과가 따른다는 것을 알았다.

법학대학원에 다닐 때 읽었던 여권운동 성향의 법학 연구서들은 어렸을 적 내가 직감적으로 느꼈던 것이 바비 인형과 관련된 문제라는 것을 알려주었다. 바비 인형은 그것을 가지고 놀았던 모든 사람에게 완벽한 몸매라는 비현실적인 이미지에 대한 동경과 켄(바비의 남자친구 인형—옮긴이)과 결혼해서 영원히 행복하게 살기를 꿈꾸는 수동적인 삶의 태도를 제시했다. 영국에서 최근에 발표된 한 연구 결과에 따르면, 바비 인형을 가지고 노는 여자아이들이 "바비 인형의 이미지에 영향을 받아 자신의 신체에 불만족이 많은" 것으로 나타났다. 바비가 진짜 성인 여성이라면, 그녀는 가느다란 허리와 팔다리에 비해서 가슴이 비정상적으로 커서 앞으로 넘어질 거라고 한다. 바비는 그녀의 불가능한 신체 비율에도 불구하고 수십 년 동안 성역할로 고착되면서 여성들의 이룰 수 없는 동경의 대상이 되었다.

바비는 21세기로 성숙, 변화하면서 그 자신의 이미지 때문에 힘들어했다. 바비가 야심만만한 직장여성으로서 새로운 역할을 부여받고 수많은 이미지 변신을 한 끝에, 마텔Mattel사는 2004년에 바비가 43년 동안의 행복한 결혼생활을 청산하고 켄과 이혼하려고 한다고 발표했다. 그럼에도 불구하고 새로운 세기가 도래하면서 바비는 더이상 예전의 인기를 유지하지 못했다. 브랏츠Bratz라는 인형들이 매장 선반에 등장했다. 브랏츠는 처음부터 달랐다. 브랏츠는 박물관의 박제된 한 성숙한 여성의 모습이 아니라 독립적이고 활기차고 재기발랄한 어린 소녀들이었다. 특히, 브랏츠의 성격은 여권주의자의 세밀한 감시의 눈초리와 심리적 비판을 마다하지 않았다. 2007년 미국심리학회의 특별조사단이 발표한 어린 소녀의 성적 대상화에 관한 연구에 따르면, 브랏츠의 미니스커트, 망사스타킹, 깃털목도리는 지나치게 성적 매력을 발산하고, 인형들의 "대상화된 성적 매력은 (…) 사춘기 소녀들로 한정되고 있으며, 그런 인형들을 위한 시장을 대표하는 바로 그 어린 소녀들에게 훨씬 더 초점이 맞춰져 있다." 여기서 우리는 혁신과 시장의 취향을 둘러싼 경쟁이 늘 올바른 것도 아니고 가치 있는 결과를 낳는 것도 아님을 잊지 말아야 할 것이다.

바비 인형과 브랏츠 인형 사이의 치열한 법적 분쟁은 2004년에 시작되었다. 바비가 켄과 헤어진(마텔이 그렇게 한 것은 광고 효과를 노린 것이 틀림없지만, 다른 사람들은 그것을 켄의 성적 매력에 대한 끊이지 않는 풍문으로 미루어 필연적인 종말로 받아들였다.) 바로 그해에 마텔은 카터 브라이언트Carter Bryant라는 종업원이 회사를 그만두고 나가서 비밀리에 바비의 경쟁 상대가 되는 인형을 만들었다고 주장하면서 브랏츠에 대한 공격을 개시했다.

마텔에서 7년 동안 근무했던 브라이언트는 고급 바비 인형의 복장과 머리 모양을 디자인하는 일을 했다. 그러나 그는 다민족이고 최신 유행을 좇는 한 무리의 소녀 인형들—브랏츠 인형 1세대로 처음에는 조이, 루페, 핼라이드, 제이드로 했다가 나중에 시장에서는 클로에, 야스민, 사샤, 제이드로 바꿨다—을 창조해냈다. 브라이언트는 마텔에서 아직 근무하고 있던 동안에 회사의 재활용통에 버려진 바비의 몸통과(바비의 전 남자친구) 켄의 부츠 조각들로 최초의 브랏츠 인형을 만들어냈다. 그는 브랏츠 인형 아이디어를 엠지에이 엔터테인먼트MGA Entertainment에 이야기했다. 2000년, 브라이언트는 브랏츠 인형 개발에 몰두하기 위해서 마텔을 그만두었다. 그로부터 1년 뒤, MGA는 브랏츠 인형을 장난감 시장에 내놓았다.

마텔의 임원들은 내부 문서에서 브랏츠 인형과의 경쟁을 "바비 인형의 대학살"이라고 평했다. 내부 문서는 "이것은 전쟁이다. 누군가 한쪽은 이기고 한쪽은 질 수밖에 없다. 바비는 선이고, 나머지 모든 것은 악이다"라고 했다. 마텔은 브랏츠 인형의 저작권 소유 문제로 MGA를 상대로 약 20억 달러에 이르는 소송을 제기하면서, 브라이언트가 아직 마텔의 종업원으로 재직하고 있는 동안에 그 인형을 창작해냈기 때문에 그 인형에 대한 모든 저작권과 거기서 발생한 수익은 모두 마텔 것이라고 주장했다. 브라이언트는 자신이 개발하는 모든 아이디어와 발명을 당시 고용주에게 양도한다는 계약서에 서명한 상태였다.[26] 마텔은 그 계약서가 브랏츠 제국에 있는 모든 도면과 대부분의 지분이 마텔 것임을 의미한다고 주장했다. 마텔은 또한 MGA가 그 계약내용에 대해서 이미 알고 있지만, 브랏츠 인형의 아이디어가 실제로 어디서 나왔는지 모른 체 하려고 한다고 주장했다.

이 소송의 핵심 쟁점은 브라이언트가 브랏츠 인형을 창작해낸 시점이 정확하게 언제인가 하는 것이었다. 브라이언트는 1998년 마텔에서 1년 동안 휴가를 받아 쉬면서 그 인형을 발명했다고 주장했다. 브라이언트의 어머니와 동성 배우자는 그가 그해에 브랏츠 인형 모형을 보여주었다고 증언했다. 마텔은 배심원들에게 그들의 증언을 믿지 말라고 촉구했다. "브라이언트 씨의 모친은 누구나 그렇듯이 자식에 대한 지극한 사랑을 바탕으로 그를 봅니다"라고 마텔의 변호인단은 주장했다. 그들은 마텔의 배우자에 대해서도 브라이언트와의 관계에서 우려되는 부분을 배심원들에게 명확히 밝혔다. "브라이언트의 동성 배우자는 함께 살고 있습니다. 그들은 또한 3,000만 달러를 서로 반반씩 나눕니다." 그 돈은 브라이언트가 브랏츠 인형으로 벌어들인 로열티 수입이었다.

브라이언트는 소송이 시작되기 전에 잠시 마텔과 합의에 도달했지만, 그뒤로 두 기업은 공격적인 소송을 오랫동안 지속했다. 마텔의 변호인단은 "경쟁도 옳은 방법이 있고 그른 방법이 있습니다. 여기서 [브랏츠가] 하는 것은 그 선을 넘어서고 있습니다"라고 주장했다. 처음에 캘리포니아 배심원단은 마텔의 주장에 동의했다. 그들은 MGA가 의도적으로 브라이언트가 마텔의 종업원으로서 마땅히 수행해야 할 계약 의무에 끼어들어 그의 계약 위반을 부추겼다고 보았다. 배심원단은 결국 MGA가 브라이언트의 고용계약에 부당하게 개입하고 브라이언트가 마텔에 양도해야 하는 인형 디자인에 대한 저작권을 침해한 죄로 1억 달러의 배상금을 마텔에게 지급하라고 판정했다.[27]

그러나 항소심에서 제9연방순회항소법원의 알렉스 코진스키Alex Kozinski 판사는 격노와 치열한 경쟁 사이의 연관에 대해서 숙고하는 말로 판결문을 시작했다. "바비는 20세기 후반까지 패션 인형 시장에서 무적의 여왕이었습니다. 그러나 2001년, '유행을 좇는 정렬적인 소녀들!'인 브랏츠의 등장을 보았습니다. 상대적으로 얌전한 모습의 바비와 달리, 도시적이고 다민족이며 유행을 좇는 브랏츠 인형들은 반항적 이미지가 있습니다. 브랏츠 인형의 이러한 활기찬 모습은 사람들의 공감을 불러일으키면서 하룻밤 사이에 성공을 거두었습니다. 그러나 바비의 제작사인 마텔은 경쟁 인형이 나올 거라는 생각을 전혀 하지 못했습니다. 특히, 브랏츠를 만든 사람이 바로 자기네 회사의 전 종업원, 카터 브라이언트라는 사실을 알고는 매우 기분이 나빴습니다." 코진스키 판사는 하급법원이 만장일치로 마텔의 손을 들어준 것과 반대로 "미국은 경쟁을 좋아합니다. 모든 미국인의 소녀, 바비 또한 마찬가지입니다"라고 판결문 마지막에 자신의 의견을 피력했다.

카터 브라이언트는 에반 브라운처럼, 자신이 고용된 기업에서 생산되던 것과 다른 제품에 대한 아이디어가 떠올랐다. 브라운의 아이디어는 머릿속 추상적인 생각에서 벗어나자마자 곧바로 특허를 낼 수 있었던 반면에, 패션 인형의 예술적 디자인인 브라이언트의 아이디어는 연필로 종이 위에 모형이 그려지자마자 곧바로 저작권 보호를 받을 수 있었다. 그들의 아이디어는 누가 소유해야 마땅한가? 발명자여야 하는가, 그들을 고용한 회사여야 하는가? 그리고 그 아이디어들은 과연 어느 시점에서 양도 대상이 될 수 있을까? 이런 아이디어들이 특허를 내거나 저작권 보호를 받을 수 있을 때, 그것은 전통적인 지적재산권이 요구하는 것처럼 그것들이 비로소 유형의 발명이나 디자인으로 전환되었다는 것을 의미하는 것일까? 아니면, 그보다 더 일찍 여전히 추상적인 아이디어 수준이거나 발명자의 머릿속에서만 개발된 상태처럼 훨씬 더 이른 때부터 양도 대상이 되는 걸까?

브라운의 알고리즘에 대한 특허 양도 분쟁과 카터의 브랏츠 인형 개념에 대한 저작권 분쟁은 둘 다 추상적 아이디어가 사전 양도될 수 있고 배타적으로 소유될 수 있는지와 관련된 중요한 쟁점을 제기한다. 이 사례들을 서로 공정하게 다루기 위해, 인적 자본 통제에 대한 서로 다른 입장을 가진 두 지역(캘리포니아와 텍사스)의 법원들에 대해서 우리가 아는 것을 활용할 필요가 있다. 지나친 통제에 대한 캘리포니아 법원의 반감은 제9연방순회상고법원의 코진스키 판사가 화려하게 묘사한 단순 아이디어와 그 아이디어의 표현을 서로 명확히 구분하는 것에서 나온다. "드가Degas는 다른 화가들이 발레리나를 그리는 것을 막을 수 없습니다. 샬레인 해리스Charlaine Harris는 자신이 수키라는 주인공이 나오는 뱀파이어

소설을 처음 썼다는 이유로 스테파니 메이어Stephenie Meyer가 『트와일라잇Twilight』이라는 뱀파이어 소설을 발간하지 못하게 할 수 없습니다. 마찬가지로, MGA도 당시에 브라이언트가 그런 디자인을 보고 '좋은 아이디어네요! 우리도 그런 반항적 이미지의 인형을 만들고 싶군요'라고 자유롭게 말할 수 있습니다."

7년 동안의 소송 끝에 코진스키 수석판사가 마텔의 손을 들어준 1심 판결을 뒤엎은 뒤, 새로운 배심 재판은 2011년 4월에 법적 분쟁을 마감했다. 이 재판에서 MGA는 마텔의 브랏츠 인형의 소유와 영업비밀 유용 주장에 맞섰다. MGA는 마텔이 자기네 영업비밀을 훔치기 위해서 위조 아이디로 장난감 품평회에 입장 허락을 받았다고 고소했다. 마텔은 스파이 혐의를 부인하면서 거꾸로 이 모든 것은 자신들의 범죄 행위로부터 배심원들의 시선을 딴 데로 돌리기 위해 조작된 것이라고 주장했다.

여러 차례 전기를 맞은 끝에, 새로 열린 재판은 MGA의 완벽한 승리였다. 새 배심원단은 영업비밀 유용에 따른 손해배상으로 마텔이 MGA에게 8,850만 달러를 지급하라고 명령했다. 그 금액은 1심에서 MGA가 마텔에게 배상금을 지급하라고 배심원단이 명령했던 금액과 거의 같았다. MGA의 최고경영자 이삭 라리안Issac Larian은 새로운 판결이 내려지자 기쁨의 눈물을 흘렸다. 그는 MGA의 최종 승리가 "미국에서는 아무리 큰 대기업도 법 위에 있지 않으며" 마텔의 "브랏츠를 죽여라!"라는 반경쟁적 기업 전략(마텔의 경영진은 "MGA가 망할 때까지 소송하라"고 내부적으로 언명했다고 한다)이 성공하지 못했음을 “아주 잘 보여준다”고 단언했다.

바비/브랏츠 소송의 주목할 만한 특징은 두 회사 모두 큰 손실을 보았다는 사실이다. 두 회사는 배수진을 치고 싸우느라 소송 비용으로 수억 달러를 썼다. 2010년 7월, 제9연방순회상고심 판결 후, 라리안은 MGA가 브랏츠 인형의 탄생 10주년을 기념하기 위해서 10월에 새로운 브랏츠 인형 10종을 출시한다고 대담하게 발표했다. 이러한 새 인형의 개발은 매우 큰 도박이었다. 이 새로운 브랏츠 인형들은 지난번 세대의 인형들이 너무 도발적이라는 부모들의 불평을 받아들여 좀더 정숙한 모습으로 바꾸었다. 그러나 새로운 브랏츠 인형들에 대한 소매업자들의 미온적인 반응과 관련해서 라리안이 한 말은 주목할 만하다. 라리안은 브랏츠 인형이 2005년 최고의 인기를 올리며 연간 매출액이 거의 10억 달러였던 때보다 매출이 크게 하락했다는 사실에 대해서 언급하면서 “소매상들이 경쟁업체들의 분쟁에 연루되는 것을 싫어하는 것은 당연하다. 따라서 나는 그들을 탓하지 않는다”라고 했다. 대법원까지 가서 소송에서 이겼지만 소송중인 인적 자원 분쟁에 대한 시장의 기피 때문에 고객들을 잃은 지붕 안전장치 발명자 치아바타처럼, 두 거대 회사는 오랜 소송 때문에 예상했던 것보다 더 큰 대가를 치른 것으로 보인다. 어쩌면 마텔이 자체적으로 반항적인 이미지의 인형들을 개발하는 것이 더 정정당당한 대응이었을 수 있고 또 경쟁에서도 이기는 방법이지 않았을까 생각한다. 하지만 그렇게 했다면 거꾸로 MGA가 저작권 소송을 제기하지 않았을까? 얼마나 많은 소송과 인재 통제를 해야 지나치다고 말할까?

저작자의 꿈은 어떻게 되나

"그 사람 누구야?"

"아무도 아냐. 저자야."

—마크 노먼Marc Norman과 톰 스토파드Tom Stoppard,
〈사랑에 빠진 셰익스피어Shakespeare in Love〉

개인 창작자의 아이디어는 저작권법을 통해서 강력한 보호를 받는다. 원칙은 단순해 보인다. 저작권은 예술적 표현의 소유자에게 복제를 제어할 수 있는 권한을 준다. 저작권 보호는 특허법처럼 창작 표현을 유도하기 위한 것이다. 미국 헌법은 "과학과 유용한 기술의 발전을 촉진하기 위해서" 의회에 입법권을 부여한다. 연방대법원은 저작권법이 "저작자들에게 작품을 복제할 수 있는 배타적 권리를 부여함으로써, 그들에게 창작의 동기를 유발한다는 믿음을 바탕으로 한다"고 설명했다.[28] 연방대법원은 "사적인 이익 창출을 통해 개인의 노력을 장려하는 것이 저작자와 발명자들의 재능을 통해 공공의 안녕을 증진시킬 수 있는 최선의 방법이다"라는 견해를 반복해서 표명했다.[29]

다시 말하지만, 저작권법은 특허법과 마찬가지로 소유권의 최초 할당에서 매우 명확하다. 연방 저작권법의 기본 원칙은 저작물의 소유자는 저작자이다. 저작권이 있는 작품의 저작자는 아이디어를 유형의 표현으로 변환시킨 사람을 말한다. 그러나 실제로 그 원칙에 위배되는 예외들이 있는데, 직무저작work-for-hire 원칙과 저작권양도계약이 바로 그런 것이다. 100년 동안 저작권법에 깊이 박혀있는 직무저작 원칙에 따르면, "직무상 창작된 저작물의 경우에는 고용주도 '저작자'에 포함된다." 종업원이 창작 작업을 위해 고용된 경우, 고용주는 그 창작물과 그것의 저작권을 모두 소유한다. 법사학자 캐서린 피스크Catherine Fisk는 직무저작 원칙의 발전 과정을 상세히 기록하면서 직무저작은 법으로 고용주를 저작자로 인정하는 것이라고 했다. 심지어 종업원에게 창작의 자유를 최대한 부여하는 경우에도 직무저작의 원칙은 강력하게 적용되었다. 세계적으로 널리 알려진 안무가 마사 그레이엄Martha Graham의 경우가 그러한 원칙이 확장 적용된 유명한 사례이다.

그레이엄은 우리 시대의 가장 유명한 현대무용들을 창작해낸 뛰어난 안무가였다. 그녀가 죽은 뒤, 그녀의 안무로 이익을 보는 사람들 사이에서 그녀의 안무에 대한 저작권 소유를 둘러싸고 소송이 제기되었다. 그레이엄의 경우에 법원은 "그레이엄의 재능이 워낙 탁월하므로 마사 그레이엄 현대무용센터가 그녀의 안무를 세부적으로 손대지 않으려고 하는 것은 이해할 수 있다. 하지만 그녀의 안무가 센터와의 고용관계에서 나온 직무저작물임을 부인할 수는 없다"고 결론지었다.[30] 법원은 그레이엄을 고용한 고용주인 마사 그레이엄 현대무용센터가 비록 그녀의 유언으로 지명된 상속자는 아니지만 그녀가 남긴 안무의 진정한 소유자라고 판결했다.

기업들은 직무저작의 범위를 넘어서는 종업원들의 창작물이나 심지어 아직 유형의 저작물로 전환되지 않은 아이디어도 계약으로 사전 양도를 요구할 수 있고 또 그렇게 한다. 브랏츠/바비 소송은 이전의 브라운 재판과 마찬가지로 아직 저작자의 머릿속 밖으로 나오지 않은 개념과 아이디어에 대해서도 계약에 따라 소유권을 주장할 수 있다는 것을 잘 보여준다.

저작권은 지적재산권과 관련해서 여러 가지 문제가 가장 치열하게 부딪치는 영역이다. 저작권법은 저작권 소유자에게 자신의 원작을 복제하고 유통하고 2차 저작물을 만들고 저작물을 공식적으로 공연, 전시할 수 있는 배타적 권한을 준다. 여기서 중요한 것은 저작물 소유자로, 그는 저작물을 창작한 본인일 수도 있고 아닐 수도 있다. 2003년, 연방대법원은 저작권 보호기간을 20년 더 연장하는 소니보노 저작권 보호기간 연장법Sonny Bono Copyright Term Extension Act에 대해서 합헌 판결을 내렸다.[31] 그전에 저작권 보호기간은 저작자 사후 50년, 또는 직무저작의 경우는 75년이었다. 하지만 저작권 보호기간 연장법의 통과로 그 기간은 저작자 사후 70년과 저작물 창작 이후 120년, 또는 직무저작의 경우는 95년으로 연장되었다.

많은 사람이 책의 저작권 보호기간을 저자 사후 50년이 아니라 70년으로 연장한다고 해서 유명 저자가 정말로 좋아할 거냐고

의문을 제기하면서 저작권 보호기간의 연장을 비난했다. 새로 통과된 법에 대해 헌법소원을 제기했다 패한 저작권 전문 학자이자 활동가인 래리 레식은 이 소송에서 패한 것을 자신이 가장 실망하고 애석해하는 소송 결과 가운데 하나라고 말한다.[32] 재판에서 저명한 경제학자들은 미래가치는 늘 줄어들기 때문에 저작권 보호기간을 늘리는 것은 개별 저작권자에게 거의 의미가 없다고 설명하는 법정의견서를 제출했다.

"우리의 문화유산을 영리 목적으로 유용하는 것을 막기 위한"[33] 선언문 작성으로 찬사를 받은 문화비평가 루이스 하이드Lewis Hyde는 2050년까지 하버드대출판부가 지금처럼 계속해서 저작권을 소유하게 될 에밀리 디킨슨Emily Dickinson의 시들을 예로 든다. 저작권은 본디 "작가들에게 보상하기 위해서 독자들에게 부과하는 세금"[34]이라고 생각하는 게 상식이지만, 실제로는 대부분 저작권이 기업체에 있기 때문에 창작자에게 보상해준다는 생각은 한갓 낭만적인 몽상에 불과하다.[35] 창작 활동이 일어나는 환경에서—할리우드의 시나리오 작가들, 뉴욕타임스의 기자들, 브로드웨이의 극작가들, 내슈빌의 음악인들을 떠올려보라—오늘날 예술적 창작에 부여된 지적재산권이 과연 얼마나 많은 예술인에게 주어졌는가? 작가나 예술인, 음악인, 영화제작자와 같이 창작 활동을 하는 사람들은 대개가 발명과 특허의 경우와 마찬가지로 자신들이 만든 저작물에서 발생하는 수입 가운데 아주 작은 일부만을 가져간다. 예컨대, 1960년대 인기를 끌었던 시트콤 〈길리건의 섬Gilligan's

Island〉의 출연배우들은 TV 계약을 맺으면서 재방송에 따른 로열티 관련 계약을 맺지 못한 것으로 업계에 알려졌다. 거의 30년 동안 TV에서 재방송했지만, 그들은 단 한 푼의 대가도 받지 못했다. 발명자와 창작 예술인들이 늘 자신의 발명과 창작물의 가치 중 아주 작은 일부만 가져간다면, 그것으로 어떻게 혁신의 세계에 영향을 끼칠 수 있겠는가?

미국 밖에서는 저작권 보호가 저작권자에게 금전적 보상을 하는 문제를 넘어서 저자의 인격권과 도덕적 권리를 보호하는 문제로까지 확대된다. 예컨대, 비록 원저작자가 작품의 저작권을 다른 사람에게 양도했다고 하더라도 작품의 원저작자가 누구인지를 밝히고 원저작자의 생각에 맞게 작품이 보존되고 전시될 권리를 보호하는 문제까지 포함된다. 피스크는 "대다수 종업원에게 대개 중요한 문제는 당신에게 저작권이 있느냐 하는 것이 아니라, 당신이 그것의 저작자임을 정말로 주장할 수 있느냐 하는 것이다"라고 주장했다. 현행 저작권법에는 그러한 권리들이 명시되어 있지 않다. 최근에 몇몇 법률에서 그러한 보호 조항을 넣어서 그 문제들을 다루려고 시도하고 있다. 1998년에 제정된 디지털 밀레니엄 저작권법Digital Millennium Copyright Act에는 반드시 저작자를 표시해야 한다는 권리가 포함되어 있고, 미국이 문학과 예술 저작물의 저작자 보호를 위한 국제베른협약에 가입한 결과로 통과된 시각예술 저작권법(VARA)Visual Artists Rights Act은 원저작자의 명예와 평판을 해칠 시각예술—회화, 드로잉, 인쇄, 조각—에 대해서 허락받지 않고 자의적으로 수정하는 것을 금지한다.

신화와 현실: 거인의 어깨

> 세계는 정치가나 군인들만큼이나 발명자에게 빚을 지고 있다. 그들에게 미국은 가장 큰 채무자이다. (…) 금세기 그 빚은 훨씬 더 많이 쌓일 것이다. 발명자들이 결코 발명을 멈추지 않기 때문이다.
>
> —찰스 듀엘Cahrles H. Duell, 미국 특허청장, 1899년

1970년, 사회학자 콜럼 길필란S. Colum Gilfillan은 저서 『발명의 사회학The Sociology of Invention』에서 "독특하고 독자적인 위대한 발명자들에 대한 민간 신앙은 이런저런 것들의 기원을 설명하는 모든 역사적 신화들을 만들어낸 것과 똑같은 과정을 따라 기괴하게 전개되었다. 따라서 우리의 전통적인 위대한 발명자들은, 실제로 많은 것을 발명한 사람일 때도, 또다른 측면에서 볼 때 여전히 학교에서 가르치는 민족서사시의 신화 속 영웅들이다"라고 말했다.[36]

길필란은 발명자들을 반신반인처럼 숭배하는 신화는 영웅이 되고 싶은 발명자들의 소망과 영웅과 같은 민중의 숭배 대상이 필요한 사회의 요구가 서로 맞아떨어지면서 나온다고 주장했다. 길필란은 이러한 태도들을 깊이 의심했다. 책은 신화를 폭로하기 시작한다. "실제로 위대한 발명은 (…) 엄청나게 많은 개별 발명들이 집적되어 형성된 것이다. 따라서 한 사람의 영웅이나 한 시대가 그런 발명을 이룰 수는 없다." 더 최근에 『하버드비즈니스리뷰』

는 그런 정서를 반복해서 피력하며 그 문제를 노골적으로 요약 정리한다. "아무것도 없는 것에서 무언가를 발명하는 외로운 천재의 이미지는 낭만적 허구이다."[37]

그럼에도 불구하고, 발명자는 아직도 우리의 많은 이야기 속에서 영웅으로 등장한다. 철학자이자 물리화학자인 마이클 폴라니Michael Polanyi는 수년 전, 지식과 발견은 매우 집단적이면서 동시에 매우 개인적인 노력의 결과라고 특별히 언급했다. 개인도 팀도 모두 영감이나 통찰의 순간, 비유컨대 머릿속에 갑자기 전등불빛이 반짝하고 들어오는 순간을 경험할 수 있다. 그러나 대부분 아이디어는 본디 그렇게 일순간에 반짝하고 떠오르지도 않고 단독으로 무에서 유를 창조하지도 않는다. 오히려 아이디어들은 서로 연결되어 있다. 기업체 내부에서의 연구개발은 "주위에 있는 지식을 발견하고 이해하고 이용하기" 위한 것이다.[38] 따라서 혁신은 반드시 기존의 지식과 그것을 발전시켜 나가는 것이라는 두 가지 기반을 바탕으로 이루어진다.

전통적으로 내려오는 외로운 발명자라는 낭만적인 생각에도 불구하고, 새로운 발명이 기존의 지식에 의존한다는 사실은 오늘날 같은 기술 중심의 사회에만 해당하는 이야기가 아니다. 1675년, 아이작 뉴턴 경은 자신의 경쟁자인 물리학자 로버트 훅Robert hook에게 보낸 편지에다 이렇게 썼다. "내가 (당신과 데카르트보다) 더 멀리 보았다면, 그것은 거인의 어깨 위에 올라서 있었기 때문입니다." 뉴턴이 진지하게 그런 말을 했는지 냉소적으로 그랬는지는 아직도 논란이 많다. 그가 그런 말을 한 진정한 이유가 무엇이든 간에 위대한 정신은 늘 거인의 어깨를 발판으로 하고 있음을 알 수 있다. 실제로 위대한 정신이란 이런 특성, 다시 말해서 기존의 위대한 성과를 발판으로 발돋움할 줄 아는 능력일 수 있다. 뉴턴의 유명한 경구가 나온 지 오랜 세월이 흘러, 스티븐 호킹Stephen Hawking은 아이디어의 흐름에 대한 뉴턴의 견해를 바탕으로 자신의 책 이름을 『거인들의 어깨 위에 서서On the Shoulders of Giants』라고 지었다. 과학학술 저작물들을 검색하는 대형 검색엔진 구글 스칼라Google Scholar는 '거인의 어깨 위에 서라'를 자기네 좌우명으로 삼았다. 비타민C와 구연산 회로를 발견하여 노벨의학상을 수상한 헝가리의 알베르트 센트-죄르지Albert Szent-Gyorgi는 "새로운 발견은 다른 모든 사람이 아는 것을 아는 것이고 다른 모든 사람이 생각하지 못했던 것을 생각하는 것이다"라고 진지하게 말했다.

혁신은 중노동과 지식의 계단 아래 숨어 있는 정부情婦와 같다. 적절한 질문을 던지는 것은 혁신을 추구하는 싸움에서 절반은 이긴 것이다.

혁신은 대개 개인 노력의 문제인가? 아니면, 보다 협업적인 과정의 결과인가? 혁신은 갑자기 전구에 불이 들어오듯이 머릿속에 번득이는 탁월함과 갑작스레 분출하는 깨달음의 순간에서 일어나는가? 아니면, 기존의 지식을 바탕으로 차츰 발전하는 과정에서 늘 예측할 수 있는 방식으로 일어나는가? 창작을 하는 가장 중요한 이유는 무엇인가? 혁신하고자 하는 마음은 어디서 오는가? 열정과 호기심 같은 내적 동기에서? 아니면, 이익 추구와 환호 같은 외적 유혹에서? 혁신과 관련해서 인간의 심리와 경제적 측면은 무슨 상관이 있는가?

우리는 저마다 혁신의 본질에 대해서 생각하는 바가 다르고, 예술 창작과 발명 작업을 뒷받침하는 동인에 대해서 서로 다른 견해를 가지고 있다. 혁신에 대한 고전적(낭만적일 것이 분명한) 이미지는 전에 있었던 것들을 모두 일소하는 완전히 새로운 발견, 외부적 충격, 급격한 발전과 같은 것들이다. 외로운 발명자는 전에 아무도 몰랐던 것을 발견할 수 있는 독특한 능력과 새로운 지식에 대한 갈증 때문에 발명을 하게 된다고들 말한다. 그러나 그러한 외로운 발명자 또는 예술가라는 낭만적 이미지에 나타나는 고독은 상대적으로 장소와 환경, 유대의 무의미함을 상징하는 이미지가 될 수도 있다. 번득이는 천재성과 불타는 정열의 마음이 혁신을 자극한다면, 혁신은 전 세계 어디서든 무작위로 일어날 수 있다. 실제로 금세기 들어, 사람들은 '거리의 소멸death of distance'을 경축하면서 혁신의 세계는 국경선이 없다는 이런 생각을 뒷받침한다. 지식이 세상 어딜 가든 존재하고 빠르게 이동한다면, 또 외로운 발명자들이 가장 중요한 혁신을 일으킨다면, 혁신이 영향을 끼칠 수 있는 범위는 가히 전 세계적이라고 할 수 있다. 이를테면, 톰 프리드먼 기자가 말한 것처럼, 혁신의 세계는 평평하다.

확실히 덜 낭만적이기는 하지만 더 현실에 가까운 혁신의 모습에 대해서 말하라고 한다면, 그것은 끊임없이 진행중인 과정이라고 할 수 있다. 기존의 요소들과 결과물들을 더 잘 배합하려는 노력은 혁신을 낳는다. 본질이 밝혀지는 결정적 순간은 한 개인의 머리 위에 갑자기 번개가 번쩍이며 불꽃이 작열하는 것처럼 보일 수 있다. 그러나 그 순간으로 이어지는 과정은 대개 매우 다양한 형태의 전문가들이 함께 일하는 오랜 세월의 협동 작업이 수반되기 마련이다. 혁신을 낭만적으로 바라보면, 여러 기관과 규칙들, 사람들 사이의 경계가 고정되어 있지만, 오늘날 현실 속에서 지속적인 혁신을 위해서는 발명자와 기업, 산업이 서로 매우 긴밀한 관계를 맺어야 한다는 것을 이미 알고 있다. 혁신을 가져오는 인간의 창조성은 특정한 패턴과 확률을 따른다.

혁신의 이중성

개별적/협업적

급진적/점진적

우연적/계획적

세계적/지역적

열정/이익

예술/과학

배타성/공유

명시적/암묵적

역사적으로 지적재산권의 개념과 관련해서 서로 가장 필적하는 이론으로 유명한 것이 바로 로크주의와 공리주의다. 공리주의가 지적재산권의 필요성을 설명하기 위해서 결과물에 초점을 맞추는 반면에, 로크주의는 노동에 초점을 맞춰 노동의 성과로 사람들이 가지는 자연권으로서 지적재산권 보호를 설명한다. 사람들은 자율적이고 자유로운 존재이기 때문에 그들이 자신의 몸과 마음으로 생산하는 것은 무엇이든 당연히 그들의 것이라는 주장이다. 자유주의 사상을 앞장서 설파한 존 로크는 재산권에 관한 노동 이론을 상세히 설명한 것으로 유명하다. "노동력은 맨 처음에 모두가 공유했던 것에 대해서 누구든 자신을 기꺼이 쓰는 곳이면 어디든 재산권을 주었다"고 선언했다. 로크는 진지하게 이렇게 말했다.

땅과 모든 하등 피조물들이 모든 인간의 공동의 재산이라고 하더라도, 사람의 몸은 저마다 다 자기 것이다. 이 몸은 그 자신 말고는 아무에게도 권리가 없다. 따라서 자신의 노동력과 자기 노동의 성과는 당연히 자기 것이라고 말할 수 있다. 인간은 자연이 제공하고 남겨둔 상태에서 무엇을 빼내든 간에 그것에 자신의 노동력을 투여하여, 다시 말해서 그것에 자기 소유의 어떤 것을 합하여 자신의 것으로 만든다. 인간은 자연 그대로의 공유 상태에서 그것을 빼내어 노동력으로 거기에 어떤 것을 덧붙임으로써 그것에 대한 다른 사람들의 권리를 박탈한다.[39]

요컨대, 로크의 주장으로는 창조적인 일을 하는 창작자들은 그들이 이룩한 성과들에 대한 소유권을 인정받아야 한다.[40] 그는 재산권이 없는 창조성, 최대한 양보해서 적어도 누가 만든 것인지 밝힐 수 없는 창작을 창작자 개인을 소외시키는 행위로 보았다. 대필 작가인 제니 에르달Jennie Erdal은 회고록에서 대필 행위를 매춘에 비교했다. "그 둘 사이에는 임의적인 것 이상의 관계가 있다. 그 둘은 모두 다소 어두운 세계에서 움직인다. 미리 비용을 서로 합의하고 '제공하기로 한 서비스'를 제공한다. 그러한 서비스가 허용된 사람들—고객이든 서비스 제공자든—은 가벼운 충격과 비난에서 노골적인 혐오에 이르기까지 부정적인 반발에 부딪힐 수 있다."[41]

오늘날 세상은 공리주의적 지적재산권 이론이 자기 노동의 성과물에 대해서 당연히 소유권이 있다는 이론보다 우세하다. 공리주의 관점에서 지적재산권은 혁신을 촉진하는 데 필요한 수단에 불과하다. 그러나 어쩌면 로크주의와 공리주의, 두 이론은 서로 긴밀하게 연결되어 있을 수 있다. 창작의 자유와 소유권은 혁신의 수단과 목적 사이에 뗄 수 없는 연결고리가 있음을 보여주면서, 실제로 매우 다양한 방식으로 혁신의 동기와 발전에 영향을 끼친다.

8장

소유권과 혁신 동기 유발의 기적

인간이 되는 것은 혁신하는 것이다. 인간은 무언가 새롭게 창조하는 것을 좋아한다. 이러한 인간 본성의 특징은 몇 가지 근본적인 질문을 제기한다. 인간이 끊임없이 예술과 과학의 혁신을 추구하는 이유는 무엇일까? 타고난 열정 때문인가? 호기심? 놀이? 배우고 싶은 마음? 야망? 경쟁? 부와 명성에 대한 기대? 심리학, 사회학, 경영학, 경제학은 인간이 혁신을 추구하는 이유가 무엇인지에 대해서 서로 다른 관점들을 제공한다. 시인들이 그 길을 밝힌다. 미국 시인 헨리 워즈워스 롱펠로Henry

Wadsworth Longfellow는 이런 시를 남겼다.

오랜 옛날 예술의 시대에
새로운 것을 만드는 사람들은 아주 조심스레 일했다
매 순간 그리고 보이지 않게
신은 늘 우리와 함께 있기 때문이다

내적으로 동기만 부여된다면, 신—우리 내부의 예술성과 혁신 능력—은 늘 우리와 함께 있다. 그러한 순간에 그러한 행위들에 대해서 우리는 결과물의 모든 측면들에 세심한 관심을 가진다. 심지어 겉으로 드러나지도 않고 보상도 없고 매력적이지 않은 측면들도 중요하다. 그 결과물 자체가 보상이기 때문이다. 아서 밀러Arthur Miller는 창작 활동을 하지 않으면 몸이 아프기 때문에 자신의 창작욕을 육체적 욕구라고 설명했다. "누군가는 아무리 사소할지라도 새로운 것을 창작하지 못한다면, 병에 걸린다. 오늘날 엄청나게 많은 사람이 자신은 늘 제자리걸음만 하고 있고, 그래서 자신이 어느 날 갑자기 안개처럼 사라진다고 해도, 그것이 이 세상에서 의미하는 것은 아무것도 없을 거라고 생각한다. 그것은 우리를 좌절하게 하고 파멸로 몰아넣는다. 그것이 당신을 망칠 것이다."[1] 헨리 밀러Henry Miller는 창조적 노동의 가장 좋은 점을 말없이 꿈같은 상태에서 이루어지는 것이라고 했다. 또 어떤 사람들은 창조적인 사람들을 열정의 감옥에 갇힌 사람들이라고 묘사했다. "그들은 무언가에 '홀려' 있다. 그것을 피할 수 있는 방법은 그들을 유혹하는 대상에서 멀리 떨어지는 것뿐이다. 일단 그것이 내 주의를 '끈다면' 거기서 도망치는 것은 불가능하다. 우리를 가두는 장벽은 물질적인 것이 아니다. 그 장벽은 지식과 감정이 만들어낸다. 아니 대개는 그 둘의 합작품인 경우가 많다. 그러나 그것은 당신이 물질세계에 짓는 감옥 같은 구실을 한다."[2]

예술가들은 자신들이 작품을 창작하는 것은 단순히 그렇게 하지 않으면 안 되기 때문이라고 말한다. 그것은 일종의 소명 같은 것이다. 작곡가 로저 세션스Roger Sessions는 이러한 소명을 소유와 같은 것이라고 설명했다. 그는 "자신이 작곡한 곡들을 자신의 것으로 생각하기보다는 그것들이 자신을 소유했다고 생각한다."[3] 또한 창조성은 보통 중독에 비유된다. 어떤 작가는 "위스키는 저리 가라. 섹스, 코카인, 그리고 초콜릿도 필요 없다. 세상에서 글쓰기보다 더 중독성이 강한 마약은 없다"라고 말한다.[4] 실제로 창작과 중독 사이의 관계는 예술가에게만 한정되지 않는다. 예컨대, 컴퓨터 프로그래머들, 특히 오픈소스 운동에 참여하는 사람들은 자신들이 하는 일이 어떤 다른 생산 활동보다 더 중독성이 강하고 생산적이라고 설명한다. "적어도 숙련된 프로그래머들에게 프로그램을 짜는 일은 고도로 창조적인 일이다 (…) 유능한 프로그래머들은 프로그래밍의 중독성 때문에 그 일을 하지 않을 수 없다."[5]

동시에 과학자, 시인, 철학자, 예술가 들은 그들이 혁신을 추구하게 되는 동기가 대개 하나가 아니라 여러 가지라는 것을 보여준다. 예술가들은 대개 죽은 뒤에 인정을 받는다. 과학자들은 생전에 자신이 발견한 것의 중요성을 주위로부터 충분히 평가받지 못할 수도 있다. 따라서 그들이 창작에 헌신하는 이유는 세상의 평판이나 부보다 더 큰 어떤 것이 있는 게 틀림없다. 그럼에도 불구하고, 평판과 부는 가장 강력한 동기들조차도 지배할 수 있다. 진화론의 대부 찰스 다윈은 동료 과학자들의 존경을 한몸에 받고자 하는 야망이 그의 자연과학에 대한 사랑을 더욱 부채질했다. 위대한 철학자 르네 데카르트는 당시 또 한 명의 위대한 철학자 토머스 홉스가 자신의 아이디어를 가로채는 데 몰두하고 있다는 우려를 표명하면서 경쟁 심리를 드러냈다. 데카르트는 한 친구에게 보낸 편지에다 "바라건대, 내가 아직 발표하지 않은 견해들을 그[홉스]에게 가능한 한 말하지 말게나. 내가 크게 잘못 알고 있는 게 아니라면, 그는 내 생각을 이용해서 음흉한 방법으로 명성을 얻으려고 애쓰는 사람이기 때문이네"라고 썼다.[6]

고대 그리스 사상까지 거슬러올라가서 플라톤은 인간의 영혼을 날개 달린 말 두 마리가 끄는 이륜마차를 모는 마차꾼으로 표현했다. 한 마리는 절도 있고 얌전한 백마이고 또 한 마리는 성질이 난폭한 흑마였다. 플라톤의 이륜마차는 인간의 복합적 특성을 포착한 것이다. 마차꾼은 인간의 이성으로 이륜마차가 지닌 이중성이 조화를 이루도록 균형을 잡아주어야 한다. 그것은 다시 말해서 인간의 심리 작용이며 동기를 부여하는 작업이다. 우리는 모두 창조적이면서 **동시에** 경제적 존재이다. 우리는 저마다 내적 동기와 외적 유혹이 있고 어두운 욕망과 밝은 이성이 공존한다. 실제로 우리의 영혼 속에 흑백의 동기가 공존하는 것은 현대 신경과학에서 우리의 감정과 인식 능력이 서로 얽혀 있다고 가르침으로써 더욱 복잡해졌다. 내가 지금 하고 있는 일에 만족한다면, 기분이 울적할 때보다는 일을 더 잘 풀어나갈 수 있을 것이다. 내적 동기가 충만하면 외적 유혹을 쉽게 길들일 수 있다. 우리는 누구나 복합적인 동기와 욕구를 경험한다. 모든 사람의 이륜마차는 저마다 고유의 마차꾼들이 있다. 그러나 그러한 아주 강렬한 내적 동기에도 불구하고, 가장 위대한 사상가나 예술가, 과학자들조차도 내적 열정만으로 평생 자기 일을 지속해나갈 수는 없다는 것을 인정한다.

흙, 바람, 그리고 불

이미 아는 것처럼 에이브러햄 링컨은 "천재성의 불꽃에 이익이라는 기름"을 붓는 것으로 특허제도를 설명한 것으로 유명하다.[7] 동기는 경제적 관점에서 집중적으로 연구되었는데, 주로 보상에 초점을 맞춘다. 반면에 심리학적 관점에서 동기는 전통적으로 내부의 동인에 초점이 맞춰진다. 최근에는 이 두 가지 관점이 학문적으로 서로 수렴되어(내가 지금 동료들과 함께 협업하고 있는 것처럼) 동기를 부추기는 내적, 외적 자극들의 상호작용을 연구하고 있다.[8] 이러한 특이한 작업 과정은 여러 규제 제도들에 따르는 보상과 변화가 개인의 동기와 행동에 어떻게 영향을 끼치는지를 밝힌다.

인간의 동기에 대한 연구는 활기차게 성장하는 연구 분야이다. 그러나 우리는 이러한 현대적 통찰이 정책과 경제 성장과 관련해서 암시하는 것이 무엇인지 잘 알지 못한다. 게다가, 인간의 동기는 100년이 넘도록 실험을 통해서 학문적 탐구와 수많은 연구의 대상이었지만 그러한 연구들 가운데 동기를 계약이나 전략적 통제—많은 기업들이 직면하는 바로 그 딜레마와 분쟁들—와 연결시킨 연구는 드물었다. 특히 지적재산권과 인적 자본 분야에서 실증적 데이터는 턱없이 부족했다. 이러한 단절 때문에 기존의 연구들은 구체적인 전략과 정책을 만들어내는 데 제한이 있을 수밖에 없었다.

연구자들은 동기를 유발하는 근본적인 원인들을 조사할 때마다 개인의 동기가 업무의 목표와 특징, 그리고 작업 환경에 따라 달라진다는 것을 일관되게 발견한다. 긍정심리학positive psychology의 대부 미하이 칙센트미하이Mihály Csíkszentmihályi는 어떻게 해야 최적의 작업 흐름에 도달할 수 있는지를 연구한 최초의 인물이었다. 그는 활동중인 수천 명의 전문가와 예술가, 발명자들을 조사하면서 현재 그들이 하는 일이 자신의 기술 수준에 맞되, 그 일이 끊임없이 문제들을 해결해야 하는 정도의 어려운 작업일 때 비로소 최고 수준의 결과가 나온다고 결론지었다. 다시 말해, 우리는 꾸준히 자신이 관심 있는 작업에 몰두할 수 있고 아무리 많은 난관이 닥쳐도 그것을 잘 이겨낼 수 있다고 느낄 때 동기가 유발된다. 최근의 심리학 연구는 최적의 성과를 내기 위해서, 극복해야 할 난관과 그것을 풀 수 있는 기술 사이의 적합성에 대한 칙센트미하이의 교훈을 더욱 면밀하게 검토한다. 하는 일의 어려운 정도에 따라서 노력의 크기도 달라진다. 일이 적당히 어려울 때 사람들은 최선을 다한다. 반면에 일이 너무 어렵거나 쉬우면 거의 노력하지 않는다. 다시 말해, 일이 어려워질수록 그 일을 지속하고 완료하기 위해서는 점점 더 큰 동기 부여가 필요하지만, 지나치게 단순하거나 어려운 일은 오히려 동기를 잃게 만든다.

사람들은 도전을 즐기지만 성취감도 느끼고 싶어한다. 처음에 달리기 연습을 할 때, 전문가들은 초보자들에게 균형을 잘 맞추라고 요구한다. 지나치게 느리게 달리거나 편하게 연습을 하면, 결코 실력이 늘지 않는다. 중요한 것은 균형을 찾는 것이다. 자신이 충분히 감당할 수 있을 정도로 힘들게 달리되, 다시는 그렇게 계속해서 달리고 싶지 않을 정도로 힘들게 달려서는 안 된다. 마찬가지로, (달리기 초보자에게 20마일을 뛰게 하는 것처럼) 종업원들에게 능력의 범위를 훨씬 넘어서는 업무를 시키는 것은 역효과를 초래하기 쉽다. 신입사원에게 지나치게 어려운 업무를 맡기면 발을 동동 구르거나 심지어 포기하는 경우도 생길 것이다. 따라서 종업원들이 일을 잘 추진해나갈 수 있도록 그들의 수준에 맞는 업무를 찾는 것이 무엇보다 중요하다.

목표는 사람들의 동기를 유발하고 성과를 올리기 위한 열쇠다. 그 목표가 달성할 수 있는 것이라는 생각이 들 때 사람들은 더 많은 역량을 쏟아붓는다. 실제로 우리는 목표 달성에 가까워질수록 더 많은 노력을 기울인다. 한 실험 결과에 따르면, 무조건 최선을 다해 일하라고 했을 때와 어떤 특정한 목표를 주고 일을 시켰을 때, 후자의 경우가 일관되게 더 높은 성과를 올리는 것으로 나타났다.[9] 요컨대, "무조건 최선을 다해 일하라고만 하면, 사람들은 대개 그렇게 하지 않는다."[10] 최선을 다해 일하라는 목표는 외부에 기준으로 삼아야 할 것이 아무것도 없어서, 사람들은 그저 자기 하는 대로 아무 초점도 없이 느슨하게 목표를 정하기 마련이다. 하지만 달리기 기록을 향상시키거나 이익을 증대하거나 점수를 올리는 것과 같은 구체적인 목표는 더욱 집중된 결과를 낳는다. 동시에 특정한 목표를 자기 것으로 삼는 것—자기가 이루고자 하는 꿈을 구체화해서 내면화하는 것—은 동기 유발을 더욱 자극한다. 예컨대, 아이들에게 학습 목표를 자율적으로 정하게 할 때나 업무 목표를 정할 때 종업원들을 참여시키는 경우, 그들은 실제로 상위자가 목표를 정해서 줄 때보다 목표를 더 높이 잡고 더 좋은 성과를 올린다.[11] 구글과 아틀라시안 같은 혁신적인 기업들을 떠올려보라. 이들 기업은 종업원들에게 스스로 판단하고 행동할 수 있는 재량권을 주고, 쉬는 시간도 자율적으로 정하게 하고, 회사의 목표를 자신의 목표로 삼게 함으로써, 의욕을 잃지 않으면서 회사에 더욱 헌신할 수 있는 열정적이고 혁신적인 종업원을 육성한다.

인간의 동기에 대해서 학문적으로 접근하는 경제학자와 심리학자들은(그 옛날 플라톤이 말한 이륜마차의 마차꾼처럼) 동기를 유발시키는 것을 크게 두 가지 범주, 내적인 것과 외적인 것으로 나눌 수 있다고 본다.[12] 외적 동기는 외부에서 동기를 유발시키는 힘들—보상과 명령, 다시 말해서 당근과 채찍—로 구성되어 있다. 내적 동기는 내적인 즐거움, 흥미, 또는 윤리의식과 숙명감 때문에 어떤 선택된 행동이 유발되는 것을 말한다. 자발적으로 나오는 행동은 내적으로 동기 유발이 이루어진 것이고, 어떤 목적 달성을 위한 수단으로 나오는 행동은 외적으로 동기 유발이 이루어진 것이다. 각각의 정의를 놓고 보면 매우 단순해 보여도, 내적 동기와 외적 동기 사이의 상호작용은 실제로 매우 복잡하다. 예컨대, 우리는 이제 외적 보상이 내적 동기를 약화시킬 수 있음을 안다. 나는 동료 학자 유발 펠드먼과 함께 윤리적으로 행동하고 규제 의무를 따르게 하기 위해 금전적 보상을 하는 것이 어떻게 내적 동기를 약화시키고, 실제로 어떤 상황에서는 오히려 역효과를 야기할 수 있는지 실험했다. 어떤 행동을 끌어내기 위한 과정에서 돈이 개입될 때, 사람들은 돈을 동기 유발의 주역으로 생각할 수 있다. 따라서 금전적 보상이 작고 내적 동기에 따라 일을 할 때보다 더 나쁜 결과를 초래할 수 있다.[13] 마찬가지로, 최근의 한 연구는 외적 동기가 지나치게 클 때, 사람들은 숨막힐 정도로 압박감에 시달릴 수도 있음을 보여준다. 내적 동기와 외적 동기 사이의 부정적인 상호작용의 결과 때문에 심리학자들은 금전적 보상이 내적 동기를 약화시킨다고 주장한다.[14]

창조성과 관련된 여러 실험에 따르면, 외적 보상이 실제로 인간의 노력을 이끌어내는 동기로 작용하는 것은 맞지만, 반면에 창조성을 자극하는 효과는 별로 없다. 예컨대, 인간의 동기를 연구하는 심리학자들은 어른과 아이를 불문하고 누구나 창작에 대한 대가로 보상을 받을 때, 대개 품질이 낮은 작품을 생산한다고 한다.[15] 아주 상식적으로 생각해도 그 조사 결과는 당연해 보인다. 정원 가꾸는 일을 좋아하는 사람이라면, 누가 뭐래도 당연히 정원을 보살피고 가꾸는 일에 힘을 쏟을 것이다. 그는 아마도 그것을 직업으로 삼아 돈을 받고 이웃의 정원을 관리하는 조경업자보다 훨씬 더 열정적으로 정원을 잘 가꿀 것이다.

그렇다면 이제 우리는 인적 자본 통제와 자유의 문제를 이와 같은 방식으로 동기와 성과의 문제와 연관지어 볼 수 있지 않을까? 동료이자 남편인 온 아미르와 내가 무엇보다도 알고 싶었던 것은 앞에 나온 것처럼 미래에 사람들의 노력을 이끌어내기 위해서 자유와 통제가 어떻게 인간의 동기 유발에 영향을 주는가 하는 것이다.

우리가 수행한 행동 실험

> 기업에서는 말이나 설명, 약속이 아니라, 오직 결과만이 현실이라는 것이 불문율이다.
>
> —해럴드 제닌Harold S. Geneen, 국제전신전화회사(ITT) 최고 경영자, 1959–77년

당신은 운좋게도 자기가 좋아하는 일을 하고 있고 그 일에 열정을 가지고 있다. 그런데 쉬는 시간에 회사의 여러 문제를 풀

수 있는 좋은 해법이 당신 머리에 떠올랐다고 가정하자. 당신이 입사할 때 경업금지 약정에 서명했다면, 이제 어떻게 될까? 당신이 퇴직 후 경력 선택이 제한된다면, 지금까지 일했던 방식과 다르게 행동할 것인가? 당신보다 더 창의적인 종업원들이 있는가? 있다면, 그들은 앞날을 위해서 당신보다 더 위험을 무릅쓸 수 있을까? 그들의 머리 위에서 경업금지가 도사리고 있는데 더 창의적으로 일할 사람들이 있을까? 그들은 다른 데서 더 훌륭한 경력을 쌓을 수 있는데도 현재 하는 일을 더욱 열심히 할까? 회사의 근무시간이 더 늘어나면 그들은 더 창조적으로 생각할까? 이런 질문들은 대답하기가 쉽지 않다. 기업과 지역의 성공 여부는 현장의 데이터들을 철저히 검토하면 어느 정도 측정할 수 있지만, 노동자들의 다양한 행동 변화를 직접 살피는 것은 매우 힘든 일이다. 앞에서 인재의 이동이 자유로운 지역일수록 성공 가능성이 크다는 연구 결과들은 적어도 부분적으로는 인적 자본의 자유로운 이동에 따른 동기 유발 효과 덕분이라고 할 수 있다. 다시 말해, 나는 통제의 대상이 되는 것이 개인의 생산 활동 방식에 영향을 끼칠 수 있다고 가정했다. 생산적 고용은 종업원의 성취동기, 노동 조건, 자유로운 이직과 자연스럽게 연결된다. 사람, 노동 환경, 인간관계는 서로 공생한다. 그러나 지난 수년 동안, 우리가 인재 유치 전쟁을 수행하는 방식과 인간의 동기를 유발하는 방식 사이의 상호작용과 관련해서 반드시 제기될 수밖에 없는 문제들에 대해서 명확하게 대답한 사람은 거의 없었다.

우리는 그러한 문제에 해답을 구하기 위해서 카우프만 재단의 서던 캘리포니아 혁신 프로젝트로부터 자금 지원을 받아 1,000명의 참가자를 대상으로 몇 가지 실험을 수행했다. 온 아미르와 나는 시장과 실험대상자들의 조직 행동을 모의실험하기 위한 실험실과 온라인 실험 방식을 설계해서 인적 자본의 통제가 종업원의 목표 달성에 어떤 역할을 하는지 시험했다. 우리는 경업금지, 비밀유지, 지적재산권과 같은 통제가 종업원의 목표 달성과 동기 유발을 어떻게 바꾸는지 알고자 했다. 앞에 나온 우리의 역동적 모델을 생각하라. 역동적 모델은 인재와 아이디어의 자유로운 흐름이 나중에 성장을 낳을 뿐 아니라 인간의 재능을 움직이고 추구하는 자유가 동기 유발에 긍정적으로 작용한다는 것을 보여줌으로써 통제가 혁신을 강화한다는 종래의 전통적 가설에 이의를 제기한다. 우리는 이러한 실험 방식을 통해서 외적인 보상, 목표, 업무 환경과 같은 요소들이 인적 자본에 끼치는 다양한 효과를 하나씩 별도로 조사하여 예측할 수 있다.

우리는 서로 다른 두 가지 과제를 시험하기로 했다. 하나는 노력 중심의 과제이고, 다른 하나는 창의성을 발휘하는 과제였다. 매트릭스 과제Matrix task는 행렬에서 합해서 10이 되는 두 개의 숫자를 찾아내는 것이다. 우리는 참가자들에게 가능한 한 빨리 두 수의 조합들을 찾는 것이 목표라고 말했다. 다음으로 단어 연상 과제인 리모트 어소시에이츠 과제Remote Associates task는 서로 다른 세 단어에서 공통적으로 연상되는 단어를 찾아내는 것이다. 우리는 인적 자본에 대한 통제가 동기 유발을 약화시켜 주어진 과제를 중도에 포기하게 하거나 부실한 성과를 초래할 것이라고 가정했다. 동시에 우리는 동기 유발의 측면에서 볼 때, 매트릭스 과제 같은 노력 중심의 과제가 리모트 어소시에이츠 과제 같은 창의성과 관련된 과제보다 부실한 성과가 더 많이 나올 거라고 예상했다. 내적 동기 유발 효과가 후자에서 훨씬 더 강하기 때문이다. 내적 동기 유발 효과가 높을수록 통제의 부정적 영향이 줄어들 것이라는 게 우리의 생각이었다.

실제로 기업 현장에서 보상이 동기 유발을 위한 수단으로 쓰인다는 것을 감안해서 시장의 고용 상황을 모의실험했다. 실험참가자들은 과제를 더 오래 더 잘 수행할수록 실제로 더 많은 돈을 벌었다. 그들은 고숙련시장을 대표했다. 대다수 참가자가 대학을 졸업했고 절반 정도는 석사학위자였고 수년 동안 직무 경험이 있었다. 그들은 여섯 가지 실험 상황 가운데 하나에 무작위로 배정되었다. 절반은 매트릭스 과제(노력 기반의 과제)를 할당받았고 나머지 절반은 리모트 어소시에이츠 과제(창의성 기반의 과제)를 할당받았다.

우리는 참가자의 3분의 1에게 경업금지 상황에 배정했다. 거기서 참가자들은 미래에 똑같은 형태의 과제를 취할 수 없다는 고지를 받았다. 또다른 3분의 1은 부분적인 경업금지 상황에 배정되었는데, 그들은 전 직장에 미래 수입의 일부를 지불함으로써 통제를 벗어나 자유를 살 수 있었다. 나머지 3분의 1은 어떠한 통제도

받지 않았다.

우리는 참가자들이 어떤 상황에 배정되었든 상관없이 모두에게 같은 보수를 지급했다. 그들은 문제를 맞게 풀 때마다 50센트씩 받았다. 게다가 과제를 빨리 완료한다면 상여금도 받았다. 상여금은 답을 추측했을 때보다 정확히 맞추었을 때 더 많이 주는 식으로 설계되었지만, 과제 수행 속도가 전반적으로 빠르면 더 큰 보상을 받을 수 있었다.

참가자들이 과제를 성공적으로 마무리하도록 동기를 유발하는 가장 큰 수단은 바로 끝까지 과제를 완수하는 것이었다. 도중에 과제를 중단한 사람은 아무런 보수나 보상도 없었다. 우리는 또한 과제 수행 시간, 성과의 질, 참가자의 과제를 즐기는 태도 같은 것도 보았다.

과제 중단

대부분의 실험실과 웹 실험에서처럼 우리 실험도 중도에 그만두는 참가자들이 있다. 대부분의 실험에서 실험자들은 중도에 그만두는 실험참가자들 때문에 표본선별효과가 있을 수 있고, 따라서 그러한 실험에서의 이탈 때문에 특정한 실험 조건이 상관관계를 잃게 될 것을 우려하지만, 우리 실험에서 중도에 그만두는 사람의 비율은 하나의 종속변수였다. 과제에 대한 동기 유발과 관련해서 경제적으로 가장 강력한 제재는 중도에 그만두면 보수 지급을 중단하는 것이다. 퇴직 후 종업원의 취업 제한에 대한 우리의 평가가 맞다면, 그러한 제한 조치는 중도에 그만두는 사람의 비율을 높일 것이라는 게 우리의 예측이었다. 따라서 우리는 서로 다른 상황들에서의 중도이탈 비율을 모두 비교했다. 예측한 대로 통제 아래서 일하는 참가자들은 아무 제한 없이 일하는 참가자들보다 중도에 그만둘 가능성이 훨씬 더 높았다. 미래에 똑같은 형태의 과제를 선택할 수 없을 거라는 말을 들은 참가자들, 다시 말해서 경업금지 상황에 처해 있는 참가자들 가운데 중도에 과제 수행을 그만두는 사람이 20% 늘었다. 이것을 경제적으로 설명하면, 미래에 자신의 행동이 제한될 거라는 말을 들었을 때 사람들은 돈벌이 기회를 포기할 가능성이 훨씬 높다는 말이다. 우리 식으로 다시 말하면, 강력한 인적 자본 통제에 발목이 잡힌 사람들은 기존의 과제를 끝까지 지속할 의욕이 확실히 낮다는 것이다.

성과

우리는 놀랄 정도로 높은 중도이탈 비율을 발견하는 것 말고도 과제 수행을 완료한 사람들이 이루어놓은 성과의 질을 알고 싶었다. 이 실험에서의 성과는 참가자들이 알아맞힌 두 수의 조합 개수나 올바르게 연상한 단어 개수로 측정했다. 그 결과는 다시 한번 놀라웠다. 과제를 끝까지 수행한 참가자 중에서 완전한 제한이든, 부분적 제한이든 통제 아래 있는 참가자들은 어떤 과제를 수행하든 모두 어려운 문제를 풀지 않고 넘어갈 확률이 높았다. 그러나 오답을 제출할 가능성은 좀더 쉬운 (매트릭스) 과제를 수행한 참가자들이 훨씬 더 높았다. 실제로 오답률이 2배 더 높았다. 또한 인적 자본 통제를 받는 참가자들은 그렇지 않은 참가자들보다 과제 수행 시간이 짧았다. 반면에, 우리가 예상한 대로 (내적 동기 유발을 더 강하게 촉발시키는) 리모트 어소시에이츠 과제 참가자들은 통제를 받든 안 받든 오답이나 문제를 풀지 않고 넘어간 비율, 과제 수행 시간 면에서 모두 비슷한 성과 수준을 보였다. 부분적 통제의 경우도 약간 성과가 낮기는 했지만 거의 같은 결과가 나왔다.

연구개발과 인적 자본 투자

전통적 경제 예측에 동의하는 사람이라면, 기업은 인간이든 지식이든 자기들이 투자한 결과물에 대한 흐름을 통제할 수 있을 때 비로소 연구개발과 기술개발에 더 많이 투자할 것이라고 당연히 생각할 것이다. 그러나 우리의 역동적 모델이 보여주는 또다른 모습을 생각해보라. 기업들이 투자한 것들을 남에게 빼앗길까봐 걱정하는 것이 당연할 수 있다. 하지만 그것이 종업원들의 기술력 향상과 업무 수행을 더 잘하고자 하는 동기를 유발시킨다면, 그러한 우려를 불식시키고도 남는 일이다. 종업원들의 동기 유발은 외적인 선택지들이 현실적으로 가능할 때 커진다. 이러한 역동적 모델을 뒷받침하고 우리의 실험 연구를 보완하는 새로운 현장 데이터들은 인적 자본 통제가 강할

수록 연구개발 투자와 종업원 1인당 자본 지출이 실제로 줄어든다는 것을 보여준다.[16] 현장 데이터는 전통적 모델의 양면성에 대한 우리의 견해와 일치한다. 경업금지는 처음엔 기업들이 인적 자본에 투자하는 것을 촉진할 수 있지만, 동시에 종업원들 자신이 스스로에 대한 투자를 단념하게 하기도 한다. 실제로 경업금지 때문에 종업원들이 스스로에 대한 투자를 게을리함으로써 발생하는 역효과는 기업이 인적 자본에 투자하는 긍정적 효과보다 더 크게 나타난다.

이 문제에 대해서 좀더 자세히 살펴보자. 직관적으로 생각할 때, 전통적인 경제 모델은 경업금지를 엄격하게 시행하는 회사일수록 이직하지 못하고 남아 있는 인재들에게 더 많이 의존할 수밖에 없다. 이러한 종래의 모델에서 직업 안정성은 종업원들에게 매우 중요한 문제이기 때문에 회사는 종업원들의 기술력을 쌓는 데 투자를 늘리지 않을 수 없다. 그러나 동시에 유능한 인재들은 이런 통제받는 제도 아래서 자신들의 선택지가 좁아지는 것을 (이성적으로나 감성적으로) 깨닫는다. 경업금지, 비밀유지 약정, 특허와 저작권 양도, 끊임없는 소송 위협과 같은 규제들은 종업원들이 다른 회사로 이직하지 못하도록 발목을 잡는다. 당신이 이런 상황에 있다고 생각해보라. 자신의 앞날이 제약되고 발목이 잡혀 있다고 생각하면 당연히 자신의 기술과 경력을 개발하기 위해 투자하고 싶은 의욕이 떨어질 수 있다. 달리 말하면, 인재를 영입하기 위해 기업들이 경쟁하지 않는다면, 인재들이 자신의 능력을 과시하기 위해 열심히 일할 이유가 없을 것이다. 기업이 유능한 인재를 경쟁적으로 영입할 수 없고, 인재들이 기존의 고용주에게 구속될 수밖에 없는 상황이라면, 당연히 종업원은 자신의 직업 경력을 강화할 필요성을 별로 느끼지 못한다.

게다가 경업금지를 더욱 강력하게 시행할 경우, 임원의 보수가 낮아지고 상여금과 성과급 중심의 보상 체계가 기본급이나 고정급 중심의 보상 체계로 바뀐다는 것은 이미 밝혀진 사실이다. 따라서 캘리포니아 같은 지역들은 기업들이 경업금지로 유능한 종업원들의 이직을 막을 수 없기 때문에 인재들의 이직을 적극적으로 막을 필요가 있을 때, 실적에 따른 성과급과 추가 상여금의 형태로 당근을 제공한다. 이것은 결국 회사의 성공을 위한 창의적이고 혁신적인 종업원들의 책임과 열의를 높이게 할 것이다.

경업금지가 동종업계의 임원들과 기술력이 뛰어난 고임금 노동자들의 이직을 크게 줄인다는 마크 자마이즈의 연구 결과를 상기하라. 이런 사실을 반영해서, 경업금지를 강력하게 시행하는 지역의 임원들은 재직기간이 다른 지역에 비해 길다. 더욱 놀라운 것은 인적 자본에 대한 보상과 투자와 관련해서 자마이즈가 발견한 것이 현실과 일치한다는 사실이다. 경업금지 시행 강도가 높을수록 종업원들에 대한 보수는 줄어든다. 경업금지가 폭넓게 인정되는 지역에서는 최고위 임원들에 대한 보수가 다른 지역보다 더 낮다. 관리자들은 인적 자본 통제가 있는 주에서 직장을 옮길 경우, 통제가 약한 주에서 이직하는 관리자들에 비해서 전보다 더 낮은 지위와 낮은 보수를 받는 경향이 있다. 다시 말해, 인적 자본 통제가 심한 지역에서 회사를 그만두기 위해서는 그에 상응하는 고통의 대가를 받기 마련이다.

그러나 다른 것은 전체적인 보수액만이 아니다. 보상의 형태도 인재 유치 전쟁을 전개하는 방식에 따라 달라진다. 경업금지가 널리 인정되는 지역은 그렇지 않은 지역보다 보수가 낮지만, 형태 또한 성과급이 아니라 고정급 방식이다. 자마이즈는 "경업금지 약정은 인적 자본을 기업에 구속시킨다. 그러면서 인적 자본의 질마저 바꾼다"고 결론짓는다.

요컨대, 강력한 경업금지의 시행은 회사의 연구개발비와 종업원 1인당 자본투자비를 줄이고, 임원들의 보수를 낮추고, 상여금과 성과급 위주의 보상 체계를 기본급과 고정급 위주의 보상 체계로 바꾼다. 따라서 그런 회사는 종업원들을 훈련시키고 기술 배양을 위해 투자하는 데 점점 인색해진다. "경업금지 약정이 종업원 자신의 인적 자본 투자에 미치는 부정적 영향은 그것이 회사의 인적 자본 투자에 미치는 긍정적 영향보다 더 크다."[17] 다시 말해, 우리의 역동적 모델이 맞다.

실험적인 행동경제학 연구는 실험실 환경에서 진행되는데, 이것은 강점이면서 동시에 단점일 수 있다. 이러한 연구는 개인들이 실생활에서 부딪치는 현실들을 모두 포착하지 못하지만, 현실을 이해하기 어렵게 하고 판단을 어지럽히는 변수들을 제거함으로써 우리가 알고 싶은 데이터들과 그 연결고리들에 집중할 수 있게 한다. 오늘날 이러한 실험들이 실생활에서의 인간의 행동과 매우 정확하게 일치하는 경향이 있다는 주장이 점점 힘을 얻고 있다. 여기서도 우리의 실험 결과는 현장 데이터로 그 타당성이 입증된다. 인재 유치 전쟁을 촉진하거나 방해하는 주들 사이의 차이를 검토하는 많은 연구는 우리가 실험에서 발견한 것들을 뒷받침한다. 그것들은 모두 똑같은 결론을 가리킨다. 기업들이 인적 자본 통제를 강화할 수 있을 때 연구개발 투자에 소극적이라는 사실은 우리가 발견한 조직 행동의 결과들 가운데 하나를 입증한다. 그것은 시간이 흐르면서 나타나는 자유로운 이직의 긍정적 효과를 넘어서 자유가 주는 또다른 부가적인 혜택들이 있다는 것을 보여준다. 우리의 실험들은 심지어 건조한 실험실 환경에서도 계약을 통한 은밀한 통제가 사람들의 동기 유발과 성과에 영향을 끼친다는 것을 보여준다. 우리의 실험참가자들은 인적 자본인 자신들에 대한 통제를 수용하라는 요구를 받았을 때, 중도에 과제를 그만두거나 자주 오답을 냈다. 실제로 시장에서도, 인재 유치 전쟁의 정신—이직, 공유, 학습의 자유—을 보호하는 곳에서는 인적 자본을 통제하는 채찍에 대한 대안으로서 성과급 보상이라는 당근의 폭넓은 사용을 통해서 이러한 실험 결과들을 확인할 수 있다.

당근, 채찍, 그리고
황금수갑

유명한 에이티앤티 벨연구소AT&T Bell Labs의 철학은 '창조에는 시간이 걸린다'였다. 우리의 연구 결과는 종업원들의 이직을 제한할 경우 그들의 동기와 성과에 어떤 영향을 끼치는지 잘 보여준다. 그렇다면, 고용보장 문제와 관련해서 회사가 종업원을 쉽게 해고할 수 있는 상황이 창조적 작업 환경에서 혁신에 끼치는 영향은 어떠한가?

이 새로운 연구는 해고와 관련된 법들과 혁신 사이의 관계를 조사한다.[18] 여기서 각 주는(앞서 경업금지의 시행 강도에 따라 점수를 매긴 것처럼) 해고에 대한 법적 보호가 얼마나 강하고 약한지에 따라 점수가 매겨진다. 그러고 나서, 그 점수를 특허 출원 및 특허 인용 건수와 상호 비교한다. 그 결과, 종업원의 고용보장이 확실할수록 특허 관련 활동이 더 활발히 잘 이루어진다는 것이 밝혀졌다. 예컨대, 종업원을 함부로 해고하지 못하게 하는 법—이를테면, 양심선언이나 인종차별반대에 대한 보복으로부터의 보호—이 많은 주는 이런 보호 제도들이 특허 출원을 많이 하는 것과 밀접한 관련이 있다는 것을 보여준다. 이것이 의미하는 것은 무엇일까? 회사는 안정된 고용보장을 통해서 단기적인 실패에 대해서 응징하지 않고 종업원들의 행동을 구속하는 수단을 사용할 수 있다. 그것은 결국 종업원들이 더 과감하게 혁신 활동을 하도록 자극한다. 종업원들은 회사가 자신을 함부로 해고할 수 없다는 것을 알기 때문에 장기적인 혁신 활동에 기꺼이 투신할 수 있다.

이 연구에서 가장 흥미로운 사실은 시장 관계가 형성되고 유지되고 성장하는 방식들이 혁신의 형태에 영향을 끼친다는 우리의 직관을 뒷받침한다는 것이다. 이런 연구들은 아직 초기 단계에 있지만 인재의 이직과 동기, 혁신 사이의 연관성에 대한 또다른 통찰을 제공한다. 이러한 통찰들이 종합적으로 보여주는 사실은 매우 명확하다. 종업원을 함부로 해고할 수 없는 제도적 안전장치에 의한 안정된 고용보장은 발명자의 성과를 높일 수 있다는 것이다. 동시에 인적 자원을 통제함으로써 자유로운 이직을 제한하는 것은 역효과를 부른다.

우리가 통제 심리에 기대지 않고 인재를 붙잡아두려고 한다면, 어떤 다른 방법이 있을까? 유능한 인재들은 당연히 외부로부터 피하기 어려운 매력적인 제의들을 받을 수밖에 없다. 봉급 인상은 늘 은밀하게 제시되는 선택지다. 우리 사회는 관리직들에게는 보상이 지나치게 높은 반면에 창의적이고 독창적인 종업원들에게는 보상이 지나치게 낮다. 금세기 초, 금융 시장과 기업을 위기에 빠뜨린 지도층들에 대한 환멸에도 불구하고, 우리는 아직도 관리직 임원들에게는 하늘을 치솟는 높은 보상을 하고 유능한 발명자들에 대해서는 턱없이 낮은 보상을 하는 불공평한 태도를 유지하고 있다. 부문 간 불공평한 보상 체계를 통해서 특정한 직종을 찬미한다. 이러한 불균형에 대해서 오바마 대통령은 "우리는 수학적 재능이 있는 대학 졸업생들이 하나같이 파생금융상품을 파는 사람이 되기를 바라지 않습니다. 일부는 공학자도 되고 또 일부는 컴퓨터 설계자도 되기를 바랍니다."[19] 그럼에도 불구하고, 인재 유치 전쟁은 전통적으로 임원들에 대한 극도로 높은 보상과 유능한 발명자들에 대한 지나치게 낮은 보상의 차이를 무너뜨리는 중요한 예외 상황을 낳았다. 예컨대, 이베이의 최고 기술자는 최고경영자보다 2배 더 많은 보수를 받는다고 알려져 있다. 애플은 최근에 휴대용 오디오/비디오 플레이어 기술자 한 명을 회사에 붙잡아두기 위해 약 800만 달러를 지불했다. 구글은 기술자 한 명이 페이스북으로 이직하려는 것을 막기 위해서 350만 달러의 양도제한부 주식restricted stock을 지급했다. 구글은 또한 경기 불황에도 불구하고 2011년 1월에 전 종업원에게 10% 임금 인상을 공표했다.

그러나 모든 기업이 독창적인 종업원들을 붙잡기 위해 이렇게 큰돈을 지불할 수는 없다. 보상제도의 구성과 체계는 회사가 종업원들에게 주는 금액만큼이나 매우 중요하다. 비록 과거에는 종업원 보수가 능력보다는 근속년수를 기준으로 차이가 났지만, 오늘날 기업은 가장 유능하고 독창적인 종업원들을 붙잡기 위해서 그들에게 성과에 따라 더 높은 보수를 지급한다. 다시 말해, 유능한 인재들이 회사에 남게 하기 위한 방향으로 보수 체계가 바뀌었다. 기업들은 또한 유능한 인재를 채용하고 유지하기 위해서 더욱 근무하기 좋은 작업 환경을 마련하고 지속적으로 배우고 전문가로 성장할 수 있는 분위기를 보장하는 데 주력하고 있다.

성과급은 기업의 보수 체계로 점점 크게 자리잡고 있다. 옛날에도 성공한 기업들은 종업원들이 발명한 것에 대해서 상여금과 이익의 일부를 지급하는 것이 종업원들의 혁신 의욕을 자극한다는 사실을 인정했다. 따라서 인재 유치 전쟁이 한창인 때, 기업들이 유능한 인재를 붙잡기 위해 이직을 통제(채찍)하느냐, 아니면 동기를 부여(당근)하느냐에 따라서 종업원의 보상 체계는 다르게 구성될 것이다. 방금 본 것처럼, 자마이즈의 연구에 따르면, 경업금지와 같은 통제가 강력하게 시행되는 주에서는 고정급 형태의 보상 체계가 더 많은 반면에, 경업금지가(거의) 시행되지 않는 주에서는 성과급 형태의 보상 체계가 더 많다.

채찍처럼 당근도 혁신에 복합적인 영향을 끼친다. 스톡옵션, 상여금, 이윤분배제도는 종업원에 대한 지나친 감시와 제한을 가하는 부정적 효과 없이 기업에 대한 종업원들의 충성심과 정체성을 이끌어낸다. 성과급 보상은 회사에서 종업원의 몫을 증대하고 회사의 성공을 위한 그들의 책임감을 높인다. 이러한 보상(과 그것을 받은 종업원 개인의 회사에 대한 투자)은 또한 종업원들이 회사에서 자발적으로 동료 종업원들을 감시하게 자극할 수도 있다. 오늘날 그러한 상여금 체계를 갖추고 종업원들에게 스톡옵션을 제공하는 기업들이 다른 기업들보다 높은 성과를 올린다는 증거들이 많이 있다.[20] 그러나 스톡옵션과 보너스 제도 때문에 종업원들이 열심히 일하는 것은 사실이지만, 그러한 보수 체계는 여러 가지 문제가 있다. 혁신적 환경에서 종업원의 성과를 측정하는 것은 어려운 일이다. 그런 문제들 중 하나는 주목할 만한 가치가 없는 결과물에 거꾸로 주목하게 만들 수 있다는 것이다. 또다른 문제는 서로 협력이 필요한 일을 할 때, 개인별 기여도에 따라 성과급을 차등 지급할 경우, 저마다 자신을 돋보이기 위해 애쓴다면 오히려 목표 달성에 역효과를 초래하고 팀워크를 가로막을 수 있다. 개인별 보상 동기는 종업원들이 정보를 공유하지 않고, 협력 작업에 덜 참여하고, 팀 전체의 결과물을 축소하는 방향으로 이끌 수도 있다. 다시 말해, 어떤 환경에서는 성과급이 개인 발명에 지나치게 많은 시간을 투입하고 팀원들과의 협업에는 충분히 시간을 할애하지 않는 식으로 잘못된 동기 유발을 촉발할 위험이 있다. 심지어 저마다 상여금을 받기 위해 경쟁하다가 상대방이 이루어놓은 것을 서로 적극적으로 파괴하는 데까지 나아갈 우려도 있다.

성과와 혁신적 활동에 따라 상여금을 지급할 때 나타날 수 있는 또하나의 문제는 종업원들 사이에 질시와 불공정하다는 인식이 팽배할 수 있다는 점이다. 우리 모두가 살면서 늘 겪는 일이지만, 종업원들은 자신의 능력과 노력에 대해서 과대평가하는 경향이 있다. 대규모 사업장에서 일부 선택된 소수의 종업원들만이 더 많은 보상을 받을 때 그 밖의 다른 종업원들은 사기가 꺾일 위험이 있다. 의도치 않은 그러한 결과는 때와 장소에 따라, 기업과 산업 문화에 따라 다르게 나타난다. 그러나 그것 때문에 많은 기업은 종업원들의 임금 격차가 상대적으로 작은 구조를 유지하려고 한다. 매우 혁신적인 소프트웨어 회사인 아틀라시안은 이 모든 우려를 불식시키기 위해서 최근에 개인별 성과 상여금을 없애는 대신에 봉급을 더 올리고 조직 단위의 상여금과 스톡옵션을 지급하는 것으로 바꿨다. 개인에 대한 직접 보상에 대한 관심이 지나치게 커지면서 팀 단위의 공동 작업이 이루어지지 않고 있다고 판단했기 때문이다.

그러나 이런 여러 문제에도 불구하고 많은 기업은 통제의 채찍을 성과급과 이윤분배제도라는 당근으로 바꾸는 작업을 아주 효과적으로 이루어냈다. 그러나 거기에 함정이 하나 있다! 채찍을 당근인 것처럼 위장시키는 것이다. 그 악명 높은 황금수갑—스톡옵션처럼 약속한 기간까지 있어야 권리를 행사할 수 있도록 권리행사 시점을 일정 기간 뒤로 유예하는 것으로 일찍 그만둘 경우 희생해야 할 것이 많은 일종의 징벌적 보상—은 사실상의 제한적 계약으로 기능할 수 있다. 황금수갑은 해당 종업원이 이직이나 퇴직 후 창업을 할 경우 입게 될 경제적 손실을 생각해서 그만둘 수 없게 만들기 때문에, 경업금지와 비슷하게 경쟁을 제한하는 채찍이라고 볼 수 있다. 황금수갑을 찬 종업원이 회사를 떠날 경우, 교육훈련비를 반납하고 스톡옵션이나 유예된 보상이 모두 취소되는 실권조항失權條項은 합리성 분석의 대상이 되어야 할까? 그렇다면, 법원은 황금수갑을 경업금지와 똑같은 방식으로 철저히 검토해야 하지 않을까? 이미 앞서 본 것처럼, 법원마다 답이 다른 것은 당연하다. 어떤 지역의 법원은 그러한 조항을 합리성과 상관없이 무조건 인정하고 거래의 제한으로 보지 않는다. 하지만 어떤 주들은 그 조항을 거래의 제한으로 보고 경업금지 약정과 똑같이 합리성 분석의 대상으로 삼는다.[21] 대부분의 주에서는 실권조항을 합리성 분석의 대상으로 보지만 경업금지보다는 약간 느슨한 형태로 다룬다. 대개 실권조항은 해당 종업원에게 그 내용을 합리적으로 고지했다면, 그 효력을 인정받는다. 이러한 중도적 방식은 어느 정도 합리적이다. 실권조항은 경업금지나 불가피한 영업비밀 누설 금지와 똑같이 시장에서 종업원의 기술과 지식을 원천적으로 사용하지 못하게 하는 것이 아니기 때문이다. 특히, 우리의 실험은 그것이 다른 방식보다 좀더 완화된 방식이라는 것을 입증한다. 부분적 경업금지, 기존의 권리 반환 조건은 종업원의 동기와 성과에 극단적인 영향을 끼치지는 않는 것으로 나타났다.

최적의 조건: 어떻게 해야 일도 잘하고 놀기도 잘할까

일, 예술, 과학, 섹스, 스포츠, 종교. 이러한 활동들의 공통점은 무엇인가? 인간은 이런 활동에 몰두하면 외부 세계가 사라지는 것 같은 상태에 도달할 수 있다. 세계가 사라지고 최적의 경험 상태에 도달할 때, 우리는 시간 감각을 잃는다. 그런 경험에 빠지면 자의식이 없어지고 현재의 행동에 완전히 몰입한다. 우리의 인식은 행동 그 자체만큼이나 제한된다. 그런 소중한 순간에 우리의 몸과 마음은 최상의 경지에 이르러 생각과 행동을 완벽하게 일치시킬 수 있다. 이것이 바로 우리가 자신의 흐름을 찾는 때이다. 우리는 어떻게 이런 완벽하게 정돈된 순간을 만들어낼 수 있을까? 우리가 일하고, 관계를 맺고, 창조적 환경을 만들고, 목표를 세우는 방식들은 모두 그런 최적의 성과를 이루는 데 기여할 수 있다.

칙센트미하이는 그 같은 최상의 경지에 이르기 위해 애쓰는 인간의 이런 모든 활동을 연구했다. 빌 클린턴과 토니 블레어,

재계 거물, 유명 운동선수들(댈러스 카우보이 코치 지미 존슨Jimmy Johnson은 1993년 슈퍼볼을 준비하면서 칙센트미하이의 저서들을 읽었다)을 포함해서 전 세계 지도급 인사들은 모두 칙센트미하이가 자신들의 삶에 큰 영향을 끼쳤다고 말한다. 현재 그는 야자수와 감미로운 사탕 색깔의 컨버터블 자동차가 질주하는 화창하고 느긋한 땅, 캘리포니아에서 심리학 교수로 있다. 그러나 그의 삶은 지금과는 매우 다른 시간과 공간에서 시작되었다. 칙센트미하이는 1934년 오늘날 크로아티아 영토에 속하는 이탈리아 피우메에서 헝가리 외교관의 아들로 태어났다. 어렸을 적, 그와 가족들은 2차 세계대전 동안 포로로 잡혀 한 이탈리아 수용소에 갇혀 있었다. 가족의 친구들과 친척들이 전쟁으로 많이 죽었고 칙센트미하이가 목격한 끔찍한 고통은 인간의 정신을 이해하고 싶어하는 그의 열망에 중요한 구실을 했다. 그는 매우 어린 나이에 전쟁의 공포와 대면하면서 위험하고 예측할 수 없는 외부 세계를 잊게 만드는 놀이의 세계로 도망쳤다. 그는 몇 시간이고 체스 놀이를 하면서 자기만의 규칙과 전략, 질서가 있는 놀이에 집중했다. 바깥세상이 혼돈 상태일 때도 체스는 안전하고 일정한 형태를 갖춘 안식처였다.

전쟁이 끝난 뒤, 칙센트미하이는 이런저런 허드렛일을 했다. 가족이 운영하는 레스토랑에서 일하기도 하고 여행사 종업원, 떠돌이 사진작가, 화가도 했다. 그는 십대 때 여행을 다니다 우연히 저명한 정신분석학자 칼 융Carl Jung의 공개 강연에 참석했다. 칙센트미하이가 인간 행동을 연구하기로 마음먹은 것은 바로 그 순간이었다. 그때부터 그는 융과 프로이트를 비롯해서 당대 유럽의 심리학자들이 쓴 책에 파묻혀 지냈다. 그는 인간의 정신을 새롭게 이해하기 위해서 미국에서 심리학을 공부하기로 했다. 그는 인간을 가장 생산적인 자아가 되도록 부추기고 그런 순간으로 인도하는 것이 무엇인지 몹시 알고 싶었다. 그래서 1956년, 22살의 칙센트미하이는 미국으로 이주했다.

그가 어릴 적에 노동, 예술, 감옥의 세계에서 겪은 (온통 고뇌로 가득한) 전쟁의 경험들은 행동심리학에 대한 흥미를 자극했다. 칙센트미하이는 소련의 감옥에 갇혔던 헝가리 사람들을 만났을 때 매우 놀란 적이 있다고 말했다. 그들은 그렇게 힘든 과거를 지닌 사람들에게 그가 기대했던 것과 달리 행복하고 활기가 넘쳐 보였기 때문이다. 칙센트미하이는 시카고대에서 공부하던 학생 시절이나 나중에 교수로 있을 때, 세상에서 가장 부유하고 자유를 만끽하고 있는 사람들 사이에도 불행이 만연해 있다는 사실을 알고는 깜짝 놀랐다. 최악의 생존 조건에서도 살아남아 심지어 원기왕성하게 활동하는 사람들이 있는 반면에, 최상의 조건에서도 비생산적이고 만족하지 못한 삶을 사는 사람들이 있는 것은 어째서일까?

칙센트미하이가 심리학을 공부하기 시작했을 때, 그 분야는 인간의 기능 장애, 정신병, 병리학에 초점을 맞추고 있었다. 우울증과 신경쇠약은 흔한 질병이었다. 약물과 심리 치료가 전통적인 치료방식이었다. 정신질환은 계속해서 환기되고 측정되고 분석되었지만, 평범하게 일하고 사는 일반 사람들에 대해서는 어떤 연구도 이루어지지 않았다. 사람들이 어떻게 행복해지고 생산적인 삶을 살 수 있는지를 연구하는 심리학은 당시에 전혀 없었다. 칙센트미하이는 심리학 연구에서 이 중요한 부분이 빠져 있다는 것을 알고 심리학의 초점을 부정적인 측면에 맞추거나 교정하는 쪽으로 지나치게 집중하기보다 긍정적인 측면에 맞추기로 결심했다. 따라서 그가 새로 개척한 분야를 긍정심리학positive psychology이라고 부르는 것은 아주 적절하다. 그는 우리가 행동하는 것에서 최적의 경험을 찾기 위해 무엇이 필요한지 연구하기 시작했다. 그는 사람들이 경험한 창조적이고 혁신적인 순간들을 인터뷰했다. 그는 사람들이 하루 동안 하는 여러 가지 활동을 관찰하고 시간을 쟀다. 그러고는 다양한 경험을 코드화해서 수많은 인간 행동 반응들을 비교했다. 칙센트미하이는 예술가, 연구자, 열성 산악인, 그리고 다양한 원예 임시직을 두루 경험하면서 모든 인간 활동에서 경험하는 최적의 상태들에 어떤 공통점이 있는지 조사했다. 노동에서 여가, 섹스에서 명상에 이르기까지 그의 연구는 어떤 행동 유형이 우리를 최적의 상태에 이르게 하는 데 도움을 주는지 밝혔다. 그는 모든 행동에는 극도로 중요하다고 입증된 핵심 요소들—명확한 목표, 피드백, 확실하게 성공할 가능성이 있는 적절한 목표 설정—이 있음을 발견했다.

칙센트미하이는 어떤 작업 환경에서도 개인들이 내면의 잠재력을 충분히 발휘하기 위해서는 자신이 하는 일에 대한 통제력과 목표 의식이 있어야 한다고 주장한다. 모든 삶의 영역에서 우리가 하는 일치고 어렵지 않은 일이 없지만, 그 일의 난이도와 우리의 능력 사이에 적절한 균형이 이루어져야 한다. 이것이 바로 적합성의 원칙이다. 다시 말해, 일은 우리의 능력 수준에 맞아야 한다. 하지만 우리가 그 일에 계속해서 도전할 의욕이 생길 만큼의 난이도가 높아야 한다. 일이 지나치게 어려우면 쉽게 좌절하고 포기할 테고, 지나치게 쉬우면 금방 지루해져서 던져버릴 것이기 때문이다. 우리는 또한 자신이 처한 상황이나 행동을 스스로 제어할 줄 아는 통제력이 있어야 한다. 이것이 바로 통제의 원칙이다. 그것은 우리가 가야할 방향을 제시하는 능력, 다시 말해서 생산적 존재로 살아갈 길을 선택할 줄 아는 능력을 말한다.

적합성과 통제! 이 두 가지 요소는 우리의 새로운 스푸트니크 도전인 인재 유치 전쟁에 직면해서 우리에게 결정적으로 필요한 통찰이다. 인재 육성을 위한 최상의 배합은 적재적소에 인재를 배치하는 일과 인재의 적합성, 그리고 이러한 적절한 인재 배치를 역동적으로 조절할 줄 아는 능력이다. 사람들은 자기에게 가장 잘 맞는 일에서 능력을 발휘할 때 최선을 다한다. 지나치게 높게 설정된 목표가 적절히 조정되고 이런 요소들이 갖춰지면 사람들의 생산 활동이 근본적으로 가치 있게 되는 최적의 상태에 도달하게 된다.

우리는 모두 그런 순간들이 있었다. 육상선수들은 그것을 본래의 컨디션을 되찾았다고 말한다. 운동선수들은 능력을 최대한 발휘할 수 있는 최적의 조건에 대해서 이야기하고 음악인들은 최적의 리듬을 찾으려고 한다. 그런 순간이 오면 우리는 누구나 일에 완벽하게 빠져들면서 시간이 흐르는 줄 모른다. 그동안 세상은 사라진다. 우리를 움직이는 다른 욕구들—음식, 시간, 자아—도 잊어버린다. 외적인 모든 것이 잠시 사라지고 현재 우리가 하고 있는 행동만이 중요하다. 칙센트미하이는 이것을 "우리 자신을 위한 행동에 완전히 몰입되는 것"이라고 설명한다. "자아는 사라지고 시간은 날아간다. 모든 행동, 순간, 생각이 재즈를 연주하는 것처럼 필연적으로 이전 것에서 이어진다. 당신은 온전히 자신에게 몰입하여 자신의 능력을 최대한 발휘한다." 이 순간, 우리의 생산적 정신을 뒷받침하는 이러한 환경 아래서, 우리는 하나의 행동에 완전히 몰입되고 집중된 정신 상태, 요컨대 흐름을 경험한다.

호랑이와 밀림:
놀이의 대가

> 광명이 시작되기 전에 반드시 혼돈이 있다.
>
> —역경易經

젊은 칙센트미하이에게 심리학을 공부하러 시카고에 오도록 영감을 준 저명한 스위스의 정신의학자 칼 융은 혁신이 지식에서 오는 것이 아니라 놀이 본능과 필요에서 오는 것이라고 믿었다. 융은 "창조적 정신은 자기가 좋아하는 대상을 가지고 논다"고 생각했다. 그렇다면, 이 좋아하는 대상은 과연 무엇을 말하는가?

환경은 타고난 능력을 북돋을 수도 있고 억누를 수도 있다. 따라서 사람을 가장 잘 관리하는 방법은 개인의 타고난 재능을 향상시키는 환경을 만들어내는 것이다. 언어학 환경을 유추해서 생각해보자. 언어학과 관련해서 주목할 만한 새로운 연구 결과에 따르면, 중국 아이들의 높은 수학 실력은 타고난 능력이라기보다는 부분적이지만 적어도 중국의 언어 구조로 설명할 수 있다. 중국어에서 숫자를 나타내는 단어는 대부분의 다른 언어에서보다 더 짧고 단순해서 어린 아이들이 숫자를 빨리 익히기 쉽다. 숫자가 다른 언어보다 더 간단한 방식으로 표현되기 때문에 덧셈과 뺄셈, 곱셈과 나눗셈 모두 더 쉽다. 따라서 아이들은 더 빠르고 쉽게 문제 풀이에 금방 집중할 수 있다. 언어와 수학이 만나서 그리는 궤적은 조직의 환경이 인간의 혁신 활동의 배후에서 어떻게 영향을 끼치는지 아주 잘 보여준다. 언어가 숫자 표시와 실제 학습을 뒷받침하는 하부구조로서 역할을 수행하는 것처럼, 조직과 계약 환경은 혁신을 향해 가는 징검다리 돌들이다. 중국어로 수학을 배우는 아이들이 다른 언어로 수학을 배우는 아이들보다 한 발 앞서는 것과 마찬가지로, 자신들의 재능을 키워주는 환경에서 일하는 사람들이 그렇지 않은 환경에서 일하는 사람보다 앞서 나가는 것은 당연하다. 노동 환경은 우리가 생산 과정에서 사용하는 언어로 비유할 수 있다.

토머스 에디슨은 발명을 위해서는 훌륭한 상상력과 잡동사니 쓰레기 더미가 필요하다고 말했다. 혼돈과 불명확성이 현대 경영 이론의 중요한 요소로 바뀌면서 놀이에 대한 연구도 중요한 연구 분야가 되고 있다. "잡동사니 쓰레기"를 가지고 노는 것은 이제 더이상 아이들이나 지하 실험실에 틀어박혀 있는 발명에 미친 사람들만의 특권이 아니다. 놀이학science of play이라는 것이 있다. 미국 놀이연구소National Institute for Play는 "놀이는 잠만큼이나 인간에게 아주 기본적이고 만연한 자연적 현상이다"라고 설명하면서 놀이의 영향력과 관련된 생물학과 사회학, 물리학을 연구한다. 놀이에 관한 심층 연구는 놀이가 우리 삶의 다양한 측면에서 어떻게 능력을 창출해내는지 밝히는 데 도움을 준다. 예컨대, 놀이 연구는 고위 경영자로 승진하는 창의적인 기술자들이 직접 작업에서 손을 떼고 더이상 장비와 기계들을 다루지 않은 채 감독만 할 경우 그들의 창의력이 사라진다는 것을 잘 보여준다.

그렇다면, 직장에서는 종업원들에게 '창의력'을 어떻게 일깨워줄까? 실리콘밸리의 디자인 회사 아이데오(IDEO)를 예를 들어보자. IDEO를 창업한 톰 켈리Tom Kelly는 자기 회사의 혁신 '비법'을 "방법론, 작업 방식, 문화, 하부구조의 혼합"이라고 설명한다. 다양한 학문을 종합하고 지속적 혁신을 지향하는 현대판 르네상스 환경은 책임감, 리더십, 미래에 대한 전망을 요구한다. 매우 혁신적인 디자인 회사 IDEO는 종업원들이 자유롭게 놀 수 있게 하는 데 초점을 맞춘 독보적인 근무 환경을 만들어냈다. 켈리는 "새로운 아이디어는 보고 냄새 맡고 듣는 것, 다시 말해서 거기에 있는 것 자체에서 나온다. (…) 밀림 속으로 들어가지 않으면 호랑이를 알지 못할 것이다"라고 진지하게 말한다. IDEO에는 삭제 버튼이 없고 오직 재활용 버튼만 있다. 회사의 모든 프로젝트에서 나온 아이디어와 디자인들은 나중에 종업원들이 다른 프로젝트를 할 때 영감을 얻을 수 있도록 보물찾기 주머니라고 비유되는 저장공간에 모아둔다. IDEO는 다른 회사들이 독특한 기업 철학이라고 인정한 것처럼, 자기네 회사 인재들을 다른 기업에 빌려주어 그 회사의 경영과 혁신 전략을 적극적 자문해주는 일을 점점 확대하고 있다.

켈리가 말하는 것처럼 '밀림 속'으로 들어간다는 생각은 사람들이 회사의 안팎을 둘러싸고 있는 통제와 자유의 환경에 대해서 생각하게 한다. 종업원들의 창조성을 높이기 위해서는 그들에게 호랑이에 대해 알게 할 필요가 있다. 그들이 자유롭게 탐색하고 관계를 맺을 수 있게 해야 한다. 실패하고 실수하고 위기를 맞고 변화할 수 있도록 기회를 주어야 한다. 스스로 행운아라고 느끼는 것과 실제로 운이 좋은 것(내가 가르치는 학생들이 좀 저속한 표현으로 내게 말하는 것처럼 "[바라던 섹스 상대를 만나는] 행운을 잡는 것") 사이의 관계를 실험한 앞서의 행동 실험을 상기하라. 그 통제된 실험에서 실험자들은 길에다 달러 지폐들을 무작위로 떨어뜨렸다. 스스로 행운아라고 느끼는 사람들은 땅에 떨어진 돈을 우연히 주울 확률이 훨씬 더 높았다. 그런 사람은 남들보다 잃어버린 재화를 발견할 가능성이 높았다. IDEO 같은 기업들은 종업원들이 자유롭게 놀고 과감하게 위험을 감수할 수 있게 기회를 줌으로써 유능한 인재들이 스스로 행운아라고 느끼게 적극 독려한다. IDEO에서는 창조력이 풍부한 디자이너들에게 온갖 종류의 장난감을 실제로 만지고 놀면서 수선해보게 한다. "많은 디자이너들이 사무실 안에 플라스틱 부품들과 장난감, 시제품을 갖다놓고 드로잉도 하고 스케치도 그린다. 데니스 보일Dennis Boyle이라는 기술자는 놀랄 정도로 폭넓은 종류의 잡다한 품목들을 검토한다. 그는 끊임없이 새로운 디자인에 대해서 이야기하고 브레인스토밍 회의를 한다. 몇 년 전, 그는 전지 장난감자동차와 로봇 23종, 여행중 수집한 플라스틱 호텔 열쇠 13종, 손잡이를 꽉 쥐면 불이 들어오는 손전등, 산업용 펌프, 휴대용컴퓨터 시제품 11종, 노트북컴퓨터 접속장치 시제품 14종, 다양한 분해 단계에 있는 컴퓨터 6대, 지난 프로젝트 바인더 15개, 디스크 드라이버 한 더미, 치약튜브 수집한 것들, 날개 달린 장난감 축구공 1개, 자신이 설계한 스키 안경 한 쌍, 물속에서 날리는 플라스틱 원반, 수십 개의 다른 제품과 부품들에 대해서 검토했다."[22]

IDEO의 노동 문화는 혁신이 상호작용과 놀이, 다른 창조적 과정과의 밀접한 접촉을 통해서 일어난다는 이해를 바탕으로 한다. 그러나 발명을 하다보면 수많은 실패를 거듭한다고 한 에디슨의 말처럼, 혁신은 필연적으로 많은 위험을 수반한다. 수많은 실패는 성공을 위해 반드시 겪어야 할 일이다. 구글은 종업원들의 실험정신을 독려하고 과감하게 위험을 감수하도록 하기 위해 일과 시간의 20%—또는, 한 주에 하루—를 창조적인 일을 하며 놀고 탐색할 수 있게 한다. 대신에 그들이 놀며 산출하는 모든 발명과 아이디어는 모두 구글의 것이다. 구글 뉴스와 구글 플러스 같은 서비스는 바로 그런 노는 시간에 나온 중요한 제품들이다. 성공한 오스트레일리아 소프트웨어 기업인 아틀라시안은 종업원의 노는 시간을 혁신적 활동으로 연결시키는 새로운 방식을 도입하여 유명해졌다. 아틀라시안은 종업원들의 뛰어난 재능에 불을 붙이기 위해 기술자들이 근무시간의 20%를 혁신적인 아이디어 개발에 쓰고 새로운 방향을 제시하도록 했다. 또한 분기에 한번씩 페덱스 데이FedEX Day를 두어 모든 종업원이 동시에 자기가 열정을 쏟는 프로젝트에 24시간 전념하는 행사도 실시했다. 따라서 노는 시간과 자유, 실험정신이 생산적인 노동을 위한 핵심 요소라는 것은 자연스러운 귀결이다. 칙센트미하이는 "일이 놀이에 가까울수록—일의 내용이 다채롭고 목표가 적절하고 조정 가능하고 명확하고 피드백이 빠를수록—노동자는 자기 능력과 무관하게 일을 더 즐겁게 할 수 있다"고 말한다.

열정과 오늘날 노동의 역설

> 거북이를 보라. 거북이는 목이 밖으로 나올 때만 앞으로 나아간다. 창조력이 풍부한 종업원들이 목을 밖으로 내밀게 하라.
>
> —제라드 니렌버그Gerard I. Nierenberg[23]

주관적 경험이 성과에 어떻게 영향을 끼치는가에 대한 논쟁이 기업 경영자들 사이에서 진행중이다. 논쟁의 한 편은 우리가 직무와 직장에 만족하면 할수록 일을 더 잘한다고 믿는다. 그러나 다른 한 편은 외부의 압력, 마감시한, 직장에서 쫓겨날지도 모른다는 위협이 일을 더 열심히 하도록 자극한다고 생각한다. 비록 그 논쟁은 지금도 계속되고 있지만, 제한된 실험실 환경에서뿐 아니라 실제 작업 현장에서도 긍정적 감정이 창조력을 더 높이는 데 기여하는 반면에 부정적 분위기는 창조력을 약화시킨다는 사실을 우리는 안다. 한 심리학 연구는 26개 팀 프로젝트를 수행하고 있는 수백 명의 노동자에게 프로젝트를 하는 동안에 날마다 일기를 쓰게 했다. 또한 팀장들에게는 팀원들의 성과에 대해서 보고하도록 했다. 그 결과, 사람들은 자신의 직무에 대한 열정과 사랑, 자신의 팀과 팀장, 조직에 대한 긍정적 인식을 포함해서 내재적 동기가 강할수록 일을 더 잘한다는 것을 알았다. 연구 대상인 전체 팀들에서 아침에 팀원들의 마음이 매우 긍정적인 날에는 창조적 아이디어가 나올 가능성이 50%가 넘었다. 심지어 어떤 날 누군가가 긍정적 분위기에 있을수록 그 다음날 팀 전체가 더욱 창조적인 성과를 냈다. 사람들은 또한 자기 조직이 새로운 아이디어들에 대해서 열려 있고, 새로운 아이디어들을 공정하게 평가할 수 있고, 창조적 작업에 기꺼이 대가를 지불한다고 생각할 때, 더욱 창조적으로 일했다. 요컨대, 사람들은 내적으로 동기가 주어지고 개방적이고 협업이 잘 이루어지는 조직에 있다고 생각할 때, 생산성, 창조성, 동료와의 협력 관계, 책임감과 같은 모든 부분에서 더 좋은 성과를 보였다.

놀이와 관련해서 혁신의 가능성을 이야기하는 우리 연구에 동조하는 저작권 전문 학자들은 놀이가 근본적으로 예측할 수 없는 것이기 때문에 그것을 충분히 표현할 수 있도록 저작권 보호를 제한해야 한다고 주장한다.[24] 이러한 견해에 따르면, 사람들은 자신의 창작물이 법적으로 재산권을 보호받지 못할 때에도 기존의 용구들을 가지고 놀고 창작할 것이다. "창조성은 단순히 보상 때문이 아니라 무엇이든 자기가 정말 좋아하는 것에서 나온다."[25] 「돈이 모든 것을 망친다Money Ruins Everything」 라는 논문은 창조적인 사람들 가운데 "그들의 창작 의욕을 북돋우는 가장 큰 힘이 상업적 이익이라 생각하는 사람은 별로 없다. 따라서 그들의 성과에 대해서 재산권을 행사할 수 있느냐 없느냐는 그들의 창작 활동과 무관하다. 그러나 그것보다도 재산권 행사 여부는 그들의 지속적인 창조성과 모순되어 단순히 관련이 없는 정도가 아니라 오히려 이러한 생산양식의 발전을 적극적으로 저해할 수 있다"고 주장한다.[26] 더 나아가 이러한 순수하고 자연발생적인 혁신은 이익을 목적으로 하는 혁신과 다르며 그것보다 더 훌륭하다고 주장하는 사람들도 있다.

직무 만족은 불만족과 마찬가지로 파급효과가 있다. 나는 유발 펠드먼과 함께 직장에서의 동기와 역할 인식에 대해서 연구했다. 우리는 전통적인 심리학 실험방식을 따라서 조직 내에서 돈과 개인의 내적 동기 사이의 관계를 비교했다. 일련의 실험을 통해, 우리는 사람들이 회사에서 어떻게 도덕적 행동을 하는지 살펴보았다.[27] 사람들은 예컨대, 상사의 부정행위를 신고할지 말지를 결정할 때 반드시 먼저 자신의 경제적 이해관계를 따져보고 행동할까? 우리의 연구 결과에 따르면 전혀 그렇지 않다. 실제로 이전의 심리학 실험들에서처럼 우리 연구에서도 어떤 경우에 물질적 보상은 옳은 일을 하고자 하는 동기를 강화하기보다는 약화시킬 수 있다고 나온다.[28] 이러한 연구 결과에 기초해서 우리는 회사의 위법 행위에 종업원들이 어떻게 반응하는지, 다시 말해서 뇌물수수, 보건과 안전 법규 위반, 환경오염과 같은 기업의 다양한 비리들에 대해서 종업원들이 과연 신고하는지 마는지를 조사했다. 그 결과는 다음과 같다. 종업원들의 일상의 업무 성과와 역할에 동기를 부여하는 것은 단순한 금전적 보상을 넘어선다. 그들은 공정성과 윤리를 중요하게 생각하고 더 좋은 근무 환경을 위해서는 어느 정도의 금전적 보상도 기꺼이 버린다. 경제적 손익 계산과 이기심이 사람들의 동기 유발에 영향을 끼치는 것은 당연하다. 그러나 인간들의 거의 모든 상호작용에서 보는 것처럼, 돈이 전부는 아니다.

리눅스와 모질라 같은 오픈소스 운동을 하는 프로그래머들이 그런 일을 하는 동기가 무엇인지 알기 위한 연구는 대다수 프로그래머들이 단순히 물질적 보상 때문에 그러는 것이 아니라는 것을 거듭 보여준다. 그들이 그렇게 하는 배후에는 우리의 연구 결과가 보여주는 것처럼 다양한 동기가 서로 섞여 있다. 오픈소스 운동의 참여자들은 다른 기술자들의 전문 지식을 얻고, 공공선에 기여하고, 명성을 쌓고, 같은 분야에서 일하는 사람들과 인맥을 넓히기 위해서와 같이 다양한 동기가 뒤섞여서 그 일을 한다는 것을 보여준다. MIT대에서 수행한 한 연구 결과에 따르면, 대부분의 오픈소스 프로젝트에서 창조적 작업에 따른 지적 자극과 즐거움과 같은 내적 동기가 보수와 경력 개발과 같은 외적 동기보다 더 중요한 것으로 나왔다. 실제로 무료 소프트웨어 집단과 정체성을 공유하는 해커들의 반문화에서 그저 즐거움을 위해 해킹하는 것은 일종의 명예 훈장이다. 『뉴해커스 사전The New Hacker's Dictionary』에 나오는 해커의 정의는 다음과 같다.

해커 n. [본디, 도끼를 써서 가구를 짜는 사람을 말함]
1. 시스템의 세부 프로그램을 탐색해서 그 기능을 왜곡시켜 시스템에 대해서 최소한의 지식만 있는 대다수 이용자들의 시스템 사용을 방해하는 것을 즐기는 사람. 2. (지나칠 정도로)열심히 프로그램을 짜거나 단순히 프로그램을 이론으로 말하기보다는 직접 짜는 것을 즐기는 사람. 3. 해킹을 할 줄 아는 사람. 4. 프로그램을 아주 빨리 짜는 사람. (…) 8. [경멸하는 의미로] 여기저기 쑤시고 다니며 민감한 정보를 빼내려고 애쓰는 악의적인 훼방꾼. (…) 이런 의미로 정확한 용어는 크래커cracker이다.[29]

해커들은 자신들에게 아무런 이익이나 보상도 주지 않는 생산 활동에 시간과 노력을 투자한다. 무엇인가 새로 만들어내고 혁신하려는 열망이 강하다. 혁신과 생산 활동은 인간이 발전해나가는 과정의 일부이다. 전통적으로 지적재산권법은 혁신의 가치와 미학과 관련해서 중립적이며 사회적으로나 경제적으로 창작자와 발명자의 동기 유발과는 거리를 두려고 한다. 예컨대, 저작권법에서 "오직 월세를 내기 위해 상투적인 저속한 소설을 양산하는 작가와 정치적 논쟁을 격화시키기 위해 자기가 쓴 기사들을 샅샅이 찾아보는 기자, 남들을 확실하게 설득하기를 바라면서 이론을 전개하는 학자, 그리고 다른 사람들이 상상의 나래를 펼 수 있도록 고심하여 단어를 고르는 시인은—한 사람의 경제적 행위자로서—서로 구분할 수 없다."[30] 그러나 생산기술에 관한 심층기술thick description(현장에서 일어난 일을 전체적 맥락에서 이해하기 위해 구체적이고 생생한 현장의 언어로 치밀하게 기술하는 인류학적 기술 방법—옮긴이)은 우리가 개인과 기관을 어떻게 규제하고 보상하는지를 생각할 때 중요하다. 사람들이 당장의 경제적 이익을 위해서가 아닌 방식으로 창작하고 일을 할 때, 보상이 무엇보다 중요하다는 주장은 재평가되어야 한다. 실제로 현실에서 볼 수 있는 오픈오피스, 위키피디아, 모질라 같은 오픈소스 프로그램들처럼 혁신적인 벤처사업들은 경제적 보상만이 창조적 생산을 자극하는 유일한 요소라는 전통적인 주장에 이의를 제기한다.

모든 작업장에서 최적의 생산 환경을 만들기 위해 필요한 요소가 오직, 또는 주로 높은 임금과 같은 물질적 조건만은 아니라는 것을 우리는 안다. 노벨경제학상을 수상한 심리학자 대니얼 카너먼Daniel Kahneman은 개인들이 어떻게 특정한 성과에 대한 희망을 뛰어넘는 과정과 장치들을 본능적으로 선호하는지 설득력 있게 설명한 최초의 학자였다.[31] 우리는 대개 눈에 보이는 유형의 직무 조건에 대해서보다 우리가 서로 교류하고 일하는 방식에 대해서 더 많은 관심을 보인다. 우리는 직업적 인맥 관계와 개인의 성장 가능성과 꿈을 중요하게 생각한다. 그리고 자기 경력 관리에 대해서도 많은 신경을 쓴다. 또한 회사가 구현하는 공정성, 자부심, 가치도 중요하게 생각한다. 발전적이고 혁신적이라는 생각은 열정과 동기를 불러일으킨다. 부질없다는 생각은 좌절을 부르고 생산적 활동을 방해한다. 우리의 실험과 실증적 연구는 모두 미래의 제한요소들이 현재의 동기 유발에 영향을 끼친다는 것을 보여준다. 또한 회사의 개방적 문화, 조직에 대한 자부심, 직업적 성장 가능성과 같은 노동 환경의 여러 요소가 노동자들로 하여금 더 열심히 일에 몰두하게 만든다는 것도 알 수 있다. 직장에서 놀 듯이 일하는 행복과 즐거움은 혁신과의 선순환을 창조한다. 남보다 더 행복하게 일하는 사람은 일을 더 잘한다. 남보다 일을 더 잘하는 사람은 더 행복하다. 요컨대, 사람들이 직장을 그만둘까 그냥 다닐까 고민할 때, 돈이 늘 행복을 가져다주지는 않는다. "세계적인 인재 유치 전쟁"의 격화를 설명하는 인도의 떠오르는 첨단 기술 인력 시장에 대한 한 연구 결과에 따르면, 인재 유출을 막는 데 성공한 기업들은 노동 환경이 어떠하든 종업원들이 자부심, 만족, 공정한 대우, 관리자들의 뒷받침 같은 무형의 보상을 중요하게 생각한다는 사실을 아는 회사라고 결론을 내린다.[32] 훌륭한 경력을 쌓고자 열망하는 개인들은 최고의 회사에서 일할 수 있다면 어느 정도 경제적 손실도 기꺼이 받아들일 준비가 되어 있다.[33]

동기 유발과 성과는 여러 가지 작업 환경들과 불가피하게 연결되어 있다. 칙센트미하이 이후로 많은 심리학자와 조직전략가들은 인재 유치 전쟁을 통해서 바라마지 않았던 자유로운 이직 기회를 확대하고 대폭적인 임금 상승의 가능성을 높여줄 창조적 환경 형태를 찾아내기 위한 많은 시도를 해왔다. 하지만 지금까지 인재를 채용하고 유인하고 뺏기지 않기 위한 싸움 그 자체가 혁신 및 동기 유발과 얼마나 밀접하게 연결되어 있는지 고민한 사람들은 거의 없다. 우리는 이제 겨우 그 수수께끼의 절반—일에 완전히 몰입했을 때의 창조적 흐름의 증가—을 풀었을 뿐이다. 이제 우리는 나머지 절반을 완성해야 한다. 그것은 인재와 아이디어의 자유로운 흐름을 지속적으로 최적화하는 방식을 찾아내는 일이다.

칙센트미하이는 이러한 연구 과정에서 역설적인 상황을 만났다. 직장에서 남보다 더 행복한데, 직장을 떠나고 싶어하는 사람들이 있었다. 칙센트미하이는 직장에서 최적의 경험을 연구하기 위해서 경험표집법(ESM)Experience Sampling Method이라는 조사방식을 사용했다. 이 연구 방식에서는 조사 대상들이 하루 동안 아무 때나 몇 시간 간격으로(삐삐 같은 휴대용 무선호출기로) 호출되었다. 그러면 그들은 그때 자기가 무엇을 하고 있고 어떤 감정 상태인지—기분이 좋은지, 만사가 귀찮은지, 지루한지, 의욕이 충만한지—를 썼다. 칙센트미하이 연구팀은 날마다, 주마다 시간 간격을 달리해서 실험을 계속했다. 그 결과 연구팀은 사람들이 쉬고 있을 때보다 일하고 있을 때 훨씬 더 의욕을 갖고 스스로 유능하다고 느낀다는 것을 발견했다. 심지어 사람들은 쉬고 있을 때보다 일하는 동안에 훨씬 더 많이 다른 어떤 일을 하고 싶어했다. 그들은 멈춰있지 않고 뭔가 움직이며 자유롭게 흘러다니는 순간에 훨씬 만족감이 커서 더 적극적으로 경험하고 더 행복감을 느끼고 심리적으로 건강해지고 즐겁고 매우 활력이 넘치는 모습을 보였다. 하지만 그들은 여전히 일을 좀 덜 했으면 하고 바랐다. 칙센트미하이는 이것을 사람들이 본디 일하지 않고 노는 것을 좋아하기 때문에 그런 것이라고 보지 않고, 오히려 오늘날 노동자들의 현대적 노동관계로 이해한다.

행복한 노동자들은 생산적이고 협업적이고 책임의식이 높을 가능성이 크다. 그들은 더 많은 시간을 직장에 투자하고 정해진 근무시간을 넘어서 일하려고 한다. 실리콘밸리에서 일하는 종업원 수십 명과 인터뷰한 결과, 그들이 다니는 회사들은 종업원들의 관심에 맞춰서 기존의 소프트웨어 프로젝트들을 기꺼이 바꿀 의향이 있다고 했다.[34] 그 회사들은 유능한 인재들이 좋아하는 프로젝트에서 일할 수 있는 자유를 주었다. 그러나 왜 우리 대다수는 직장에 만족해하는 사람을 주변에서 보기 힘든 걸까? 현재 우리의 작업환경은 일하는 사람들의 만족감을 높이는 데 기여하는가? 사람들은 자신이 쓸모 있고 자주적인 사람이며 자기가 하고 있는 일이 자신의 정체성이나 개인의 성장과 밀접하게 연결되어 있다고 생각할 때, 비로소 커다란 만족감을 느낀다. 사람들은 자신이 하는 일이 자기 발목을 붙잡고 있다고 느끼면, 칙센트미하이가 쓰는 용어로 무관심의 상태에 빠진다. 사람들이 무엇이든 할 수 있다는 도전의식을 갖고 최상의 혁신을 이루겠다는 동기에 도달하기 위해서는 그들의 능력이 자기 분야에서 성장하고 있다는 것을 스스로 느껴야 한다. 그들은 자신의 능력과 재능, 내적인 열정과 지식이 언제 어디서든 자신의 것임을 확인받고자 한다. 그들에게 자기가 보유한 인적 자본은 자기 정체성의 일부이기 때문이다. 인재는 자유를 원한다.

직장에서의 자유로운 이동, 동기 유발, 즐거움과 관련된 우리의 연구는 인적 자본과 지적재산권에 대한 경제 분석의 기준을 풍요롭게 한다. 우리의 실험과 현장 연구는 아이디어와 사람, 집단이 제도적 환경과 개인적 배경이 서로 네트워크로 연결된 현실에서 어떻게 이동하는지 그 패턴을 더 잘 이해할 수 있게 한다. 동기 유발을 위한 전통적인 유인 모델은 겉으로 보면 매우 우아하다. 오늘날 많은 지적재산권법의 근거를 제공하는 지배적인 논리는 인간이 경제적으로 완벽하게 이성적이라는 것이다. 그러나 현실은 그렇게 단순하지 않다. 동기 유발과 성과는 그것에 영향을 끼치는 여러 요소들이 늘 서로 밀고 당긴다. 우리는 인재를 육성하고 의욕을 북돋을 수도 있고, 반대로 망가뜨리고 억누를 수도 있다. 따라서 이제 우리가 인재 유치 전쟁에서 이기기 위해서 어떻게 해야 할지는 명

TALENT WANTS TO BE FREE

|| 제3부 ||

인재 공유지

우리는 이제 지금까지 통제와 자유 사이를 어떻게 전략적으로 접근해야 할지 검토한 것을 바탕으로 인재 풀을 육성하기 위한 새로운 전망을 정교하게 다듬는 야심만만한 도전을 완성할 때가 되었다. 최근 몇 년 사이에 발표된 몇몇 뛰어난 연구 결과 덕분에 우리는 혁신이라는 블랙박스의 내부를 엿볼 수 있게 되었다. 또한 우리는 일부 훌륭한 사상가들 덕분에 혁신 과정에 대한 전통적인 견해에 대해서 감히 의문을 제기할 수 있었다. 그 밖에도 손꼽히는 경제학자와 심리학자들은 시장 경쟁에서 협력과 공유 자원의 중요성을 강조하는 새로운 방향을 제시했다. 하지만 여기서 놓친 것이 있다면 그것은 그러한 통찰들을 한데 모아 인재 유치 전쟁의 논리에 적용하는 청사진이다. 이제 우리는 21세기 인재의 시대에 잘 어울리는 혁신의 세기를 향한 새로운 전망을 다시 세울 때가 되었다.

9장

인재 유치 전쟁과 기업가정신

> 첨단 기술 산업의 기업가들은 문화적으로 우리 시대의 카우보이들이다. 윌리 넬슨Willie Nelson이 말한 것처럼, 미국에서 카우보이는 늘 우리의 영웅이었다.
>
> —조지프 뱅크맨Joseph Bankman과 로널드 길슨Ronald J. Gilson, 「왜 창업하는가?Why Start-Ups?」

한 오웰주의자가 던지는 메시지

밑 빠진 독에 물 붓기식으로 기반도 없는 곳에 노다지를 쏟아부어보았자 그 결과는 참담할 뿐이다. 조지 오웰식 표현으로 바꿔 말하면, 인재 유치 전쟁의 세계에서 모든 사람이 버는 돈은 평등하지만 어떤 사람의 돈은 다른 사람의 돈보다 더 평등하다. 벤처캐피탈 투자는 어디에 투입되든 경제 성장을 증진하고 기업가정신을 강화한다. 하지만 똑같이 투자해도 배경 조건이 다르면 결과도 다르게 나온다. 지리적 요소, 인재와 아이디어의 자유로운 이동과 흐름, 동기 유발이 혁신에 미치는 영향은 경제적 성공이 단순히 돈이라고 하는 물질적 자본에만 의존하는 것이 아니라 인적 자본이 결정적 구실을 한다는 것을 잘 보여준다. 어느 지역이 발전하기 위해서는 기업가정신이 고양되어야 하며, 기업가정신은 우리가 어떻게 인재 유치 전쟁을 벌이느냐에 따라 결정된다.

2010년 예일대의 한 연구진은 경업금지를 시행하는 주들에서 벤처캐피탈 투자가 끼치는 영향을 조사했다. 그들은 미국 내의 300개가 넘는 대도시에서 지난 10년 동안 투자자의 소재지별로 특허 출원건수, 지역별 투자액 규모, 인구조사국의 창업 관련 자료를 기반으로 한 지역별 기업가정신의 수준을 면밀히 따져보았다.[1] 그러고 나서 그 풍부한 검토 자료들을 바탕으로 경업금지와 관련해서 각 지역을 서로 다각도로 비교 검토했다.

이러한 정교한 실증 분석을 통해서 나온 결과는 그야말로 매우 놀라웠다. 인적 자본 통제는 물질적 자본 투자 효과를 약화시킨다는 사실이 명백히 밝혀졌기 때문이다. 경업금지가 허용되지 않거나 약하게 시행되는 주들에서는 벤처캐피탈 투자가 많아질수록 기업가정신의 수준과 특허 출원건수, 취업률도 덩달아 높아졌다. 반면에, 경업금지를 강력하게 시행하는 주들에서는 창업 활동이 억제되고 일자리 창출도 저조하고 특허 출원도 적었다. 요컨대, 한 지역에 똑같은 금액의 벤처캐피탈을 쏟아부어도 그 지역의 법이 인재 확보를 위한 싸움을 어떻게 규제하느냐에 따라서 나타나는 혁신의 결과는 매우 다르다. 이러한 결과의 차이는 시간이 흘러도 지속된다. 경업금지 약정을 최소한도로 인정하는 지역은 지속적인 이익을 누린다. 예일대 연구진은 이러한 연구 결과가 암시하는 것을 요약하면서 "벤처캐피탈의 공급을 늘림으로써 기업가정신을 자극하려는 정책은 해당 지역의 노동법이 그러한 투자를 뒷받침하지 못한다면 실패로 끝날 수 있다"고 경고한다.

그 연구 결과는 매우 강력하다. 그러나 최근의 다른 연구들과 마찬가지로 예일대 연구진은 여기서 실리콘밸리가 연구 결과에 영향을 미칠지 모른다는 캘리포니아 효과를 제거하기 위해 애썼다. 그들은 예외적 효과에 대한 문제(예컨대, 캘리포니아의 따스한 햇살이 기업가정신에 특별히 어떤 영향을 끼치는지와 같은 문제) 제기를 피하기 위해 샌프란시스코 일대의 만안 지역인 베이 에리어Bay Area를 배제하고 다시 한번 결과를 도출했다. 그 결과는 베이 에리어를 포함시켰을 때와 다르지 않았다. 동일한 규모의 지역 벤처캐피탈을 투입한다고 했을 때, 경업금지를 인정하지 않는 주들은 경업금지를 시행하는 주들에 비해서 특허 출원건수가 2배 늘고 벤처기업의 숫자도 2배 많다. 또한 경업금지를 약하게 시행하는 주들은 강하게 시행하는 주들보다 취업률이 3배 높다. 이러한 효과는 단순히 벤처 관련 분야에만 국한되지 않고 지역 경제 전반으로 확산된다. 인적 자본 통제가 약한 보통의 대도시 지역에서 벤처캐피탈 투자를 2배 늘리면 수십 개의 지역 기업들이 새로 생길 뿐 아니라 수천 개의 일자리가 창출된다. 이것은 새로운 벤처기업뿐 아니라 기존의 기업들에서도 새로운 일자리가 생겨난다는 것을 의미한다. 예일대 연구진은 "기존 종업원이든 신입 종업원이든 이직이 자유로울수록 그들에게는 유익하다"고 결론짓는다. 그들이 내린 전반적인 결론은 단호하다. 경업금지 약정의 시행은 기업가정신을 제한할 뿐 아니라 혁신과 지역의 발전도 저해한다는 것이다. 실리콘밸리 같은 지역의 성공을 모방하고 싶은 지역 벤처캐피탈의 성공은 그 지역이 인재의 자유로운 이동을 강력하게 뒷받침하는 적절한 규칙들, 다시 말해서 정책을 채택하고 있느냐 마느냐에 달려 있다.

여기서 잠시 숨을 고르고 이 놀라운 결과들을 다시 정리해 보자. 인재의 자유로운 이동이 정보의 흐름을 원활하게 하고 협업 네트워크를 활성화하고 종업원과 고용주의 관계 향상을 약속한다는 것은 이미 알고 있는 바이다. 그것은 또한 생산적인 종업원들의 동기 유발과 성과를 높인다. 벤처기업의 경우, 유능한 인재를 자유로이 뽑을 수 있는 능력은 벤처캐피탈 투자의 성공 가능성을 높인다. 특허 출원 비율의 증가는 기업들이 인적 자본 통제 대신에 특허 연구와 개발에 더 많은 투자를 한 것으로 설명될 수 있다. 다시 말해, 경업금지를 인정하지 않는 지역의 기업들은 특허 개발로 경업금지와 영업비밀 보호를 대체하고 있는지도 모른다고 생각할 수 있다. 실제로 기업들은 종업원들의 이직률이 높아지면 지적재산권 보호를 위해 영업비밀 보호나 경업금지보다는 특허 출원을 늘리는 쪽을 선호한다는 것이 여러 연구를 통해 밝혀졌다.[2] 화학 산업에서 협력업체들 사이의 긴밀한 네트워크와 협조는 그들 사이의 끈끈한 유대 관계 덕분에 특허 수를 늘린다.[3] 이 사실이 특허 출원율 증가의 이유를 일부 설명할 수 있을지는 모르지만, 종업원의 자유로운 이동에 따르는 전반적인 일자리의 증가와 경제 성장을 설명하지는 못한다. 실제로 그것은 기업들이 인재와 지식의 자유로운 흐름을 통해서 이익을 얻는 동시에 또다른 혁신과 발전 방향을 발견할 것이라는 우리의 주장을 뒷받침한다.

최종적으로 여러 가지 이유들—종업원 자신들에 대한 심리적 영향, 자유로운 이동과 상호작용에 따른 인맥의 확장, 기업계의 '생물다양성' 증가, 새로운 혁신자와 기업가들의 진입로 증가—이 서로 어떻게 얽히고설켰든 간에, 인재와 지식의 자유로운 이동과 교환을 뒷받침하는 법이 두려움과 통제를 기반으로 하는 고용시장보다 벤처캐피탈 투자의 성공을 위해 더 좋은 환경이라는 것은 두말할 나위 없는 명백한 사실이다.

카우보이와 벌처 자본가

야심만만한 젊은 혁신자들이 벤처 기업을 창업하기 위해 다니던 회사를 그만두고 떠나는 모습은 이미 우리 모두에게 익숙하다. 그 모습에 대한 사람들의 반응은 "우리 시대의 카우보이들"이라는 영웅적 서술에서 '벌처 자본가'라는 경멸적인 기업사냥꾼 이미지까지 다양하다. 어느 쪽이든 경제 성장을 주도하는 추동력으로서 기업가정신의 가치에 대해서는 논란의 여지가 없다. 기업가entrepreneur(프랑스어로 "위험을 무릅쓰고 사업을 시도하는 사람"이라는 뜻)는 타고난 모험가다. 창업하는 회사가 규모가 작고 신생 기업일수록 새로운 시장에서 길을 닦으며 기존 기업들과의 경쟁에서 살아남기 위해서는 더욱 혁신적이어야 한다.[4] 작은 회사는 거대 기업들의 세계에서 신속하게 자리를 잡아야 한다. 따라서 오늘날 기업가정신은 인재 유치 전쟁을 전개하는 방식에 변화 바람이 불면서 확실히 주목받고 있다.

생명공학 산업에 관한 초기 연구에서 연구진은 경업금지를 시행하는 지역과 시행하지 않는 지역 사이의 생명공학 기업들의 창업 비율과 관련해서 기업공개(IPO)의 효과를 조사했다. 그 결과, 경업금지를 인정하지 않거나 약하게 시행하는 주들에서 생명공학 기업들의 창업이 훨씬 더 많았다.[5] 이러한 현상은 인적 자본에 대한 강력한 통제와 자유로운 이동의 억제가 대개 성장을 억누르기 때문이지만, 특히 규모가 작은 신생 기업일수록 홀로 일어서야 하고 새로운 인재 영입도 어려운데다 위험 부담이 크기 때문에 성장에 대한 압박감이 훨씬 더 크다. 따라서 인적 자본 통제가 심한 주에서는 기업가정신과 혁신 활동이 효력을 발휘하기가 매우 힘들다.

고용계약 문제와 관련해서 자문을 요청하는 발명자들 중에는 회사를 그만둘 예정이지만 이직할 때 분쟁의 위험을 덜기 위해서 자신들을 보호하고 법적 소송에서 책임을 면제시켜줄 수 있는 자원을 보유한 기존의 대형 경쟁업체로 옮기기를 선호하는 사람들이 많다. 예전에 생명공학 관련한 대기업의 고문변호사는 자기 회사에서 새로운 인재들을 영입할 때 그들의 전 직장과 이직 관련 소송이 발생할 경우 그들을 대변해서 싸울 것을 약속하며 안심시킨다고 내게 설명한 적이 있다. 이러한 역학 관계는 전반적으로 기존의 대기업에 유리하기 때문에 신생 기업들의 기업가정신과 경쟁력을 약화시킨다. 인적 자본 통제에 맞서 종업원들을 방어해줄 대기업으로의 이직을 선호하게 하는 견인력은 매우 강하다. 이직을 결심한 종업원들은 보호를 원하고, 대기업들은 그들을 영입하기 위해 경쟁업체와 직접 맞붙어 싸울 자신이 있다. 규모가 작은 기업들은 경쟁업체의 유능한 인재를 영입하는 데 따르는 위험이 훨씬 더 크다. 더군다나 홀로 독립해서 동종업계에서 창업을 하고자 하는 개인들은 그보다 훨씬 더 큰 위험을 감수해야 한다.

타고난 기업가정신을 지닌 아주 유능한 인재들 중에도 회사의 소송 위협 때문에 홀로 독립하지 못하고 그냥 회사에 잔류하거나 다른 업종의 일을 할 수밖에 없는 경우가 있다. 항공업계에서 하늘의 제왕으로 알려진 제트블루항공의 창업자 데이비드 닐먼이 그런 기업가의 좋은 예이다. 닐먼은 오늘날 성공한 그의 항공사를 창업하기 몇 년 전에 사우스웨스트항공사에서 해고당했다. 닐먼은 사우스웨스트에서 근무하는 동안 퇴직할 경우 향후 5년간 항공업계에서 창업하거나 경쟁업체로 이직하는 것을 금하는 경업금지 약정에 서명했다.[6] 닐먼은 경업금지 조항에 규정된 경쟁 제한 의무 때문에 자신의 경험과 열정을 불사를 수 있는 분야에서의 혁신 작업을 5년 동안 뒤로 미룰 수밖에 없었다. 그 덕분에 닐먼이 나중에 항공업계를 획기적으로 바꾸는 계획을 머릿속으로 완성할 수 있었다고 말하는 사람들도 있을 수 있다. 그러나 일반 국민들은 이러한 강제적 중단으로 핵심 산업에 가치와 새로운 활력을 불어넣어준 창조적 기업가의 등장을 5년이나 늦게 겨우 볼 수 있었다. 다시 말해, 우리 모두는 경업금지 때문에 제트블루항공이라는 좀더 폭넓은 소비자 선택을 하기까지 5년이라는 기간을 허비하는 대가를 치른 셈이다.

1928년, 조지프 슘페터Joseph Schumpeter는 혁신의 과제를 "이전에 해본 적이 없는 것을 하는 것에 대한 저항과 불확실성을 극복하는 것"이라고 설명했다. 슘페터는 위험을 무릅쓰고 이성에 도전하고 남들이 상상하지 못하는 것을 상상할 줄 아는 독특한 성향이 있는 보기 드물게 뛰어난 사람만이 혁신에 성공할 수 있다고 생각했다.[7] 오늘날 사람들이 말하는 기업가정신이 투철한 사람들이란 다양한 위험에 매우 잘 대처하고, 불확실성을 잘 헤쳐나가고, 자본 유치에 능하고, 어려운 의사결정을 피하지 않고, 지도력과 경영능력이 뛰어난 사람을 의미한다.[8] 그러나 그런 혁신적인 기업가들은 시장에서 매우 불리한 처지에 있다. 그들은 전 직장에서 했던 일과는 무관한 독자적으로 개발한 아이디어를 가지고 사업을 추진하는 경우에도, 인재 유치 전쟁에 따르는 위협에서 여전히 벗어나지 못할 수 있기 때문이다.

독창적인 종업원들이 독립해서 회사를 창업하는 것을 막으려고 미친듯이 안간힘을 쓰는 기업들이 아직도 많이 있다. 인텔의

한 내부 인사는 벤처 자본가를 "금융계에서 교통사고로 돈벌이를 하는 악덕 변호사와 같은 존재"라고 설명했다. 그러나 실제로 대부분의 신생 기업들은 퇴직한 종업원들이 설립한 회사들이다. 벤처기업들은 대개 다니던 회사를 그만두고 새로운 회사를 세워 자신의 아이디어를 개발해서 벤처캐피탈 투자를 받고자 하는 사람들이 만든다. 신생 기업들을 심층 연구한 결과들에 따르면, 창업자들의 3분의 2 이상이 전에 다니던 회사에서 개발하거나 익힌 아이디어들을 상업화한다고 한다.[9] 실제로 초기 단계에 있는 빠르게 성장하는 산업들에서 창업하거나 특히 분사—종업원들이 기존 프로젝트의 일부를 가지고 회사를 나와서 창업하는 것—하는 사례들을 많이 보는데, 이런 산업에서 중요한 것은 대개 물질적 자본이 아니라 인적 자본과 지식이기 때문이다.

그런데 퇴직한 종업원들이 그렇게 많은 회사를 창업한다는 것은 수수께끼가 아닐 수 없다. 왜 기업들은 그런 종업원들의 새로운 아이디어들을 개발하지 않는 걸까? 이러한 의문은 겉으로 보기보다 훨씬 더 복잡하다. 기존의 기업들은 신생 기업들보다 유리한 점이 훨씬 많다는 것을 감안하면 더욱 그렇다. 종업원들의 혁신 추구로 가장 큰 이익을 보는 것이 고용주라는 것은 그에 따른 세제 혜택과 그들이 창업해서 벤처기업가로 변신하더라도 그들을 잘 안다는 이점이 있다는 점에서 쉽게 예견할 수 있다.[10] 대개의 기업들이 자기네 종업원들의 능력을 잘 알고 있기 때문에, 신생 기업들은 다른 회사에 있던 종업원들을 영입할 때 그러한 정보의 부족으로 잘못된 선택을 할까—그 회사에서 계속 붙잡아둘 가치가 없는 종업원들만 고를까—걱정할 수도 있다. 반면에 기존 기업들은 여러 가지 이점이 있음에도 불구하고 일부 종업원들의 혁신 추구를 지원하는 것이 회사 내부에서 종업원들 사이의 협력 관계를 저해할 수 있지 않을까 우려할 수도 있다.[11] 회사가 사내의 모든 발명을 회사 소유로 할 것을 미리 요구하는 현재의 추세로 볼 때, 종업원들은 자신의 아이디어를 빼앗기지 않으려는 생각에 집착해서 자신의 발명을 공개하기 전에 퇴사하는 것을 선호한다.

그러나 오늘날 인적 자본을 통제하는 일반적인 전략은 창업하는 혁신적인 기업가들에게 명백하게 불리하다. 슘페터는 시대를 내다보며 당시에 '야생의 정신wild spirits'이라고 불렀던 기업가정신에 오늘날 사람들이 열광할 것을 예견했다. 슘페터는 회사 내부의 연구개발부서가 혁신적 기업가를 위협한다고 우려했다. "완전히 관료화된 거대한 산업 단위는 중소기업을 몰아내고 그 기업의 소유주도 '수탈할' 뿐 아니라 결국에는 그 과정에서 중소기업의 수입과 무엇보다 중요한 중소기업의 기능마저도 상실케 한다. 사회주의의 진정한 선도자는 그것을 설파하고 다니는 지식인이나 정치선동가가 아니라 바로 밴더빌트, 카네기, 록펠러 가문 같은 자본가들이었다."[12]

경제사학자들은 슘페터가 기업가정신을 가진 혁신자들의 파멸을 예언한 것에 대한 근거를 사내 연구개발부서를 둔 대기업의 등장에서 찾는다. 20세기에 1인당 특허 출원건수는 19세기 말과 비교할 때, 점점 더 많은 기업이 자체 연구소를 두기 시작하면서 감소했다. 독립 발명자들이 전성기일 때, 분업이 발생했고 발명자들은 상업화를 위해서 자신이 발명한 것에 대한 소유권을 기업들에 팔았다. 따라서 발명자들은 자신들이 상대적으로 강점이 있는 발명에 자유롭게 집중할 수 있었다. 당시에 특허권 보유자들은 대다수가 회사 종업원들이 아니었다. 그들은 오히려 어떤 기업과도 장기적인 유착 관계를 맺지 않았다. 심지어 자신의 발명을 양도한 기업의 소유와도 유착 관계를 맺지 않았다.[13] 텔레비전을 발명한 필로 판즈워스Philo Farnsworth는 그런 독립 발명자들의 마지막 인물들 가운데 한 명이었다. 1930년대와 1940년대에 그는 독립성을 유지하면서 자신이 발명한 것을 시장에 내놓기 위해서 분투했지만, 결국 크게 실패하고 그의 발명품을 노렸던 거대 기업들에 손을 들고 말았다.

19세기 기술의 진보 때문에 혁신적인 독립 발명자들은 독자적으로 작업을 수행하기가 더욱 힘들어졌다. 개인 발명자들은 자신의 아이디어를 현실에 적용하기 위해서 자본과 기술 자원을 보유한 동료들이 필요했다. 20세기 초, 독립 발명자로 활동하는 생산적 발명자의 수는 크게 감소했다.[14] 연구개발비의 증가는 혁신의 구성을 바꾸었고, 발명자들의 경력 경로도 바뀌었다. 젊은 발명자들은 대기업에서 장기적으로 신분을 보장받을 수 있는 지역으로 옮겼다. 그러나 발명자들의 독립성 상실은 그들의 창조성에 영향을 끼쳤을 수 있다. 앞서 본 것처럼, 실제로 그 기간에 특허 출원율이 크게 감소했다.

몸을 숨기는 생존 전략에 따른 순손실

경업금지, 영업비밀 유지, 발명의 양도 조항에 발이 묶인 많은 종업원은 안전한 경쟁업체의 품에 안기거나 그동안 자신의 경력을 쌓은 업계로부터 일정 기간 떠남으로써 (닐먼이 항공업계로 다시 돌아오기 전에 다른 분야에서 일했던 것처럼) 그러한 구속에서 벗어나려고 애쓴다. 종업원들이 법적 소송의 두려움 때문에 퇴사 후 창업을 통해 기업가정신을 발휘할 기회를 포기하는 대신에 또다른 더 큰 기업으로 이직하여 살아남으려는 생존 전략은 한 광범위한 연구에서 확인되었다. MIT대의 매트 마르크스Matt Marx 교수는 최근에 미국 특허등록원부에 특허권자로 등록된 발명자 약 10만 명의 경력 경로가 경업금지의 시행 여부에 따라 영향을 받았는지 연구했다. 그 결과, 경업금지 때문에 발목 잡힌 발명자들이 택하는 생존 전략은 다음 네 가지 형태로 나타났다.

1. 소송이 제기될 경우 면책 보장을 약속하는 대기업의 품에 안긴다.
2. 직업적 우회로를 선택해서 기존에 했던 일과 다른 분야의 일을 한다.
3. 무급 휴직과 실업 상태를 유지한다.
4. 전 직장의 고용주와 동료들이 현재 발명자가 어디에 있는지 알지 못하게 잠적하거나 은신한다.

미시건 주가 1980년대 중반에 (캘리포니아 주처럼) 자유로운 이직이 보장되던 곳에서 경업금지를 시행하는 곳으로 바뀐 것을 상기하라. 마르크스는 미시건 주의 법이 이렇게 바뀌면서, 인재의 흐름과 관련해서 상반되는 두 개의 제도를 경험하는 지역에서 그런 변화가 끼친 영향에 대해서 연구할 수 있었다. 미시건 주가 경업금지를 시행하자마자, 그곳의 발명자들은 위에서 말한 네 가지 생존 전략 가운데 하나를 쓸 가능성이 있었다. 마르크스의 연구는 그들이 대기업의 품에 안기는 것을 선호했음을 보여준다. 창업 기업들이 벤처 사업을 위한 인재들을 뽑으려고 분투할 때, 기업가정신만으로 자유로운 이직과 인재와 아이디어의 흐름에 대한 통제를 이겨내기는 어렵다는 것이 확인되었기 때문이다.[15] 마르크스는 또한 미시건 주의 회사에 다니는 종업원들이 경업금지가 시행되면서 다른 지역 종업원들보다 경력 경로를 더 많이 바꾸고 직업적 우회를 선택할 가능성이 많다는 것을 발견했다. 발명자들과 인터뷰를 진행한 결과, 이러한 직업적 우회와 같은 생존 전략은 그들이 썩 내켜 하지 않는다는 것을 보여준다. 미시건 주의 발명자들은 직업적 우회, 휴직, 회사와의 타협은 그들의 수입에 타격을 주고, 그들의 지속적인 기술 연마와 직업적 인맥 관계를 해친다고 느꼈다.

남의 눈에 띄지 않게 몸을 숨기는 생존 전략은 특히 산업 발전과 기업가정신, 직업적 인맥 관계를 크게 해친다. 우디 앨런Woody Allen은 성공의 80%는 남의 눈에 띄게 자신을 보여주는 것이라고 말했다. 셰릴 샌드버그Sheryl Sandberg는 그것을 적극적으로 달려드는 것leaning in이라고 부른다. 당신이 경쟁업체로 이직했을 때 전 직장의 고용주가 당신의 뒤를 추적할 수 있다는 것을 안다면 당신은 어떻게 할 것인가? 당신이 새로 들어간 회사가 어딘지 밝힐 것인가? 아니면, 가능한 한 오랫동안 그것을 감출 것인가? 당신은 업계 모임이나 회의에 모습을 드러낼 것인가? 아니면, 소송의 위험이 사라질 때까지 감시의 눈초리를 피해 다닐 것인가? 잠적하거나 은둔하는 전략은 협업 관계망 구축을 막고 업계의 발전을 저해한다. 오늘날 과학자나 대학교수들만큼이나 지식 노동자들도 지속적으로 새로운 정보와 동향을 유지해야 하는 상황에서, 단순히 같은 직장의 동료들뿐 아니라 동종업계에 종사하는 사람들 모두가 하나의 공동체에 속하는 것은 당연하다. 전 직장의 동료들에게 당신이 지금 동종업계에서 계속 일하고 있는 것을 알리고 싶지 않아서 숨어다니려고 한다면, 당신 자신뿐 아니라 새로 들어간 회사와 궁극적으로 당신이 속한 지역까지 성공의 가능성은 크게 줄어들 것이다. 알렉시 드 토크빌Alexis de Tocqueville은 미국의 민주주의가 어떻게 가장 유능한 사람들을 기업으로 인도했는지 설명하면서 매우 감탄했다.[16] 인재 확보를 위한 경쟁을 제한하는 것은 유능한 사람들을 모두 숨게 만들고 기업가정신을 저하시킨다.

경쟁 세계의 다윗과 골리앗

기업들이 가장 유능한 종업원들과 최고의 아이디어들을 지키기 위해 싸울 때, 법원들은 불명확한 합리성 기준을 이용해서 인재 유치 전쟁의 탁류를 이리저리 항해한다. 어쩌면 법원들은 이러한 통제를 통해서 실제로 무엇을 얻을지 확신하지 못하기 때문에, 이 영역을 일반화하고 명확히 규정하는 것을 무척 주저하는지도 모른다. 한 판사는 "기만적인 결과를 초래할지도 모르는 것을 경솔하게 일반화할 경우 매우 심각한 권리 침해를 야기할 위험이 있다"고 하면서 "모든 소송은 그것이 처한 독특한 환경에 따라 다르다고 말하는 것은 거듭 강조해도 지나치지 않다"고 의견을 표명했다.[17] 따라서 합리성은 사례마다 다르게 적용된다고 할 수 있다.

그러나 이러한 불명확한 기준의 위험은 '기만적인 일반화'에 있는 것이 아니라 시장의 중대한 불확실성에 있다. 전혀 어떤 지침이나 일관성도 없는 상황에서 기업이든 개인 발명자든 심지어 변호사이든 어떤 특정한 경업금지나 비밀유지, 발명/저작권 양도 계약이 정당한 것인지 아닌지 미리 결정할 수 있는 사람은 아무도 없다. 명확한 규칙이 없다는 것은 인적 자본에 대한 통제를 지나치게 확대하거나 축소 해석할 가능성이 높다는 것을 말한다. 발명자들이 기꺼이 모든 경업금지 약정에 대해서 꾸준하게 소송을 제기할 의향이 있다면, 계약 비용은 증가할지 모르지만 인적 자본을 어디까지 통제할 수 있는지는 검증될 것이다. 그러나 대다수 종업원은 회사에 들어가기 전에 스스로 서명한 계약 내용을 가지고 나중에 회사를 상대로 소송하기를 대개 꺼린다. 문제가 있는 제한 규정에 직면했을 때 그것에 대해서 소송을 제기할 자원과 의지가 있는 종업원은 거의 없다. 따라서 나중에 법정에서 이길 수도 있는 내용으로 계약 조건을 수정하지 않고 그대로 수용하는 경우가 많다. 고용주들은 단순히 문제가 있을 때 소송을 제기할 수 있는 자원이 있기 때문에 그런 불명확한 기준이 오히려 유리하다.

이러한 상황은 고용주들이 인적 자본 통제와 관련해서 법적으로 허용된 것보다 더 과도하게 해석하거나 적용하고자 하는 욕구를 은밀하게 자극하기도 한다. 기업들은 그러한 인적 자본에 대한 제한들이 법적으로 인정을 받든 안 받든, 자신들이 설정한 통제의 범위를 밀어붙이고 싶어한다. 실제로 이러한 지나치게 한쪽으로 치우친 역학 관계는 경업금지를 엄격하게 제한하는 캘리포니아에서 왜 아직도 많은 기업이 종업원들에게 경업금지 약정에 서명할 것을 요구하는지 잘 설명해준다. 이들 기업이 그렇게 하는 것은 대다수 종업원이 자유롭게 회사를 그만둘 권리가 있다는 것을 잘 알지 못하며, 자기가 서명한 계약 내용에 대해서 어떤 경우에도 이의를 제기하지 않을 거라고 생각하기 때문이다.

인적 자본 통제에 대한 기업의 지나친 확대 적용은 또한 법원이 불합리하게 작성된 계약서를 다룰 때 직면하는 딜레마를 설명한다. 법원이 선택할 수 있는 것은 두 가지다. 계약 전체를 무효화하거나 합리적인 범위 안에 있는 계약 내용만 인정하는 것 둘 중의 하나다. 후자의 경우는 법원이 일부 조항을 '수정' 명령하거나 계약서의 일부를 직접 고쳐주기도 한다. 예컨대, 종업원이 퇴직 후 4년 동안 시장에서 경쟁할 수 없다는 계약서가 있을 경우, 법원은 그 조항의 불합리성을 근거로 계약을 무효화해야 할까, 아니면 예컨대 1년으로 제약 조건을 바꿔야 할까? 법원의 수정 명령은 소송 당사자들의 이익을 균등하게 조정하는 것처럼 보인다. 그러나 그것은 한 가지 문제를 수반한다. 기업들이 불합리한 규제 조항을 삽입해도 어차피 법원이 그것을 합리적 수준으로 수정할 것이며, 그렇게 한다고 해서 따로 돈도 들지 않는다면, 그들은 언제나 인적 자본 통제를 가능한 한 폭넓게 적용하려고 할 것이다. 따라서 법원이 수정 명령을 많이 내릴수록 유리한 쪽은 고용주들이다. 그러나 법원은 그것 때문에 할 일이 많아지고, 기업들은 인적 자본 통제 조항에다 종업원들이 감히 이의 제기를 하지 못하게 위협하는 제재 내용까지 명문화할 수도 있다. 따라서 법원이 접근하는 방식은 크게 두 가지로 나뉜다. 1996년, 플로리다 주 의회는 경업금지를 제한하는 법률을 폐기하고 기업들의 경업금지를 크게 촉진하는 새로운 법을 제정했다. 새로 제정된 법에 따르면, 법원은 경업금지를 전면적으로 불인정하기보다는 지나치게 폭넓은 시공간적 제한을 수정 명령하도록 되어 있다. 그 결과, 오늘날 플로리다에 있는 기업들은 적어도 법적 인정을 받을 수 있는 한도에서 경업금지를 요구하는 매우 제한된 경업금지 약정을 맺을 수 있다.

합리성의 기준을 정하는 문제는 더 나아가 기존의 기업들과 벤처기업가들 사이의 불균형을 초래한다. 기존의 기업이든 종업원/벤처기업가이든, 인적 자본에 대한 어떤 제약 조건이 법적 인정을 받을지 예측하기 어렵기는 마찬가지지만, 그렇다고 그것이 양쪽에 동등하게 영향을 끼치는 것은 아니다. 창업한 지 얼마 안 되는 야심만만한 벤처기업가들은 대개 소송이 제기되면 그것을 감당할 만한 돈과 맷집이 없다. 경제학자 로널드 코즈는 시장행위자들이 처음에 어떠했든 결국에는 가장 효율적으로 권리를 배분할 것이라고 주장했지만, 그것은 그 권리가 무엇인지 명확하게 정의될 때 한해서 유효하다. 어떤 권리인지 정의가 불명확한 상황에서 권리를 배분하고 범위를 정하는 것은 경우에 따라 천차만별이다. 그런 상황, 다시 말해서 현실에서는 쓸 수 있는 자원이 많은 상대가 그러한 권리 다툼에서 이길 가능성이 크다.

이러한 불균형은 더 많은 자원을 보유한 기존의 기업들이 소송을 전략적으로 이용할 수 있다는 것을 의미한다. 소송의 목적이 법적 권리나 주장의 정당성을 입증하기 위한 것이 아니라 소송 상대방에게 고통을 부과해서 항복을 강요하거나 전략적 우위를 차지하려는 것이라면, 그것은 전략적으로 소송을 이용하는 것이다. 실제로 회사를 그만두고 새 회사를 창업하는 전직 종업원을 상대로 영업비밀, 경업금지, 특허, 상표, 저작권 소송을 제기하는 것은 바로 그러한 전략적 행위의 대표적 사례이다. 그러한 관행은 종업원이 벤처회사를 창업하기 위해 회사를 그만둘 때 가장 두드러지게 나타난다. 인적 자본과 지적재산권에 대한 소송은 비록 대개 근거가 없어도 갓 설립된 벤처기업 하나 망하게 하기에 충분한 불확실성을 만들어낼 강력한 힘이 있다.[18] 법적으로는 이겼지만 경제적으로는 망한 그런 대표적 사례가 바로(7장에 나온) 아르만드

치아바타이다. 대기업과 소기업이 법적인 문제에 직면했을 때 어떤 차이가 발생하는지를 살펴본 상당히 많은 연구에 따르면, 소송이나 약품승인절차, 특허 출원, 금융과 환경 규제와 같은 영역에서 늘 대기업이 유리하다는 것을 보여준다. 창업한 지 얼마 안 되는 작은 벤처기업들은 단순히 자원이 한정되어 있다는 것 말고도 특허 건수가 적고, 자체 브랜드와 명성을 조속히 확립해야 한다는 절박함, 그리고 회사 내에 법률 고문이 없다는 단순한 사실 때문에 인재 유치 전쟁에서 불리하다.

갓 창업한 소기업들은 연구개발 방식과 관련해서 결정을 내리기 전에 법적 책임에 따른 비용을 먼저 고민해야 할 가능성이 많다.[19] 창업 기업은 대개 시간이 오래 걸리는 소송에 대해서 그것이 비록 근거가 없는 것이라고 해도, 스스로 변호할 수 없거나 그에 따른 비용을 감당할 수 없다. 실제로 일부 벤처 자본가들은 창업할 때 최초 예산 항목에 지적재산권과 인적 자본과 관련된 소송에 대비한 비용을 포함시켜야 한다고 생각한다.[20] 때때로 발명가들은 경쟁업체들이 전략적으로 소송을 제기할 위험이 있으면 그 주장이 근거가 없다고 확신하더라도 계획했던 벤처사업을 접는 경우가 있다. 법적으로나 경제적으로 충분한 자원을 보유한 대기업들은 법적으로 근거가 약하거나 심지어 전혀 없는 경우에도 경쟁상대를 공격적으로 몰아낼 수 있다. 이따금 전투가 전쟁의 일부가 될 때도 있다. 기업들이 퇴직한 종업원의 뒤를 캐기로 결정을 내릴 때는 그의 퇴직이 중요해서가 아니라 앞으로 또 그런 사람들이 생기는 것을 막기 위해서이다. 기업들이 회사의 명성을 높이고 종업원들에게 두려움을 심어주기 위한 전략으로 소송을 자주 이용한다는 것은 이미 널리 알려진 사실이다.[21]

실제로 회사의 명성은 유능한 인재와 경쟁업체들의 행동을 바꿀 수 있다. 그러나 진정 현명한 기업들은 소송이 아닌 방법으로 명성을 쌓는 것이 자신들에게 경쟁력을 줄 수 있음을 알고 있다. 상대를 공격하고 통제하는 방식으로 얻은 명성은 결국 역효과를 초래할 수 있다. 지나치게 공격적이고 통제적인 인력 관리로 악명 높은 기업들은 최고의 인재를 고용하기 어렵다. 인텔은 종업원들이 퇴직 후 경쟁업체로 가거나 동종업종에서 창업하지 못하도록 위협하는 것을 포함해서 극단적인 조치를 취하는 회사로 명성이 높다. 첨단 기술 산업이 활황이던 초기에 인텔의 최고경영자는 법률 고문에게 자사의 기술자들이 회사 정보를 가지고 "문밖으로 걸어나갈" 생각을 꿈도 꾸지 못하게 하기 위해서 특별히 분기마다 2건씩 소송을 제기하라고 지시했다고 한다.[22] 인텔은 퇴직하는 종업원들에게 가혹하게 소송을 제기하는 것으로 명성을 얻을 목적이었지만, 그러한 명성은 오히려 새로운 종업원들을 뽑는데 걸림돌이 되었다.[23] 반면에, 시스코시스템즈Cisco Systems는 퇴직한 종업원을 대상으로 소송을 하지 않는 것으로 유명하다. 사람들은 시스코의 그러한 태도가 기존 종업원들의 잔류, 새로운 인재 채용, 심지어 다른 기업의 인수합병에도 긍정적 영향을 끼친다고 생각한다. 시스코에 인수 합병된 한 회사의 임원들은 나중에 회사를 그만두더라도 아무런 부담 없이 나갈 수 있다는 것을 알기 때문에 시스코의 품에 안겼다고 말했다.[24] 시스코 같은 회사들은 신입사원을 뽑을 때 인적 자본의 미래를 통제하는 계약 내용에 서명하도록 강요하지 않는 것이 더 쉽게 인재를 채용할 수 있는 방법임을 안다. 이미 알고 있는 것처럼, 종업원들이 나중에 자유롭게 회사를 떠날 수 있게 아무 제한 없이 종업원을 뽑는 것은 초기에 인재를 유치하는 것에 도움을 줄 뿐 아니라 더 나아가 그들에게 회사를 향한 진정한 책임의식과 동기를 부여한다.

두뇌 유입과 최고의 인재

변호사나 헤드헌터들과 이야기를 나누다보면, 늘 반복되는 조언이 한 가지 있다. "캘리포니아로 오라. 거기서는 경업금지를 법적으로 인정하지 않으며 당신의 재능, 기술, 지식에 대한 소유권을 폭넓게 인정한다!"

우리는 인재의 자유로운 이동을 폭넓게 허용하는 주에서 어떻게 혁신이 잘 이루어지는지 앞서 보았다. 또한 인재들이 통제가 심한 곳에서 약한 곳으로 이동하면서 지역의 성공을 견인한다는 것도 안다. 그것은 시간이 흐르면서 지역에 두뇌 유입과 기술 증대라는 커다란 이익을 안겨줄 수 있다. 캘리포니아는 인적 자본을 우대하고 인재와 아이디어의 자유로운 흐름을 보장하는 정책을 시행할 뿐 아니라 다른 지역에서 경업금지 약정을 맺은 종업원들에게 피난처를 제공할 의지를 보임으로써 지역 내에서 거래와 경쟁을 촉진하도록 돕는다. 캘리포니아가 거기서 얻는 경제적 이득은 크게 두 가지다. 첫째는 정책 시행으로 나타난 긍정적 결과에서 얻는 이득이고, 둘째는 다른 주들이 인적 자본을 통제하고 제한하는 태도 때문에 얻는 이득이다. 경업금지에 발목이 잡힌 발명자들이나 벤처기업의 창업자들이 캘리포니아로 자리를 옮기면서, 인근 지역의 새로운 인재들과 신기술이 지역 시장으로 유입되는 긍정적 효과를 초래했다. 우리는 이미 앞에서 문화와 사회화의 공유, 유사한 기술 숙련, 비공식적 관계와 접촉을 통해서 지식이 지역 내부에 널리 퍼지는 것을 보았다. 그러나 동시에 서로 멀리 떨어진 지역들 사이에서는 사람들이 상호 작용할 방법들이 별로 없을 가능성이 크기 때문에, 지리적 경계를 가로지르는 이직을 통해서 유입되는 지식의 중요성은 훨씬 더 두드러진다. 다시 말해, 멀리 떨어진 다른 지역으로의 이직에 따른 인재의 이동은 전에 없는 새로운 지식의 다리를 놓는다.

실제로 두뇌 유입의 효과는 매우 크다. 인적 자본에 대한 강력한 통제를 실시하는 지역들은 독창성 있는 유능한 인재들이 다른 지역으로 옮겨가는 비율이 더 높다. 반면에, 통제가 느슨한 지역들은 새로운 인재들의 유입 비율이 더 높다. 무엇보다 중요한 것은 이러한 움직임이 정형화된다는 사실이다. 최고의 인재들이 인적 자본에 대해서 개방적 태도를 취하는 지역들로 몰린다. 시간이 흐를수록 최고 중의 최고, 가장 독창적이고 열정적인 노동자들의 일부가 경업금지를 시행하는 지역을 떠나 캘리포니아처럼 경업금지를 인정하지 않는 지역으로 이동한다. 예컨대, 미시건 주는 1980년대 중반에 법률 개정을 통해 경업금지 불인정에서 인정으로 돌아서면서 그 지역의 발명자들이 경업금지를 지속적으로 인정하지 않는 주로 이주할 가능성을 높였다.[25] 미시건의 이러한 변화에 대한 연구는 30년 동안 50만 명이 넘는 특허 발명자들의 경력 변화와 이동 형태를 분석했다. 그 결과, 가장 뛰어난 인적, 사회적 자본을 보유한 발명자들이 미시건 주를 떠날 가능성이 컸다.

한 연구는 미국의 전체 주를 대상으로 발명자들의 이동 경로를 조사했다. 그 결과, 경업금지를 시행하는 주를 떠나는 발명자 비율이 경업금지를 인정하지 않는 주를 떠나는 발명자 비율보다 훨씬 높다는 것을 발견했다.[26] 여기서도 캘리포니아 주가 연구 결과에 특별히 영향을 미쳤을 거라고 반문하는 사람들이 있을 수 있다. 하지만, 캘리포니아 주를 분석대상에서 제외했을 때에도 결과는 여전히 매우 유의미했다. 경업금지를 시행하는 주를 떠난 발명자 비율이 그 반대의 경우보다 25% 더 높았다. 발명자들의 이동은 이렇게 경업금지가 시행되지 않는 주들로 쏠리는 경향이 있다. 경업금지가 시행되는 주에서 시행되지 않은 주(대개 캘리포니아 주이지만 다른 주로도 간다)로 옮겨가는 발명자 수가 경업금지가 시행되는 주들 간에 이동하는 발명자 수보다 2배 정도 더 많다. 따라서 이 연구는 다음과 같이 결론짓는다. "경업금지는 (…) 높은 수준의 인적, 사회적 자본을 가진 노동자들은 몰아내고 생산력이 떨어지고 협업 관계가 약한 노동자들만 남는 (…) 최우수 지식노동자들의 '두뇌 유출'을 유발한다. 이러다 결국 나중에는 경업금지를 인정하지 않는 지역들로 엘리트 발명자들이 몰리게 된다."

우리는 아주 생산력이 높은 발명자들의 자발적 망명을 직관적으로 이해할 수 있다. 인적 자본이 풍부한 노동자들은 항상 외부에서 영입 제의가 있기 마련이므로 지역을 옮기기만 하면 금방 경업금지라는 장애물을 뛰어넘을 수 있다. 반면에 능력이 떨어지는 종업원들은 어떤 환경에서도 회사에 잔류할 테고 경업금지가 오히려 그들의 자리를 지켜줄 것이다. 대안들만 있다면, 전문기술을 보유한 사람일수록 경업금지 때문에 자신의 앞날이 구속되는 것을 기꺼이 받아들이려고 하지 않는다. 유능한 기술자들은 이런 통제 조치를 피하기 위해 자신의 경력을 발전시킬 수 있는 다른 지역을 찾는다. 경제학자들은 그것을 역선택adverse selection이라고 부른다. 다시 말해, 장래의 기회들을 걷어차고 자발적으로 회사에 구속되기를 바라는 사람들은 오히려 회사에서 가장 붙잡고 싶지 않은 사람들일 수 있다. 노벨경제학상 수상자인 조지 애컬로프George Akerlof는 이러한 역학 관계를 '레몬 시장(여기서 레몬은 질이 떨어지는 상품을 말함—옮긴이)'이라고 부른다. '체리'로 비유되는 유능한 인재들은 인적 자본 통제가 심한 시장에서 이탈한다. 그들은 고용시장에서 자유롭게 배우고 이직할 수 있을 때 얻을 수 있는 것이 가장 많다는 것을 알기 때문이다. 그러다보면, 한 기업에 묶여 있는 것이 자기 경력에 그다지 손해가 아니라고 느끼는 사람들, 곧 '레몬'들만 회사에 남게 되고, 시장은 서서히 그들에게 잠식되기 마련이다. 그런 상황이 오랫동안 누적된 결과, 20세기 말에 이르러 예상했던 것보다 훨씬 더 많은 엘리트 발명자들이 경업금지를 허용하지 않는 주들로 몰려들었다.

독창적인 사람들은 계속해서 자신의 창의력을 발휘하며 일할 수 있는 곳으로 달아난다. 그렇다면, 회사의 경우는 어떠한가? 혁신적인 기업가들과 벤처기업들은 지역을 선택할 때, 천연자원과 경제 자원, 조세 제도, 노동조합 수준, 노동과 고용 관련법을 비롯해서 여러 규제 사항과 환경 관련법 같은 매우 다양한 요소들을 두루 살핀다. 이미 아는 것처럼, 여기서 인재 유치 전쟁을 전개하는 방식 또한 아주 중요한 고려사항이라는 것은 명백하다. 기업들은 스스로 인재를 끌어들일 수 있는 능력이 있는지 점검해야 하고 어디를 가야 회사가 발전할 수 있는지 알아야 한다.

사과, 오렌지, 그리고 탐색이론

직장은 고착성이 있다. 인간 본성은 중력처럼 사람을 한곳에 붙잡아두려는 힘이 작용한다. 그곳이 직장이든, 도시이든, 인간관계이든 상관없다. 어느 곳에 머무는 것은 거기를 떠나는 것보다 더 쉽다. 우리는 누구나 심리적으로 이러한 고착성을 경험한다. 인간은 본능적으로 현상 유지를 선호하고 상실과 위험을 싫어하기 때문이다. 이것은 우리가 이미 알고 있는 것에 집착하는 경향이 있고, 아는 것을 모르는 것과 바꾸기를 주저한다는 것을 의미한다. 우리는 누구나 편안하면 계속 편안

해지고 싶어하는 관성이 있는 것 같다. 이러한 탐색과 교환 비용, 미지의 것에 대한 불확실성은 그러한 고착성을 더 강화한다. 그것들은 이직과 인재의 흐름에 좋지 않은 영향을 끼친다.

2010년 노벨경제학상은 경제 호황기에도 사람들이 자기에게 맞는 직장을 찾는 데 오랜 시간이 걸리는 이유를 규명하기 위해 수십 년을 바친 세 명의 노동경제학자들에게 수여되었다. 전통적인 경제 분석은 일자리만 있으면 자리들은 곧바로 채워질 거라고 본다. 이론적으로는 그냥 가만히 있어도 공급은 수요와 만난다. 이러한 수요와 공급의 일치는 고용시장이라는 천국에서 곧바로 이루어진다. 그러나 현실에서는 수많은 일자리가 남아 있다고 해도 사람들은 여전히 실업 상태에서 괴로워하며 자기에게 맞는 일자리를 찾아 헤맨다.

2010년 노벨경제학상 수상자들은 직관적인 것처럼 보이지만 고전경제학의 분석과는 일치하지 않는 설명을 한다. 사람들은 모두 똑같지 않다고 그들은 주장한다. 일자리를 찾는 사람들이 바라는 것이 다 동일하지 않기 때문이다. 일자리들도 마찬가지다. 사람들이 자기에게 맞는 일자리를 만나기 위해서는 많은 노력과 시간이 필요하다. 똑같은 물건을 사고파는 시장과 달리 사람들이 오고가는 고용시장은 타고난 경직성 때문에 인적 자본에 대한 통제가 없을지라도 신속하게 자기에게 맞는 일자리를 찾기 어렵다.

탐색이론search friction theory(탐색마찰이론이라고도 부름—옮긴이)을 만들어낸 노벨경제학상 수상자들의 통찰에 따르면, 서로 다른 종류의 시장에서 수요와 공급의 적절한 일치를 탐색하는 데 드는 비용은 동일한 종류의 시장에서의 비용보다 훨씬 더 많이 든다. 요컨대, 과일이나 컴퓨터를 사는 일은 사람을 고용하는 것보다 훨씬 단순하고 신속하게 끝낼 수 있다. 따라서 이 두 종류의 시장에서 효율성을 평가하는 절대기준은 다를 수밖에 없다. 몇십 년 전만 해도 이런 개념은 경제학자들에게 급진적으로 보였다. 그러나 오늘날 이러한 분석은 상식이나 마찬가지다. 자기에게 맞는 일자리를 찾는 것도 힘들고 복잡한데, 게다가 인적 자본에 대한 통제가 더해지면서 고용시장의 경직성은 더욱 커진다. 그에 따라 시장에서는 일자리도 그다지 늘지 않고 기업가정신도 급격히 약화되는 악순환이 반복될 가능성이 크다. 사람들이 자기 재능을 최대로 발휘할 수 있는 일자리와 만나는 것은 엄청나게 복잡한 과정이다. 그러기 위해서는 사람과 일자리 사이에 얽힌 복잡한 많은 요소에 대한 이해가 반드시 필요하다.

당시 노벨경제학상을 함께 받은 사람들 가운데 한 명인 런던정경대의 크리스토퍼 피서라이즈Christopher Pissarides 교수는 스웨덴에서 열린 노벨상 수상자 기자회견에서 정부는 "실업자들이 지나치게 오랫동안 실업 상태로 남아 있지 않도록 해야 하며, 그들에게 직접 노동에 참여할 기회를 주어야" 한다고 주장했다. 그래야 그들이 자기 노동력에 대한 애착을 잃지 않고 취업 의지를 버리지 않는다고 했다.

사람들이 직장을 옮겨다니고 시장에서 경쟁하고 자신의 전문기술을 사용하는 것을 제한하는 인적 자본 통제는 그러한 정부의 연계 노력과 반대편에 서 있다. 인재 유치 전쟁에서의 그러한 통제는 고용관계가 유지되는 동안에 해고가 제한되는 것과 마찬가지로 노동시장을 경직시키는 주요 요소이다. 인적 자본이 통제되는 상황에서 인재가 능력을 최대한 발휘할 수 있는 일자리를 찾을 가능성은 크게 줄어든다. "정보가 부족한 상황에서 종업원들의 이직에 마찰을 가중시키는 것은 무엇이든 시행착오 과정을 가로막고 적절한 일자리를 찾지 못하게 할 가능성을 높일 것이다."[27]

고용시장은 본디 경직되어 있지만, 그 경직성은 우리의 삶과 동일성이라는 현실에 의해서 유기적으로 구조화된다. 우리가 저마다 독자적인 길이 있다고 생각하고 싶어 하지만, 그만큼 또 우리의 경력은 오히려 예견할 수 있는 틀에 박힌 길을 따르는 경향이 있다. 젊은 노동자들은 직장에 처음 들어갈 때, 돈을 많이 버는 것보다는 더 많은 기술을 배우고 더 많은 인적 자본을 얻을 수 있는 일자리를 찾으려고 한다. 그러나 나중에 오랫동안 한 직장에서 근무하다보면, 가족 부양과 같은 경제적 의무에 속박되어 앞날의 진로를 생각할 때 무모한 모험은 피하면서 기술을 배우는 기회보다는 더 많은 보수를 받는 쪽으로 방향을 틀기 마련이다. 또한 다른 데서 자기 능력을 더 잘 발휘할 수있는 기회가 온다고 해도 그냥 기존 직장에 남고자 할 수도 있다. 지리적으로도 우리의 생활에서 이동 범위는 점점 선택의 폭이 좁아지는 경로를 밟는다. 노동자들이 멀리 떨어진 곳에서 일자리를 찾기보다는 가까운 지역 안에서 이동하기를 바라는 데는 여러 가지 이유가 있다. 그리고 이런 이유들은 나이가 들어가면서 점점 더 강고해진다. 아이들을 힘들게 하고 일가친척과 여러 공동체, 이웃들을 떠나야 하는 결정을 내릴 때 가족과 사회적 유대 관계는 부정적인 영향을 끼친다. 특히 성차별의 관점에서 보면, 지역에 따라 여성들의 일자리 선택을 제한하는 요소들이 있기 때문에 지리적 경계를 넘어 이직하는 것이 쉽지 않다. 일과 가족 사이의 균형을 발견하는 일은 모든 맞벌이 부모가 풀어야 할 과제이다. 아직도 대개 이러한 문제는 남성들보다 여성들에게 더 심각하다. 대체로 아내는 남편이 이직 때문에 지역을 옮길 때, 자기 의사를 내세우지 않고 그냥 따라간다. 하지만 맞벌이 부부가 늘어나고 여성들의 노동 참여가 활발해지면서 지역을 옮기는 일은 더욱 어려운 문제가 되었다. 경제학자들이 지난 50년 동안 서로 대등한 관계에 있는 부부들이 거주지에 대한 결정을 내릴 때 어떻게 했는지를 조사한 결과, 숙련된 맞벌이 부부들이 점점 대도시 지역에 집중되는 것을 알 수 있었다.[28] 그 이유는 명백했다. 숙련된 기술을 가진 전문직들이 똑같이 숙련된 배우자와 짝을 맺는 경우가 늘어나면서, 소도시들은 인적 자본 유입이 줄어들기 때문이다. 도시의 크기와 역동성, 개방성, 인재를 흡수하고 양성하는 능력은 그 어느 때보다도 기업이 유능한 노동자를 끌어들일 수 있는 능력에 큰 영향을 끼친다. 따라서 자유로운 이직을 보장하고 남편과 아내가 모두 직업적으로 성장할 수 있는 지역은 두뇌 유입이 2배로 늘어날 가능성이 크다.

세계적 경쟁력 확보: 왜 세계는 평평하지 않은가

세상을 가르며 에워싸고 있던 담과 경계는 이제 사라졌다. 평평하고 서로 네트워크로 연결된 세계로 들어가라. 평평한 세계가 주는 이미지는 전체주의를 연상시키며, 물리적 거리가 전혀 무의미해지는 올더스 헉슬리Aldous L. Huxley의 소설 『멋진 신세계Brave New World』를 생각나게 한다.

『뉴욕타임스』의 칼럼니스트 토머스 프리드먼Thomas Friedman은 베스트셀러 저작 『세계는 평평하다: 21세기 약사The World is Flat: A Brief History of the Twenty-First Century』에서 21세기 초의 세계화가 전 세계의 상거래와 경쟁을 평준화했다고 결론짓는다. 프리드먼은 거기서 "협업을 위한 완전히 새로운 세계적 기반"의 근거들을 설명한다. 이렇게 세계를 평평하게 만드는 데 기여하는 몇 가지 요소가 있다. 그중에서 무엇보다 통신체계, 특히 인터넷은 각종 아이디어와 새로운 정보를 전 세계가 곧바로 이용하고 널리 접속할 수 있게 했다. 모든 정보가 디지털화되면서 우리는 인터넷에 접속하기만 하면 전 세계 어디서든 빠르고 싸게, 그리고 차별 없이 정보를 이용할 수 있다. 전 세계 사람들이 하루에도 10억 차례 넘게 검색엔진으로 인터넷에서 정보를 검색하면서 스스로 학습하고 다른 사람들과 연결하고 소통한다. 프리드먼은 "지구의 역사에서 그렇게 많은 사람이—혼자 힘으로—그렇게 많은 사물과 타인들에 대해서 그렇게 많은 정보를 찾을 수 있었던 적이 결코 없었다"고 말한다. 프랜시스 케언크로스Frances Cairncross는 도발적인 제목의 저서 『거리의 소멸The Death of Distance』에서 전화와 텔레비전, 네트워크 컴퓨터들이 물리적인 거리를 무의미하게 만드는 세계, 그래서 급속하게 좁아지는 세계를 묘사한다. 이제 세계화의 실체와 급속하게 평평해지는 생산과 정보의 세계를 부인할 수 있는 사람은 아무도 없다.

세계는 더 좁아졌다. 그렇게 두 지점 사이의 거리가 좁아지면서 그것이 혁신에 끼치는 영향은 매우 커졌다.[29] 기업들은 전 세계에서 열리는 전문가 회의에 종업원들을 보낸다. 또 논문이 인쇄되어 나오기 전에도 사람들은 인터넷을 통해서 무역과 학술 잡지들에 쉽게 접속할 수 있다. 특허 출원을 위해서는 발명 내용을 누구나 접속할 수 있는 데이터베이스에 공개해야 한다. 헤드헌터들이 인재 발굴을 위해 전 세계를 뒤지면서 고용시장도 세계화되었다.

이것은 정보에 대한 것만이 아니다. 사람들도 과거 그 어느 때보다 빈번하게 지역들을 오가며 순환한다. 애너리 색서니언은 오늘날 세계의 새로운 경제적 이동은 '두뇌 유출'보다 '두뇌 순환'이 더 많다고 조언한다. 그녀는 고대 그리스 신화에서 황금 양털을 찾으러 이아손과 함께 아르고호를 타고 항해에 나선 원정대의 이미지를 불러내어, 오늘날 외국에서 태어나 실리콘밸리에서 기술을 습득하고 경험을 쌓은 뒤, 캘리포니아와 자기네 나라를 오가며 지역의 경계를 넘어 사업 제휴를 맺고 기업을 경영하는 혁신적 기업가들을 "새로운 아르고호 원정대"라고 설명한다. 오늘날 새로운 아르고호 원정대 가운데 가장 주목할 만한 사람들은 미국과 일본, 중국, 이스라엘, 인도를 정기적으로 순회하며 일하는 첨단 기술 분야의 종업원들이다.

그러나 앞에서 본 것처럼, 세계가 더 평평해질 수 있다 해도 지리적 요소는 여전히 매우 중요하다. 장소와 지역 내의 상호작용은 기업들에게 끊임없이 엄청난 영향을 끼친다. 시장이 아무리 세계화되었다고 해도 우리가 일상에서 맺는 상호작용은 대부분이 지역 안에서 일어난다. 전화 통화와 금융 투자, 심지어 인터넷 통신의 약 90%가 지역 안에서 이루어진다. 2007년 『포린폴리시』에 실린 「왜 세계는 평평하지 않은가」라는 기사는 "정보와 아이디어, 돈, 그리고 사람들이 과거 어느 때보다 더 빨리 지구촌 곳곳으로 이동할 수 있는 새로운 네트워크 세상이라고 말들 하지만, 실제로는 우리가 세계화라고 생각하는 것의 극히 일부분만이 현실에 존재할 뿐이다"라고 주장한다.[30] 혁신은 여전히 지역 안에서 일어난다. 그래서 장소는 중요하다.

지리적 근접성은 독창적인 벤처기업들의 활동에 불을 지핀다. 우리는 긴밀하게 연결된 다양한 네트워크, 사회적 자본, 개방적인 문화를 갖춘 지역들이 어떻게 성장하고 발전하는지 살펴보았다. 세계적 차원에서 인적 자본과 사회적 자본의 질적 차이는 발전의 문제를 이해하기 위한 열쇠가 되었다. 카네기멜론대가 내놓은 새로운 보고서 『세계 경제 위기 이후의 세계화와 경제 성장 재건Renewing Globalization and Economic Growth in a Post-Crisis World』은 노동자들의 자유로운 이동을 제한하는 것은 지역에 큰 피해를 입힌다고 경고한다. 그 보고서는 이민비자 발급 제한, 의료보험과 같은 각종 복

지 혜택의 지역별 차등과 같은 다양한 제한들과 함께 인적 자본 통제에 대한 경고도 빼놓지 않는다.[31]

개발경제학이 계속해서 풀지 못하는 수수께끼는 비슷한 상황에 처한 국가들의 성장률이 저마다 크게 다르다는 사실이다. 경제학자 폴 로머는 기업의 성공은 단순히 물질적 자본과 노동만으로는 안 된다는 것을 보여주었다. 사업을 하는 지역에 대한 지식 또한 마찬가지로 중요하다.[32] 이와 관련해서 하버드대의 경제학자 마이클 포터Michael Porter는 자신이 쓴 『국가의 경쟁우위The Competitive Advantage of Nations』라는 책에서 지역의 산업 클러스터는 국가의 세계적 경쟁력에 기여한다고 주장한다. 노벨경제학상 수상자 폴 크루그먼은 『지리와 무역Geography and Trade』이라는 저서에서 비슷한 주장을 하는데, 국가의 지리적 위치가 그 나라의 경제적 우위에 중대한 영향을 끼친다고 했다. 일본은 전자제품과 컴퓨터제어 장치들을 수출한다. 미국은 소프트웨어, 생명공학, 의료장비들에 초점을 맞춘다. 이탈리아는 신발과 고급 양재 기술에서 세계 최고 수준의 국가로 자리잡았다. 이 세 명의 저명한 경제학자들 가운데 포터는 무엇보다도 법적 제도가 어떻게 기업들을 한군데 모으고 경쟁하는 것을 제한할 수 있는지에 주목한다. 그는 독점을 종식시키고 경쟁력을 저해하는 요소들을 없애기 위해 어떻게 반독점법을 더욱 강화할 수 있는지 권고하며 책을 마무리한다.

독점은 상품과 서비스에만 국한되지 않는다. 어느 지역이 경쟁력이 있는 환경인지 아닌지는 반드시 그곳이 경쟁력 있는 인재와 정보의 자유로운 흐름을 보장하는 곳인지 아닌지로 평가되어야 한다. 지식이 흘러넘치고, 네트워크가 긴밀하게 연결되고, 서로 얼굴을 맞대고 이루어지는 상호작용을 통해 암묵적 지식을 전달하기 위해서는 자유로운 이동과 소통이 보장되어야 한다.

10장

윈-윈-윈, 모두가 이기는 싸움

타고난 재능은 늘 움직여야 한다.

—루이스 하이드Lewis Hyde, 시인이자 문화비평가

인재를 영입하라! 인재 빼가기의 미덕

인적 자본 통제는 반독점법에서 소홀히 다뤘던 부분이다. 트위터가 어떻게 도약할지 고민하던 신생 기업이었을 때, 트위터 서비스가 정상적 궤도에 오르기 전의 중간 단계를 메꿔줄 장래성은 있지만 아직 상대적으로 널리 알려지지 않은 다른 기업들이 필요했다. 처음에는 회사 밖의 개발자들이 휴대용 단말기를 위한 스트리밍 기술, 사진 공유, 인터넷 주소 단축서비스, 검색기능 향상 기술과 같은 필수 기능과 응용서비스를 개발하여 중간 단계의 고객 욕구를 채워주었다. 트위터 서비스

이용자 수가 크게 늘어나면서 회사는 이러한 기능들을 회사 안으로 통합해서 지금까지 트위터라는 가상 생태계를 뒷받침해온 외부 개발자들로부터 벗어날 기회를 엿보기 시작했다. 트위터는 과거에 제휴 관계에 있었던 회사들을 하나씩 인수하고 제휴를 맺지 않았던 회사들도 일부 사들였다. 씨엔엔(CNN) 기자들은 최근에 트위터의 이러한 인수합병을 이렇게 설명했다. "더 좋은 고유 기능을 구축(또는 매수)함으로써 경쟁업체를 밀어내는 것과 자기 서비스 영역을 강제로 떠나게 함으로써 경쟁업체를 밀어내는 것은 구분하기가 어렵다." 2011년, 미국의 연방거래위원회는 트위터가 반독점법을 위반했는지 조사하기 위해 감사에 들어갔다.

경쟁법이라고도 부르는 반독점법은 기업들의 경쟁을 저해하는 행위를 막아 시장의 안정을 촉진하고 유지하기 위해 제정된 규제 법안이다. 반독점법은 독점과 담합을 통해 자유로운 거래를 억누르는 것처럼 기업들 간의 자유로운 거래와 경쟁 활동을 제한하는 협약이나 관행을 금지한다. 이러한 독점규제와 관련된 법률의 역사는 고대 로마시대까지 거슬러올라간다. 오늘날 이러한 경쟁법의 원리는 전 세계로 퍼져나가 많은 나라들이 채택하고 있다. 그러나 인적 자본 통제는 반독점법의 규제 범위 밖에 있다. 따라서 이러한 통제는 사람과 지식에 대한 유사 독점 행위로 작용하고 있다.[1] 반독점법이 촉진하려는 바로 그 혜택들—창업과 신상품 개발, 시장 경쟁의 활성화—이 바로 이러한 인적 자본에 대한 지나친 통제 때문에 효능을 발휘하지 못하고 있다. 이직의 제한은 새로운 기업의 시장 진입을 막고, 유능한 인재가 자기에게 맞는 일자리를 찾지 못하게 하며, 무엇보다도 지식의 자유로운 흐름과 인재 육성을 억누른다.

2010년, 미국 법무부의 독점금지국은 어도비시스템즈, 애플, 아이비엠, 야후!, 구글, 인텔, 인튜이트, 픽사 같은 첨단 기술 분야의 거대기업들을 고소했다. 연방정부의 조사는 이들 회사가 서로 상대방 회사의 최고 인재들을 영입하거나 빼가지 않기로 담합했는지 여부를 밝히는 데 주력했다. 법무부가 이러한 관행을 직접 조사하게 된 배경은 조사 대상 기업들이 결탁하여 자유로운 거래와 경쟁을 제한하는 것으로 보였기 때문이다.[2] 그 회사들의 전직 인사부서 종업원들은 회사마다 인사부 내에 "영입을 위한 접촉금지" 명단이 있음을 인정했다. 조사 대상 기업들은 경쟁기업들과 중요한 프로젝트나 사업을 공동으로 추진할 때 서로 핵심 인력을 빼내갈 우려를 불식시키기 위해 협정을 맺은 것에 불과하다고 주장하며 항의했다. 그들은 또한 경쟁업체가 적극적으로 영입 제의 전화를 걸거나 방문하는 행위에 한해서 금지하는 것으로 협정 범위를 좁혔다고 주장했다. 따라서 종업원이 먼저 경쟁업체들에 접근해서 이직 의사를 타진하는 경우라면, 해당 업체의 인사담당자가 그를 적극 영입할 수 있다고 했다.

하지만 법무부는 그것을 다르게 보았다. 문제가 되는 인재 영입제의금지 협정들은 그들의 주장과 달리 각 회사의 전체 인력을 대상으로 했고 지역, 직무, 특정 마케팅 그룹, 기간의 제한도 없었다. 따라서 법무부는 이러한 광범위한 협정 범위를 근거로 그 협정들이 셔먼법에서 정한 반독점 금지 조항을 정면으로 위반하고 자유로운 거래를 노골적으로 제한했다고 결론지었다. 여러 기업이 관련된 이 소송은 정식 재판까지 가지는 않았다. 첨단 기술 분야의 이 거대기업들이 법무부와 신속하게 화해했기 때문이다. 법원의 화해명령은 영입제의금지 협정을 폐기하라는 것으로, 더 나아가 영입 제의와 채용과 관련된 협약 체결 자체를 금지한다. 그 결과, 현재 캘리포니아 주에서는 반경쟁적 고용 관행의 피해를 입은 이들 회사의 전·현직 종업원들이 회사를 상대로 집단소송을 제기했다. 구글의 고용담당 법률고문 에이미 램버트Amy Lambert는 그 화해명령에 대해서 성명을 발표하고 이러한 관행이 임금 인상을 억제했다는 뚜렷한 증거는 없지만, 구글은 그러한 관행을 포기하기로 했다고 선언했다. 그러나 비평가들은 구글을 비롯한 해당 기업들이 썼던 인사 관행은 "완전히 법을 위반한 것"이라고 주장하면서 그러한 화해결정이 충분하지 않은 조치라고 비난했다. 법무부가 그들의 죄를 묻기보다는 우호적인 방법으로 화해함으로써 그들이 "여전히 시장에서 임금 인상을 인위적으로 억제할 수 있게 했으며, 미국 자본주의를 대표하는 기업들을 쩔쩔 매게 할 수 있는 소송으로 정부를 난처한 입장에 빠뜨릴지도 모를 위험을 감수하지 않으려고 했다"고 주장했다. 내부 소식통들은 영입제의금지 협정이 회사들끼리 종업원들의 인지나 동의 없이 서로 결탁함으로써 캘리포니아 주의 경업금지 불인정 방침을 우회하려는 꼼수였다고 생각한다. 한 블로거는 이러한 관행을 "기업들이 전문 인력의 유출을 막기 위해 집단적으로 협정을 맺은 것으로 노동조합 집단행동과 맞먹는 기업들의 집단행동!"이라고 비꼬았다.[3]

이것은 극단적 형태의 반경쟁적 관행을 노골적으로 외부로 드러내는 바람에 마침내 법무부의 주의를 끈 하나의 사례에 불과하다. 여기서 우리는 또다시 빙산과 같은 현실을 만난다. 해수면 위를 떠다니는 자동차 크기만한 얼음 한 덩어리는 빙산의 일각일 뿐이다. 그러나 그 밑을 들여다보면 고층 건물 크기의 엄청나게 거대한 얼음덩어리가 모습을 드러낸다. 반독점법은 상품 판매와 가격의 제한에만 지나치게 주목해온 나머지, 기업의 고용 전략과 정책에 내재된 독점력에 대해서는 너무 오랫동안 간과했다. 첨단 기술 분야의 일부 대기업들의 이러한 일치된 노력에서 보는 것처럼, 인재가 관리되고 통제되는 것은 단순히 기업들과 그들이 고용하는 개인들 사이의 협정을 통해서만이 아니다. 경업금지, 영업비밀 유지, 특허와 저작권 양도와 같은 채찍 수단들은 제3자들이 인재 유치 전쟁을 통해 필요한 인력을 확보하려고 할 때, 그들의 영입 활동에 영향을 끼침으로써 자유로운 고용 과정을 왜곡한다. 미국의 많은 주들은 종업원들이 인적 자본 통제에 발목이 잡혀 있다는 것을 알면서도 경쟁업체가 그들에게 영입 제안을 하는 행위에 대해서 불법 행위로 간주한다. 제3자가 남의 계약에 의도적으로 개입하는 행위이기 때문에 불법이라는 것이다. 이러한 인재 영입 행위를 불법으로 보는 것은 수백 년 전 다른 사람의 종업원을 고용하는 것이 범죄 행위였던 영국법에서 유래되었다.[4] 비록 당시에 경업금지가 시행되지는 않았지만, 1364년 영국의 브리스틀Bristol 지역 구두수선공들에 대한 중세 법령에 따르면, "장인들은 다른 동업조합 소속의 직인들을 가로채는 것이 금지된다."[5] 오늘날도 여전히 새로운 "고용주"가 경업금지에 묶인 사람을 채용하려고 하면, 위법적인 인력 채용과 제3자의 계약 개입에 따른 책임 추궁을 당할 수 있다. 최근 들어 비록 기업들의 담합 관행이 세간의 주목을 받으면서, 그것들이 건전한 시장 경쟁을 가로막는 장애물로 인식되기 시작했지만, 그 그늘 아래서 여전히 은밀하게 자행되는 인적 자본 통제는 그 규모나 영향력에서 가히 폭발적이라고 할 정도로 증가해서 오늘날 경쟁을 가로막는 거대한 빙하를 형성했다.

그러나 모든 산업과 경쟁업체들이 이러한 통제 방식을 선택한 것은 아니다. 많은 기업들이 자기만 생각하는 방식을 버리고, 때때로 당신이 꼭 붙잡아야 할 가치가 있는 것을 찾기 위해서는 그것을 먼저 놓아야 할 필요가 있다는 것을 앞장서서 우리에게 보여주고 있다.

업계 선두 기업들의 놀라운 이타주의

우리는 하나의 사회적 존재로서 교육과 연구를 중요하게 생각한다. 미국의 연구소들은 해마다 정부 지원금을 30억 달러 넘게 받는다. 하지만 기초 연구 작업은 이제 대학과 같은 순수 연구기관만의 전유물이 아니라 사회의 여러 분야로 확산되고 있다.[6] 게다가 대학들이 특허 개발, 특허 사용권, 기업들과 공동 사업을 통해서 영리 추구에 더욱 민감하게 반응하면서, 기업들은 지식 생산이 기업의 성장에도 유익하다는 것을 인정하기 시작했다. 인재 유치 전쟁에서 통제 심리가 아직까지도(최근에 미국에서 가장 큰 첨단 기술 분야의 기업들 사이에 맺어진 담합적인 영입제의금지 협정에서 목격한 것처럼) 가장 정교한 첨단 기술업체들에까지 만연해 있는 상황지만, 그런 기업들조차도 이제 그것과 다른 인재 채용 방식으로 눈을 돌리며 더 나은 방향을 찾고자 애쓰고 있다. 오랫동안 지속되어온 인재 통제 심리와 그 어느 때보다도 시장이 앞장서서 인재를 육성해야 한다는 것에 대한 깊은 이해 사이에 간극이 존재하는 부분이 바로 이 지점이다. 업계 선두 기업들이 인재를 육성하는 최선의 방식들로 돌아설 때 비로소 잃어버린 고리—끊임없이 인재 공유지를 촉진하고 보충하는 방법—의 필요성을 보다 분명하게 알게 될 것이다.

업계 선두 기업들은 지식이 즉시, 또는 직접적으로 경제적 이득으로 전환될 수 없을 때에도 그것이 시장 성장을 위한 생명선이라는 것을 인정하면서 공적인 지식 발전 노력에 발을 들여놓고 있다. 그러한 움직임의 초기 사례는 1980년대 알마덴 연구소Almaden Lab라고 부르는 박사 후 연구 프로그램을 시작한 IBM에서 볼 수 있다. 이 과정은 대학에서 박사과정을 끝낸 사람을 바로 고용하는 것으로 알려졌는데, 주로 스탠퍼드대 졸업자들을 대상으로 했다. 대학원 연구생들의 경우처럼, 그 연구 프로그램은 1~2년 후에

IBM을 떠나는 것으로 되어 있었다. IBM은 그것이 자기네가 훈련시킨 인재들을 잃는 것인 줄 알았지만, 반면에 그 과정이 실리콘밸리가 성장하는 데 중요한 역할을 한다는 것도 알았다.[7] 최근에 하버드비즈니스스쿨은 실리콘밸리 내에 있는 발명자 네트워크들의 발전 과정을 연구한 결과, IBM의 박사 후 연구 프로그램이 실제로 실리콘밸리의 조직 간 네트워크 형성에 핵심적 역할을 했다는 것을 확인했다.[8] 그러나 이것의 목적은 친선 도모가 아니라, 사업이다! 그렇다면, IBM은 왜 다양한 연구 프로그램들과 2년만 있다 경쟁업체로 떠나보낼 유능한 젊은 과학자들에게 투자를 하는 걸까? 실제로 그 과정에 참여했던 젊은 연구원들은 상대적으로 적은 비용으로 참신한 아이디어들을 내놓았을뿐더러 IBM에 대한 매우 좋은 인상을 가지고 떠났다. 또한 그 프로그램은 IBM의 기업 이미지와 명성을 강화하는 동시에 과거에 그 과정을 거쳐 간 연구원 출신들끼리 서로 기술적 네트워크를 형성하면서 IBM이 사세를 확장하고 인재를 채용하는 능력을 키우는 데 기여했다. 그러나 무엇보다도 그 프로그램을 뒷받침한 더 강력한 동기는 더 큰 규모에서 지역의 성장이었다.

IBM의 박사 후 연구과정은 다른 많은 벤처사업처럼 1990년대 첨단 기술 분야의 거품이 터지면서 그것의 희생양이 되었다. 그러나 휴렛패커드, 구글, 인텔, 마이크로소프트, 야후!를 포함해서 다른 업계 선두 기업들은 연구지원금과 박사 후 과정을 제공하는 서로 비슷한 성격의 고등연구소를 앞다투어 창설했다. (IBM도 나중에 다시 그 과정을 부활시켰다.) 내 친구 에이낫 민코프Einat Minkov는 카네기멜론대에서 인공지능 분야의 박사학위를 취득한 뒤 한 대학의 공학 학부의 전임 교수가 되기 전까지 2년 동안 노키아의 연구부문에서 일했다. 인공지능 분야에서 민코프의 이러한 경력 경로는 아주 일반적인 경우다. 그녀의 동료들은 그러한 기업 근무를 정식 교수가 되기 전 거쳐야 하는 산업계의 박사 후 과정이라고 부른다. 보스턴에 있는 IBM의 연구 프로그램은 순수 이론적 컴퓨터공학에 주안점을 둔 매우 엄격한 학문 연구소의 또다른 사례이다. 이 연구소는 최고로 유명한 대학 출신의 일부 저명한 인물들을 회사의 연구원들로 채용했다.

워싱턴 주 레드몬드에 있는 마이크로소프트 연구소의 핵심인 이론그룹Theory Group은 그런 종류의 또다른 예이다. (40세 미만의 수학자들에게 수여하는) 권위 있는 필즈상Fields Medal의 유력한 후보자였던 오데드 슈람Oded Schramm은 프린스턴대에서 박사학위를 받고, 캘리포니아대 샌디에이고 캠퍼스와 이스라엘의 바이츠만 연구소에서 교수로 일하다 마이크로소프트 연구소로 왔다. 슈람은 통계역학과 등각장론, 확률론 분야에서 수학적 작업의 길을 연 이론 도구인 슈람-뢰너 개방(SLE)Schramm-Loewner Evolution을 공동 발명해서 유명해졌다. 슈람은 2008년 단독 산행 중 비극적 죽음을 맞기까지 세계에서 가장 우수한 대학연구소들이 최고의 수학자로 영입하려고 했던 인물이지만 결국 그가 선택한 곳은 마이크로소프트였다. 구글은 마이크로소프트처럼, 최고 수준의 대학연구소 출신의 유명 교수들을 영입하는 것으로 유명하다. 세계적으로 유명한 일부 기업들의 연구 프로그램은 비영리연구기관들과 똑같은 방식으로 고도로 이론적이고 추상적인 연구와 지식 축적에 많은 역량을 집중하고 있다.

과학 전문 잡지들에 논문을 게재하고 전문가 회의에서 발표하는 능력은 연구에 주력하는 개인들의 작업에 동기를 부여한다. 많은 연구에 따르면, 학계와 기업계에 양다리를 걸치고 있는 사람들은 지속적으로 논문을 발표하고 싶어한다. 따라서 민간 부문에서 일하는 과학자들은 과학 전문 잡지에 논문을 계속해서 발표할 수 있다면 남보다 봉급이 적어도 기꺼이 받아들일 의향이 있다.[9] 그러나 전혀 연구직에 있지 않았던 노동자들도 마찬가지로 계속해서 배우고 자기 능력을 충분히 발휘할 수 있는 일을 한다면, 그 대가로 어떤 물질적 혜택도 포기할 의향이 있다. 업계 선두 기업들이 민간 부문에서 연구자들이 연구를 계속할 수 있도록 학술연구기관들을 설립하면서, 모든 산업에서 학자는 아니지만 연구에 전념하는 유능한 전문가들은 일과 학문의 경계를 훨씬 점점 더 모호하게 만들고 있다.

회사와 종업원 모두가 자기 분야에서 과학과 기술의 기반을 한층 발전시키려고 애쓰면서, 특정 회사를 뛰어넘는 지식의 흐름과 네트워크 구축의 중요성은 훨씬 더 필수적인 요소가 되었다. 휴렛패커드 연구소장인 척 모어하우스Chuck Morehouse는 자사의 종업원들과 더 커다란 공동체 사이의 상호작용을 촉진하고자 애쓰는

HP의 태도를 이렇게 설명했다. "HP의 종업원들이 활력 있고 건강성을 유지하기 위해 필요한 것들 가운데 하나가 과학자들의 공동체에 참여하는 것입니다. 그것은 최고의 우수한 연구자들을 유치하고 우리 종업원들이 활력과 역동성을 유지할 수 있도록 하는데 도움을 줍니다."[10] 하버드비즈니스스쿨의 리 플래밍Lee Fleming 교수는 업계 선두 기업들의 자원을 공유하는 관행을 연구한 결과, "충분히 숙성된 아이디어들을 얻고자 애쓰는 경영자들은 자사의 전문 인력들에게 다른 사람들과 아이디어를 공유할 수 있는 권한을 주어야 한다."라고 말했다.[11]

현명한 기업들은 자사의 인재들이 공유해야 할 것과 보호해야 할 것의 경계를 구분할 줄 알도록 가르친다. 대개 지식을 공유하고 기초 연구 결과를 공개적으로 발표한다고 해서 한 기업의 경쟁력이 위협받는 것은 아니다. 예컨대, 구글의 독창적인 검색 알고리즘인 페이지랭크Page Rank는 여러 차례의 발표를 통해서 완벽하게 내용이 공개되었다. 하지만 구글은 아직도 여전히 검색엔진 기술에서 최고 수준을 유지하고 있다. 기업이 외부로 공개하는 정보가 많을수록 반대로 그에 따른 반응과 외부에서 유입되는 정보도 더 많아진다.[12] 이렇게 외부 세계와 연구 결과를 공유하고 적극적으로 상호 교류한다고 해서 기업 내부에 혼란이 발생하지는 않는다. 이미 앞에서 본 것처럼, 많은 기업들이 인재 유치 전쟁에서 보이는 통제 심리 때문에 종업원들의 그러한 외부 활동을 의심의 눈초리로 감시했다. 위험을 감수하기보다는 명확하게 선을 긋는 것이 훨씬 더 쉽기 마련이다. 그러나 현명한 기업들은 정보를 외부에 알리고 싶지 않은 충동이 있음에도 불구하고 통제와 자유가 함께 추는 섬세하고 끊임없이 진화하는 춤을 이해한다. 춤을 추는 사람들은 춤을 잘 출 때 느끼는 희열이 무엇인지 안다.

죄수의 딜레마

당신과 당신의 적이 서로 칼을 빼들고 맞선 상황에서 당신이 먼저 칼을 내리는 것은 위험한 전략이다. 기업들 사이에서 이와 같은 자세는 어떤 기업이 먼저 다른 기업에 공유하자고 손을 내미는 것이다. 다른 기업들이 과연 그 제의에 호응할까? 흥미롭게도, 죄수 두 사람을 밀실에 따로 격리시켜 심문을 하는 경우에 나타나는 딜레마가 바로 이러한 상황을 이해하는 데 도움을 준다. 존은 창문도 없는 밀폐된 경찰서 취조실에서 땀을 흘리며 앉아 있다. 복도 건너편 또다른 밀실에서는 형사 한 명이 존과 공범인 마크를 취조하고 있다. 형사는 마크와 공범 존의 범죄를 입증하는 증거들을 차근차근 하나씩 보여준다. 형사는 증거 제시를 마친 뒤, 마크에게 죄를 자백하고 존에게 불리한 증언을 하면 풀어주겠다고 말한다. 마크는 존을 변절하고 그에게 불리한 증언을 할 수도 있고 그 반대로 행동할 수도 있다. 그러나 존과 마크 두 사람이 모두 묵비권을 행사한다면, 둘 다 풀려날 수 있다. 마크는 어떻게 해야 할까? 〈그림 10.1〉은 마크와 존의 딜레마를 보여주는 간단한 그림 설명이다.

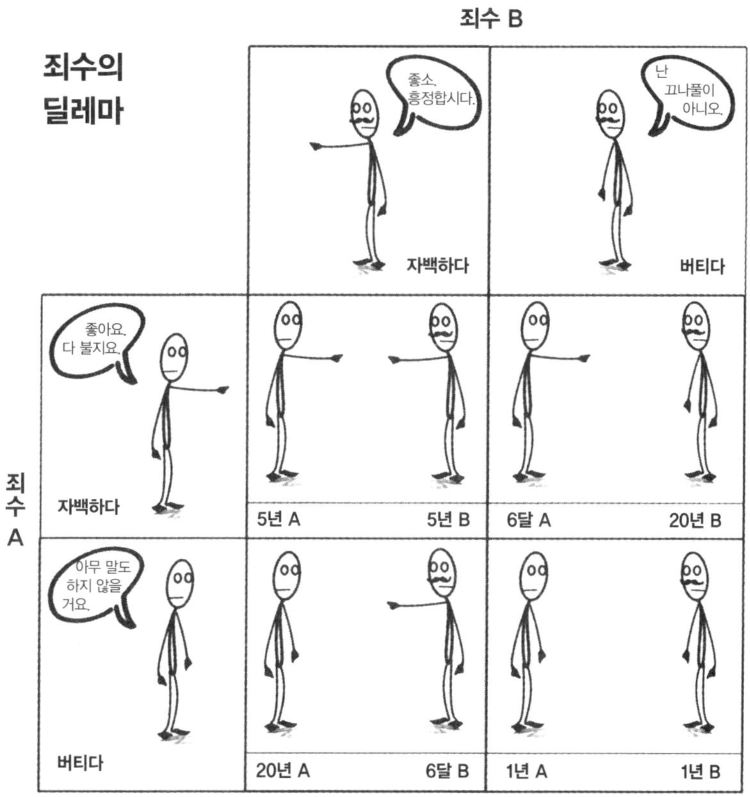

〈그림 10.1〉 죄수의 딜레마

수학자 앨버트 터커Albert. W. Tucker(그가 가르친 학생 중 한 명이 게임이론으로 노벨상을 받은 존 내쉬John Nash이다)는 1950년에 이러한 기본적 형태의 게임이론을 처음 소개했다. 공범 관계에 있는 두 사람을 따로 심문할 때 그들이 어떤 의사결정을 내릴지 추론한다. 오늘날 널리 알려진 죄수의 딜레마에서 두 사람은 ① 낮은 대가를 바라고 서로 상대방을 위험에 빠뜨리는 변절을 선택하든지, 아니면 ② 서로 최대의 이익을 얻을 수 있도록 협력하는 최선의 시나리오를 선택하든지 하는 상황에 직면한다. 두 죄수는 모두 밀고자가 될 가능성이 있다. 하지만 두 사람이 서로를 믿는다면 둘 다 모든 것을 부인하는 데 성공할 것이다.

인재 유치 전쟁에서도 이러한 죄수의 딜레마 상황이 나타난다. 두 기업은 서로 상대방이 인재 유출을 통제하거나 막거나 소송을 제기하지 않을 거라는 보장을 받을 수 있다면, 모두에게 더 좋은 결과를 가져다줄 거라는 사실을 안다—해당 산업은 발전하고, 인재 풀도 더 풍족해지고, 지역은 더 굳건하게 성장하고, 경쟁업체들이 함께 성공할 가능성도 더 높아진다. 그러나 어느 시점에서 그들의 협력 구도가 깨지면서 인재와 혁신 경쟁에서 질 수 있는 상황이 온다면, 그리고 제도적으로도 인적 자본 통제를 허용하는 환경이 마련된다면, 경쟁업체들은 인재 통제 경쟁에 곧바로 몰두한다. 인재 유치 전쟁을 죄수의 딜레마로 설명하는 것은 기업들이 왜 업계의 발전을 가로막고 모두에게 잘못된 동기를 부여하는 불안한 평형 상태에 스스로를 가둘 가능성이 있는지를 이해하는 데 도움을 줄 것이다.

인재 유치 전쟁을 둘러싼 기업 전략에 내재된 죄수의 딜레마 때문에, 인적 자본에 대한 통제를 낮추고, 이타적 혁신 활동에 투자하고, 지식을 공유하려는 업계의 노력은 전통적으로 혁신을 위해 통제를 강화해야 한다는 사고방식과 조화를 이루기 어렵다. 업계 선두 기업들은 그러한 노력을 자발적으로 할 수 있지만, 그 밖의 대다수 기업들은 거기에 동조하기 어려울 것이다. 심지어 선두 기업들조차도 자사 연구소에서 인재를 양성하는 일은 인재 유치 전쟁에 지속적으로 스며들어 있는 오래된 통제 심리와 충돌한다. 만일 업계의 모든 기업이 기꺼이 시간의 일부를 투자한다면, 장기적으로 그렇게 하는 것이 모두에게 도움이 될 거라고 확신하더라도, 경쟁업체들이 과연 실제로 그와 같이 함께 행동할 것인지는 어떻게 보장받을 수 있을까?

여기에 바로 죄수의 딜레마가 있다. 레이저 산업에 속한 두 기업, 예컨대 레이저사와 페이저사가 있다고 상상해보자(그림 10.2).

실제 시장에서 게임이론은 터커의 단순하게 정형화된 모형

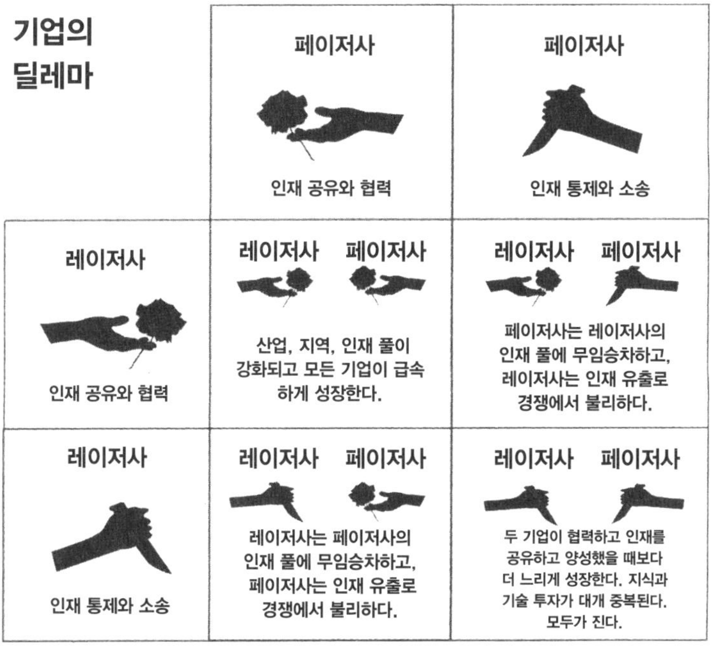

〈그림 10.2〉 기업의 딜레마

보다 훨씬 더 복잡하다. 기업들이 보유한 인재들에 대한 통제를 축소해서 얻는 이익과 위험 사이의 이해득실은 다양한 요소들의 영향을 받는다. 모든 산업과 기업, 시대에 동일하게 적용될 수 있는 최적의 평형 상태는 있을 수 없다. 기업들은 통제와 자유 사이에서 저마다 적절한 균형을 찾아야 한다. 실리콘밸리의 엄청난 흡인력에도 불구하고 그곳과 거리를 두기로 결정한 기업들도 있었다. 1980년대 인텔은 일부 인력의 외부 활동을 제한하고 전략부서들을 다른 센터로 재배치하기로 결정했다. 인텔이 일부 종업원들을 재배치하기로 결정하게 된 큰 요인은 인텔이 지나치게 자주 다른 기업들을 위한 훈련소로 이용되고 있다는 느낌이 들었기 때문이다. 인텔 내부 인사들의 말에 따르면, "여러 달에 걸쳐 민감하고 예측 불가능한 기계장치 부품의 작동법을 배워 익힌 운영자가 시간당 1달러를 더 받기 위해 인근의 내셔널 반도체National Semiconductor나 페어차일드 반도체Fairchild Semiconductor 회사에 취직하는 것을 볼 때, 그것보다 더 실망스러운 일은 없죠. (…) [인텔은] 실리콘밸리 외곽에 연구소를 여러 곳 세웠는데, 그때마다 우리가 키운 우수한 인력을 경쟁업체들이 가로챌까 걱정할 필요 없이 마음 놓고 신선한 인재 풀을 육성할 수 있었어요."[13] 이것은 인재 유치 전쟁을 승자 아니면 패자의 이분법으로 나누는 시나리오에서 볼 수 있는 어두운 이면이다. 기업의 인재 유출에 따른 부정적 영향을 부인할 사람은 아무도 없다. 인재를 영입할 수 있는 능력이 있고 인재와 함께 유입되는 지식과 기술을 이용할 줄 아는 기업들은 실제로 많은 이익을 얻는다. 따라서 기업들은 인재 유출과 그에 따른 아이디어와 정보, 인맥 관계들이 경쟁업체로 이동하는 것을 막으려고 하는 것은 당연한 일이다.

일부 산업의 경우나 어떤 상황에서 핵심 인력의 유출은 매우 큰 피해를 초래할 수 있다. 로펌이나 회계법인 같은 서비스 산업에서 경쟁업체에 핵심 인력을 빼앗기는 것은 중요 고객들의 이탈을 수반하는 막대한 손실을 의미할 수 있다. 실리콘밸리에 있는 로펌 임원급 변호사들을 대상으로 실시한 한 연구는 20세기 중반부터 말까지 50년 동안 로펌들 사이의 임원급 변호사들의 이동 상황을 면밀히 검토했다. 그 결과, 서로 경쟁 관계에 있는 로펌들 사이에서 임원급 변호사들의 이동은 실제로 제로섬 게임일 수 있다는 사실이 밝혀졌다. 경쟁 로펌에서 임원급 변호사들을 영입한 업체가 이득을 얻는 만큼 그들을 빼앗긴 로펌은 그 대가로 점점 쇠락하다 문을 닫을 가능성이 높아졌다.[14] 이와 비슷한 또다른 연구로 네덜란드의 한 연구진은 네덜란드에 있는 회계법인들 사이에서 회계사들의 이직 상황을 관찰했다. 여기서도 인재가 유출된 회계법인은 특히, 인근에 있는 경쟁업체로 회계사들이 집단으로 옮겨간 경우, 급속하게 쇠락의 위기를 맞았다.[15]

그러나 핵심 인력의 이탈이 안정된 고객 기반을 크게 무너뜨릴 수 있는 로펌과 회계법인의 경우에도 언제나 똑같은 결론이 나는 것은 아니다. 그리고 그런 일이 발생하는 것이 반드시 통제의 강화에 따른 조건반사라고 생각해서는 안 된다. 첫째, 인재 유출과 이들 기업의 소멸을 일방적 인과 관계로 엮는 것은 경계해야 한다. 이것을 반대 방향에서 설명하면 좀 이해하기 쉬울 것이다. "침몰하는 배"는 버려질 가능성이 높은 배이다. 따라서 이러한 기업들의 점진적인 몰락은 핵심 인재들이 회사를 떠나는 원인이 될 수 있다. 이제 곧바로 나오겠지만 이것이 바로 슘페터가 말하는 창조적 파괴이다. 둘째, 우리는 이미 앞에서 직접적인 경쟁업체로 인재가 이동하는 것과 협력업체로 이동하는 것의 중요한 차이를 배웠다. 변호사와 관련한 또다른 연구(여기서는 변리사의 경우)에서도 임원급 변호사가 경쟁 로펌으로 이직하면 이전의 로펌은 곧바로 피해를 입는다는 것은 이미 상식적으로 알고 있는 바이다. 그러나 그 변호사가 고객 회사로 이직하면—예컨대, 그 변호사가 직전에 근무하던 로펌의 고객인 생명공학 회사의 법률고문으로 간다면—해당 로펌은 오히려 그 변호사의 이직으로 이익을 얻는다.[16] 또한 심지어 경쟁업체로 인재를 빼앗긴 경우에도 넓게 보면, 지식의 흐름과 사회적 자본으로 얻는 이득은 대개 양쪽 모두에게 혜택을 준다.[17]

무엇보다 중요한 것은 죄수의 딜레마가 보여주는 것처럼 손실의 위험이 있는 경우에도 기업들은 더 나은 평형 상태, 다시 말해서 모든 사람이 위험은 좀 있지만 성공하기 더 좋게 만드는 환경 아래서 움직이는 상태로 이동함으로써 이득을 볼 수 있다는 점이다. 그에 따른 이해득실은 산업의 종류에 따라, 특정 산업이나 특정 기업의 발전 시점에 따라 다를 수 있다.[18] 한 기업의 라이프

사이클을 볼 때, 어떤 때는 전문 분야가 특화된 소도시에 회사가 있는 것이 유리할 때가 있고, 어떤 때는 다양한 분야가 혼재하는 대도시에 있는 것이 효율적일 때가 있다.[19] 캐나다의 부부학자인 에이프릴 프랑코April Franco와 매튜 미첼Matthew Mitchell은 매사추세츠의 루트 128 구역과 캘리포니아의 실리콘밸리를 다시 한번 한 자리에 놓고 비교하면서, 실리콘밸리가 매사추세츠의 첨단 기술 단지보다 경쟁 우위에 있는 이유를 설명하는 요소로 이러한 지역들의 라이프사이클을 중요하게 고려한다. 프랑코와 미첼은 경업금지가 처음에는 어느 한 지역의 발전을 위해서 유용할 수 있다고 가정한다. 미국 동북부 지역은 경쟁이 금지되었기 때문에 초기에 기업들에 유리했다. 따라서 기존 기업들은 신생 기업들보다 더 쉽게 성공할 수 있었다. 그러나 매사추세츠에서의 성장은 어느 순간 임계점에 다다랐다. 한 산업이 상대적으로 안정된 상태로 접어들면, 생산성을 높이기 위한 경쟁이 필요하기 때문이다. 그러한 임계점에서는 종업원 분사, 기업가정신, 인재의 자유로운 이동이 지역의 성공을 가름하는 열쇠가 된다.

인재와 지식에 대한 통제를 축소함으로써 발생할 수 있는 위험에도 불구하고 거기서 얻는 이득의 범위가 막대하다는 것을 이미 앞에서 보았다. 최근까지도 우리는 인재 유치 전쟁에 따른 이해득실을 어떻게 평가해야 할지 잘 몰랐다. 하지만 오늘날, 점점 그림이 명확해지고 있다. 비록 인적 자본에 대한 통제의 끈을 느슨하게 푸는 것이 매우 긍정적인 결과를 가져온다고 해도, 경업금지라는 채찍을 사용해서 어떤 특별한 종류의 이익을 즉각 얻을 수 있음에도, 모든 사람들이 인재의 자유로운 이동과 지식의 흐름을 통해 더 큰 이익을 얻기 위해서 그것을 의도적으로 회피하는 것에 모두가 동의하는 최선의 평형 상태가 과연 존재할 수 있을까?

인재 공유지 확충하기

죄수의 딜레마는 경쟁 기업들이 어떻게 불안한 평형 상태에 빠질 수 있는지를 잘 보여준다. 모든 사람은 협력을 통해 서로 더 이익을 본다. 하지만 서로 사전에 행동을 맞추지 못하면, 각자 자기에게 유리한 쪽으로 기회주의적 태도를 보일 것이다. 시장행위자들의 기회주의적 행태는 오래전부터 그들을 상징하는 대표적인 이미지로 굳어져왔다. 1968년, 가렛 하딘Garrett Hardin은 재산권과 경제학, 소유권에 대한 서양 사상 형성에 강력한 영향을 끼친 「공유지의 비극The Tragedy of the Commons」이라는 제목의 논문을 『사이언스』에 발표했다. 생물학자인 하딘은 수자원이나 방목장 같은 자원을 집단적으로 공유하면 무임승차, 분쟁, 자원 남용과 같은 많은 문제가 발생한다고 설명했다. 하딘의 주장에 따르면, 이 모든 문제는 자원을 사적으로 소유하면 전혀 생기지 않는 문제들이다. 그러나 자원을 공유할 경우에는 어느 누구도 공유지를 보존하고 유지하고자 하는 욕구를 느끼지 못한다. 하딘은 여러 목동이 방목장 한 군데를 공동으로 소유할 경우, 그들이 저마다 자기네 소를 더 많이 방목하려고 함으로써 그곳을 어떻게 남용하는지 생생하게 묘사했다. 공유지는 심지어 자원의 남용을 부추길 수도 있는데, 예컨대 다른 목동들이 물을 다 써버릴지도 모른다는 생각에 각자 가능한 한 많은 물을 확보하려고 경쟁하는 것이 바로 그런 경우이다. 그는 "모든 인간은 공유지에서의 자유라는 허상에 매달려 저마다 최상의 이익을 추구하면서 파멸이라는 최종 종착지를 향해 달려가고 있다"고 말하며 인간의 비극적 종말을 예견했다. 하딘의 마지막 한마디는 그의 철학을 잘 요약한다. "공유지에서의 자유는 모두에게 파멸을 안겨준다."

전통적으로 공유지는 방목장이나 어장 같은 한정된 천연자원을 말한다. 자원 남용은 멸종을 초래할 수 있다. 어부가 지나치게 많아지면 물고기는 점점 고갈되기 마련이다. 도로와 다리, 공원, 그리고 교육제도나 통신망과 같은 제도와 사회기반시설들도 그런 공유지에 속한다. 하딘이 비록 인류의 미래를 절망적으로 바라보았지만, 그러한 자원 남용에 대한 우려는 현실적으로 지나치게 과장된 측면이 있다. 현실에서 공유지와 관련된 사례들을 연구한 결과에 따르면, 하딘의 모형은 근본적인 오류가 있다는 것을 보여준다. 그의 모형은 사람들이 오직 당장의 사리사욕만을 위해서 행동한다는 가정 아래서 작동한다. 그러나 실제로는 법이나 사적인 통제 없이도 공유 자원들을 현명하게 관리하고 유지해서 더욱 번성하게 하는 사례들을 많이 발견할 수 있다. 오늘날 자원을 공유하고 증대하는 문화의 좋은 예로 월드와이드웹, 위키피디아, 리눅스와 오픈소스 프로그래밍, 인간게놈프로젝트 같은 것들을 들 수 있다. 진정한 비극은 공유 자원의 남용 가능성이 아니라 없어서는 안 될 자원의 남용—지나친 사적 통제와 제한을 따른 반공유지의 비극—으로 드러나는 경우가 많다.

2009년, 미국의 정치경제학자 엘리너 오스트롬Elinor Ostrom은 경제적 지배구조에 관한 분석으로 여성 최초의 노벨경제학상 수상자가 되었다. 자원의 공유로 이익을 얻기 위해 협력함으로써 사회가 발전하는 방식들을 면밀히 검토한 그녀의 연구는 인간 집단들이 어떻게 공유재산을 성공적으로 함께 소유할 수 있는지 보여주었다. 인류 문명은 수천 년 동안 집단행동의 문제들을 해결함으로써 중대한 발전을 이룩해왔다. 21세기에 인적 자본은 가장 첨예한 집단행동의 과제이다. 인재 공유지를 구축하는 일은 우리 모두의 목표다. 인재 공유지를 보존하기 위해서는 반드시 그것의 예외적인 특징들을 알고 있어야 한다.

인재 공유지에서 길러내는 인재와 지식은 유일무이한 자원들이다. 그 자원들은 한정될 때도 있고 무한정일 때도 있다. 그것들은 경계나 한계 없이 자연스럽게 흐른다. 그것들은 법이 규제하지 않는 한 쉽게 복제되고 늘어난다. 그것들은 집단적으로 사회에서 가장 소중한 공유지를 건설한다. MIT대의 경제학자 대런 애쓰모글루Daron Acemoglu는 노동자들에 대한 투자와 재투자를 생산과 성장을 위한 핵심 요소라고 설명한다. 애쓰모글루는 사람들이 나중에 자기가 최종적으로 무슨 일을 할지 모르면서 자신의 인적 자본에 투자한다고 말한다. 기업들이 마침내 채용할 사람들이 누구인지 모르면서 기술과 자본에 대한 투자 결정을 내려야 하는 것과 마찬가지 이유다. 애쓰모글루는 이러한 불확실성의 조건들에 있는 마술의 동그라미를 설명한다. 노동자들이 자신의 인적 자본에 더 많이 투자할 때, 기업들은 훌륭한 인재를 얻을 수 있다는 전망 때문에 투자를 늘린다. 반대로 노동자들은 자신이 그러한 기업들 가운데 한 군데(또는 그 이상)에 들어갈 수 있을 때, 자신의 인적 자본에 더 많이 투자한다. 다시 말해, 애쓰모글루의 모형에 따르면, 좋은 고용주를 만날 수 있다는 가능성은 인적 자본에 대한 전반적인 투자 동기를 불러일으킨다.[20] 애쓰모글루는 이러한 투자를 긍정적 외부효과positive externality, 또는 어떤 한 기업을 뛰어넘는 이익이라고 설명한다. 요컨대, 특정 기업이라는 제한된 틀에 가둬둘 수 없는(그리고 갇혀서는 안 되는) 일출효과溢出效果(한 요소의 생산 활동이 그 요소의 생산성이나 다른 요소의 생산성을 향상시켜 경제 전체의 생산성을 올리는 현상—옮긴이)를 의미한다.

애쓰모글로는 노동시장과 관련된 경제학 연구에서 대개의 경우 인적 자본에 대한 투자가 지나치게 적다는 것을 알았다. 우리의 연구는 이것이 왜 맞는지 그 이유를 설명할 수 있다. 인적 자본에 대한 지속적인 투자를 통해 선순환의 고리를 만들 수 있음에도 불구하고, 인재와 지식의 자유로운 흐름을 막기 위한 통제의 남용은 그 흐름의 속도를 늦추고 시장 불확실성의 긍정적 효과를 감소시킨다. 그것은 결국 기업들이 유능한 인재를 얻을 전망이 매우 줄어들기 때문에 개인들의 인적 자본에 대한 투자 의욕 또한 떨어뜨린다(그림 10.3).

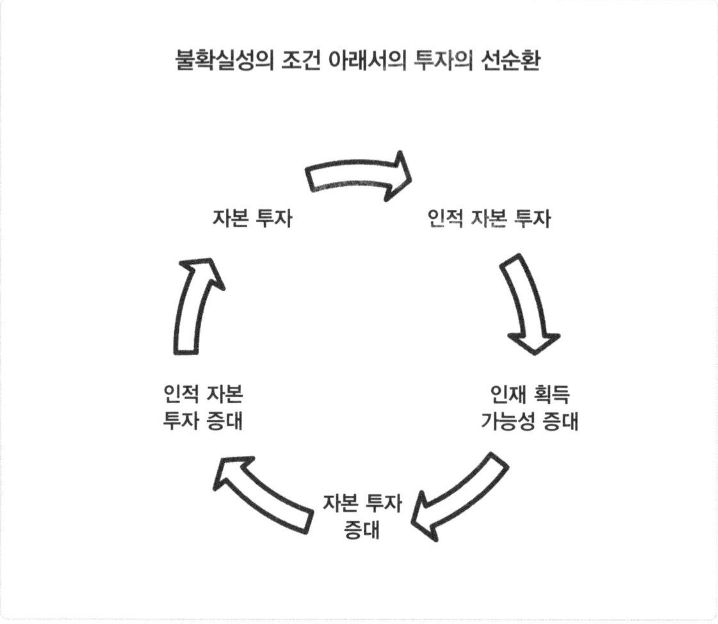

〈그림 10.3〉 불확실성의 조건 아래서의 투자의 선순환

골디락스의 낭패감과 인적 자본의 비효율적 분배

> 지적재산권 조항은 의자의 크기나 오트밀 죽의 온도, 매트리스의 강도처럼 상황에 따라 달라서는 안 되고 '딱 맞게' 정해져야 한다.
>
> —댄 버크Dan Burk와 브렛 맥도넬Brett McDonnell, 골디락스 가설

> 아이디어는 토끼 같다. 토끼 한 쌍이 있고 그놈들을 다룰 줄 안다면 금방 새끼들이 불어난다.
>
> —존 스타인벡John Steinbeck

조지 버나드 쇼George Bernard Show는 "당신도 사과 1개가 있고 나도 1개가 있어서 그것을 서로 교환한다면, 여전히 우리는 각자 사과 1개씩 있다. 그러나 당신도 아이디어가 하나 있고 나도 하나 있어서 서로 교환한다면, 우리는 한 사람이 2개씩 아이디어를 갖게 된다"라고 했다. 토머스 제퍼슨Thomas Jefferson은 1813년에 쓴 한 편지에서 동일한 정서를 다음과 같이 생생하게 표현했다. "내 아이디어를 받아들이는 사람은 내 아이디어를 훼손시키지 않으면서 또다른 아이디어를 스스로 고안한다. 내 초로 자기 초에 불을 붙이는 사람은 나를 어둡게 하지 않으면서 불을 밝힌다."[21] 제퍼슨은 "인간의 도덕과 상호 교육, 환경 개선을 위한 전 세계로의" 아이디어의 자유로운 확산을 "자연에 의해서 특별하고 인자한 방식으로 고안된 것"이라고 보았다. 그는 또한 "아이디어는 본디 만들어질 때부터 마치 불처럼 늘 한결같이 어디든 번져나갈 수 있고, 우리가 숨쉬고 움직일 수 있게 우리 몸을 순환하는 공기처럼 어디에 가두거나 배타적으로 전용할 수 없게 한다"고 했다.[22] 정보는 본질적으로 공공재이다. 정보는 고갈되지 않고 점점 늘어나고 내버려둬도 자유롭게 흐른다. 그러나 아이디어는 상업적 가치가 있다. 독특한 지식을 상품화하고 남들에게 없는 새로운 아이디어들을 이용해서 경쟁력 있는 전략을 세운다. 우리는 공유 자원으로서 사회의 인재 풀을 생각할 때, 사람들 머릿속에 든 지식이든, 문자처럼 눈에 보이는 형태로 표현된 지식이든, 그것이 어떻게 본질적으로 하나의 공유 자원일 뿐 아니라 재산권으로서 사람들에게 이해되었는지를 반드시 생각해야 한다.

역사적으로 보면 아이디어에 대한 법적 보호는 상대적으로 최근의 일이다. **지적재산권**이라는 용어를 쓰기 시작한 것은 19세기부터였고, 그것이 전 세계로 널리 퍼진 것은 20세기 말에 이르러서였다. 지적재산권 보호의 기원이 15세기까지 거슬러올라갈 수 있다고 해도, 옛날에는 정식으로 보호하는 제도 같은 것은 없었다. 사회적으로 표절과 지식 유출이라는 개념들이 개발되었지만, 정보가 법적으로 공짜가 아니게 된 때는 그리 오래전이 아니다. 제퍼슨은 지적재산권의 범위를 정하는 행위를 "공중에게 **배타적 특허의 낭패감**을 줄 만한 가치가 있는 것들과 그렇지 않은 것들을 구분하는 것"이라고 묘사했다.[23] 인재 유치 전쟁의 논리를 이해하고자 하는 우리의 탐구는 제퍼슨이 말하는 낭패감의 개념이 정신적 창작물들에 대한 소유권 너머까지 확장된다는 것을 밝혔다. 그것은 정신 그 자체에 대한 통제, 다시 말해서 인적 자본에 가해지는 통제로까지 확장된다.

정보에 대한 소유권을 부여하는 지적재산권은 "오늘날 정보경제의 초석으로 소프트웨어, 생명과학, 컴퓨터 관련 산업들의 발전에 기름을 부었고 우리가 소비하는 대부분의 생산품에 깊이 스며들어 있다."[24] 비록 내부적으로는 그 범위를 둘러싸고 치열한 전투가 벌어지고 있지만 말이다. 지적재산권 보호의 범위는 대학이나 정부나 기업 정책, 일반 대중들 사이에서 가장 뜨거운 논쟁거리 가운데 하나가 되었다. 지적재산권은 지난 수십 년 동안 몇 차례 중요한 변화를 겪었다. 특허 적용은 컴퓨터 소프트웨어, 영업 방법, 유전자조작식품과 같은 새로운 대상으로 확대되었다. 저작권 보호는 범위도 넓어지고 기간도 길어졌다. 상표 소송은 날로 늘어났다. 영업비밀은 새로운 대상과 침해 유형들을 포함시켰다. 그 결과, 컴퓨터 파일 공유에서 개발도상국의 에이즈 환자를 위한 치료제에 이르기까지 "지적재산권 전쟁은 현재진행형이다".[25]

지적재산권의 범위를 둘러싼 격렬한 다툼은 정의와 공정성, 복지, 비용, 공익에 대한 문제들을 제기한다. 우리 대다수는 대개 지적재산권을 필요악이라고 하는 데 동의한다. 지적재산권은 정보 독점을 제한적으로 인정함으로써 혁신을 촉진한다. 최근에 발간된 『지식의 독점에 맞서Against Intellectual Monopoly』라는 책은 지적재산권 제도의 완전한 철폐를 요구한다. 그것은 전 세계의 각국 정부에 대해서 현재의 불완전한 제도에 대해서 다시 생각해보라는 것이 아니라 지식을 독점하고 통제하는 일체의 행위를 중단하라는 요구이다. 이 책은 최종적으로 지적재산권이 예술과 과학에 대한 접근을 제한하고 발전을 늦추는 사실상 인간 사회에 불필요한 악이라고 결론짓는다.[26]

그렇다면, 우리는 과연 지적재산권이 없는 세상을 상상할 수 있을까? 그런 세상이 온다면, 혁신과 첨단 기술 산업, 에너지 소비, 의료 복지, 의약품, 음악, 영화는 어떻게 될까? 지적재산권을 둘러싼 논쟁에서 나타나는 재미난 현상은 당신이 어느 편이든 상관없이 혁신이 그 논쟁의 궁극적인 목표인 것처럼 보인다는 사실이다.

예컨대, 저작권 보호 범위와 관련해서 가장 치열했던 연방대법원 소송 가운데 하나인 〈메트로-골드윈 메이어(MGM) 대 그록스터 Metro-Goldwyn Mayer v. Grokster〉 판결에서, 법원은 1대1 통신(P2P) 음악파일 공유 기술이 저작권법을 위반했는지 판단해야 했다. 음악과 영화 산업계는 혁신을 촉진하는 최선의 방법은 창작자들이 창작의 대가를 개인적으로 직접 받도록 허용하는 것이라고 주장했다. 따라서 강력한 저작권 보호 조치가 없다면 "창작 노력과 유익한 혁신을 이끌 강력한 추진력이 사라질 것"이라는 게 업계의 주장이었다. 그록스터는 혁신에 초점을 맞추어 강력한 저작권 보호는 "혁신을 위한 투자를 막고 새로운 기술 개발의 열기를 냉각시킬 것이다"라고 주장했다. 혁신을 추진하는 사람들은 불투명한 기준으로 인해 앞날을 예측하기 어렵고 따라서 엄청난 고액 소송에 휩싸일 위험에 직면할 수 있기 때문이다. 양쪽 모두 목표는 더 나은 혁신을 이루는 것이라는 데에는 이의가 없었다. 특허의 범위와 관련해서 가장 열띤 논쟁을 촉발시킨 연방대법원 소송 가운데 하나였던 〈빌스키 대 카포스 Bilski v. Kappos〉 판결에서, 법원은 상대적으로 추상적인 영업 방법이 더 큰 혁신을 이루는 방식이라는 관점에서 과연 특허를 받을 만한 것인지 하는 문제를 고려했다. 법원은 가격 변동에 따른 손실 위험을 줄이기 위한 선물투자기법의 일종인 헤징 hedging에 대한 특허 출원의 기각을 확정하면서 특허를 낼 수 있는 대상들을 명확하게 제한했다. 그러나 연방대법원은 최초의 혁신과 지속적인 개선 사이에 구분하기 어려운 차이가 늘 긴장 관계를 유지하고 있음을 인정했다. "영업 방법의 혁신은 대개 연속적이고 보완적 과정이다. 모방은 '혁신의 동기'일 수 있고 특허는 '장애가 될' 수 있다."

모든 지적재산권은 일부러 일부만 보호를 받는다. 지적재산권 부여는 서로 주고받는 거래이다. 말하자면, 혁신을 이루기 위해 노력한 대가로 그 혁신에 대한 일시적 독점권을 받는 것이다. 미국의 건국자들은 지적재산권 부여를 창조력을 촉진하는 것으로 생각했다. 그러나 처음부터 이러한 권리는 그것의 실제 용도를 넘어 지속되어서는 안 되는 지식과 아이디어에 대한 독점을 초래할 것이 명백했다. 지적재산권은 그러한 독점 효과 말고도 고액 소송, 강제 집행, 불확실성, 권리의 판매와 라이센싱 비용을 낳는다. 경제학 용어로 말하면, 지적재산권 통제는 비용과 자중손실自重損失 deadweight loss(자중은 본디 차량 자체 무게를 뜻하는 것으로, 그 차량이 실제로 실어 나를 수 있는 화물의 총량은 이 차량 자체 무게를 빼야 한다. 경제학에서는 이것을 독점으로 인한 시장의 실패로 자원이 비효율적으로 분배되는 것을 설명하는 데 사용함—옮긴이), 다시 말해서 차선의 구조 때문에 발생하는 상품과 시장에서의 효율성 상실을 낳는다.

사회적 수요가 늘 개인의 거래에 반영되는 것은 아니다. 불안한 평형 상태에 빠진 시장은 사회의 이익을 증진시키지 못한다. 우리는 하나의 사회로서 시장에서 발생하는 즉각적인 거래에 대해서 오로지 화폐가치로만 반영할 수 없는 보건, 교육, 연구, 평등,

예술, 과학 같은 영역에서의 발전을 평가한다. 우리 사회가 직면한 가장 큰 과제 가운데 하나는 시장을 최적화하고 미래를 위한 계획을 짜기 위해 공동체가 개입해야 할 때가 언제인지 알아내는 것이다. 래리 레식은 권위 있는 저서 『코드』에서 가상공간에 대한 상업적 통제에 대해 경고하고, 가상공간에서의 자유를 보장하기 위해 규제가 필요하다는 데 동의한다. 레식은 그 책의 전반에 흐르는 예언자적 어조로 "지금은 현실도피자의 시대다. 우리는 미지의 것이 주는 자극에 흥분한다. 우리는 보이지 않는 손에 맡기는 것을 영광으로 여긴다. 우리는 외면함으로써 그 손을 보지 않는다. 그러나 지금은 문화적으로 획기적인 기술들을 발명하기에 좋은 때가 아니다." 레식의 말은 정부의 규제와 본질적으로 자유로워 보이는 규범과 시장 제도를 명확하게 대립시키는 것에 대한 우려를 표현한다. 우리가 지금까지 검토한 인재 유치 전쟁에서도 완전시장의 전제가 되는 보이지 않는 손을 떠올리게 하는 계약의 자유를 기반으로 모든 것을 분석하는 태도는 수정될 필요가 있다. 우리가 지금까지 습득한 모든 지식과 새로운 시대가 제기한 과제들을 고려할 때, 인적 자본을 통제하고 이동성과 경쟁, 정보 이용, 아이디어, 창조성, 과학을 제한하는 합법적인 기업 전략으로 여겨졌던 것들이 모두 정당화되는 것은 아니다.

우리는 이제 하나의 사회로서—최근에 연방대법원에까지 간 지적재산권 관련 소송들에 나타난 것처럼—지나친 통제가 지식의 자유로운 흐름을 막는 장벽이 될 우려가 있음을 인정하게 되었다. 그러한 우려는 인적 자본 통제에 훨씬 더 강하게 적용된다. 창작과 발명에 대한 통제, 인적 자본에 대한 통제는 지적재산권의 범위를 넘어서 인간의 정신 그 자체를 통제할 우려가 있다. 다소 딱딱한 경제학 용어로 말하면, 인적 자본 통제라는 자중손실은 자기 재능과 기술의 사용을 제한받는 사람 그 자체이다. 사람들의 능력을 충분히 활용하지 않는 것은 최악의 소모인 동시에 지식의 소모를 의미한다. 사람들을 제대로 쓰지 않는 것은 가장 큰 비극임이 틀림없다. 인재가 우회로를 택할 수밖에 없을 때, 사람들이 생각하는 것을 억압받고 자기 능력을 제대로 발휘할 수 없게 제한받을 때, 지식이 난도질당하고 비밀 정보로 전유될 때, 하나의 전체로서 사회는 실패한다.

패션디자이너, 마술사, 코미디언, 그리고 프랑스 요리사

랠프 왈도 에머슨Ralph Waldo Emerson은 "우리의 강한 힘은 우리의 연약함에서 자란다"고 즐겨 말했다. 통제의 약화는 무정부 상태나 쇠퇴를 의미하지 않는다. 자원의 공유가 곧 자원의 고갈을 의미하지는 않는다. 특히, 인적, 지적 자원의 경우가 그렇다. 패션계는 지적재산권 제한의 많은 근거를 혼란에 빠뜨린다. 패션계는 지적재산권 통제가 약함에도 강력한 혁신을 일구어내기 때문에 많은 학자의 혁신 이론들로 설명이 안 되는 분야이다. 내가 지난주 한 칵테일파티에서 신은 하이힐 펌프스는 다음주에 가면 구닥다리가 될 것이 뻔하다. 오늘의 혁신은 내

일이면 케케묵은 것이 된다. 의상실에 가면 확실히 첨단을 달리는 유행과 스타일, 솜씨, 혁신이 분출하는 것을 늘 볼 수 있다. 그런데 놀랍게도 패션계는 지적재산권을 강력하게 보호하지 않는데도 엄청나게 다양한 종류의 창조적인 제품들을 생산한다. 실제로 패션계에서 복제는 늘 빈번하게 일어나는 현상이다. 법학자 칼 라우스티알라Kal Raustiala와 크리스토퍼 스프리그먼Christopher Sprigman은 전 세계 패션 산업을 연구하고 나서 이렇게 결론지었다. "패션 산업은 지적재산권의 중요성이 낮은 평형 상태 안에서 우리가 아는 상식과 반대로 돌아간다. 거기서 복제는 혁신을 막는 것이 아니라 오히려 촉진시킨다." 그들은 그것을 표절의 역설piracy paradox이라고 부른다. 복제 행위가 패션의 혁신을 빠르게 순환시키는 데 필요한 속성으로 기능하기 때문이다. 유행을 선도하는 고급 양장 산업이 번창하는 현실을 볼 때, 의상 디자이너들은 실제로 자신의 비밀, 아이디어, 혁신을 보호하고 싶어하지 않을 수도 있다. 오히려 누군가 자신의 아이디어를 복제하는 것은 자기 자신의 명성을 높이고 더 새로운 독창적인 디자인에 대한 수요를 창출한다. 휴대폰에서 게임 산업에 이르기까지 통제를 푸는 것은 고의적 진부화induced obsolescence(특정 상품의 시장 포화 상태를 해소하기 위해서 제품의 일부 기능이나 디자인을 바꿔 신제품을 출시하여 기존 제품의 수명을 일부러 단축시키는 마케팅 전략—옮긴이)라고 알려진 중요한 기업 전략의 일부다. 앞으로 곧 보겠지만 슘페터는 그것을 창조적 파괴라고 부를 테고, 에머슨은 우리의 강한 힘은 연약함에 있다는 말을 되풀이할 것이다.

패션계에 나타나는 것과 비슷한 역설—복제에 대한 규제가 약한데도 혁신 수준이 높은 현상—을 보여주는 산업들이 또 있다. 코미디언 한 명이 무대 위에서 홀로 서서 만담하는 스탠드업 코미디업계를 예로 들자. 스탠드업 코미디언들은 대개 조직화되어 있지도 않고 대기업에 소속되어 있지도 않다. 그들은 동료 코미디언들을 제약하거나 비밀유지를 보장하기 위해서 공식적인 계약서 작성을 요구하지도 않는다. 그들은 자신의 코미디 대사에 대해서 저작권 주장을 하지 않는다. 그럼에도 코미디업계는 번창하고 새롭고 재미난 소재들을 계속해서 개발한다. 코미디업계는 비도덕적인 도용이 일어날 경우 그것을 제재할 법이 없어도 강력한 규범이 확립되어 있다. 수십 명의 코미디언을 인터뷰한 한 연구에 따르면, 스탠드업 코미디업계에서 사회적 규범은 저작권법의 관련 조항과 유사한 기능을 한다.[27] 실제로 규범은 저작권법이 보호하는 것보다 더 범위가 넓다. 저작권법은 말이나 글, 그림, 소리처럼 겉으로 표현된 것은 보호하지만 추상적인 아이디어는 보호하지 않는다. 코미디언들이 가장 중요하게 여기는 규범은 남이 한 재담을 따라서 공연하면 안 된다는 것이다. 아직 대본이 완성되지 않은 아이디어라고 해도 마찬가지다. 어떤 코미디언이 개념적 수준에서 재담을 개발하고 또다른 코미디언이 그 재담의 대본을 완성했다고 하면, 그 재담의 소유권은 저작권법이 규정하는 것처럼 두 사람에게 공동으로 있는 것이 아니라, 아이디어를 낸 코미디언에게 전적으로 있다.

고급 프랑스 요리와 미식가 요식업은 공식적인 지적재산권 규제가 없는 것이 사업을 성공으로 이끌고 늘 높은 수준의 창조성을 유지할 수 있음을 잘 보여주는 또다른 산업이다. 조리법과 고급 식단 아이디어는 (비록 조리법이 영업비밀일 수 있다고 해도, 대개 역공학을 통해 거꾸로 금방 알아낼 수 있기 때문에) 특허를 내거나 비밀을 유지하기가 어렵다. 프랑스 요리사들은 휘하의 하급 요리사와 부주방장들이 그만두고 인근 레스토랑으로 옮기거나 새로 개업한 뒤, 식도락가들의 입맛을 사로잡기 위해 경쟁을 걸어오는 경우를 자주 겪곤 한다. 경영학 교수인 엠마누엘 포차트Emmanuelle Fauchart와 에릭 폰 히펠Eric von Hippel은 프랑스 요리사들을 인터뷰해서 그들이 새로 개발한 조리법을 어떻게 보호하는지 연구했다. 그 결과, 프랑스 요리사들의 세계에도 코미디언들의 경우에서처럼 또 다른 비공식 규범 체계가 있음이 밝혀졌다. 모든 프랑스 요리사들

〈정리 6〉

프랑스 요리사의 원칙

· 다른 요리사가 개발한 조리법의 혁신적 특징을 똑같이 복제해서는 안 된다.
· 동료 요리사에게 새로운 조리법을 배웠다고 해도, 그의 허락 없이는 그 조리법을 이용해서는 안 된다.
· 새로운 조리법을 개발하거나 그것을 기반으로 훨씬 더 개선된 조리법을 개발한 요리사를 전적으로 신뢰해야 한다.

은 〈정리 6〉과 같은 원칙을 따랐다.

이러한 규범을 위반할 경우 법적 제재보다 훨씬 더 가혹한 처벌이 뒤따른다. 남의 조리법을 도용한 요리사는 모방자, 사기꾼이라는 낙인이 찍히고 심지어 미식가 공동체에서 추방될 수도 있다. 또한 혁신적인 조리법과 요리 기술에 대한 정보를 공유하는 사람들의 중추 집단에서 배척된다.

그렇다면, 마술업계에서는 어떠한가? 마술을 보는 즐거움은 그러한 속임수가 실제로 어떻게 이루어지는지 모르는 것에서 나온다. 따라서 마술사들에게 그 기술의 비밀유지 능력은 마술사라는 직업의 생존을 좌우하는 중요한 문제이다. 무대 마술은 관객들을 당황하게 만드는 것이 중요하다. 그런데 여기서 또다시 마술업계는 지적재산권을 엄격하게 보호하지도 않는데도 번창과 혁신을 지속한다. 이론적으로 마술 기술은 특허와 영업비밀로 보호받을 만한 가치가 충분히 있고, 실제로 매우 난이도가 높은 인상적인 기술들은 특허를 받기도 했다. 가장 잘 알려진 특허 마술 가운데 하나가 1923년에 특허를 받은 폴란드 마술사 호라체 골딘Horace Goldin의 사람을 반으로 자르는 것처럼 보이게 만드는 마술이다. 특허를 받은 또다른 유명한 마술은 1994년에 마술사 존 고헌John Gaughan이 받은 것으로 신체가 공중으로 날아 떠 있는 공중부양 상태로 보이게 만드는 마술이다. 그러나 실제로 특허를 받거나 법적으로 영업비밀로 인정받을 만큼 아주 혁신적인 마술은 거의 없다.

마술 기술을 법적으로 보호하는 것은 두 가지 문제가 있다.

첫째, 특허를 받기 위해서는 대상이 되는 혁신 기법을 공개해야 한다. 하지만 마술의 가치는 그것이 이루어지는 기술을 모르는 것에서 나온다. 둘째, 마술에 영업비밀보호법을 적용하는 것 또한 별로 쓸모가 없다. 경쟁 마술사들이 그 기술을 역으로 추적해서 어떻게 하는지 알아낼 수 있기 때문이다. 게다가 마술사들은 자발적으로 서로 자신의 비밀 기술을 동료 마술사들과 공유하고 싶어 한다는 점이 중요하다. 그들은 영업비밀 보호를 포기함으로써 비밀을 지키기 위해 자신이 기울여야 하는 의무에서 벗어날 수 있기 때문이다. 마술사 집단은 저마다 다양한 지적재산권 보호를 추구하기보다는 서로 기술을 공유하는 자세와 함께 동업조합과 같은 규범을 개발했다. 하지만 그러한 지식 공유는 아마추어 마술사나 일반인들은 제외한 최고의 마술사들 사이에서만 이루어진다. 그들 가운데 어느 한 사람이 TV쇼에 나와서 심지어 자신이 보유한 마술의 비밀을 일반인들에게 공개한다고 해도, 그는 마술사들의 직업윤리를 저버린 사람으로 낙인찍혀 마술사 집단에서 추방당하는 것이 바로 그들의 사회적 규범이다. 최근에 텔레비전 주요 시청 시간대의 방송 프로에 나와 마술의 중요 기술들을 공개한 한 마술사가 그들 집단으로부터 큰 비난을 받고, 산타클로스와 부활절 토끼의 환상을 깨뜨린 악당 그린치Grinch(2000년 상영된 짐 캐리 주연의 할리우드 가족 영화로 크리스마스를 싫어하는 그린치가 크리스마스를 망치려다 나중에 회개한다는 내용—옮긴이) 취급을 당했다. 제이콥 로신Jacob Loshin은 『법과 마술Law and Magic』이라는 적절한 제목을 단 새로운 저서에서 마술사들을 지적재산권의 '네거티브 공간negative space(이미지 대상들로 둘러싸이거나 그 사이에 만들어진 공간으로 보기에 따라 서로 다른 형태의 이미지들이 공존하는 신비한 모습이 창출됨—옮긴이)'에서 일하는 사람들로 묘사한다. 마술사들은 법적 규제라는 정식 절차의 바깥에서 평범한 사람들의 세계에 지나치게 노출되는 피해를 입지 않으면서 아이디어의 공유와 지식의 자유로운 흐름을 통해 이익을 얻을 수 있다. 이러한 네거티브 공간의 중심에서 로신이 마술사의 히포크라테스 선서라고 묘사하는 것이 작동한다. "마술사가 아닌 사람에게는 절대로 마술의 비밀을 내보이지 마라!"

패션에서 마술, 코미디, 고급 요리에 이르기까지 경쟁 환경은 단호한 규제와 통제에 기대지 않고 혁신 과정을 잘 보호해왔다. 통제와 자유를 꼭 이분법적으로 구분할 필요는 없다. 다시 말해, 통제를 뛰어넘는 네거티브 공간이냐, 보호와 제한이라는 커다란 채찍으로 중무장한 공식적인 법제도냐 하는 가운데 반드시 하나를 선택해야 하는 것은 아니라는 말이다. 그러한 새로운 혁신 전략을 통해서 우리는 인재 유치 전쟁과 지식의 유통 방식에서 선택할 수는 폭을 크게 넓힐 수 있다. 모든 산업에서 우리는 스스로 비밀을 유지하기도 하면서 동시에 공개와 공유를 중요하게 생각하는 관행들을 목격한다. 우리는 규범이 법을 대체하는 지점을 발견한다. 소송 대신에 명성을 택하고, 당근과 채찍 사이를 오락가락한다. 통제와 자유라는 두 가지 방식이 상호작용하여 만들어내는 많은 다양한 방식들이 존재할 수 있다는 말이다. 그러한 방식들은 게임처럼 반복할수록 그 가치를 더욱 깊이 이해할 수 있으며 시간이 흐르면서 그 진가를 평가받는다.

유연한 통제와 지시

> 서부는 실제로 생각만큼 그렇게 황량한 곳이 아니다.
>
> —테리 앤더슨Terry Anderson과 피터 힐Peter Hill,
> 『그렇게 황량하지 않은 미국 서부The Not So Wild, Wild West』

정치경제학자 테리 앤더슨과 피터 힐은 『그렇게 황량하지 않은 미국 서부』에서 미국의 서부 개척시대에 재산권 개념이 어떻게 부상했는지 설명한다. 당시에는 사법제도가 확립되어 있지 않았지만, 그곳의 농부와 카우보이, 농장주와 정착민, 백인들과 인디언들은 서로 협력할 수 있다는 것을 알았다. 재산권 소유, 취득, 그리고 분쟁 해결과 관련된 규범이 만들어졌다. 이것은 우리가 지금까지 살펴본 것처럼, 공식적인 규제 안에 가두는 것보다는 다양한 규범과 비공식 규칙의 공유를 통해 혁신을 더욱 촉진하는 창조적이고 독창적인 환경이 만들어질 수 있음을 보여주는 전조였다. 패션, 음식, 코미디, 마술과 같은 특별한 틈새시장을 뛰어넘어 주류 경제에서도 그런 사례들을 찾아볼 수 있다. 예컨대, 철강 산업을 보자. 전통적 생각으로는 경쟁업체들이 늘 정보와 인재를 확보하기 위해 서로 다투는 것처럼 상상하지만, 실제로 철강 산업은 그와는 정반대되는 사례들을 많이 보여준다. 역사학자 로버트 앨런 Robert Allen은 19세기 영국의 철강 산업이 경쟁업체들끼리 기꺼이 서로 귀중한 정보들을 주고받으며 "집단적 혁신"에 참여했다고 설명한다.[28] 앨런은 초기 철강 기업들이 나중에 업계의 경쟁자가 될지도 모를 새로운 기업들에게 설계와 비용 정보를 공개하는 이해하기 어려운 관행들을 조사하면서 다음과 같은 문제들을 제기한다. "(우리가 추측하듯이) 철강 산업이 이미 경쟁 구조에 있었다면, 그러한 행동을 하는 기업은 불리한 상황에 몰릴 수밖에 없을 것으로 보인다. 정보 공개가 기술 발전을 가속화하는 만큼 제품 가격은 하락할 테고, 따라서 정보를 공개한 기업의 순수입도 감소할 것이기 때문이다."

앨런은 그러고 나서 경쟁업체들 사이의 이런 놀라운 정보 공개 관행들에 대해서 그 이유를 설명하기 시작한다. 그는 이렇게 묻는다. 어쩌면 그 기업들은 아무리 노력해도 자기네 비밀을 지키기가 어렵다고 생각한 것은 아닐까? 또한 손해를 보더라고 자신들이 알고 있는 정보를 공개하는 것이 중요하다고 생각한 것은 아닐까? 또는 산업 환경 때문에 경쟁업체들끼리 비밀을 공개하는 것이 더 유익하다고 판단한 것은 아닐까? 당시의 역사적 상황으로 거슬러올라간다면, 사실은 더욱 명확해 보인다. 당시 철강 산업은 한 기업이 다른 기업들을 제치고 홀로 도약하지 않고 산업 전체가 함께 급속하게 성장했다.

최근에 또다른 역사학자들의 연구는 이와 유사한 종류의 공유를 통한 발전의 역학 사례를 보여주었다. 이러한 공유는 정식으로 불법적인 방식을 통해 이루어지는 경우가 빈번했다. 이렇게 말하면, 우리는 대개 서양의 지적재산권을 무단 도용하는 동양의 이미지를 쉽게 떠올린다. 그러나 불과 100년 전만 해도, 19세기 미국인들은 영국과 유럽 대륙의 지식인들이 보유한 비밀을—그들의 허락도 없이 공짜로—배우기 위해 전력을 다했다. 역사학자 도론 벤-아타Doron Ben-Atar는 미국의 경제 발전이 기업 비밀을 부정하게 유용함으로써 이루어졌다는 것을 다방면에 걸쳐 설명했다. 미국의 잡지들은 유럽의 과학과 기술 발전 상황을 보도하는 데 전념했고 출판업자들은 유럽의 서적과 전문 잡지들을 원저자와 출판사에게 아무런 보상도 하지 않은 채 무단으로 복제하기를 반복했다. 벤-아타의 연구에 따르면, 이것은 불가피했을 뿐 아니라 "혁신을 위한 필수 전제조건인 지식의 흐름이 자유로워야 기술의 부정 이용을 막을 수 있기" 때문에 유익한 일이었다.[29]

유럽으로부터의 이러한 복제의 역사는 지적재산권에 대한 일방적 무시를 의도하는 것이지만, 사실 가장 흥미로운 공유 형태는 서로 혜택을 주고받는 호혜이다. MIT대 교수 에릭 폰 히펠은 철강 산업에 종사하는 기술자들의 머릿속에 담긴 노하우를 면밀히 검토한다. 앨런이 철강 산업의 초기 발전 과정에서 발견한 것처럼, 폰 히펠은 오늘날 철강 산업에서 공유와 관련된 강력한 규범을 발견한다. 그는 철강 기술자들이 거의 예외 없이 경쟁업체의 동료 기술자들과 기꺼이 정보를 공유하고자 한다는 것을 알았다.

철강 기술자들은 정보 제공을 요청하는 동료들에게서 전화가 오면, 정보를 공유하는 것에 따른 이해득실을 즉각적으로 판단한다. 그들은 요청하는 정보의 형태가 무엇이고, 나중에 그 동료와의 직업적 인맥 관계가 자신에게 유익할지를 고민한다. 만일 요청하는 정보가 유용한 것이긴 하지만 아주 중요한 것이 아니라면, 그리고 그 동료가 나중에 자신의 호의에 보답할 거라고 생각하면, 그들은 필요로 하는 정보를 제공할 것이다.[30] 실제로 정보의 공유는 전화 통화로만 한정되지 않는다. 경쟁업체의 기술자들은 심지어 상대편이 새로운 장비를 설치하는 것을 돕고 그것의 사용법을 가르쳐 주기 위해서 상대 회사를 방문하기도 한다. 그러한 친절함이 하나하나 모두 치밀하게 계산된 행동은 아니다. 하지만 그러한 행태의 내면을 들여다보면 상호 호혜에 대한 기대감이 감춰져 있다. 그러한 정보 교환에는 양면성이 틀림없이 있다. 적어도 비공식적으로 철강 산업의 "종사자들은 대놓고 주판알을 튕기지는 않지만 주고받는 정보의 가치에 대해서 균형을 맞추려고 애쓰는 것처럼 보였다. 여러 차례 거래를 하다보면, 개별적으로는 판단 착오가 일어날 수 있지만 평균적으로 보면 실제로 균형을 이룰 수 있다."[31] 폰 히펠은 결론적으로 철강 기술자들의 노하우 공유가 철강 산업의 발전에 매우 중요한 역할을 했다고 주장한다.

비공식적으로 노하우를 주고받는 것은 값싸고 유연하게 서로의 기술과 정보를 이용하고 서로 자문하는 형태이다. 공유는 정식으로 지적재산권을 거래하고 인재를 채용하는 것과 비교할 때, 불확실성도 줄고 거래 비용도 적게 든다. 변호사(그리고 이후 소송에서 판사)보다는 현업의 숙련된 전문가들이 공유할 수 있는 노하우와 영업비밀로 해야 할 정보를 어떻게 구분해야 할지 더 잘 안다.

가장 유명한 공유 환경 가운데 하나가 바로 연구기관과 대학이다. 거기서 하는 일의 핵심이 집단으로 지식을 탐구하는 일이기 때문이다. 전통적으로 연구자들과 과학자들은 다른 과학자들과 서로 터놓고 정보를 공유하는 것이 기본적인 철학이었다. 정보를 공유하는 환경에서 지적재산권 보호 의식의 부족은 경쟁 심리를 약화시키고 서로 주고받는 호혜의 관계를 만들어낸다. 따라서 대학에서 나온 연구 업적에 대한 지적재산권을 대학 당국에 부여한 베이돌법 때문에 대학의 이러한 공유 규범이 일부 훼손되면서, 과학자들과 대학의 기술이전센터들이 자신들의 발명품을 상업적으로 부정 사용하는 것을 막기 위해 특허 취득에 주력하는 모습은 놀랄 일이 아니다. 그러나 정보와 지식의 공유는 선택적으로, 전략적으로 계속 이어지고 있다.[32] 레이저를 개발하는 연구소들에 대한 한 연구 결과에 따르면, 그곳의 과학자들은 철강 산업의 기술자들과 매우 비슷하게 서로 주고받는 호혜의 관계를 공유의 기본 원칙으로 생각한다. "거의 모든 연구소가 받을 정보가 있는 상대에게만 정보를 주려고 한다는 사실을 보여주었다."[33]

사회적 규범은 법률로 기재된 것을 넘어서 지적재산권을 다루는 문제에서 중요한 역할을 한다. 대개 많은 조직과 개인들은 자신들의 이익을 지키기 위해 법적 권리를 이용해서 소송을 제기할 수 있음에도 다른 방법을 찾고 싶어할 수 있다.[34] 혁신적인 발명품을 보호하기 위해서 법적 제재를 사용하지 않는 산업과 지역이 주는 교훈들은 더욱 폭넓은 가능성을 담고 있다. 그 교훈들은 전통적으로 인적 자본을 제한하는 대가를 치르지 않고도 지속적인 혁신이 가능하다는 것을 보여준다. 또한 지나친 보호는 역효과를 초래할 수 있음을 상기시킨다. 요컨대, 부와 자원의 공유는 사실상 비극이 아니라 오히려 발전으로 이어질 수 있다는 말이다. 법적 통제의 부재가 곧바로 질서의 부재를 뜻하는 것은 아니다. 사회적 규범, 윤리적 행동, 호혜 관계, 정보, 평판 효과는 인재의 자유로운 흐름이 초래하는 긍정적 결과를 부정하지 않으면서 도움을 줄 것이다. 중요한 것은 우리가 기본적인 통제 심리를 버릴 때에도 전략적으로 혁신적 경쟁 우위를 유지하기 위해서 어떻게 할지 결정해야 한다는 사실이다. 가장 제한적인 통제 수단을 폐기—무엇보다도 전면적인 경업금지의 시행과 모든 종업원들의 아이디어에 대한 무조건적인 사전 양도의 가능성을 제거—한다고 해도 기업들은 여전히 또다른 보호 방법들, 이를테면 적용 범위를 보다 좁힌 영업비밀 보호, 비밀유지 약정, 양도 계약을 시도한다. 우리는 건전한 경쟁과 전략적 선택을 버리지 않으면서도 개방과 흐름을 생각할 수 있다.

창조적 파괴의 우위

슘페터는 창조적 파괴라는 말

을 처음으로 쓴 사람이 아니다. 그는 이전의 (알려지지 않은) 어떤 경제학자가 쓴 말을 빌려다 대중화하면서 그 속에 담긴 "장벽을 깨뜨리고 흩어진 아이디어들을 한데 모을 때 비로소 지식이 흐르고 인류가 발전한다"는 단순한 진리의 빛을 밝혔다. 창조적 파괴—기업, 사람, 상품, 산업, 아이디어에서 승자와 패자의 역동적인 흥망성쇠—는 우리가 사는 세상을 융성하게 한다. 슘페터는 자신이 쓴 『자본주의, 사회주의, 그리고 민주주의Capitalism, Socialism, and Democracy』라는 책에서 건강한 자본주의의 정수는 자유로운 경쟁과 시장의 독점적 통제 방지에 있다고 주장했다. 상품, 생산 과정, 인력, 가격에서의 경쟁은 "끊임없이 옛것을 파괴하고 끊임없이 새것을 창조하면서 끊임없이 경제 구조를 혁신한다." 창조적 파괴는 계속해서 "자본주의의 엔진이 돌아가게" 한다. 용기가 없는 사람은 이런 종류의 경쟁을 할 수 없다. 창조적 파괴는 "기존 기업들의 이익과 산출물과 같은 주변을 건드리는 것이 아니라 기업의 근간이 되는 토대와 생명 자체를 타격한다."

시장의 진화과정에서 대부분의 기업이 실패한다는 것은 단순한 진리이다. 영국의 경기예측가 폴 오메로드Paul Ormerod는 그것을 "실패의 철칙the Iron Law of Failure"이라고 부른다. 해마다 엄청난 비율의 기업들이 사라지고 있다. 그러면서 또다른 기업들이 생겨난다. 더 좋은 기술들이 낡은 기술들을 대체한다. 기술은 언젠가 쓸모가 없어지고, 비밀은 언젠가 밝혀진다. 혁신은 위기에 직면한다. 그러면 다시 진보의 바퀴는 굴러간다. 이런 과정에서 현재의 환경에 더 잘 적응하는 기업들이 그렇지 못한 기업들을 대체한다. 모든 기업이 살아남지는 못하지만, 시장 그 자체는 바로 이렇게 끊임없이 이어지는 경제적 혈투의 격렬함 때문에 날로 번창한다. 우리는 마침내 모두가 이기는데, 그것은 바로 우리가 이렇게 잠시 동안 지기 때문이다.

결국 인재 영입은 반복되는 게임이다. 한쪽 기업은 손해지만 다른 쪽 기업은 이익이니 평균적으로 보면 균형을 이룬다. 다른 기업이 당신네 최고 인재를 영입해갔다면, 훌훌 털어버리고 다른 기업들의 인재들을 영입하라! 흔히 말하듯이 "흥분하지 말고 똑같이 해라!" 지금까지 새로운 구조, 새로운 노동 형태, 새로운 기술은 제한과 통제의 손익 계산법을 바꿔왔다. 진화생물학은 우리의 새로운 혁신생태학이 어떻게 발전해나갈지 상상해볼 수 있는 좋은 비유 대상이다. 아마도 생물학적 진화 이론의 가장 중요한 특징인 유전에서 가장 중요한 것은 유전자가 자손에게 전달되고 번식하는 형태일 것이다.[35] 이것을 기업에 비유한다면, 한 기업에서 유전자는 사람들이 이 기업 저 기업 옮겨다니면서 전달하는 지식이라고 말할 수 있다. 모회사에서 떨어져나온 종업원들이 새로운 자회사를 세우고 동종업계의 틈새 공간에 자리를 잡고 모회사와 차별화를 시도한다. 그들이 모기업에 근무하면서 쌓은 경험으로부터 얻은 지식을 이용한다고 해도 달라지는 것은 없다. "자회사들은 사업 초기에 제품과 시장 지향점을 물려준 모회사를 쏙 빼닮은 것처럼 보인다. 그러나 어떤 생물체도 부모를 그대로 복제하지 않는 것처럼, 자회사 또한 모회사와 똑같지 않다. 어쩌면 자회사들이 인간과 마찬가지로 계속해서 살아남기 위해서는 모회사와 차별화하는 것이 필요했는지도 모른다. 진화생물학의 비유를 좀더 든다면, 환경에 더 잘 적응하는 생물종(기업)일수록 번식 가능성은 더 높아져 결국에는 (…) 그 생물종 전체의 적응성에 영향을 끼친다."[36]

실증주의 학자들은 성공한 기업일수록 더 많은 자회사를 거느린다는 사실을 입증한다. 통계적으로 많은 혁신적 회사가 확보한 특허의 대부분은 모두가 돈이 되는 것이 아니기 때문에 상업적으로 이용되기보다는 보류되는 경우가 많다. 따라서 그들은 자회사를 통해서 보류될 운명에 처한 특허를 보완한 제품이나 개선된 발명품을 개발하려고 한다. 때때로 그 자회사는 모회사가 이익을 내지 못하는 시장에 진입한다.[37] 기업의 벤처캐피탈이 증가하고 있는 것은 바로 이런 이유 때문이다. 오늘날 회사를 그만두고 나간 종업원들이 창업하는 신생 기업에 자금을 대는 기업들이 점점 늘어나고 있다. 그것은 또다시 인재의 유출과 연속성이라는 상반되는 이미지의 경계를 모호하게 한다. 이런 구조 아래서, 인재의 자유로운 흐름은 약점보다는 강점으로 재인식될 수 있다. 더 치열한 경쟁과 더 많은 제품과 관련 기업들이 시장에 진입할수록 시장은 더 강화된다. 실제로 한 산업의 미래를 위협하는 것은 다름 아닌 다양성의 부재이다.[38] 생물학을 이용해서 경쟁의 생태학을 좀더 면밀히 살펴보기 위해서 생태계와 생물다양성이 어떻게 살아남는지에 대해서 생각해보라. 환경보호주의자들은 생물다양성의 수준이 높으면 생태계가 건강하다는 신호라는 말에 동의한다. 마찬가지로 오늘날 경제학자들은 다양성이 시장에서 매우 결정적인 역할을 한다는 주장에 동의한다. 더 나아가 다양성이 전체적으로 가히 자본주의의 성공에 기여했다고 주장하는 이론까지 있다.

그리고 자연에서처럼 건설적 파괴는 최선의 미래가 어디에 있는지에 대해서 생태계에 흐르는 생명의 피—기업 생태계의 가장 큰 자산인 유능하고 창의적이고 독창적인 인재들—를 통해 신호를 보냄으로써 시장을 완성한다. 지식의 흐름은 산업과 지역을 성장시키고 경제가 비효율적으로 흐르지 않도록 끊임없이 견제한다. 인재의 이동은 시장을 건강하게 한다. 불만이 가득한 인재들, 능력을 발휘하지 못하는 혁신자들, 그리고 자신이 침몰하는 배에서 일하고 있다고 믿는 사람들은 배에서 뛰어내려 자신의 성장을 가속화할 수 있는 곳으로 탈주할 것이다. 많은 유능한 인재가 당신을 떠나고 있다면 그것은 무엇인가 획기적 변화가 필요하다는 경종이 울리는 것으로 받아들여야 한다. 그러한 변화에는 반드시 새로운 인재의 영입이 따른다. 그러나 새로운 인재를 영입하고 육성할 기회가 오는 것은 전혀 두려워할 일이 아니다. 그것과는 정반대다—인재가 열정과 자유를 만끽할 때, 모든 사람이 성공한다.

감사의 말

이 책이 나오기까지 마음과 열의를 다해 아낌없이 도움을 준 친구와 동료들에게 진 빚이 너무도 커서 일일이 나열할 수 없을 정도다. 그들에 대한 고마움을 이루 말로 다 표현할 수 없기에 여기서나마 마음속 깊은 곳에서 우러나오는 감사의 말을 전하게 된 것을 다행으로 생각한다.

이 책 『인재 쇼크』는 수년에 걸친 인적 자본과 관련된 법학, 경제학, 심리학 연구와 강의, 협업, 자문의 결과물이다. 텔아비브에서 파리, 매사추세츠, 코네티컷, 서던 캘리포니아까지, 그리고 다시 전 세계를 오가는 가운데, 사람들이 자유롭게 교류하고, 이동하고, 서로 관계를 맺고 업무에 종사할 수 있는지가 시장과 아이디어의 성공에 얼마나 중요한 역할을 하는지 알게 되었다. 나는 여러 가까운 동료, 심리학자, 행동경제학자 등과 함께 동기유발, 인간관계, 이동성이 어떻게 혁신을 성공시키는 결정적 요소인지 연구했다.

전 세계가 서로 빈번하게 교류하는 시대에 발맞추어 미국과 캐나다, 오스트레일리아, 중국, 일본, 이스라엘, 그리스, 이탈리아, 프랑스, 독일에서 개최한 수많은 공동연구회의 성과들이 이 책의 발간에 지대한 영향을 끼쳤다. 이 여러 나라를 여행하는 동안 수많은 조언자와 친구, 가족의 헌신적인 지원을 받은 것은 엄청난 행운이었다. 무엇보다 샌디에이고대의 동료들은 내게 아주 중요한 지식공동체다. 태양이 내리쬐는 바닷가에서 자연의 아름다움을 만끽하며 연구하고 혁신하는 삶은 매우 생산적인 시간을 제공한다. 래리 알렉산더, 조던 배리, 레슬리 매칼리스터, 데이비드 맥고완, 미란다 맥고완, 리사 램지, 마이몬 슈왈츠차일드, 테드 시첼만에게 특히 고마운 마음을 전한다. 리치 폴은 내가 연구휴가를 떠나 있는 동안, 친절하게도 내 강의를 대신 맡아주었고 수많은 인적 자본 쟁탈전의 전선에서 수집한 최고의 통찰들을 늘 내게 주었다. 로리 클라우스와 모어 쇼리는 필요할 때면 언제나 자신들의 지혜와 친절을 내게 베풀어준 친구들이다. 댄 솔로보는 자신의 경험과 통찰을 나와 공유하는 데 많은 시간을 썼다. 텔아비브대의 동료들도 그에 못지않게 많은 도움을 주었다. 특히, 그곳의 법학부 교수들과 활발하게 서로 지식을 교환할 많은 기회를 가졌다. "양식이 없으면 율법도 없다."(탈무드 「선조들의 어록Pirkei Avot」 3장

21절) 케빈 콜 학장과 스티븐 퍼룰로 학장은 내가 이 책을 끝낼 수 있도록 연구휴가와 안식년 휴가를 주는 관용을 베풀었다. 또한 카우프만 재단Kauffman Foundation과 설 센터Searle Center, 서던 캘리포니아 혁신 프로젝트Southern California Innovation Project는 혁신과 관련된 연구를 지원하기 위해 많은 보조금을 지급했다. 또 많은 학생이 내 연구를 도왔는데, 특히 데이브 엔젤로프, 안드리안 마시아스, 베스 라인하트에게 감사한다. 또한 몸을 아끼지 않고 활기차게 행정 업무를 보조해준 카린 스피델에게도 고마움을 전한다. 예일대출판부의 편집자들 자야 채터지, 빌 프룩트, 앨리슨 맥킨, 마이크 오말리는 아주 귀중한 지침을 제공하고 지원을 아끼지 않았다. 출판 대리인 린지 에지컴의 열의와 지성에 대해서도 감사한다.

우리 부모님, 탈마 로벨과 데이비드 로벨은 늘 내게 큰 꿈을 품으라고 하셨고 끊임없이 그들의 자애와 견해, 헌신적인 사랑을 베푸셨다. 두 분은 매우 창의적이고 적극적이고 자애로운 분들이다. 또한 과학과 예술에 열정이 넘치고 항상 바쁘고 젊게 살고자 애쓴다. 어쨌든 두 분은 부모로서, 조부모로서 온종일 사심 없이 가족을 보살피면서도 그러한 삶에 대한 열정을 놓지 않는다. 가까운 인척인 오리트와 즈비카, 시동생과 시누이인 도리와 케렌, 삼촌과 숙모인 라피와 릭에게도 고마운 마음을 전한다. 그리고 남동생 대니의 영전에도 이 글을 바친다. 이 책은 영감과 창의성, 인간의 잠재성에 관한 것이다. 대니는 열여덟의 어린 나이에 죽었다. 우리는 그 모든 것 앞에서 크게 낙심했다.

무엇보다도 가장 큰 빚을 진 사람은 남편인 온 아미르다. 그는 이 책의 공동 집필자이자 독자이자 내 사랑이다. 그는 일주일에 나흘을 등산할 수 있도록 나를 격려하고 내가 글을 쓰거나 강의하거나 여행할 때 기꺼이 내가 할 일을 대신한다. 그는 아이디어를 발전시키고 신중하게 생각하도록 이끄는 독특한 능력이 있다. 우리 딸 다니엘, 엘리너, 나탈리는 나머지 모든 것을 다 의미있게 만든다. 그들은 늘 나를 놀라게 하지 않은 적이 없다. 우리가 인재들을 진지하게 육성하고 공유해야 하는 것은 바로 그들 세대, 혁신 세대를 위해서다.

경쟁에서 살아남으려면 인재를 공유하라!

날로 치열해지는 기업의 경쟁 환경 속에서 역시 무엇보다 중요한 것은 사람이다. 경영 관리, 신제품 기획, 기술 개발, 생산 계획 및 관리, 마케팅 영업 계획, 고객 관리처럼 회사의 운영과 관련된 중요 업무들이 모두 사람 없이는 이루어질 수 없기 때문이다. 오늘날 기업들은 이것들을 모두 중요한 회사 기밀로 다루고 있다. 그러한 기밀 사항이 외부로 유출될 경우, 실제로 회사가 입는 피해는 막대하다. 경우에 따라서는 치명적일 수도 있다. 그런데 문제는 이런 비밀 정보와 기술들이 바로 사람을 통해서 유출된다는 사실이다. 따라서 기업의 각 부문에서 핵심적 역할을 하는 사람들을 어떻게 관리하느냐 하는 것은 기업들의 가장 큰 관심사가 아닐 수 없다.

현재 대개의 기업들이 이러한 회사의 기밀 정보와 인재 유출을 막기 위해 쓰는 방법은 입사할 때나 재직 중에 종업원에게 받는 서약서나 계약서 같은 법률적, 제도적 통제 방식이다. 이를테면, 퇴직 후 몇 년간 경쟁사에 들어가거나 동종업계에서 창업하지 않겠다고 약속하는 경업금지 약정, 회사의 영업 비밀을 절대 외부에 유출하지 않겠다고 서약하는 비밀유지 약정, 재직 중 발명한 모든 것에 대한 소유권을 회사에 양도한다는 직무발명 양도와 같은 것이 기업들이 일반적으로 사용하는 대표적인 인적 자본 통제 방식이다. 이것들은 대개 법적 보호를 받고 있지만, 실제로 종업원들을 제약하는 범위가 명확하게 설정되어 있지 않다는 것은 문제가 아닐 수 없다. 그런 범위를 명확히 하는 것이 과연 가능하기나 한 건지도 모르겠다. 하지만 무엇보다도 큰 문제는 이런 법적 제약 때문에 개인의 직업 선택의 자유와 근로권이 지나치게 제한되고, 자유로운 시장 경쟁의 원칙이 훼손된다는 것이다.

그러나 샌디에이고대의 법학교수로서 저자는 이러한 제도적 장치를 통한 인적 자본에 대한 지나친 통제는 기업 혁신을 통한 성장, 나아가 관련 산업과 지역의 발전에 큰 악영향을 끼친다고 주장한다. 인적 자본에 대한 지나친 통제는 결국 혁신적인 인재의 창의력과 자기계발 의지를 약화시켜 기업 내부의 혁신 동력을 잃게 만들며, 경쟁사들 간의 우수한 인재 공유와 기술력의 자연스러운 순환을 억제함으로써 산업 전체로 지식과 아이디어가 확산되는 것을 막는다고 본다. 이것은 마침내 이러한 제도적 통제가 약한 곳으로 인재의 이탈을 가속화하는 결과를 초래한다. 저자는 최근의 각종 연구와 미국 기업들의 구체적인 사례들을 가지고 자신의 주장을 입증한다. 특히, 첨단 기술과 아이디어들이 기업의 성패를 좌우하는 시대에 우수한 인재 확보와 정보의 자유로운 이동 및 공유는 기업 혁신을 위한 필수 조건이라고 주장하면서 그에 따른 제도적 뒷받침이 반드시 필요하다고 역설한다.

경쟁이라고 하면 떠오르는 것이 박 터지게 싸우는 모습이다. 누군가 이기기 위해서는 누군가는 져야 한다. 그래서 내가 살기 위해서는 상대를 밟고 일어서야 하는 살벌한 정글의 논리가 바로 경쟁이라고 보통 생각한다. 하지만 저자는 기업들이 경쟁에서 이기기 위해 반드시 내부 통제를 강화해야 한다고 보지 않는다. 오히려 기업들 간의 인력의 자유로운 이동을 통해 인재를 공유함으로써 인재 풀을 넓히고 서로 지식과 아이디어를 자연스럽게 교환할 때 비로소 기업과 업계 전체, 지역이 모두 발전할 수 있다고 강조한다. 따라서 모순되는 이야기처럼 들릴지 모르지만, 경쟁에서 살아남기 위해서는 통제가 아니라 공유가 필요하다고 결론짓는다. 더 잘 쓸 수 있는 것을 남들에게 뺏길까봐 감추고 녹슬게 하는 것은 어리석은 행동이다.

소수의 거대 재벌들이 경제를 지배하고 수많은 중소기업들의 기반이 취약한 우리나라의 기업 현실을 볼 때, 기업 간의 이러한 인재의 자유로운 이동과 지식 및 기술의 공유는 과연 가능할까? 대기업들이 인재들을 싹쓸이하고 각종 제도적 통제를 통해 인재 유출을 극도로 제한하는 반면에, 정작 혁신을 추구하는 중소기업이나 벤처기업들은 인재를 구하기 힘든 것이 지금의 우리나라 현실이다. 저자의 주장대로라면 이러한 상황은 경제 전체를 침체로 이끌기 십상이다. 오늘날처럼 세계화된 경제 상황에서 국내 대기업의 지나친 인적 자본 통제와 국내법에 의한 제도적 제약은 결국 인재들의 해외 유출을 초래할 가능성도 있다. 남한 면적보다 4배 정도 큰 캘리포니아 주에 있는 실리콘밸리가 미국의 혁신을 대표하는 첨단 산업단지가 된 것은 인재와 정보, 기술의 자유로운 이동을 뒷받침한 캘리포니아 주의 독특한 제도 덕분이다. 한 나라의 경제구조를 바꿀 수 있는 제도의 변경이 쉽지는 않겠지만, 치열한 세계화의 경쟁 속에서 우리나라의 기업들이 살아남기 위해서는 국내 우수 인력들의 양성과 공유가 절대적으로 필요하다는 점에서 인재와 아이디어, 기술의 자유로운 이동과 확산을 위한 제도적, 법적 뒷받침과 기존 대기업들의 시각 변화가 시급하지 않나 생각된다.

이 번역서의 원래 제목은 "인재는 자유를 원한다Talent Wants to Be Free"이다. 한국이 보유한 가장 큰 자산 가운데 하나가 우수한 인적 자본이다. 개별 기업뿐 아니라 경제가 성장하기 위해서는 우수한 인재의 양성과 활용이 시급한 과제다. 인재를 소유물이 아니라 공유자원으로 생각할 때 오히려 인재 풀도 더 넓어지고 그들 사이의 상승효과도 기대할 수 있다. 인재를 자유롭게 하는 것은 다른 모든 것을 다 떠나서 기업을 위해서도 필요하다.

2014년 11월

김병순

주

서문

1 「윙클보스 증후군Winklevoss Syndrome」, February 18, 2011, 최종 수정. http://startupblog.wordpress.com/2011/02/18/winklevoss-syndrome.
2 S. Colum Gilfillan, 『배 발명하기Inventing the Ship』(Chicago: Follett Publishing, 1935).
3 『록웰그래픽시스템즈 대 데브 인더스 사건Rockwell Graphic Systems, Inc. v. DEV Indus.』, 925 F.2d 174, 180쪽 (7th Cir. 1991).
4 Kenneth J. Arrow, 『케네스 애로우 논문 선집: 정보경제학Collected Papers of Kenneth J. Arrow: The Economics of Information』(Cambridge: Harvard University Press, 1984)
5 Kenneth J. Arrow, 「행동으로 배우는 것의 경제적 함의The Economic Implication of Learning by Doing」, 『경제연구평론Review of Economic Studies』 29, no. 3 (1962): 155-173쪽.

1장 인재 유치 전쟁

제명: Brian Walsh, 「줄기세포본부Stem Cell Central」, 『타임』, July 23, 2006. www.time.com/time/magazine/article.
1 Claudio Fernández-Aráoz, 「새로운 세계 환경에서의 인사노무 의사결정Making People Decisions in the New Global Environment」, 『MIT 슬로온 경영대학원 평론MIT Sloan Management Review』 49 (2007): 17-20쪽, October 1, 2007.
2 John J. Kao, 『혁신 국가: 미국은 어떻게 우위를 잃고 있는가, 왜 그것이 문제이고 우리는 그것을 되돌리기 위해 무엇을 할 수 있는가?Innovation Nation: How America Is Losing Its Edge, Why It Matters, And What We Can Do to Get It Back』(New York: Free Press, 2007), 121쪽.

3 Joseph Berger, 「전직 IBM 고참 사원들이 겪는 해고의 고통The Pain of Layoffs for Ex-Senior IBM Worker」, 『뉴욕타임스』, December 7, 1993.

4 Patrick C. Flood, Thomas Ramamoorthy, Nagarajan Turner, and Jill Pearson, 「첨단 산업과 금융 산업에 종사하는 지식노동자들의 심리적 계약의 인과관계Causes and Consequences of Psychological Contracts among Knowledge Workers in the High Technology and Financial Services Industries」, 『인적자원관리국제저널International J. Human Res. Mgmt.』 12 (2001): 1152쪽; Michael B. Arthur and Denise M. Rousseau, 「새로운 고용 원칙으로서 경계 없는 경력 개요Introduction: The Boundaryless Career as a New employment Principle」, 『새로운 조직 시대를 위한 새로운 고용 원칙A New employment Principle for a New Organizational Era』, ed. Michael B. Arthur and Denise M. Rousseau, 3-20 (New York: Oxford University Press, 1996); Trisha Gura, 「대리인을 불러달라는 과학자들이 점점 느는 추세Joining a Trend, Scientists Increasingly Say, 'Call My Agent'」, 『사이언스』, January 16, 2004.

5 Orly Lobel, 「노동법의 네 기둥Four Pillars of Work Law」, 『미시건 법학 평론 Michigan Law Review』, 104, no. 6 (2006): 1539-1557쪽.

6 Frederick Winslow Taylor, 『과학적 관리의 원칙The Principles of Scientific Management』(New York: Harper and Brothers, 1913), 72쪽.

7 『인디펜던트』, 2005.
http://www.independent.co.uk/news/people/profiles/riccardo-muti-the-monster-od-milan-529157.html.

8 Charles C. Heckscher, 『새로운 노동조합주의: 변화하는 기업 속의 종업원The New Unionism: Employee Involvement in the Changing Corporation』 (New York: Basic Books, 1988), 101쪽.

9 「구글, 사회적 검색 신생기업 앵스트로 인수. 공동 창업자 카레도 인수고용Google Buys Social Search Startup Angstro, Acq-Hires Co-Founder Khare」, 유료 컨텐츠, http://paidcontent.org/article/419-google-buys-social-search-startup-angstro-acq-hires-co-founder-khare/.

10 Erick Schonfeld, 「드디어 애플 어스 나온다: 지도 신생기업 폴리나인, 쿠퍼티노가 낚아채다Here Comes Apple Earth: Map Startup Poly9 Reportedly Snatched Up by Cupertino」, 『테크크런치Tech Crunch』, July 14, 2010, http://techcrunch.com/2010/07/14/apple-earth-map-poly9.

11 「모토롤라, 카푸치노 개발진 인수고용Motorola Acqu-Hires Cappuccino Developers」, DZone, August 26, 2010 최종 수정, http://mobile.dzone.com/

motorola_acquires_cappuccino.
12 Fernández-Aráoz, 「새로운 세계 환경에서의 인사노무 의사결정」, 18-20쪽.
13 같은 쪽.
14 Rosabeth Moss Kanter, 『진화하라! 미래의 디지털 문화에서 살아남기Evolve! Surviving in the Digital Culture of Tomorrow』(Cambridge: Harvard Business School Press, 2001), 211-214쪽.

2장 혁신의 칼날

1 Salvatore Parise, Rob Cross, and Thomas Davenport, 「지식 손실의 위기를 막기 위한 전략Strategies for Preventing a Knowledge-Loss Crisis」, 『MIT 슬로온 경영대학원 평론』, July 1, 2006.
2 Eric Posner, Alexander Triantis, and George G. Triantis, 「인적 자본에 투자하기: 경업금지 계약의 효율성Investing in Human Capital: The Efficiency of Covenants Not to Compete」, 『시카고 대학 법학·경제학 연구논문University of Chicago Law and Economics Research Paper』 no. 01-08 (2004)
3 Gary S. Becker, 「인적 자본 투자: 이론적 분석Investment in Human Capital: A Theoretical Analysis」, 『정치경제학 저널Journal of Political Economy』 70 (1962): 16쪽.
4 Gary S. Becker, 「인적 자본: 교육에 특별히 참조하기 위한 이론과 실증 분석Human Capital: A Theoretical and Empirical Analysis with Special Reference to Education」 2d ed. (New York: Columbia University Press for the National Bureau of Economic Research, 1975), 15-37쪽.
5 Paul H. Rubin and Peter Shedd, 「인적 자본과 경업금지 계약Human Capital and Covenants Not to Compete」, 『법학연구저널Journal of Law Studies』 10 (1981): 93쪽 참조.
6 Mark A. Glick, Darren Bush, and Jonathan O. Hafen, 「퇴직 후 계약에 관한 법과 경제학: 단일 구조The Law and Economics of Post-Employment Covenants: A Unified Framework」, 『조지 메이슨 법학 평론George Mason Law Review』 11 (2002): 357쪽.
7 William M. Landes and Richard A. Posner, 『지적재산권법의 경제 구조The Economic Structure of Intellectual Property Law』(Cambridge: Harvard University Press, 2003), 371쪽.
8 Michael J. Trebilcock, 『거래의 제한에 관한 관습법: 법적·경제적 분석The

Common Law of Restraint of Trade: A Legal and Economic Analysis』 (Toronto: Carswell, 1986)

9 Matt Marx, 「경업금지 약정과 직업 우회, 그리고 하고 싶은 일을 하는 것의 관계에 대해서 다시 이해할 수 있다면 좋은 일이다Good Work If You Can Get It (...) Again: Non-Compete Agreements, Occupational Detours, and Attainment」 (August 17, 2009). http://ssrn.com/abstract=1456748.

10 같은 글.

11 Rachel S. Arnow-Richman, 「정보화 시대에 충성을 얻기 위한 흥정: 경업금지 시행에서 실질적인 공평성의 역할에 대한 재고Bargaining for Loyalty in the Information Age: A Reconsideration of the Role of Substantive Fairness in Enforcing Employee Non-competes」, 『오리건 법학 평론Oregon Law Review』 80 (2001): 2007; Cynthia L. Estlund, 「권리와 계약 사이: 고용법의 혼합 형태로서 중재 협약과 경업금지 계약Between Rights and Contract: Arbitration Agreements and Non-Compete Covenants as a Hybrid Form of Employment Law」, 『펜실베이니아 대학 법학 평론University of Pennsylvania Law Review』 155 (2007): 379-446쪽.

12 George G. Triantis, 「불명확한 계약조건의 효율성: The Efficiency of Vague Contract Terms: A Response to the Schwartz-Scott Theory of U.C.C. Article 2」, 『La. L. Rev.』 62 (2002): 1065-1079쪽.

13 〈클리블랜드의 아서 머레이 댄스 스튜디오스 사 대 위터Arthur Murray Dance Studios of Cleveland, Inc. v. Witter〉, 105 N.E.2d 685, 703-4 (Ohio Ct. Com. Pl. 1952).

14 Stewart E. Sterk, 「인적 자본의 양도 제한Restraints on Alienation of Human Capital」, 『버지니아 법학 평론Virginia Law Review』 79 (1993): 383-460쪽.

15 Phillip J. Closius and Henry M. Schaffer, 「비자발적 노역해방: 경업금지 계약에 대한 현재의 사법 집행—개혁안Involuntary Nonservitude: The Current Judicial Enforcement of Employee Covenants Not to Compete—A Proposal for Reform」, 『서던 캘리포니아 법학 평론Southern California Law Review』 57 (1984): 531-560쪽.

16 R. C. Levin, A. K. Klevorick, R. R. Nelson, 「산업의 연구개발에서 얻은 수익 전용하기Appropriating the Returns from Industrial Research and Development」, 『브루킹스 경제활동 논문Brookings Papers on Economic Activity』 3 (1987): 783-820쪽.

17 Paul Almeida, 「지식의 지역화와 지역 네트워크 안에서 기술자들의 이동Localization of Knowledge and the Mobility of Engineers in Regional

Networks」, 『경영과학Management Science』 45 (1999): 905-917쪽; Al Abowdet, 「임금, 이동성, 그리고 기업 성과: 적재적소 배치에 따른 장점과 통찰Wages, Mobility and Firm Performance: Advantages and Insights from Using Matched Worker-Firm Data」, 『경제저널Economic Journal』 116 (2006): F245-F285쪽.

18 Joseph P Ferrie, 「1850-1910년 미국의 이동성 분석을 위한 장기 데이터 Data for the Analysis of Mobility in the U.S., 1850-1910」 (2004), 논문, http://faculty.wcas.northwestern.edu.

19 Paul Almeida and Bruce Kogut, 「지식의 지역화와 지역 네트워크 안에서 기술자들의 이동」, 『경영과학』 45 (1999): 905-917쪽; Zoltan Acs, 『혁신과 도시의 성장Innovation and the Growth of Cities』(Northampton, Mass.: Edward Elgar, 2002).

20 Margaret A. Peteraf, 「경쟁우위의 주춧돌: 자원 중심의 견해The Cornerstones of Competitive Advantage: A Resource-Based View」, 『전략적 관리 저널 Strategic Management Journal』 14 (1993): 179쪽.

21 Jaeyong Song, Paul Almeida, and Geraldine Wu, 「고용에서 배우기: 이직은 언제 기업 간 지식 이전을 더욱 촉진시키는가?Learning-by-Hiring: When Is Mobility More Likely to Facilitate Interfirm Knowledge Transfer?」, 『경영과학』 49 (2003): 351-365쪽; J. S. Katz, 「지리적 근접성과 과학적 협업Geographical Proximity and Scientific Collaboration」, 『정보계량학 Scientometrics』 31 (1994): 31-43쪽.

22 Jasit Singh and Ajay Agrawal, 「아이디어 채용: 기업들은 새로 채용한 종업원들이 가져온 전 직장의 발명들을 어떻게 이용할까?Recruiting Ideas: How Firms Exploit the Prior Inventions of New Hires」, 『경영과학』 57 (2011): 129-150쪽.

23 같은 쪽.

24 Manuel Trajtenberg, 「아이디어의 재조합: 발명자의 이직과 연구 생산성 Recombinant Ideas: The Mobility of Inventors and the Productivity of Research」, 독일 뮌헨 개최 미 경제정책연구센터(CEPR) 컨퍼런스에 제출된 논문, May 26-28, 2005; Manuel Trajtenberg, Gil Shiff, and Ran Melamed, 「이름 기억하기 게임: 경제 연구를 위한 발명자 특허 데이터 이용하기The Names Game: Harnessing Inventor's Patent Data for Economic Research」, 전미경제조사국 조사보고서 no. 12479 (2006).

25 Rafael Corredoira and Lori Rosenkopf, 「옛 지인들을 잊어야 할까? 이직을 통한 지식의 역이전이 서로를 연결한다Should Auld Acquaintance Be Forgot? The Reverse Transfer of Knowledge Through Mobility Ties」, 『전략적 관

리 저널』 31 (2010): 159-181쪽; Gina Dokko and Lori Rosenkopf, 「빌린 사회적 자본? 전문기술자들의 이직과 무선표준위원회에서의 확고한 영향력Social Capital for Hire? Mobility of Technical Professionals and Firm Influence in Wireless Standards Committees」, 『조직과학Organization Science』 21 (2010): 677-695쪽.

26 Ajay Agrawal, Iain Cockburn, and John McHale, 「떠나더라도 잊지는 마라: 지식의 흐름, 노동 이동성, 그리고 계속되는 사회적 관계Gone But Not Forgotten: Knowledge Flow, Labor Mobility, and Enduring Social Relationships」, 『경제지리학저널Journal of Economic Geography』 6 (2006): 571쪽.

27 Deepak Somaya and Ian O. Williamson, 「인재 유치 전쟁 재고Rethinking the 'War for Talent'」, 『MIT 슬로온 경영대학원 평론』 49, no. 4 (2008): 29-34쪽; Michael Santoli, 「골드만삭스 방식의 일확천금Minting Money the Goldman Sachs Way」, 『Barron's』 86 (2006): 22쪽에서 인용.

28 Laura Rich, 「이방인이 되지 마라 : 전직 종업원 관리(동문) 프로그램은 관계를 유지하면서 기업을 선전하는 아주 좋은 방법이다Don't Be a Stranger: Alumni Programs Are a Great Way to Stay in Touch and Boost Business」, 『Inc.』 (January 2005): 32쪽.

29 Eilene Zimmerman, 「부메랑 고용의 급증The Boom in Boomerangs」, 『Workforce Management Online』, January 2006, http://www.workforce.com/section/06/feature/24/25/79/index_printer.html.

30 William Ocasio, 「주의력 집중으로의 회사의 시각 변화Towards an Attention-based View of the Firm」, 『전략적 관리 저널』 18 (1997): 187쪽.

3장 경업금지-경쟁하라!

1 「기존 취업자만 지원 가능Only the Employed Need Apply」, 『월스트리트저널』, June 30, 2009.

2 Steven N. Kaplan and Per Stormberg, 「금융계약이론이 현실과 만나다: 벤처캐피탈 계약의 실증적 분석Financial Contracting Theory Meets the Real World: An Empirical Analysis of Venture Capital Contracts」, 『경제연구평론』 70 (2008): 281쪽. 또다른 보고서는 88%의 기업들이 경업금지에 서명을 요구한다는 것을 보여준다. Bill Leonard, 「경쟁사로부터의 영입Recruiting from the Competition」, 『인사 잡지HR Magazine』 46 (2001): 78-83쪽.

3 〈컴플리트오토트랜싯 사 대 레이스Complete Auto Transit, Inc. v. Reis〉, 451

U.S. 401 (1981)

4 Christopher T. Wonnell, 「종업원의 계약교섭력 박탈The Contractual Disempowerment of Employees」, 『스탠퍼드 법학 평론Stanford Law Review』 46 (1993): 87-146쪽.

5 〈울리 대 엠버시스위트 사Woolley v. Embassy Suites, Inc.〉, 278 Cal. Rptr. 719, 727 (Cal. Ct. App. 1991) (미국 수정 헌법 제13조에 반하는 개인 용역 계약 관련 특정이행처분); 미국 계약법 (2차) 리스테이트먼트 § 367(1) (1981) ("개인 용역을 빌려주기로 한 약속은 특정하게 강요되지 않는다").

6 Harlan M. Blake, 「종업원 경업금지 계약Employee Agreements Not to Compete」, 『하버드 법학 평론Harvard Law Review』 73 (1960): 625쪽.

7 미국 계약법 (2차) 리스테이트먼트 1981, § 188 cmt. a. 미국 계약법 (2차) 리스테이트먼트 (1981)의 Section 186(1)은 "경업금지 약정이 (…) 비합리적으로 거래를 제한한다면, 공공정책을 근거로 시행될 수 없다"고 선언한다.

8 〈마티아스 대 제이콥스Mathias v. Jacobs〉, 167 F. Supp. 606, 606-28 (S.D.N.Y. 2001).

9 Michael A. Epstein, 『엡스타인과 지적 재산권Epstein on Intellectual Property』(New York: Aspen Publishers, 2007).

10 〈아서 머레이 댄스 스튜디오스 사 대 위터〉, 105 N.E.2d 685, 687-688 (Ohio Ct. C.P. 1995).

11 〈마캠 사 대 오차드Marcam Corp. v. Orchard〉, 885 F. Supp. 294, 297 (D. Mass. 1995).

12 〈네프모티베이션 사 대 라그로우Neff Motivation, Inc. v. Largrou〉, 2002-Ohio-2788U, at P 66 (Ct. App. June 7, 2002).

13 〈샤피로 대 리젠트프린팅 사Shapiro v. Regent Printing Co.〉, 549 N.E.2d 793, 796 (Ill. App. Ct. 1989).

14 〈유니소스월드와이드 사 대 발렌티Unisource Worldwide, Inc. v. Valenti〉, 196 F. Supp. 2d 269, 279 (E.D.N.Y. 2002) ("[피고의 새로운 고용주의] 모든 고객이 [원고]의 이전 고객이며, [피고의 고용주의] 가격정책이 [원고의 것과] 똑같거나 더 낫다는 것이 법원이 보기에 명백하기 때문에" 경업금지를 인정함).

15 〈로렌스 대 버지니아 비즈니스커뮤니케이션 사Lawrence v. Business Communications of Virginia, Inc.〉, 53 Va. Cir. 102, 102-5 (Cir. Ct. Va., 2000)

16 〈아서 머레이 댄스 스튜디오스 사 대 위터〉, 105 N.E.2d at 685.

17 미국변호사협회 직업윤리위원회, 공식 의견 61-300 (1961).

18 미국변호사협회 표준준칙 5.6(a), http://www.abanet.org/cpr/mrpc/rule_5_6.html.

19 예컨대, 〈드와이어 대 융Dwyer v. Jung〉, 336 A.2d 498, 501 (N.j. Super. Ct. App. Div. 1975); 〈마샬 대 로마노Marshall v. Romano〉, 158 A. 751, 752 (Essex County Ct. 1932); 〈코헨 대 로드, 데이앤드로드Cohen v. Lord, Day & Lord〉, 550 N.E.2d 410, 411 (N.Y. 1989) 참조.

20 Paula Berg, 「의사 경업금지 계약의 법률 집행: 환자의 비용으로 의사의 이익 보호Judicial Enforcement of Covenants Not to Compete Among Physicians: Protecting Doctors' Interests at Patients' Expense」, 『러트거스 법학 평론 Rutgers Law Review』 45 (1992): 1, 6쪽.

21 미국의사협회, 대의원 대회 의사록 236 (Nov. 28-Dec. 1, 1971), http://ama.nmtvault.com/custom/about.jsp.

22 미국의사협회, 의사윤리지침, opinion 9.02 (1998), http://www.ama.assn.org/ama/pub/physician-resources/medical-ethics/code-medical-ethics/opinion902.shtml.

23 Colo. Rev. Stat. § 8-2-113(3) (2003); Del. Code Ann. tit.6, §2707 (1993); Mass. Gen. Lawa Ann. ch. 112, § 12X (1991) 참조.

24 예컨대, 〈실리콘밸리 전문의 대 파버Valley Medical Specialists v. Faber〉, 982 P.2d 1277 (Ariz. 1999); 〈이레델 소화기과 병원 대 페트로 사Iredell Digestive Disease Clinic v. Petrozza〉, 373 S.E.2d 449, 455 (N.C. Ct. App. 1988); 〈오하이오 비뇨기사 대 폴Ohio Urology Inc. v. Poll〉, 594 N.E.2d 1027, 1032 (Ohio Ct. App. 1991) ("이 계약들은 이직과 의료보험과 시설 이용을 지지하는 것으로 엄격하게 해석되어야 한다") 참조.

25 〈머프리보로 병원 대 우돔Murfreeboro Medical Clinic, P.A. v. Udom〉, 166 S.W.3d at 683 ("우리는 법조인이나 의료인이나 하는 일에 실질적으로 아무 차이가 없다는 것을 안다. (…) 그들은 모두 일반 국민들에게 봉사할 의무가 있다.")

26 같은 판결문, 683-684쪽.

27 Cindy Sanders, 「테네시 주 의회, 의사들의 경업금지 부활Tennessee Legislature Revives Physician Non-Competes」, Nashville Medical News, Inc., August 2007, http://nashville.medicalnewsinc.com/news.php?viewStory=1659.

28 같은 기사. (경업금지 범위는 전에 근무하던 병원 반경 10마일까지 또는 그 병원이 있는 카운티이거나, 그 병원의 기관 고객으로 있는 모든 시설로 제한한다).

29 예컨대, 〈오츠 대 레너드Oates v. Leonard〉, 183 N.W. 462 (Iowa 1921); 〈로우 대 툰Rowe v. Toon〉, 169 N.W. 38 (Iowa 1918) 참조.

30 〈레전트 이사회 대 워렌Board of Regents v. Warren〉, 2008 WL 5003750 (Iowa Ct. App. 2008). Benjamin P. Roach, 「의사들의 경업금지 계약은 아이오와 주에서 공격받고 있는가?Are Physician Non-Compete Agreements Under Attack

in Iowa?」, at http://www.nyemaster.com/userdocs/BPR_Physician_Non_Compete_Agreements.pdf도 참조.

31 캘리포니아 사업직업준칙California Business and Professions Code, § 16600.

32 〈어드밴스드 바이오닉스 사 대 메드트로닉스사Advanced Bionics Corp. v. Medtronic, Inc.〉, Cal. 4th 697, 706 (Cal. 2002).

33 Ronald J. Gilson, 「첨단 기술 산업지구의 법적 하부구조: 실리콘밸리, 루트 128, 그리고 경업금지 계약The Legal Infrastructure of High Technology Industrial Districts: Silicon Valley, Route 128, and Covenants Not to Compete」, 〈뉴욕대 법학 평론N.Y.U. Law Review〉 74 (1999): 575, 613–619쪽.

34 〈실구에로 대 크레테가드 사Silguero v. Creteguard, Inc.〉 187 Cal. App.4th 60 (July 30, 2010).

35 〈힐메드사 대 와이코프Hill Med. Corp. v. Wycoff〉, 86 Cal. App. 4th 895, 900 (2001) (합리성 원칙에 따른다면 옛 관습법 아래 '한정된 범위에서' 거래 '제한'이 가능했다는 것을 인정함).

36 〈에드워즈 대 아서앤더슨 사Edwards v. Arthur Andersen LLP〉, Cal. 4th 937, 948 (2008).

37 〈보슬리메디컬그룹 대 에이브럼슨Bosley Medical Group v. Abramson〉, 161 Cal. App. 3d 284 (1984).

38 〈애플리케이션그룹 사 대 헌터그룹사Application Group, Inc. v. Hunter Group, Inc.〉 (1998) 61 Cal. App.4th 881, 900. 〈네들로이드 해운회사 대 연방대법원Nedlloyd Lines B.V. v. Superior Court〉 (1992) 3 Cal. 4th 459, 465 (캘리포니아 법원들은 주의 기본 정책과 배치되는 계약 저촉법에 얽매이지 않는다).

39 AnnaLee Saxenian, 『지역 경쟁력: 실리콘밸리와 루트 128의 문화와 경쟁Regional Advantage: Culture and Competition in Silicon Valley and Route 128』 (Cambridge: Harvard University Press, 1994); Chong-Moon Le 외, 『실리콘밸리의 경쟁력: 기업가정신과 혁신의 산지The Silicon Valley Edge: A Habitat for Entrepreneurship and Innovation』 (Stanford: Stanford University Press, 2000); 『실리콘밸리 이해하기: 기업가 정신이 살아 있는 지역의 해부Understanding Silicon Valley: The Anatomy of an Entrepreneurial Region』, Martin Kenney, ed. (Stanford: Stanford University Press, 2000); David Rosenberg, 『실리콘밸리 복제하기: 차세대 첨단기술 단지들Cloning Silicon Valley: The Next Generation High-Tech Hotspots』 (London: Pearson University 2002); David N. Pellow and Lisa Sun-Hee Park, 『꿈의 실리콘밸리The Silicon Valley of Dreams』 (New York: New York University Press 2002).

40 Gilson, 「첨단 기술 산업지구의 법적 하부구조The Legal Infrastructure of High Technology Industrial Districts」; Joseph Bankman and Ronald J. Gilson, 「왜 창업하는가?Why Start-ups?」, 『스탠퍼드 법학 평론』 51 (1999): 289-307쪽.

41 Lee Fleming and Koen Frenken, 「실리콘밸리와 보스턴 지역의 발명자 네트워크의 진화The Evolution of Inventor Networks in the Silicon Valley and Boston Regions」, 『복잡계 소식Advances in Complex Systems』 10 (2007): 53-71쪽.

42 Matt Marx, Deborah Strumsky, and Lee Fleming, 「이동성, 기술, 그리고 미시건 주의 경업금지 실험Mobility, Skills, and the Michigan Non-Compete Experiment」, 『경영과학』 55 (2009): 875-889쪽.

43 Lee Gesmer, 「왜 실리콘밸리는 첨단 기술의 허브로서 보스턴/루트 128보다 더 경쟁력이 있는가?Why Has Silicon Valley Outperformed Boston/Route 128 as a High Tech Hub?」 http://masslawblog.com/noncompete-agreements (December 6, 2007).

44 『경업금지 계약: 미국 모든 주 조사Covenants Not to Compete: A State-by-State Survey』, Brian M. Malsberger, ed. (Arlington: BNA Books, 2004). 콜로라도도 캘리포니아처럼 경업금지를 폭넓게 인정하지 않는다. 콜로라도는 종업원이 경업금지를 위반했을 때, 2년 미만의 교육훈련비를 반납한다는 고용계약 조항을 인정하지만, 그 대상은 "임원, 경영관리 부문 직원과 간부, 그들을 전문적으로 보좌하는 종업원들"에 한정한다. Colo. Rev. Stat. 8-2-113(d) (2005).

45 뉴욕은 최근에 방송 부문에 경업금지 적용을 제한하는 법안을 통과시켰다. NY Labor § 202-k (방송 산업 종사원 보호). 그 법안에 따르면, "방송 산업 고용주는 고용 계약을 포함해서 어떤 경우에도" 현재의 종업원이나 종업원이 될 사람에게 고용이 결정된 뒤에 퇴직 후 "(a) 어떤 특정 지역에서 (b) 특정 기간 동안 (c) 특정 고용주나 특정 산업에" 취업하는 것을 제한하는 것을 고용조건으로 요구해서는 안 된다. 더 나아가 "이러한 금지사항들을 무력화하는 어떤 계약 조항도" 인정하지 않는다고 선언한다.

46 Mass. Gen. laws ann. Ch 149 section 1.

4장 경쟁과 장소의 기적

1 Steven Pinch and Nick Henry, 「폴 크루그먼의 지리경제학, 산업클러스팅, 그리고 영국의 자동차스포츠 산업Paul Krugman's Geographical Economics, Industrial Clustering and the British Motor Sport Industry」, 『지역연구

Regional Studies』 33 (1999): 823-824쪽.

2 Steven Pinch and Nick Henry, 「지식의 공간화: 모터밸리의 지식공동체 Spatialising Knowledge: Placing the Knowledge Community of Motor Sport Valley」, 『지오포럼Geoforum』 31 (2000): 198쪽.

3 Alfred Marshall, 『경제학 원리Principles of Economics』 (London: Macmillan, 1920).

4 Edward L. Glaeser and David C. Maré, 「도시와 기술Cities and Skills」, 『노동경제학 저널Journal of Labor Economics』 19, no. 2 (2001): 316-42; Edward L. Glaeser and David C. Maré, 「도시와 기술의 상보성The Complementarity Between Cities and Skills」, 『전미경제조사국 조사보고서』 no. 15103 (2009).

5 Kenneth J. Arrow, 『케네스 애로우 논문 선집: 정보경제학Collected Papers of Kenneth J. Arrow: The Economics of Information』 (Cambridge: Harvard University Press, 1984).

6 Kenneth J. Arrow, 「경제 번영과 발명을 위한 자원 할당Economic Welfare and the Allocation of Resources for Invention」, 전미경제조사국, 『발명 활동의 속도와 방향: 경제사회적 요소The Rate and Direction of Inventive Activity: Economic and Social Factors』 609, 620쪽 (Princeton: Princeton University Press, 1962).

7 Gerald Carlino, Satyajit Chatterjee, and Robert Hunt, 「도시에 맞는 일 찾고 배우기: 도시 밀도와 발명 속도Matching and Learning in Cities: Urban Density and the Rate of Invention」, 『필라델피아 연방준비은행 조사보고서』 no. 04-16 (2005), 17-23쪽.

8 Lee Fleming and Matt Marx, 「좁은 세상에서의 창조성 관리Managing Creativity in Small Worlds」, 『캘리포니아 경영 평론California Management Review』 48 (2006): 6-27쪽.

9 Brian Uzzi, 「조직의 경제적 성과를 위한 배태성의 원천과 결과: 네트워크 효과The Sources and Consequences of Embeddedness for the Economic Performance of Organizations: The Network Effect」, 『미국 사회학 평론 American Sociological Review』 61 (1996): 674쪽.

10 Robert K. Merton, 『과학의 사회학: 이론적·실증적 조사The Sociology of Science: Theoretical and Empirical Investigations』 (Chicago: University of Chicago Press, 1973).

11 Ramana Nanda and Jesper B. Sørensen, 「직장 동료와 기업가정신Workplace Peers and Entrepreneurship」, 『Management Science』 56 (2010): 1116-1126쪽.

12 Uzzi, 「조직의 경제적 성과를 위한 배태성의 원천과 결과」, 674쪽.

13 Jasjit Singh, 「지식 확산 과정의 결정요소로서 협업 네트워크Collaboration Networks as Determinants of Knowledge Diffusion Processes」, 『경영과학』 51 (2005): 756-770쪽; Robert I. Sutton and Andrew Hargadon, 「맥락을 생각하는 브레인스토밍 그룹: 상품디자인 회사에서의 효과Brainstorming Groups in Context: Effectiveness in a Product Design Firm」, 『계간 행정과학Administrative Science Quarterly』 41 (1996): 685-718쪽; Dorothy A. Leonard and Walter Swap, 『불꽃이 일 때: 집단에 창조의 불을 붙이다When Sparks Fly: Igniting Creativity in Groups』 (Boston: Harvard Business School Press, 1999); Paul B. Paulus and Bernard A. Nijstad, 「집단 창조성 입문Group Creativity: An Introduction」, in 『집단 창조성 : 협업을 통한 혁신 Group Creativity: Innovation Through Collaboration』, ed. Paul B. Paulus and Bernard A. Nijstad, 3-14쪽 (New York: Oxford University Press, 2003); M. Ann McFadden and Albert Cannella, 「사회적 자본과 지식 창조Social Capital and Knowledge Creation: Diminishing Returns of the Number and Strength of Exchange Relationships」, 『미국경영학회지Academy of Management Journal』 47 (2004): 735-746쪽.

14 Roger Guimera et al., 「팀 회의 방식이 협업 네트워크 구조와 팀 성과를 결정한다Team Assembly Mechanisms Determine Collaboration Network Structure and Team Performance」, 『사이언스』 308, no. 5722 (2005): 697-702쪽; Morton T. Hansen, 「서치-트랜스퍼 문제: 조직의 하부단위들 간의 지식 공유에서 약한 유대 관계의 역할The Search-Transfer Problem: The Role of Weak Ties in Sharing Knowledge across Organization Subunits」, 『계간 행정과학』 44 (1999): 82-111쪽.

15 Mendes Dorogvstev, 『네트워크의 진화: 생물학에서 인터넷과 월드와이드웹으로Evolution of Networks: From Biological to the Internet and WWW』 (Oxford: Oxford University Press, 2003); Albert-László Barabási, 『링크드: 새로운 네트워크 과학Linked: The New Science of Networks』 (Cambridge: Perseus Publishing, 2002); 『소셜네트워크 분석 모델과 방법Models and Methods in Social Network Analysis』, Peter J. Carrington, John Scott, and Stanley Wasserman, eds. (New York: Cambridge University Press, 2005).

16 Ian Ayres and Katharine K. Baker, 「무절제한 섹스라는 별도의 범죄A Separate Crime of Reckless Sex」, U. Chi. L. Rev. 72 (2005): 599쪽.

17 Katherine J. Strandburg 외, 「법과 네트워크 과학 : 개요와 '특허 급증'에의 적용 Law and the Science of Networks: An Overview and an Application to the

'Patent Explosion'」, Berkeley Tech. L.J. 21 (2006): 1293쪽; Lee Fleming and Koen Frenken, 「실리콘밸리와 보스턴 지역의 발명자 네트워크의 진화」, 『복잡계 소식』 10, no. 1 (2007): 53-71쪽; Bronwyn H. Hall, Adam B. Jaffe, and Manuel Trajtenberg, 「전미경제조사국 특허 인용 데이터 파일: 교훈, 통찰, 그리고 방법론 도구The NBER Patent Citation Data File: Lessons, Insights and Methodological Tools」, in 『특허, 인용, 그리고 혁신: 지시경제의 창Patents, Citations and Innovations: A Window on the Knowledge Economy』, ed. Adam B. Jaffe and Manuel Trajtenberg, 403-460쪽 (Cambridge: MIT Press, 2002).

18 "인간은 무엇이든 하려고 마음만 먹으면 다 할 수 있다"는 르네상스의 이상을 만들어낸 사람은 레온 바티스타 알베르티Leon Battista Alberti (1404-1472)이다.

19 Lee Fleming, 「지식의 교류 완성하기Perfecting Cross-Pollination」, 『하버드 비즈니스 리뷰』 82 (2004): 22-24쪽; Lee Fleming, 「기술 탐색의 재조합형 불확실성Recombinant Uncertainty in Technological Search」, 『경영과학』 47 (2001): 117, 118-120쪽; Lee Fleming and Olav Sorenson, 「기술 탐색의 지도로서 과학Science as a Map in Technological Search」, 『전략적 관리 저널Strategic Management Journal』 25 (2004): 909-928쪽; Lori Rosenkopf and Paul Almeida, 「연합과 이동성을 통한 지역 탐색의 극복Overcoming Local Search Through Alliances and Mobility」, 『경영과학』 49 (2003): 751쪽.

20 Maryann P. Feldman and David B. Audretsch, 「도시 혁신: 과학 기반의 다양성, 분업, 국지적 경쟁Innovation in Cities: Science-based Diversity, Specialization and Localized Competition」, 『유럽경제평론European Economic Review』 43 (1999): 409-429쪽.

21 Lauren Weber, 「신비를 벗어던지는 다이아몬드 게임The Diamond Game, Shedding Its Mystery」, 『뉴욕타임스』, April 8, 2001.

22 Jane Jacobs, 『도시 경제The Economy of Cities』(New York: Random House, 1969).

23 Alfred Marshall, 『경제학 원리』 (London: Macmillan, 1920), 271쪽.

24 Edward L. Glaeser et al., 「도시의 성장Growth in Cities」, 『정치경제학저널 Journal of Political Economy』 100 (1992): 1126-1152쪽.

25 Adam B. Jaffe, 「대학 연구의 실제 효과Real Effects of Academic Research」, 『미국경제평론American Economic Review』 79 (1989): 957; Zoltan J. Acs, David B. Audretsch, and Maryann P. Feldman, 「대학 연구의 실제 효과: 주해 Real Effects of Academic Research: Comment」, 『미국경제평론』 82 (1992): 363쪽.

26 Adam B. Jaffe, Manuel Trajtenberg, and Rebecca Henderson, 「특허 인용으로 입증된 지식 확산의 지역화Geographic Localization of Knowledge Spillovers as Evidenced by Patent Citations」, 『계간 경제학저널Quarterly Journal of Economics』 108 (1993): 577-598쪽; Paul Almeida and Bruce Kogut, 「기술적 다양성의 탐색과 혁신의 지역화The Exploration of Technological Diversity and the Geographic Localization of Innovation」, 『소기업경제학 Small Business Economics』 9 (1997): 21-31쪽; Per Botolf Maurseth and Bart Verspagen, 「유럽: 혁신 체계가 하나인가, 여러 개인가? 특허 인용을 기반으로 한 분석Europe: One or Several Systems of Innovation? An Analysis Based on Patent Citations」, in 『유럽의 경제 과제The Economic Challenge for Europe』, ed. Jan Fagerberg, Paolo Guerrieri, and Bart Verspagen, 149-174쪽 (Northampton, Mass.: Edward Elgar 1999); Bart Verspagen and Wilfred Schoenmakers, 「공간적 차원에서 유럽의 지식 확산: 특허 데이터 분석The Spatial Dimension of Knowledge Spillovers in Europe: Evidence from Firm Patenting Data」, 『에인트호벤 혁신연구센터 조사보고서 Eindhoven Center for Innovation Studies Working Paper』 00.07 (2000); Rebecca Henderson, Adam Jaffe, and Manuel Trajtenberg, 「상용 기술의 원천으로서 대학: 1965-1988년 대학 특허 출원 정밀 분석Universities as a Source of Commercial Technology: A Detailed Analysis of University Patenting, 1965-1988」, 『경제학·통계학평론Review of Economics and Statistics』 80 (1998): 119-127쪽; Jaffe, 「대학 연구의 실제 효과」, 957-970쪽; Adam Jaffe and Manuel Trajtenberg, 「대학과 연방연구소로부터의 지식의 흐름: 시간 경과에 따른 제도적, 지리적 경계를 가로지르는 특허 인용의 흐름 모델링Flows of Knowledge from Universities and Federal Labs: Modeling the Flow of Patent Citations over Time and across Institutional and Geographic Boundaries」, 『미국과학한림원회보Proceedings of the National Academy of Sciences』 93 (1996): 12671-12677쪽.

27 Lynne G. Zucker, Michael R. Darby, and Marilynn B. Brewer, 「지적재산권과 미국 생명공학 기업의 탄생Intellectual Property and the Birth of U.S. Biotechnology Enterprises」, 『미국경제평론』 88, no. 1 (1998): 290-360쪽.

28 「살 곳을 먼저 고르고 일자리를 찾아라Pick a Place to Live, Then Find a Job」, 『월스트리트저널』, January 27, 2002.

29 Richard Florida, 『창조 계급의 발흥: 인재 확보를 위한 새로운 세계적 경쟁The Rise of the Creative Class: The New Global Competition for Talent』(New York: HarperCollins, 2007), 45쪽.

30 Naomi R. Lamoreaux and Kenneth L. Sokoloff, 「19세기 말과 20세기 초의 발명자, 기업, 그리고 기술 시장Inventors, Firms and the Market for Technology in the Late Nineteenth and Early Twentieth Centuries」, in 『시장, 기업, 국가에서 행동으로 배우기Learning by Doing in Markets, Firms and Countries』, ed. Naomi R. Lamoreaux, Daniel M. G. Raff, and Peter Temin, 19-60쪽 (Chicago: University of Chicago Press, 1999).

31 Peter V. Marsden and Noah E. Friedkin, 「사회적 영향력에 대한 네트워크 연구Network Studies of Social Influence」, 『사회학적 방법과 연구Sociological Methods and Research』 22 (1993): 127쪽; Ed Steinmuller, 「새로운 정보와 통신 기술은 지식의 '체계화'를 향상시킬까?Will New Information and Communication Technology Improve the 'Codification' of Knowledge?」, 『산업과 기업의 변화Industrial and Corporate Change』 9 (2000): 361-376쪽.

32 Olav Sorenson, Jan W. Rivkin, and Lee Fleming, 「복합성, 네트워크, 그리고 지식의 흐름Complexity, Networks, and Knowledge Flow」, 『과학직접연구정책Science Direct Research Policy』 35 (2006): 994쪽.

33 Jaffe, Trajtenberg, and Henderson, 「지식 확산의 지역화Geographic Localization of Knowledge Spillovers」, 577쪽.

34 Harry M. Collins, 「암묵적 지식과 과학적 네트워크Tacit Knowledge and Scientific Networks」, in 『맥락 속의 과학: 과학의 사회학적 해석Science in Context: Readings in the Sociology of Science』, ed. Barry Barns and David Edge, 44-64쪽 (New York: Open University Press, 1982).

35 Zoltan J. Acs, David B. Audretsch, and Maryann P. Feldman, 「연구개발의 확산과 수용 기업의 규모R&D Spillovers and Recipient Firm Size」, 『경제학 · 통계학평론』 76 (1994): 336-340쪽.

36 AnnaLee Saxenian, 『지역 경쟁력: 실리콘밸리와 루트 128의 문화와 경쟁』 (Cambridge: Harvard University Press, 1994); Bruce Fallick 외, 「실리콘밸리에서 직장 옮겨 다니기: 첨단 기술 단지의 미시적 토대와 관련된 증거들Job-Hopping in Silicon Valley: Some Evidence Concerning the Microfoundations of a High-Technology Cluster」, 『경제학 · 통계학평론』 88 (2006): 472쪽.

5장 비밀유지-비밀은 없다!

1 Robert M. Sherwood, 『지적재산권과 경제 발전Intellectual Property and

Economic Development』(San Francisco: Westview Press, 1990).

2 David Friedman, William Landes, and Richard Posner, 「영업비밀보호법의 경제학Some Economics of Trade Secret Law」, 『경제전망저널Journal of Economic Perspectives』 5, no. 1 (1990): 61-72쪽.

3 〈케와니정유사 대 비크론 사Kewanee Oil Co. v. Bicron Corp.〉, 416 U.S. 470, 481 (1974).

4 관세와 무역에 관한 일반 협정, October 30, 1947, 55 U.N.T.S. 187 (수정판).

5 〈와이어스 대 내추럴 바이오로직스 사Wyeth v. Natural Biologics, Inc.〉, 2003 U.S. Dist. LEXIS 1771.

6 〈힐튼데이비스 대 워너젠킨슨Hilton Davis v. Warner Jenkinson〉, 62 F. 3d 1529 (Fed. Cir. 1995).

7 〈킨 대 폭스텔레비전 방송사Keane v. Fox Television Stations, Inc.〉, 75 U.S.P.Q. 2d 1061 (5th Cir. 2005).

8 〈올프로스포츠캠프 대 월트디즈니 사All Pro Sports Camp v. Walt Disney Co.〉, 717 So. 2d. 363.

9 〈렉사미디어사 대 도시바 사Lexar Media, Inc. v. Toshiba Corp.〉, no. 11-02-CV-812458, 2005 WL 5872071, at 1 (Cal. App. Dep't Super. Ct. Oct. 14, 2005).

10 Christopher Andrew, 『대통령 극비: 비밀정보와 워싱턴에서 부시까지 미국 대통령For the President's Eyes Only: Secret Intelligence and the American Presidency from Washington to Bush』 (New York: HarperCollins, 1995), 356-357쪽.

11 Karl F. Jorda, 「영업비밀과 영업비밀 라이센싱Trade Secrets and Trade Secret Licensing」, in 『보건과 농업 혁신에서의 지적재산권 관리: 최적화 편람Intellectual Property Management in Health and Agricultural Innovation: A Handbook of Best Practices』, ed. Anatole Krattiger 외 (Oxford: MIHR, 2007).

12 Cong. Rec. S12 (Oct. 2, 1996) (스펙터 상원의원의 성명서 일부).

13 미 하원, 국제 경제정책과 무역, 기업과 산업스파이, 그리고 그것들이 미국 경쟁력에 끼치는 영향에 관한 소위원회Subcommittee on International Economic Policy and Trade, Corporate and Industrial Espionage and Their Effects on American Competitiveness (September 13, 2000).

14 〈미국 대 말호트라US v. Malhotra〉, no. 5:08-CR-00423-JF (N.D. Cal 2008).

15 〈미국 대 딤슨US v. Dimson〉 (ND Ga. 2006).

16 〈반크로포트-휘트니 사 대 글렌Bancroft-Whitney Co. v. Glen〉 (1966) 64 Cal. 2d 327, 353. 또한 고용주들은 부정 유용에 대해서 알지 못했다고 해도 책임을 면할 수 없을 것이다. 사용자 책임(respondeat superior)의 원칙 아래서, 회사는 그

활동이 고용 과정에서 발생했고 주로 새 고용주를 이롭게 할 목적으로 이루어지는 한, 그 종업원의 불법행위의 결과에 대한 책임을 져야 한다. 〈마이크로스트레티지사 대 비즈니스 오브젝츠MicroStrategy, Inc. v. Business Objects〉, S.A., 331 F. Supp. 2d 396. 따라서 경쟁업체의 영업비밀 절도에 대한 자진신고는 매우 일반적인 일이다.

17 미국 법무부, http://www.usdoj.gov/criminal/cybercrime/mcmenaminPlea.htm.

18 Edmund Kitch, 「영업비밀 보호의 확대와 관리직 종업원 이직: 새로운 법적 문제The Expansion of Trade Secrecy Protection and the Mobility of Management Employees: A New Problem for the Law」, 『사우스캐롤라이나 법학 평론South Carolina Law Review』 47 (1996): 659-672쪽.

19 〈오픈마그네틱이미징 사 대 니에베스-가르시아Open Magnetic Imaging, Inc. v. Nieves-Garcia〉, 826 So. 2d 415, 419 (Fla. Dist. Ct. App. 2002); 〈플래티넘 매니지먼트 사 대 담스Platinum Mgmt., Inc. v. Dahms〉, 666 A.2d 1028, 1038, 1041 (N.J. Super.Ct.Law Div. 1995); 〈이엠씨사 대 앨런EMC Corp. v. Allen〉, no. 97-5972-B, 1997 Mass. Super.3-9; 〈마코비츠 대 벤처인포캐피탈 사arkovits v. Venture Info Capital, Inc.〉, 129 F. Supp. 2d 647 (S.D.N.Y. 2001).

20 〈도널드맥켈로이 사〉Donald McElroy, Inc., 389 N.E.2d at 1304-05; 〈유니소스월드와이드 사 대 발렌티Unisource Worldwide, Inc. v. Valenti〉, 196 F. Supp. 2d 269, 279 (S.D.N.Y. 2002) ("매트릭스사가 정보를 얻은 방식이 정확하게 밝혀지지는 않았지만, 법원에서 판단컨대 매트릭스 사의 고객 전체가 유니소스 사의 이전 고객이고 메트릭스 사의 가격 체계가 유니소스 사와 동일하거나 더 유리하다는 것은 명확하다").

21 James Pooley, 『영업비밀Trade Secrets』, § 1.01 (New York: Law Journal Seminar Press, 2006).

22 〈에프엠씨 사 대 사이프러스푸테미네럴 사FMC Corp v. Cyprus Foote Mineral Co.〉, 899 F. Supp. 1477, 1484 (W. D.N.C 1995).

23 〈세븐스 엔터프라이즈 사 대 델 로사리오7's Enterprises, Inc. v. Del Rosario〉, 143 P.3d 23, 23-37 (2006).

24 〈에스아이 핸들링시스 사 대 헤이즐리SI Handling Sys., Inc. v. Heisley〉, 753 F.2d 1244, 1244-69 (3d Cir., 1985).

25 〈해프니 대 센트럴 거라지 사Hapney v. Central Garage, Inc.〉, 579 So.2d 127, 132 (Fla. App. 1991).

26 Timothy P. Glynn, Charles A. Sullivan, and Rachel Arnow-Richman, 『고용법: 사적 결정과 그 한계Employment Law: Private Ordering and Its Limitations』

(New York: Aspen Publishers, 2007).

27 Charles T. Graves143, 「재산권으로서 영업비밀: 이론과 결과Trade Secrets as Property: Theory and Consequences」, J. Intell. Prop. L. 15 (2007): 39쪽.

28 〈클라메스-올리언스럼버 사 대 밀러Klamath-Orleans Lumber, Inc. v. Miller〉, 87 Cal. App. 3d 458.

29 〈커머셜플라스틱스Commercial Plastics〉 (1965) 1 QB 623.

30 〈보흐도요타 사 대 클리모스키Boch Toyota, Inc. v. Klimoski〉, no. 04-966, 2004 Mass. Super. LEXIS 258, at *9-11 (Mass. Super. Ct. June 24, 2004).

31 〈시카고 사 대 미노그Serv. Ctrs. of Chi., Inc. v. Minogue〉, 535 N.E.2d 1132, 1137 (Ill. App. Ct. 1989); Phoenix Renovation Corp., 439 F. Supp. 2d at 521-22.

32 Chris Montville, 「소유권이 있는 정보 관련 법 개혁Reforming the Law of Proprietary Information」, 『듀크 법학 저널Duke Law Journal』 56 (2007): 1159쪽.

33 〈리드, 로버츠 어속스 사 대 스트라우만Reed, Roberts Assocs., Inc. v. Strauman〉, 353 N.E.2d 590, 594 (N.Y. 1976).

34 〈비디오세이드맨 대 허쉬버그BDO Seidman v. Hirshberg〉, 712 N.E.2d 1220, 1224-25 (N.Y. 1999).

35 〈에이엠피 사 대 플라이쉬하커AMP, Inc. v. Fleischhacker〉, 823 F.2d 1199, 1205, n.3 (7th Cir. 1987).

36 〈머크 사Merck & Co.〉 941 F. Supp 1461.

37 〈더블클릭 대 헨더슨Double Click v. Henderson〉, 1997 WL 731413 (N.Y. Sup. Crt., Nov. 7, 1997).

38 〈록웰 그래픽 시스템즈 사 대 데브인더스 사Rockwell Graphic Systems, Inc. v. DEV Indus.〉, 925 F.2d 174, 180 (7th Cir. 1991)

39 Richard Posner and William M. Landes, 『지적재산권법의 경제 구조The Economic Structure of Intellectual Property Law』(Cambridge: Harvard University Press, 2003), 364쪽.

40 Bart Los and Bart Verspagen, 「기술 확산과 그것이 생산성이 미치는 영향Technology Spillovers and Their Impact on Productivity」, in 『신슘페터주의 경제학 엘가출판사 입문서Elgar Companion to Neo-Schumpeterian Economics』, ed. Hanusch and Pyka, 574-593쪽(Cheltenham, U.K.: Edward Elgar 2003).

41 〈모어라이프 사 대 페리Morlife Inc. v. Perry〉, 56 Cal. App. 4th 1514, 1520, 66 Cal. Rptr. 2d 731, 735.

42 〈인터메딕스 사 대 벤트리텍스 사Intermedics, Inc., v. Ventritex, Inc.〉, 822 F.

Supp. 634 (N.D Cal. 1993) at 652.

43 Robert Milgrim, 「영업비밀1 Milgrim on Trade Secrets § 5.01」 (LexisNexis 1994).

44 AnnaLee Saxenian, 『지역 경쟁력: 실리콘밸리와 루트 128의 문화와 경쟁』 (Cambridge: Harvard University Press, 1994), 149쪽.

45 Mark C. Suchman, 「해결사와 중재자: 실리콘밸리 발전의 매개로서 로펌Dealmakers and Counselors: Law Firms as Intermediaries in the Development of Silicon Valley」, in 『실리콘밸리 이해하기: 기업가 정신이 살아있는 지역의 해부』, ed. Martin Kenney, 71–97쪽 (Stanford: Stanford University Press, 2000).

46 David Angel, 「첨단 기술 집적과 노동시장: 실리콘밸리 사례High Technology Agglomeration and the Labor Market: The Case of Silicon Valley」, 『환경과 계획Environment and Planning』 23 (1991): 1501쪽.

47 Alan Hyde, 『실리콘밸리에서 일하기: 고속 노동시장에 대한 경제적, 법적 분석Working in Silicon Valley: Economic and Legal Analysis of a High Velocity Labor Market』(Armonk: M. E. Sharpe 2003).

6장 정보 공유와 인지적 자유의 기적

1 Robert Presthus, 『조직사회The Organizational Society』(New York: Vintage Books, 1962), 316쪽.

2 〈스틴호벤 대 미국 칼리지 생명보험사Steenhoven v. College Life Insur. Co. of America〉, 460 N.E. 2d 973 (Ind.App. 1984).

3 〈이더블유블리스 사 대 스트러더스-던 사E. W. Bliss Co. v. Struthers-Dunn, Inc.〉, 408 F.2d 1108, 1112 (8th Cir. 1969).

4 Robert G. Bone, 「정당성 차원에서 영업비밀보호법 원칙의 재조명A New Look at Trade Secrets Law Doctrine in Search of Justification」, 『캘리포니아 법학평론』 86 (1998): 541쪽.

5 David D. Friedman, William M. Landes, and Richard A. Posner, 「영업비밀보호법의 경제학」, 『경제전망저널』 5 (1991): 61쪽.

6 Ben Rich and Leo Janos, 『스컹크 워크: 록히드 시절의 개인적 회상Skunk Works: A Personal Memoir of My Years at Lockheed』(New York: Little Brown, 1994), 79–80쪽.

7 『월스트리트저널』, April 4, 1995.

8 Pete Mortensen, 「애플, '한 가지 더' 홍보 전략 개발Apple Hones 'One More Thing' Hype」, 『와이어드』, October 12, 2005.
9 같은 기사.
10 Brad Stone, 「비밀주의에 사로잡힌 애플 경영진Apple's Management Obsessed with Secrecy」, 『뉴욕타임스』, June 22, 2009, http://www.nytimes.com.
11 Daniel Eran, 「왜 애플은 그렇게 비밀주의를 고수하나?Why Is Apple So Secretive?」, 『러플리 드래프티드Roughly Drafted』, August 29, 2006, http://www.roughlydrafted.com/RD.
12 Malcolm Moore, 「아이패드 제조사 폭스콘에서 지난달 네 차례 자살 시도Four Suicide Attempts in the Last Month at Foxconn, Makers of the IPad」, 『텔레그래프』 (영국), April 7, 2010; Ting-I Tsai, 「종업원 자살로 혼하이, 애플 주목받다Employee's Suicide Puts Hon Hai, Apple in Spotlight」, 『월스트리트저널』, July 23, 2009, http://online.wsj.com.
13 Erick Schonfeld, 「피앤지의 성장 마법사P&G's Growth Wizard」, 『비즈니스 2.0Business 2.0』 (Jan.-Feb. 2005): 48쪽; Nabil Y. Sakkab, 「피앤지에서 연계개발이 연구개발을 보완한다Connect & Develop Complements Research & Develop at P&G」, 『Res.-Tech. Mgmt.』, (Mar.-Apr. 2002): 38쪽; Patricia Sellers, 「피앤지: 늙은 개에게 새로운 기술 가르치기P&G: Teaching an Old Dog New Tricks」, 『포춘』, May 31, 2004, 166; Procter & Gamble, 「연계개발: 고객 서비스 향상을 위한 세계적 혁신 네트워크 창출Connect & Develop: Creating a Global Innovation Network to Better Serve Customers」, 7 (2003), available at http://www.scienceinthebox.com/en_UK; 「피앤지에서 그것은 '360도 혁신'이다At P&G, It's '360-Degree Innovation'」, 『비즈니스위크 온라인』, October 11, 2004, http://www.businessweek.com/magazine (로버트 D. 호프의 피앤지 최고기술경영자 길버트 클로이드 인터뷰 기사).
14 Clayton M. Christensen and Michael E. Raynor, 『혁신자 해법The Innovator's Solution』 (Cambridge: Harvard Business School Press, 2003), 31-71쪽.
15 에릭 레이몬드Eric S. Raymond가 『성당과 시장The Cathedral and the Bazaar』에서 리누스 토발즈Linus Torvalds를 기리기 위해 이름붙인 리눅스의 법칙을 좀 더 자세히 말하면 이렇다. "베타테스트를 할 사람과 공동 개발자들이 충분히 많다는 점을 감안하면, 거의 모든 문제가 금방 발견될 것이며 누군가가 그 문제들을 고칠 것이 틀림없다."
16 Ralph Katz and Thomas J. Allen, 「NIH 증후군 연구Investigating the Not Invented Here (NIH) Syndrome」, 『연구개발 관리R&D Management』 12, no.

1 (1982): 7-19쪽.

17 Ajay Agrawal 외, 「NIH? 기업도시에서의 혁신Not Invented Here? Innovation in Company Towns」, 『전미경제조사국 조사보고서』 no. 15437 (2009).

18 Henry W. Chesbrough, 『열린 혁신: 기술을 통한 창조와 이익을 위한 새로운 책무Open Innovation: The New Imperative for Creating and Profiting from Technology』 (Cambridge: Harvard Business School Press, 2003), 43-62쪽.

19 Alexander Kandybin and Martin Kihn, 「당신의 혁신투자회수율 높이기Raising Your Return on Innovation Investment」, 『부즈-앨런-해밀턴 전략과 기업Booz-Allen-Hamilton Strategy and Bus.』, May 11, 2004, available at http://www.strategy-business.com.

20 http://www.catb.org.

21 Joel Spolsky, 「NIH 증후군을 변호하며In Defense of Not-Invented-Here Syndrome」, http://www.joelonsoftware.com/ (2001).

22 Jennifer S. Lerner and Philip E. Tetlock, 「책임의 효과 설명Accounting for the Effects of Accountability」, 『심리학 게시판Psychol. Bull.』 125 (1999): 255, 259.

23 Donald C. Langevoort, 「관찰: 법에 순응하는 기업의 행동경제학Monitoring: The Behavioral Economics of Corporate Compliance with Law」, 『컬럼비아 비즈니스 법학 평론Colum. Bus. L. Rev.』 1 (2002): 71-118쪽.

24 Robert Cialdini, 「사회적 영향력과 조직의 부정행위의 3중 종양 구조Social Influence and the Triple Tumor Structure of Organizational Dishonesty」, in 『행동수칙: 행동 연구와 기업 윤리Codes of Conduct: Behavior Research and Business Ethics』, ed. D. M. Messick and A. Tenbrunsel (New York: Russell Sage, 2005).

25 John P. Meyer 외, 「조직의 책무와 직무 성과: 중요한 것은 책무의 본질이다Organizational Commitment and Job Performance: It's the Nature of the Commitment that Counts」, 『응용심리학저널J. Applied Psychol.』 74 (1989): 152쪽.

26 Lawrence E. Mitchell, 「자본주의 이후 사회에서의 신뢰와 팀 생산Trust and Team Production in Post-Capitalist Society」, 『기업법저널J. Corp. L.』 24 (1999): 869쪽.

27 Andrew Hargadon and Robert Sutton, 「혁신 공장 짓기Building an Innovation Factory」, 『하버드비즈니스리뷰』 78, no. 3 (2001): 59쪽.

28 Norbert L. Kerr 외, 「편향된 판단: 개인과 집단 비교Bias in Judgment: Comparing Individuals and Groups」, 『심리학평론Psychol. Rev.』 103 (1996):

687쪽; Benjamin F. Jones, Stefan Wuchty, and Brian Uzzi, 「대학연합연구팀: 전위에 따른 영향, 지리, 과학 연구의 만족도Multi-University Research Teams: Shifting Impact, Geography, and Stratification in Science」, 『사이언스』 322 (2008): 1259–1262쪽.

29 Benjamin F. Jones, Stefan Wuchty, and Brian Uzzi, 「팀을 통한 지식 생산 빈도의 증가The Increasing Dominance of Teams in Production of Knowledge」, 『사이언스』 316 (2007): 1036–1039쪽.

30 Lee Fleming, Charles King, and Adam Juda, 「좁은 세상과 지역 혁신Small Worlds and Regional Innovation」, 『조직과학』 18, no. 6 (2007): 938–954쪽.

31 William Latham, Claudine Gay, and Christian Le Bas, 「집단 지식, 많은 발명자, 그리고 발명의 가치: 1975-1999년 미국에 출원된 프랑스, 독일, 영국 특허 실증 연구Collective Knowledge, Prolific Inventors and the Value of Inventions: An Empirical Study of French, German and British Patents in the U.S. 1975–1999」, 『혁신과 신기술 경제학Economics of Innovation and New Technology』 17 (2008): 5–22쪽.

32 Roger Guimera 외, 「팀 회의 방식이 협업 네트워크 구조와 팀 성과를 결정한다」, 『사이언스』 308, no. 5722 (2005): 697–702쪽.

33 Hargadon and Sutton, 「혁신 공장 짓기」, 69쪽.

34 L. Fleming 외, 「좁은 세상과 지역 혁신」

35 Everett Rogers and Judith Larsen, 『실리콘밸리의 열기: 첨단 기술 문화의 성장Silicon Valley Fever: Growth of High-Technology Culture』 (New York: Basic Books 1984).

36 Robin Cowan, Paul David, and Dominique Foray, 「지식의 코드화와 암묵성의 경제학The Explicit Economics of Knowledge Codification and Tacitness」, 『산업과 기업 변화Industrial and Corporate Change』 9, no. 2 (2000): 211–253쪽.

7장 내 것–네 것(또는 우리 것)

1 1859년 발견과 발명에 대한 링컨의 강연 내용. Catherine Fisk, 「'천재성의 불꽃'에서 '이익이라는 기름' 빼기: 법과 직무발명자, 1830-1930년Removing the 'Fuel of Interest' from the 'Fire of Genius': Law and the Employee-Inventor, 1830–1930」, 『시카고 대학 법학 평론University of Chicago Law Review』 65 (1998): 1127–1198쪽, at 1129쪽.

2 〈솔로몬스 대 미국Solomons v. United States〉, 137 US 342, 346 (1890).

3 〈티츠 대 크로말로이가스터빈 사Teets v. Chromalloy Gas Turbine Corp.〉, 83 F.3d 403, 408 (1996).

4 〈미국 대 더블리어 콘덴스 사United States v. Dubilier Condenser Corp.〉, 289 U.S. at 188 (1933).

5 Steven Cherensky, 「한 푼밖에 안 되는 그들의 생각: 직무발명자, 사전양도 계약, 재산권, 그리고 개성A Penny for Their Thoughts: Employee-Inventors, Preinvention Assignment Agreements, Property, and Personhood」, 『캘리포니아 법학 평론』 81, no. 2 (1993): 597-666쪽.

6 〈딕맨 대 볼머Dickman v. Vollmer〉, 736 N.W.2d 202 (Wis. Ct. App. 2007) (양도 계약은 반드시 서면으로 작성될 필요가 없으며 증거만 충분하다면 구두로 사전 양도가 가능하다고 주장함); 〈라슨 대 코렉트 크래프트 사Larson v. Correct Craft, Inc.〉, 537 F. Supp. 2d 1264 (M.D. Fla. 2008).

7 이들 주의 관련 법률들은 다음과 같다. Cal. Lab. Code § 2870 (West 1989) (1979년 제정); Del. Code Ann. tit. 19, § 805 (1995) (1984년 제정); 765 Ill. Comp. Stat. 1060/2 (West 1998) (1983년 제정); Kan. Stat. Ann. § 44-130 (1993) (1986년 제정); Minn. Stat. § 181.78 (1998) (1977년 제정); N.C. Gen. Stat. §§ 66-57.1 to 66-57.2 (1992) (1981년 제정); Utah Code Ann. § 34-39-3 (1997) (1989년 제정); Wash. Rev. Code § 49.44.140 (1990) (1979년 제정). Donald J. Ying, 「직무발명, 사전 발명 양도 계약, 소프트웨어 저작권의 처리 방식에 대한 비교 연구A Comparative Study of the Treatment of Employee Inventions, Pre-Invention Assignment Agreements, and Software Rights」, U. Pa. J. Bus. & Emp. L. 10 (2008): 763쪽.

8 〈큐빅사 대 마티Cubic Corp v. Marty〉, 229 Cal.Rptr. 438 (Cal.Ct.App.1986); 〈칸덴스 디자인시스템즈 사 대 반다리Cadence Design Systems, Inc. v. Bhandari〉, 2007 WL 3343085 (N.D.Cal.,2007) (캘리포니아 노동법 § 2870에 따르면, 고용주의 영업이익과 '관련된' 발명들은 종업원이 실제로 맡은 최종 업무에만 국한되지 않으며, 일반적으로 생각하는 고용주의 사업 범위 안에 있는 발명들은 사전 양도될 수 있다고 주장함).

9 〈잉거솔랜드 대 치아바타Ingersoll-R and Co. v. Ciavatta〉, 110 N.J. 609, 615 (1988).

10 Catherine Fisk, 「잉거솔랜드 대 치아바타 사례: 직무발명자와 기업의 연구개발—혁신과 기업가정신의 조화The Story of Ingersoll-Rand v. Ciavatta: Employee Inventors in Corporate Research & Development—Reconciling Innovation with Entrepreneurship」, in 『고용법 사례집Employment Law

Stories』, ed. Samuel Estreicher and Gillian Lester, 143－174쪽 (Eagan, Minn.: Foundation Press, 2010).

11 직무발명 관련 독일법, http://www.wipo.int/clea/docs. Roland Kirstein and Birgit Will, 「직무발명에 대한 효율적 보상Efficient Compensation for Employees' Inventions」, 『유럽법경제학저널Eur. J. Law Econ.』 21 (2006): 129－148쪽.

12 Vai Io Lo, 「직무발명과 일본의 직무저작Employee Inventions and Works for Hire in Japan」, 『Temp. Int'l & Comp. L.J.』 16 (2002): 279, 306쪽.

13 〈미국 대 더블리어 콘덴서 사United States v. Dublier Condenser Corp.〉, 289 US 178 (1933).

14 베이돌법Bayh-Dole Act, 35 USCS § 200－212.

15 「혁신의 황금거위Innovation's Golden Goose」, 『이코노미스트』, December 12, 2002.

16 David C. Mowery, 「베이돌법과 미국 대학들의 첨단 기술 기업가정신: 닭이 먼저, 달걀이 먼저? 아니면 또다른 것이 먼저?The Bayh-Dole Act and High-Technology Entrepreneurship in U.S. Universities: Chicken, Egg or Something Else?」, in 『대학의 기업가정신과 기술이전University Entrepreneurship and Technology Transfers』, ed. Gary Liebcap, 40 (Amsterdam: Elsevier, 2005).

17 Peter Lattman, 「비평가들, 캘리포니아의 특허 방패를 겨냥하다Critics Take Aim at California's Patent Shield」, 『월스트리트저널』, November 17, 2007.

18 2000년 미 연방법 기술이전상업화조례Technology Transfer Commercialization Act § 3710c(a).

19 Pat K. Chew, 「교직원들이 발명한 것: 그 황금알은 누구 것인가?Faculty-Generated Inventions: Who Owns the Golden Egg?」, 『위스콘신 법학 평론 Wis. L. Rev.』 (1992): 259쪽.

20 하버드대 특허 정책 : http://www.techtransfer.harvard.edu/resources.

21 캘리포니아대 특허 정책 : http://www.ucop.edu/ott/genresources.

22 스탠퍼드대 연구 정책 편람 : http://www.stanford.edu/dept.

23 예일대 특허 정책 : http://www.yale.edu/ocr/pfg/policies/patents; 컬럼비아대 교직원 편람 : http://www.columbia.edu/cu/opg/policies.

24 존스홉킨스대와 하버드대의 경우: 직무발명자 35%, 학과 15%.

25 대학의 계약 분쟁 사례 가운데 하나가 〈쇼 대 캘리포니아대 당국Shaw v. Regents of the Univ. of Cal.〉, 58 Cal App 4th 44, 53 (1997)이다. 법원은 고용 전에 맺은 로열티 분배 계약이 합리적이었다고 확정 판결했다.

26 『뉴욕타임스』, July 18, 2008.

27 http://www.usatoday.com/money/industries/retail/2008-08-26-mattel-bratz-dolls_N.htm.

28 〈소니미주법인 대 유니버설시티스튜디오스 Sony Corp. of Am v. Universal City Studios〉, 464 U.S. 417, 477 (1984).

29 〈메이저 대 스타인Mazer v. Stein〉, 347 U.S. 201, 219 (1954).

30 〈그레이엄 학교무용재단 대 마사그레이엄 현대무용센터Graham School and Dance Foundation, Inc., 외 v. Martha Graham Center of Contemporary Dance, Inc., 외〉, Case no. 02-9451, 2004 U.S. App. LEXIS 17452 (2d Cir. Aug. 18, 2004).

31 〈엘드레드 대 애쉬크로프트Eldred v. Ashcroft〉, 537 U.S. 186 (2003).

32 Lawrence Lessig, 『자유 문화: 창조성의 본질과 미래Free Culture: The Nature and Future of Creativity』 (London: Penguin, 2005), 242쪽.

33 Robert Darnton, 「문학계A Republic of Letters」, 『뉴욕타임스』 일요 서평, August 20, 2010.

34 Stephen Breyer, 「우려되는 저작권 사례: 책, 사진, 컴퓨터 프로그램의 저작권 연구The Uneasy Case for Copyright: A Study of Copyright in Books, Photocopies, and Computer Programs」, 『하버드비즈니스리뷰』 84 (1970): 281쪽, T. Macaulay, 『저작권 관련 연설Speeches on Copyright』 25 (C. Gaston 1914) 인용.

35 James Boyle, 『주술사, 소프트웨어, 울화: 법과 정보시대의 구축Shamans, Software, and Spleens: Law and the Construction of the Information Society』 (Cambridge: Harvard University Press, 1996); Rosemary J. Coombe, 『지적재산권의 문화생활: 저작자, 전용, 그리고 법The Cultural Life of Intellectual Properties: Authorship, Appropriation, and Law』 (Durham: Duke University Press, 1998), 58쪽; Susan Scafidi, 『문화는 누구 것인가? 미국 법에서의 부정 유용과 신뢰성Who Owns Culture? Appropriation and Authenticity in American Law』 (New Brunswick: Rutgers University Press, 2005); Keith Aoki, 「텍스트 사이에서의 표류: 저작자와 청중'녹음'권—로버트 롯스타인, 『은유를 넘어서: 저작권 침해와 작품 창작』에 대한 논평Adrift in the Intertext: Authorship and Audience 'Recoding' Rights—Comment on Robert H. Rotstein, Beyond Metaphor: Copyright Infringement and the Fiction of the Work」, 『시카고-켄트 법학 평론Chi.-Kent L. Rev.』 68 (1993): 805.

36 S. Colum Gilfillan, 『발명의 사회학The Sociology of Invention』(Cambridge:

MIT Press, 1970), 78.
37 A. Hargadon and R. Sutton, 「혁신 공장 짓기」, 『하버드비즈니스리뷰 혁신판』 (2001): 55쪽.
38 Wesley M. Cohen and Daniel A. Levinthal, 「혁신과 학습 : 연구개발의 두 얼굴 Innovation and Learning: The Two Faces of R&D」, 『경제저널』 99 (1989): 569-70.
39 John Locke, 『통치론Two Treatises of Government』 (1690), Peter Laslett, ed. (Cambridge: Cambridge University Press, 1988), 285-302.
40 Robert P. Merges, 「대중들을 위한 로크 : 재산권과 집단 창조성의 산물Locke for the Masses: Property Rights and the Products of Collective Creativity」, 『호프스트라 법학 평론Hofstra L. Rev.』 36 (2009): 1179, 1180, 1182쪽.
41 Jennie Erdal, 『대필: 이중생활Ghosting: A Double Life』(Edinburgh: Canongate Books, 2003).

8장 소유권과 혁신 동기 유발의 기적

1 Arthur Miller, 「내가 배운 것What I've Learned」, 『에스콰이어Esquire』, July 2003, 110쪽.
2 J. S. G. Boggs, 「이것은 누구 것인가?Who Owns This?」, 『시카고-켄트 법학 평론』 68 (1993): 889쪽.
3 Roger Sessions, 「작곡가와 그가 전하는 메시지The Composer and His Message」, in 『창조의 과정The Creative Process』, ed. Brewster Ghiselin, 133-134쪽 (Berkeley: University of California Press, 1952).
4 Rebecca Tushnet, 「희망의 경제: 공정한 사용과 시장 가설Economies of Desire: Fair Use and Marketplace Assumptions」, 『윌리엄앤드메리 법학 평론 Wm. & Mary L. Rev.』, 51 (2009): 533쪽, Lyrastar, 「미시시피의 원천: 무엇이 먼저였나?The Source of the Mississippi: What Was First?」, in Legacy 1 (2007): 144쪽 인용.
5 Eric Von Hippel, 『혁신의 대중화Democratizing Innovation』(Cambridge: MIT Press, 2005), 124쪽.
6 Jonathan R. Cole, 『공정 과학: 과학자공동체 안에서의 여성Fair Science: Women in the Scientific Community』(New York: Free Press, 1987).
7 발견과 발명에 관한 2차 강연, February 11, 1859.
8 Yuval Feldman and Orly Lobel, 「동기 유발 매트릭스: 보상, 책임, 의무, 불

법행위 신고자 보호의 영향력 비교The Incentives Matrix: The Comparative Effectiveness of Rewards, Liabilities, Duties and Protections for Reporting Illegality」, 『텍사스 법학 평론Texas Law Review』 87 (2010): 1151-1211쪽; Yuval Feldman and Orly Lobel, 「분산된 조직의 강제: 실험적 접근방식 Decentralized Enforcement in Organizations: An Experimental Approach」, 『규제와 통치Reg. and Governance』 2 (2008): 165-192쪽.

9 Gary P. Latham and Gary A. Yukl, 「목표를 배당했을 때와 본인이 참여해서 목표를 정했을 때의 성과와 직무 만족에 끼치는 영향의 차이Effects of Assigned and Participative Goal Setting on Performance and Job Satisfaction」, 『응용 심리학저널』 61 (1976): 166-171쪽.

10 Edwin A. Locke and Gary P. Latham, 『목표 설정과 과업 성과의 이론A Theory of Goal Setting and Task Performance』 (Englewood Cliffs, N.J.: Prentice Hall, 1990).

11 Edwin A. Locke, Dong-Ok Chah, Scott Harrison, and Nancy Lustgarten, 「목표의 구체성 효과와 목표 수준의 분리Separating the Effects of Goal Specificity from Goal Level」, 『조직행동과 개인의 성과Organizational Behavior and Human Performance』 43 (1989): 270-87.

12 Feldman and Lobel, 「동기 유발 매트릭스」; Feldman and Lobel, 「조직의 분산된 강제」

13 Leon Festinger and James M. Carlsmith, 「강요된 순종의 인지적 효과 Cognitive Consequences of Forced Compliance」, 『이상사회심리학저널 Journal of Abnormal and Social Psychology』 58 (1959): 203-210쪽.

14 Ernst Fehr and Armin Falk, 「동기 유발의 심리학적 토대Psychological Foundations of Incentives」, 『유럽 경제평론』 46 (2002): 687, 714쪽.

15 Teresa M. Amabile, 『맥락 속의 창조성: 창조성의 사회심리학으로 거듭남 Creativity in Context: Update to the Social Psychology of Creativity』 (Boulder: Westview Press, 1996); Alfie Kohn, 『보상에 의한 징벌: 금색 우등별, 보상제도, A학점, 칭찬, 각종 미끼Punished by Rewards: The Trouble With Gold Stars, Incentive Plans, A's, Praise, and Other Bribes』(New York: Houghton Mifflin, 1993).

16 Mark J. Garmaise, 「진정한 유대: 경업금지 약정, 임원 보상, 기업 투자Ties that Truly Bind: Non-competition Agreements, Executive Compensation and Firm Investment」, 『법경제학조직저널J. Law Econ. Organ.』 27, no. 2 (2009): 1, 25쪽.

17 같은 논문, 1, 7쪽.

18 Viral V. Acharya, 「노동법과 혁신Labor Laws and Innovation」, 『뉴욕 대학 조사보고서』 (2009); Viral V. Acharya 외, 「부당해고법과 혁신Wrongful Discharge Laws and Innovation」, (April 2012). Available at SSRN: http://ssrn.com/abstract=1570663 or http://dx.doi.org/10.2139/ssrn.1570663.

19 David Leonhardt, 「대침체 이후After the Great Recession」, 『뉴욕타임스』, April 28, 2009.

20 Sharon Hannes, 「역관찰: 종업원 주식 보상의 감춰진 역할Reverse Monitoring: On the Hidden Role of Employee Stock-Based Compensation」, 『미시건 법학 평론Mich. L. Rev.』 105 (2007): 1421, 1444쪽 (citing James C. Sesil and Maya K. Kroumova, 「광범위한 스톡옵션이 기업 성과에 미치는 영향: 회사 규모가 중요한가?The Impact of Broad-Based Stock Options on Firm Performance: Does Firm Size Matter?」, 3 [2005], manuscript, available at http://papers.ssrn.com/abstract=717081).

21 코네티컷 주 대법원은 합리성 평가 없이 실권 조항을 인정하는 것은 무조건 경업금지를 시행하는 것과 다르지 않다고 판결했다. 〈데밍 대 네이션 와이드 뮤추얼 인슈어런스 사Deming v. Nationwide Mutual Insurance Co.〉, 905 A.2d 623, 638 (2006). 매사추세츠 주 대법원도 경업금지 계약과 같은 방식으로 실권에 대한 합리성 요건을 검증한다. 〈보너 대 컴퓨터어소시에이티드 인터내셔널 사Bohne v. Computer Associates Int'l.〉, 514 F.3d 141, 144 (5th Cir. 2008). 〈로체스터 사 대 로체스터Rochester Corp. v. Rochester〉, 450 F.2d 118, 123 (4th Cir. 1971)도 참조.

22 Andrew Hargadon and Robert I. Sutton, 「혁신 공장 짓기」, in 『하버드비즈니스리뷰 혁신판』 (2001), 61-62쪽.

23 Gerard I. Nierenberg, 『협상의 원칙Fundamentals of Negotiations』(New York: Hawthorn Books, 1973), 107쪽.

24 Julie E. Cohen, 「저작권, 상품화, 그리고 문화: 공공재 찾기Copyright, Commodification and Culture: Locating the Public Domain」, in 『공공재의 미래: 정보법에서 공유지 확인하기The Future of the Public Domain: Identifying the Commons in Information Law』, ed. P. Bernt Hugenholtz and Lucie Guibault, 121, Information Law Series 16 (The Hague: Kluwer Law International, 2006); Neil Netanel, 『저작권의 역설Copyright's Paradox』 (Oxford: Oxford University Press, 2008); Lydia Pallas Loren, 「교황의 저작권? 저작권을 보호하기 위해 창조적 동기를 유발함으로써 현실적 욕구를 충족한다The Pope's Copyright? Aligning Incentives with Reality by Using Creative Motivation to Shape Copyright Protection」, 『루이지애나 법학 평론La. L.

Rev.』 69 (2008): 1쪽.

25 Rebecca Tushnet, 「희망의 경제: 공정한 사용과 시장 가설」, 『윌리엄앤드메리 법학 평론』 51 (2009): 513쪽.

26 John Quiggin and Dan Hunter, 「돈이 모든 것을 망친다Money Ruins Everything」, 『헤이스팅스 통신과 연예 법학 저널Hastings Comm. & Ent. L.J.』 30 (2008): 214-215쪽.

27 Feldman and Lobel, 「동기 유발 매트릭스」

28 흥미롭게도, 우리의 실험에서는 성별 차이가 발견된다. 여성들은 남성들보다 회사의 비리를 훨씬 더 많이 신고하는 경향이 있고 금전적 보상을 기대하기보다는 보복에 대한 두려움이 남성들보다 더 크다.

29 Guy L. Steele and Eric S. Raymond, eds., 『뉴해커스 사전The New Hacker's Dictionary』, 3d ed. (Cambridge: MIT Press, 1996).

30 Anne Barron, 「저작권 침해, '무임승차', 그리고 생활세계Copyright Infringement, 'Free-Riding' and the Lifeworld」, in 『저작권과 무단표절: 학제적 비판 Copyright and Piracy: An Interdisciplinary Critique』, ed. Lionel Bently, Jennifer Davis, and Jane Ginsburg, 93-127쪽 (Cambridge: Cambridge University Press, 2010).

31 Daniel L. Kahneman, Jack L. Knetch, and Richard H. Thaler, 「영리 추구를 제한하는 공평성: 시장에서의 자격Fairness as a Constraint on Profit Seeking: Entitlements in the Market」, 『미국경제평론』 76 (1986): 728쪽.

32 「인도에서 인재를 얻는 방법How to Retain Talent in India」, 『MIT 슬로안 경영대학원 평론』 50 (2008): 6-7쪽.

33 April Mitchell Franco and Darren Filson, 「분사: 종업원 이동을 통한 지식 확산 Spin-outs: Knowledge Diffusion Through Employee Mobility」, 『경제학저널』 37 (2006): 841쪽.

34 Kathleen Gregory, 「서명하기: 실리콘밸리 컴퓨터 인력의 문화와 경력Signing Up: The Culture and Careers of Silicon Valley Computer People」, (노스웨스턴 대학 박사논문, 1984).

9장 인재 유치 전쟁과 기업가정신

1 Sampsa Samila and Olav Sorenson, 「경업금지 계약: 혁신의 동기냐? 성장의 장애물이냐?Noncompete Covenants: Incentives to Innovate or Impediments to Growth」, 『경영과학』, INFORMS 57, no. 3 (2011): 425-438쪽. 저자들은 각

지역과 관련된 인구조사 기반 데이터, 특허 데이터베이스, 벤처캐피탈의 활동 자료가 잘 축적된 벤처엑스퍼트 같은 다양한 출처의 데이터를 수집했다. 투자, 성장, 혁신에 관한 중첩된 데이터는 지역마다 다양한 서로 다른 많은 요소들에서 법적 제도의 영향들을 뽑아내는 데 도움을 준다.

2 Jinyoung Kim and Gerald Marschke, 「과학자들의 노동력 이동, 기술 확산, 그리고 기업의 특허 등록 결정Labor Mobility of Scientists, Technological Diffusion and the Firm's Patenting Decision」, 『랜드연구소 경제학저널RAND Journal of Economics』 36 (2005): 298쪽.

3 Gautam Ahuja, 「협업 네트워크, 구조적 공백, 혁신Collaboration Networks, Structural Holes and Innovation」, 『계간행정과학』 45 (2000): 425쪽.

4 Wesley Cohen and Steven Klepper, 「기업 규모와 산업 내 혁신의 특징: 공정과 제품 연구개발 사례Firm Size and the Nature of Innovation within Industries: The Case of Process and Product R&D」, 『경제학·통계학평론』 (1996): 232쪽.

5 Stuart and Olav Sorenson, 「유동성 문제, 경업금지 계약, 그리고 기업 활동의 지리적 분포Liquidity Events, Noncompete Covenants and the Geographic Distribution of Entrepreneurial Activity」, 『계간 행정과학』 48 (2003): 175쪽.

6 Melanie Wells, 「하늘의 제왕Lord of the Skies」, 『포브스』, October 14, 2002.

7 Joseph A. Schumpeter, 「자본주의의 불안정The Instability of Capitalism」, 『경제학저널』 38 (1928): 361, 379쪽.

8 Robert F. Hébert and Albert N. Link, 『기업가정신의 역사A History of Entrepreneurship』 (London: Routledge, 2009); Thomas F. Hellman, 「종업원들은 언제 기업가가 되는가?When Do Employees Become Entrepreneurs?」, 『경영과학』 53 (2007): 919-933쪽.

9 Amar Bhide, 「기업가들은 어떻게 작동하는 전략을 짜나How Entrepreneurs Craft Strategies That Work」, 『하버드비즈니스리뷰』 72 (1994): 150-161쪽.

10 Joseph Bankman and Ronald J. Gilson, 「왜 창업하는가?Why Start-ups?」, 『스탠퍼드 법학 평론』 51 (1999): 289-307쪽.

11 James J. Anton and Dennis A. Yao, 「창업, 분사, 그리고 내부 프로젝트Start-ups, Spin-offs, and Internal Projects」, 『법경제학조직저널』 11 (1995): 362쪽; Steven N. Wiggins, 「혁신적 기업, 내생적 소유권, 기업 규모의 한계Entrepreneurial Enterprises, Endogenous Ownership, and the Limits to Firm Size」, 『경제연구Econ. Inq.』 33 (1995): 58-63쪽; David Garvin, 「분사와 새로운 기업 형성 과정Spin-offs and the New Firm Formation Process」, 『캘리포니아 경영 평론』 25 (1983): 3-20쪽.

12 Joseph A. Schumpeter, 『자본주의, 사회주의, 그리고 민주주의Capitalism, Socialism and Democracy』, 3d ed. (New York: Harper and Row, 1950).

13 Naomi Lamoreaux and Kenneth Sokoloff, 「19세기 말과 20세기 초의 발명자, 기업, 그리고 기술 시장」, in 『시장, 기업, 국가에서 행동으로 배우기』, ed. Naomi R. Lamoreaux, Daniel M. G. Raff, and Peter Temin (Chicago: University of Chicago Press, 1999).

14 Naomi R. Lamoreaux and Kenneth L. Sokoloff, 「독립 발명자의 흥망성쇠: 슘페터주의자의 이야기?The Rise and Decline of the Independent Inventor: A Schumpeterian Story?」, in 『지속적 혁신을 위한 과제: 20세기 미국 기업들이 준 교훈The Challenge of Remaining Innovative: Lessons from Twentieth-Century American Business』, ed. Sally H. Clarke, Naomi R. Lamoreaux, and Steven Usselman, 359 – 392쪽 (Stanford: Stanford University Press, 2009).

15 더 나아가, 지적재산권 보호의 사용과 시행은 회사의 형태에 따라 철저하게 다르다. 예컨대, 충분한 법적, 경제적 자원을 보유한 대기업들은 그들이 주장하는 법적 근거가 허약한 때에도 경쟁업체를 몰아내기 위해 더욱 공격적으로 나올 수 있다. Patrick Bolton and David S. Scharfstein, 「금융과 관련된 계약 행위에서 대리인 문제를 기반으로 한 약탈 이론A Theory of Predation Based on Agency Problems in Financial Contracting」, 『미국경제평론』 80 (1990): 93 – 106쪽.

16 Alexis de Tocqueville, 『미국의 민주주의Democracy in America』, ed. J. P. Mayers (New York: Harper Perennial, 1969), 2:552쪽.

17 『아서 머레이 댄스 스튜디오스 사 대 위터』, 105 N.E.2d 685, 703 – 4 (Ohio Ct. Com. Pl. 1952).

18 Alexander E. Silverman, 「심포지엄 보고서: 지적재산권법과 벤처캐피털 과정Symposium Report: Intellectual Property Law and the Venture Capital Process」, 『첨단기술 법학 평론High Tech. L.J.』 5 (1990): 157쪽.

19 Mary S. Koen, 『소기업의 지적재산권 보호 조사: MO-SCI사의 소기업 경영을 위한 조사보고서Survey of Small Business Use of Intellectual Property Protection: Report of a Survey Conducted by MO-SCI Corporation for the Small Business Administration』 (Rolla, Mo.: MO-SCI Corp., 1990).

20 Victoria Slid-Flor, 「영업비밀 전쟁의 격화More Trade Secret Wars」, 『국립법학저널Nat'l L. J.』, March 22, 1993, 1, 34쪽; Udaya Gupta, 「창업 기업들, 거대한 법적 흉기 앞에 직면하다Start-Ups Face Big-Time Legal Artillery」, 『월스트리트저널』, October 31, 1988.

21 Rajsdhree Agarwal, Martin Ganco, and Rosemarie H. Ziedonis, 「냉혹한 특허 시비로 유명한 평판: 발명자 이직을 통한 지식 확산의 의미Reputations for

Toughness in Patent Enforcement: Implications for Knowledge Spillovers Via Inventor Mobility」, 『전략적 경영 저널』 30 (2009): 1349–1374쪽; Jamal Shamsie, 「지배의 맥락: 평판을 이용하기 위한 산업 구조The Context of Dominance: An Industry-Driven Framework for Exploiting Reputation」, 『전략적 경영 저널』 24, no. 3 (2003): 199–206쪽.

22 Tim Jackson, 『인텔의 내막: 앤디 글로브와 세계 최강의 칩 회사의 성장 Inside Intel: Andy Grove and the Rise of the World's Most Powerful Chip Company』 (New York: Penguin, 1998).

23 Yuval Feldman, 「영업비밀의 행동 기반The Behavioral Foundations of Trade Secrets: Tangibility, Authorship and Legality」, 『실증법학연구저널Journal of Empirical Legal Studies』 3, no. 2 (2006): 197–236쪽.

24 Lee Fleming and Matt Marx, 「좁은 세계에서의 창조성 관리Managing Creativity in Small Worlds」, 『캘리포니아 경영평론』 48 (2006): 6–27쪽.

25 Matt Marx, Jasjit Singh, and Lee Fleming, 「지역적 불리? 경업금지 약정과 두뇌 유출Regional Disadvantage? Non-compete Agreements and Brain Drain」 (2010). http://ssrn.com/abstract=1654719.

26 같은 논문.

27 Samila and Sorenson, 「경업금지 계약」

28 Dora L. Costa and Matthew E. Kahn, 「부자 맞벌이부부: 대학졸업자들의 지역 선택의 변화 1940-1990년Power Couples: Changes in the Locational Choice of the College Educated, 1940–1990」, 『경제학저널』 115, no. 4 (2000): 1287–1315쪽.

29 Henry Chesbrough, 『열린 혁신: 기술을 통한 창조와 이익을 위한 새로운 책무』 (Cambridge: Harvard Business School Press, 2003).

30 Pankaj Ghemawat (March/April 2007), 「왜 세계는 평평하지 않은가Why The World Isn't Flat」, Foreignpolicy.com.

31 Serguey Braguinsky and Steven Klepper, 「노동자 이동성과 성장: 황금알을 낳는 거위Worker Mobility and Growth: The Goose that Laid the Golden Eggs」, in 『세계 경제 위기 이후의 세계화와 경제 성장 재건: G-20 의제의 미래 Renewing Globalization and Economic Growth in a Post-Crisis World: The Future of the G-20 Agenda』, ed. Alexei Monsarrat and Kiron K. Skinner (New York: Carnegie Mellon University Press, 2009).

실제로 세계적 관점에서 보면 퇴직 후 종업원의 취업 제한은 이주민 정책에 비유할 수 있다. 현재 미국이 비자를 발급하고 이주를 허용하는 정책은 지역의 두뇌 유입을 촉진할까, 저해할까? 예컨대, 학생 비자 발급과 관련해서, 외국의 똑똑한 학생들이 미국비자를 받으려면 나중에 미국에서 취업을 하지 않겠다고 약속해야 한다. 동시에 미국은 현재 기술력이 있는 고도의 숙련된 종업원들이 부족한 실정이다. 그러나 많은 연구에 따르면, 고도로 숙련된 기술 인력에 부여되는 미국 취업비자의 수가 늘어나는 현상은 미국에 출원된 특허 건수, 벤처기업, 일자리 증가와 아주 긴밀한 관련이 있음을 보여준다. Peter Schuck and John Tyler, 「고도의 숙련된 이민자들에 대한 미국 정책을 바꾸기 위한 사례 만들기Making the Case for Changing U.S. Policy Regarding Highly Skilled Immigrants」, 『포드햄 어반 법학 저널Fordham Urban Law Journal』 38, no. 1 (2011): 327–362쪽.

32 Paul Romer, 「증가하는 수익과 장기 성장Increasing Returns and Long-Run Growth」, 『정치경제학저널』 94 (1986): 1002쪽.

10장 윈-윈-윈, 모두가 이기는 싸움

1 하비 골드슈미트가 일찌감치 똑같은 표현을 썼다. Harvey J. Goldschmid, 「반독점법의 방치된 서자: 연방법 아래서 제한된 계약 처리 방안 제안Antitrust's Neglected Stepchild: A Proposal for Dealing with Restrictive Covenants under Federal Law」, Colum. L. Rev 73 (973): 1193쪽.

2 Steve Johnson, 「구글 채용담당자: 회사에 '영입을 위한 접촉 금지' 명단이 있다 Google Recruiter: Company Kept 'Do Not Touch' in Hiring Lists」, 『머큐리 뉴스Mercury News』, June 3, 2009.

3 TelecomTV One (September 17, 2010).

4 1562년에 제정된 장인법은 다른 장인의 도제를 고용하는 것을 범죄로 보았다.

5 Christopher Dyer, 『중세 시대의 먹고살기: 영국인Making a Living in the Middle Ages: The People of Britain』, 850–1520쪽 (New Haven: Yale University Press, 2002).

6 N. Rosenberg, 「기업은 (자기 돈을 들여서) 기초 연구를 왜 하나?Why Do Firms Do Basic Research (With Their Own Money)?」, 『Res. Policy』 19 (1990): 165–174쪽.

7 M. Kenney and U. Von Burg, 「기술, 기업가정신 그리고 경로 의존성: 실리콘밸리와 루트 128의 산업 단지Technology, Entrepreneurship and Path Dependence: Industrial Clustering in Silicon Valley and Route 128」, 『산업과 기업 변화』 8, no. 1 (1999): 67–103쪽.

8 L. Fleming and K. Frenken, 「실리콘밸리와 보스턴 지역의 발명자 네트워크의 진화」, 『복잡계 소식』 10, no. 1 (2007): 53–71쪽.

9 Scott Stern, 「과학자는 과학자가 되기 위해 돈을 내야 하나?Do Scientists Pay to Be Scientists?」, 『경영과학』 50 (2003): 835–853쪽.

10 Lee Fleming and Matt Marx, 「좁은 세상에서의 창조성 관리」, 『캘리포니아 경영 평론』 48, no. 4 (2006): 6–27쪽.

11 같은 논문.

12 W. Cohen and D. Levinthai, 「흡수력: 학습과 혁신의 새로운 관점Absorptive Capacity: A New Perspective on Learning and Innovation」, 『계간 행정과학』 35, no. 1 (March 1990): 128–152쪽.

13 T. Jackson, 『인텔의 내막: 앤디 글로브와 세계 최강의 칩 회사의 성장』 (New York: Penguin, 1998), 138쪽.

14 Phillips, 「취업 기회의 지역적 접근 방식: 실리콘밸리 로펌들 간의 인력 이전, 1946-1996년A Geological Approach to Organizational Life Chances: The Parent-Progeny Transfer Among Silicon Valley Law Firms, 1946–1996」, 『계간 행정과학』 47 (2002): 474쪽.

15 Filippo Wezel, Gino Cattani, and Johannes Pennings, 「기업 간 인력 이동이 의미하는 경쟁력 변화Competitive Implications of Inter-Firm Mobility」, 『조직과학』 17 (2006): 691쪽.

16 Deepak Somaya, Ian O. Williamson, and Natalia Lorinkova, 「떠나더라도 잊지는 마라: 종업원이 협력업체로 이직한 경우와 경쟁업체로 이직한 경우 간의 성과에 미치는 영향의 차이Gone But Not Lost: The Different Performance Impacts of Employee Mobility between Cooperators Versus Competitors」, 『미국경영학회지』 51 (2008): 936쪽.

17 Rafael Corredoira and Lori Rosenkopf, 「옛 지인들을 잊어야 할까? 이직을 통한 지식의 역이전이 서로를 연결한다」, 『전략적 관리 저널』 31, no. 2 (2010): 159–181쪽; Michael S. Dahl and Olav Sorenson, 「기술노동자들의 이주The Migration of Technical Workers」, 『도시경제학저널Journal of Urban Economics』 67 (2010): 33–45쪽.

18 하로프는 "첨단 기술 기업들은 연구개발 지출이라는 관점에서 지식 전파에 훨씬 더 민감하게 반응한다. 높아진 연구개발비 지출 효과를 초과하는 지식 전파로 얻는 그들의 직접적인 한계생산력 증가는 기술 수준이 떨어지는 회사들이 개별적으로 얻는 이득보다 훨씬 더 크다"고 말한다. Dietmar Harhoff, 「연구개발 전파, 기술적 근접성, 그리고 생산성 증가 R&D Spillovers, Technological Proximity, and Productivity Growth: Evidence from German Panel Data」, 『슈말렌바흐 기업 평론Schmalenbach Bus. Rev.』 52 (2000): 238, 258쪽; Jeffrey I. Bernstein and M. Ishaq Nadiri, 「연구개발과 산업 간 확산: 역동적 이원성

의 실증적 적용Research and Development and Intra-Industry Spillovers: An Empirical Application of Dynamic Duality」, 『경제학연구평론Rev. Econ. Stud.』 56 (1989): 249, 257-258쪽.

19 Gilles Duranton and Diego Puga, 「보육 도시: 도시의 다양성, 공정의 혁신, 그리고 제품의 라이프사이클Nursery Cities: Urban Diversity, Process Innovation, and the Life Cycle of Products」, 『미국경제평론』 91, no. 5 (2001): 1454-1477쪽.

20 Daron Acemoglu, 「인적 자본 축적에 따른 사회적 이익 증가를 위한 미시적 토대A Microfoundation for Social Increasing Returns in Human Capital Accumulation」, 『계간경제학저널』 111, no. 3 (1996): 779-804쪽; Daron Acemoglu, 「불완전한 노동시장에서의 교육훈련과 혁신Training and Innovation in an Imperfect Labour Market」, 『경제연구평론』 64, no. 3 (1997): 445-464쪽.

21 토머스 제퍼슨이 이삭 맥퍼슨에게 보낸 편지Letter from Thomas Jefferson to Isaac McPherson, August 13 1813, in 『완전한 제퍼슨The Complete Jefferson』, ed. Saul K. Padover, 1011, 1015쪽 (New York: Duell, Sloan and Pearce, 1943).

22 같은 책.

23 〈그레이엄 대 존디어 사Graham v. John Deere Co.〉, 383 U.S. 1, 9 (1966), 토머스 제퍼슨이 이삭 맥퍼슨에게 보낸 편지에서 인용, August 13, 1813.

24 Nancy Gallini and Suzanne Scotchmer, 「지적재산권: 언제 그것이 가장 좋은 보상 제도인가?Intellectual Property: When Is It the Best Incentive System?」, 『전미경제조사국 혁신 정책과 경제NBER Innovation Policy and the Economy』 2 (2002): 51-78쪽.

25 Gaia Bernstein, 「혁신의 그늘In the Shadow of Innovation」, 『카르도소 법학평론Cardozo Law Review』 31, no. 6 (2010): 2257쪽.

26 Michelle Boldrin and David K. Levine, 『지식의 독점에 맞서Against Intellectual Monopoly』 (Cambridge: Cambridge University Press, 2008), 2쪽.

27 Dotan Oliar and Christopher Jon Sprigman, 「(더이상) 공짜 웃음은 없다: 지적재산권 규범의 부상과 스탠드업 코미디의 변화There's No Free Laugh (Anymore): The Emergence of Intellectual Property Norms and the Transformation of Stand-Up Comedy」, 『버지니아 법학 평론Virginia Law Review』 94, no. 8 (2008). 코미디 재담을 둘러싼 분쟁은 코미디언들 사이에 모욕을 주는 것에서 물리적 충돌까지 험악한 관계를 초래할 수 있다. 재담 표절 의

혹은 해당 코미디언의 명성을 해치고 경력에 큰 오점을 남긴다. 스탠드업 코미디계의 사회적 규범은 다른 영역에 비해 상대적으로 최근에 생겨났다. 과거에 코미디언들은 재담 표절을 업계의 특징 가운데 하나로 여겼다. 그러한 표절에 반대하는 사회적 규범의 등장과 더불어서 코미디 산업 자체의 혁신이 근본적으로 바뀌었다. 이제 재담은 텍스트의 출처에 더욱 주목하게 되었고, 짤막한 농담 한마디나 공연 중심의 코미디보다는 섬세한 관찰과 개인 및 서술 중심의 코미디에 초점을 맞추었다.

28 Robert C. Allen, 「집단 발명Collective Invention」, 『경제 행동과 조직 저널Journal of Economic Behavior and Organization』 4, no. 1 (1983): 1-24쪽.

29 Doron Ben-Atar, 「할리우드의 흑자 대 기술의 진보Hollywood Profits v. Technological Progress」, 『고등교육크로니클Chronicle of Higher Education』, April 1, 2005.

30 Eric Von Hippel, 「경쟁자 간의 협력: 비공식 노하우 거래Cooperation Between Rivals: Informal Know-How Trading」, 『연구 정책Research Policy』 16 (1987): 291-302쪽.

31 같은 논문, 295쪽.

32 Robert P. Merges, 「재산권 이론과 공유지: 과학 연구의 사례Property Rights Theory and the Commons: The Case of Scientific Research」, 『사회 철학과 정책Social Philosophy and Policy』 13 (1967): 145-167쪽.

33 Harry M. Collins, 「암묵적 지식과 과학 네트워크Tacit Knowledge and Scientific Networks」, in 『맥락 속의 과학』, ed. Barry Barns and David Edge (Cambridge: MIT Press, 1982).

34 Orly Lobel, 「탈법적 행동주의의 역설: 비판적 법의식과 변화시키는 정치The Paradox of Extralegal Activism: Critical Legal Consciousness and Transformative Politics」, 『하버드 법학 평론Harvard Law Review』 120 (2007): 937-988쪽.

35 Steven Klepper and Sally Sleeper, 「분사를 통한 시장 진입Entry by Spinoffs」, 『경영과학』 51 (2005): 1291쪽; Richard Nelson, 「경제 변화에 대한 최근의 발전적 이론화 작업Recent Evolutionary Theorizing about Economic Change」, 『J. Econom. Lit.』 33 (1995): 48-90쪽.

36 Klepper and Sleeper, 「분사를 통한 시장 진입」, 1291쪽.

37 Gordon Moore and Kevin David, 「실리콘밸리 방식 배우기Learning the Silicon Valley Way」, in 『첨단 기술 단지 세우기: 실리콘밸리와 그 너머Building High-Tech Clusters: Silicon Valley and Beyond』, ed. Timothy Bresnahan and Alfonso Gambardella (Cambridge: Cambridge University Press, 2004).

38 Steven Klepper, 「시장에의 진입, 퇴출, 성장과 제품 라이프사이클 혁신Entry, Exit, Growth and Innovation over the Product Life Cycle」, 『미국경제평론』 86 (1996): 562-583쪽.

찾아보기

【ㅁ】

【ㅂ】

벤-아타, 도론 432

【ㅈ】

인재 쇼크

초판 1쇄 인쇄 2014년 11월 17일
초판 1쇄 발행 2014년 11월 27일

지은이 오를리 로벨 | 옮긴이 김병순 | 펴낸이 강병선 | 편집인 신정민
편집 최연희 | 독자 모니터 전혜진 | 디자인 김마리 | 저작권 한문숙 박혜연 김지영
마케팅 방미연 최향모 유재경 | 온라인마케팅 김희숙 김상만 한수진 이천희
제작 강신은 김동욱 임현식 | 제작처 미광원색사(인쇄) 경원문화사(제본)

펴낸곳 (주)문학동네
출판등록 1993년 10월 22일 제406-2003-000045호
임프린트 싱긋

주소 413-120 경기도 파주시 회동길 210
문의전화 031) 955-8889(마케팅), 031) 955-2692(편집)
팩스 031) 955-8855
전자우편 paper@munhak.com

ISBN 978-89-546-2644-6 03320

* 싱긋은 출판그룹 문학동네의 임프린트입니다.
* 이 책의 판권은 지은이와 싱긋에 있습니다.
* 이 책의 내용의 전부 또는 일부를 재사용하려면 반드시 양측의 서면 동의를 받아야 합니다.

* 이 도서의 국립중앙도서관 출판시도서목록(CIP)은 e-CIP 홈페이지(http://www.nl.go.kr/ecip)와 국가자료공동목록시스템(http://www.nl.go.kr/kolisnet)에서 이용하실 수 있습니다. (CIP제어번호: CIP2014032421)

www.munhak.com